CB072424

ESTUDOS DE DIREITO
PÚBLICO E PRIVADO

Carlos Alberto Menezes Direito
Ministro do Superior Tribunal de Justiça
Professor Titular de Direito Constitucional da Pontifícia
Universidade Católica do Rio de Janeiro

ESTUDOS DE DIREITO PÚBLICO E PRIVADO

RENOVAR
Rio de Janeiro • São Paulo • Recife
2006

Todos os direitos reservados à
LIVRARIA E EDITORA RENOVAR LTDA.
MATRIZ: Rua da Assembléia, 10/2.421 - Centro - RJ
CEP: 20011-901 - Tel.: (21) 2531-2205 - Fax: (21) 2531-2135
FILIAL RJ: Tels.: (21) 2589-1863 / 2580-8596 / 3860-6199 - Fax: (21) 2589-1962
FILIAL SP: Tel.: (11) 3104-9951 - Fax: (11) 3105-0359
FILIAL PE: Tel.: (81) 3223-4988 - Fax: (81) 3223-1176

LIVRARIA CENTRO (RJ): Tels.: (21) 2531-1316 / 2531-1338 - Fax: (21) 2531-1873
LIVRARIA IPANEMA (RJ): Tel: (21) 2287-4080 - Fax: (21) 2287-4888

www.editorarenovar.com.br renovar@editorarenovar.com.br
SAC: 0800-221863
© 2006 by Livraria Editora Renovar Ltda.

Conselho Editorial:

Arnaldo Lopes Süssekind — Presidente
Carlos Alberto Menezes Direito
Caio Tácito
Luiz Emygdio F. da Rosa Jr.
Celso de Albuquerque Mello (*in memoriam*)
Ricardo Pereira Lira
Ricardo Lobo Torres
Vicente de Paulo Barretto

Revisão Tipográfica: Renato Pereira do Amaral

Capa: Sheila Neves

Editoração Eletrônica: TopTextos Edições Gráficas Ltda.

00873

CIP-Brasil. Catalogação-na-fonte
Sindicato Nacional dos Editores de Livros, RJ.

D436e	Direito, Carlos Alberto Menezes
	    Estudos de Direito Público e Privado / Carlos Alberto Menezes Direito. — Rio de Janeiro: Renovar, 2006.
	    380 p. ; 23 cm
	
	Inclui bibliografia.
	ISBN 85-7147-502-4
	
	1. Direito Público e Privado – Brasil. 2. Brasil. I. Título.
	
	    CDD 343.810523

Proibida a reprodução (Lei 9.610/98)
Impresso no Brasil
Printed in Brazil

Para Luciana Maria, Carlos Alberto e Carlos Gustavo, filhos queridos, razão do meu feliz viver.

Agradecimentos

Muito agradeço à Dra. Ana Maria Alvarenga Mamede Neves, à Dra. Janine Alcântara Rocha, à Professora Karla Cristina dos Santos Ferreira e a Cláudia Maria Pereira, que tiveram o trabalho de selecionar, organizar, revisar, ordenar, adaptar e digitar os textos, frutos de alguns anos na militância do aprendizado da ciência do Direito, aprendizado que nunca termina.

Sumário

A Democracia Constitucional dos Oitenta. Transição e Consolidação......1
Breves Notas sobre o Primado da Constituição.....................9
Comissão Parlamentar de Inquérito: Limites.....................41
Contrato de Transporte: Responsabilidade Civil
    Decorrente de Assalto.....................................51
Credibilidade e Governabilidade................................59
Da União Estável no Novo Código Civil..........................67
Decisão Judicial...85
Desconsideração da Personalidade Jurídica.....................107
Direito Autoral na Obra Cinematográfica — Produtor e Direito
    Autoral — A Lei nº 5.988/73 — A Proteção Internacional...127
Disciplina Constitucional da Propriedade Industrial...........149
Disciplina Jurídica do *Impeachment*..........................157
Discriminação Racial e Decisão Judicial.......................167
Do Erro do Médico...173
Ética do Juiz...185
Introdução à Evolução Constitucional da URSS..................201
Mandado de Segurança contra Ato Legislativo. Criação de
    Município. O Caso de Cantagalo...........................233
O Consumidor e os Planos Privados de Saúde....................237
O Mistério da Vida e a Descoberta do Código Genético..........249
Os Direitos da Personalidade e a Liberdade de Informação......259

Prestação Jurisdicional e Efetividade dos Direitos
    Declarados 275
Proteção do Consumidor na Sociedade de Informação 283
Reforma Administrativa: A Emenda nº 19/98 299
Responsabilidade Civil em Cirurgia Plástica 309
Tendências do Direito Constitucional Brasileiro 321

Bibliografia 337
Índice Onomástico 353
Índice Alfabético-Remissivo 363

A DEMOCRACIA CONSTITUCIONAL DOS OITENTA. TRANSIÇÃO E CONSOLIDAÇÃO*

Duas sentenças de dois notáveis pensadores delimitarão o tema deste painel. A primeira, de **Max Weber**, pronunciada na célebre conferência *Politik als Beruf*, de 1918, na Universidade de Munique: *"Se fizermos qualquer concessão ao princípio de que os fins justificam os meios, não será possível aproximar uma ética dos fins últimos e uma ética da responsabilidade, ou decretar eticamente que fim deve justificar que meios"*. A segunda é de **Norberto Bobbio,** no seu livro O *Futuro da Democracia: "A democracia não goza no mundo de ótima saúde, como de resto jamais gozou no passado, mas não está à beira do túmulo"* (pág. 9).

Vale a pena — para não decepcioná-los logo no início — que a assertiva de **Bobbio** tenha seus próprios complementos em duas passagens seguintes da mesma obra: *"Enquanto o mundo soviético é sacudido por frêmitos democráticos, o mundo das democracias ocidentais não está seriamente ameaçado por movimentos fascistas"* (op. cit. pág. 9); *"Para um regime democrático, o estar em transformação é seu estado natural: a democracia é dinâmica, o despotismo é estático e sempre igual a si mesmo"* (op. cit., pág. 9).

Os últimos anos no Brasil foram abalados por alguns fatos de extrema importância teórica: (a) trânsito lento, gradual e seguro do autoritarismo para a democracia; (b) a elaboração de uma nova

---

* Palestra proferida no painel "Teoria da Constituição", na Escola de Comando do Estado-Maior do Exército, 6/4/90.

constituição; (c) a plenitude da prática democrática; (d) a deterioração inflacionária; (e) os antídotos e a questão democrática.

Todos nós que vivemos concretamente esses patamares da vida republicana sabemos bem o quanto significa para o Brasil a consolidação da democracia constitucional dos oitenta.

Há, de fato, na mais aguda observação de sociólogos e economistas, um enclave na história brasileira: uma perversa desarmonia social, que separa os grandes proprietários e investidores e aqueles que vivem de rendimentos fixos ou salários, criou fórmulas paranóicas na organização do Estado. Primeiro, engendrou um enorme crescimento da burocracia estatal menos para que o Estado cumprisse o seu papel social do que para repartir maiores favores cartoriais em exclusivo benefício dos possuidores de capital: quem mais tivesse, mais teria acesso ao cobertor do Estado. Segundo, sucateou progressivamente a presença do poder público na prestação de serviços essenciais, assim, a previdência social, a saúde, a educação, os transportes de massa.

É evidente que esta distorção do Estado significou também o seu desfalecimento, isto é, cada vez menos os cidadãos acreditam na organização estatal. A aguda perda de credibilidade, exatamente no momento do trânsito para a democracia, cria uma circunstância sempre perigosa para esta. É sabido que a democracia só será estável e terá longevidade se vier acompanhada de benefícios substantivos para a população.

Concretamente — e nós não precisamos voltar às teorias sobre o estado de natureza que foram divulgadas, entre outros tantos cientistas sociais, por **Rousseau**, **Hobbes** ou **Locke** — nós sabemos que o homem, com baixa educação para a cidadania, persegue os seus próprios interesses (*cfr.* **Norberto Bobbio**, op. cit., pág. 11). Ora, se o impacto das demandas por bem-estar social não encontra nenhuma resposta eficiente do Estado, claro está que a população tende a rejeitá-lo, tornando-se caldo de cultura para qualquer tipo de aventura, no vento dos messianismos de toda sorte.

No caso brasileiro, vencida a chamada distensão lenta, gradual e segura, conduzida pelo Presidente Ernesto Geisel, a elaboração de um novo pacto constitucional e a plenitude da prática democrática foram acompanhadas pelo descontrole do processo inflacionário subseqüente à grande frustração pelo insucesso do plano cruzado. O que se viu foi uma avalanche incontrolável representada pelo salve-se quem puder, na busca enlouquecida de vantagens a todo custo para a sobrevivência. No meio da avalanche sucumbem necessariamente os valores democráticos, ou seja, o importante não é assegurar a consolidação da democracia constitucional, mas, sim, a procura pela salvação individual. Houve, psicanaliticamente, uma liberação dos instintos em detrimento da ordem social. Repartir sacrifícios sem a credibilidade do Estado é absolutamente impossível. Pouco importa a apresentação de índices de crescimento econômico com o aumento das exportações, e, em conseqüência, o saldo favorável da balança comercial, com a elevação das taxas de emprego, ou o aumento da safra agrícola. O que vale é a redução do poder de compra dos salários, a remarcação irresponsável de preços, a galopante presença de capitais no mercado financeiro — a chamada ciranda das aplicações — sabotando a presença de capitais em investimentos produtivos. O trágico é que ao lado dos especuladores de sempre estão, também, alguns segmentos da classe média que transformam a poupança em salário adicional, queixosos e agradecidos pelas altas taxas de inflação.

Esse cenário de tantas angústias foi mantido sob razoável estabilidade, apesar do perigoso nível de degradação em que se encontrava, próximo à explosão, pelo próprio valor que ameaçava: o regime democrático. Como define **Bobbio**, *"por regime democrático entende-se primariamente um conjunto de regras de procedimento para a formação de decisões coletivas, em que está prevista e facilitada a participação mais ampla possível dos interessados"* (op. cit., pág. 12). Pois foi exatamente este "conjunto de regras de procedimento", inscrito na Constituição de 1988, e, portanto, no rol dos valores da democracia, que venceu a realidade social representada pela descrença da população no Estado, e, assim, liberada para o que desse e viesse, dominando-a e controlando-a pela perspectiva — também esperança — de permitir ao cidadão ser co-responsável na formação das decisões de interesse geral.

Foi sem sombra de dúvida uma vitória importante. Contudo, esta vitória deve ser encarada com reserva, na permanente advertência contra a sua forma paroxística.

O governo eleito pela primeira vez no sistema da maioria absoluta, que aperfeiçoa a legitimidade da democracia representativa, assume com compromissos que respaldaram o voto popular que recebeu. O impacto inicial do plano de estabilização econômica, alcançando um elenco de medidas tão amplas quanto a reforma monetária, como o já famoso aperto de liquidez, a demissão de funcionários públicos, a prisão de donos de supermercados e gerentes de banco, a liberação de importações, entre tantas outras, foi recebido pela opinião pública de modo alarmantemente favorável, beirando à unanimidade nacional. Mesmo os acuados especuladores, assim como os personagens habituais do *jet set* mundano, engrossaram os aplausos. E as oposições ortodoxas, por algumas de suas vozes especializadas, não deixaram de defender a integridade do plano, ainda que com propostas de aperfeiçoamento.

Democraticamente eleito, o governo assumiu uma conhecida postura na história dos povos — em seus episódios de caos e salvação —, assim, a de que a sua legitimidade isolada era maior que a das instituições. A forma das Medidas Provisórias para tudo foi atravancar o Congresso Nacional combalido pelo desgaste da propaganda contra a modorra parlamentar nos meandros da fisiologia e das mordomias. A versão desfavorável valeu mais uma vez para abater a instituição, sem que os olhos dos detratores fossem lançados mais ao longe, isto é, no suporte democrático do Estado. Como se sabe, e ainda aqui vale lembrar **Norberto Bobbio**, *"o estado despótico é o tipo ideal de estado de quem se coloca do ponto de vista do poder; no extremo oposto encontra-se o estado democrático, que é o tipo ideal de estado de quem se coloca do ponto de vista do direito"* (op. cit., pág. 13). É preciso não esquecer a advertência de **Hannah Arendt** sobre o modo perturbador pelo qual os regimes totalitários tratam a questão constitucional. A posição inaugural do governo foi a de embrulhar-se na própria legitimidade, com o sinal da irretocabilidade da famosa estrutura do plano — considerado perfeito, abrangente, de salvação nacional — desconhecendo a disciplina constitucional que reparte a competência legislativa, guardando para o Poder Legislativo, todavia, a de dizer a última palavra. No pacote do prestígio popular não estava, porém, a questão democrática.

É por meio da questão democrática que se retoma o ensinamento de **Max Weber**. O mestre que nasceu em Erfurt, na Turíngia, na segunda metade do século XIX, filho de um jurista, ensinou que *"nenhuma ética do mundo nos proporciona uma base para concluir quando, e em que proporções, a finalidade eticamente boa 'justifica' os meios eticamente perigosos e suas ramificações"*.

Em uma democracia constitucional o limite ético das políticas públicas é a questão democrática. Tenha-se por tal o respeito absoluto à constituição. O Estado não absorve pelo condão da legitimidade de sua organização, baseada na representação popular, poderes maiores do que a ordem jurídica nascente da constituição autoriza. Antes de validar-se o resultado de qualquer política pública nascida da concentração de poderes, impõe-se preservar a vitalidade das instituições que, fortes, servem de freios e contrapesos umas das outras. E a garantia por elas representada não pode oscilar ao talante dos humores, por exemplo, da opinião pública, favoráveis ou contrários, a esta ou àquela providência. E, nesse preciso sentido, no caso brasileiro, quando o governo retirou as Medidas Provisórias que autorizavam a prisão de diretores ou gerentes de bancos e supermercados, ele foi sensível ao limite ético supra-referido, pois que se não pode tipificar crime por lei resolúvel, como unanimemente insistiram eminentes juristas. Sabe-se quantos privilegiados cometeram abusos, mas não se pode condená-los sem o *due process of law* sob pena de passarmos sobre a questão democrática, na violação da regra jurídica constitucional. O respeito ao limite ético tem uma vantagem pouco apreciada: é que, aplicando a lei como ela é ao adversário de hoje, estamos garantindo o seu primado e, com isso, estamos defendendo a paz social e protegendo todos os cidadãos.

Friedrich A. Hayek, que recebeu ao lado de **Gunnar Myrdal** o Prêmio Nobel de Economia de 1974, que passou pelas cátedras da London School of Economics e da Universidade de Chicago, foi muito preciso ao considerar que *"a justificativa clássica da liberdade em questões econômicas baseia-se no postulado tácito de que a supremacia da lei deve orientar a política de governo nessa e em todas as outras esferas"*.

A lógica de tal limite ético está apoiada em um conceito fundamental para a vida das democracias: a cidadania como cultura da sociedade. Seguramente, todos concordam com **Bobbio** que a educação para a democracia surgiria no próprio exercício da prática democrática. Mas tem sido comum, e o próprio **Bobbio** parece acreditar nisso, confundir-se a educação para a cidadania com o exercício da participação política ou o exercício do voto. Vem à baila, por exemplo, o argumento recém-utilizado por Fidel Castro em sua viagem ao Brasil, de que em muitas democracias consolidadas há uma notável marca da apatia política; às vezes em torno de 50%, dentre aqueles que têm direito ao voto. Eu gostaria de poder espancar esta confusão danosa para a vida das democracias.

Embora o exercício do voto integre o conceito de cidadania, o seu não-exercício por vontade própria também integra, e com igual força. O relevante é que no conceito de cidadania, ou mais precisamente, na educação para a cidadania, o valor essencial é o respeito às instituições, a começar pelo direito do povo de criá-las de acordo com as regras que ele próprio define. A máxima notável da cidadania é que o cidadão é maior argumento que a autoridade, pela igualdade de todos perante a lei, e, por isso mesmo, pela submissão de todos à ordem jurídica livremente criada. Ordem jurídica livremente criada quer dizer criada com a participação formal e institucionalizada de todo o povo. Ainda aqui urge não misturar o primado da lei com o exemplo oferecido por **Hannah Arendt** sobre os primeiros anos do nazismo quando foi desencadeada uma avalanche de leis e decretos, sem que os nazistas se dessem ao trabalho de abolir oficialmente a Constituição de Weimar.

A cidadania como cultura da sociedade significa um enraizamento social dos valores da democracia. Esses valores é que são permanentes, ainda que a própria democracia possa ser transformada.

Este ideal acompanhou sempre o longo e penoso processo de elaboração das chamadas declarações de direitos. Sem medo de errar, pode-se dizer que a constitucionalização dos Estados foi uma conquista das liberdades individuais frente ao poder absoluto dos governantes. E é exatamente por essa razão que as declarações de direitos são uma parte essencial de todas as constituições. Elas contêm uma enumeração dos direitos fundamentais dos cidadãos. O Bill of Rights inglês, de 1688, e a Declaração dos Direitos do Homem, de 1948, adotada pela terceira sessão da Assembléia Geral da ONU, dão a medida de que em todos os tempos o eixo da constitucionalização dos Estados é a prestação dos direitos individuais.

Entretanto, ao tratar da educação para a cidadania, o que temos de considerar é a realidade prática do exercício, da consciência social de tais direitos, respeitados e, pois, exercidos em uma dada ordem jurídica.

A consciência de cidadão só prolifera quando a sociedade é organizada democraticamente e, por isso, define os meios e modos para que o homem todo e todos os homens sejam eficazmente garantidos contra o arbítrio do poder do Estado.

Somente quando a sociedade cultiva o valor da democracia, ela é capaz de proteger-se. E ela só cultiva o valor da democracia quando, efetivamente, opta pelo primado da lei.

E, concluindo, podemos extrair as lições aprendidas das duas sentenças da abertura: os fins não justificam os meios; a democracia não está à beira do túmulo.

Afinal, como ensinou certa vez **Karl Popper**, o que distingue essencialmente um governo democrático de um não-democrático é que apenas no primeiro os cidadãos podem livrar-se de seus governantes sem derramamento de sangue.

BREVES NOTAS SOBRE O PRIMADO DA CONSTITUIÇÃO*

1. Conceito de direito constitucional. 2. Poder constituinte. 3. Conceito de constituição. 4. Princípios gerais de direito constitucional. 5. A supremacia da constituição.

1. Conceito de direito constitucional

Não é fácil formular corretamente o conceito de direito constitucional. O trabalho do constitucionalista abrange tantas questões, tão grande número de problemas, que não é possível encontrar unanimidade quanto ao preciso objeto da disciplina. Tudo vai depender da ênfase, da formação, da perspectiva de estudo acolhida por cada estudioso da matéria.

Geoffrey Marshall abre o primeiro capítulo de sua importante obra sobre a teoria da constituição perguntando: que é o direito constitucional e que função cumpre em nossa Constituição? Ele próprio responde, buscando a lição de **Maittland** em sua clássica *The Constitutional History of England*: o direito constitucional é apenas uma expressão técnica em sentido jurídico. Não tenho conhecimento de que tenha sido empregada em alguma compilação

---

* Publicado em "Estudos em Homenagem ao Prof. Caio Tácito", organizado por Carlos Alberto Menezes Direito. Rio de Janeiro: Renovar, 1997, págs. 99/133.

de leis ou de que algum Juiz tenha intentado defini-la em algum momento.

Apesar da severa crítica de **Maittland**, **Geoffrey Marshall** reconhece que vários autores procuraram explorar e delimitar o conceito de direito constitucional. Ele aponta duas razões para esse esforço. A primeira é o desejo de resolver algumas questões dentro do ordenamento jurídico, com fins expositivos. Trata-se de determinar, por exemplo, os limites entre o direito constitucional e o direito administrativo, entre o direito público e o direito privado. A segunda, é o desejo de estabelecer ou refutar a existência de uma distinção clara entre as normas jurídicas em sentido estrito, de um lado, e as normas fixadas pela prática política ou pela convenção constitucional, do outro lado.

Alguns autores pretendem limitar o objeto do direito constitucional ao estudo da constituição. **Santi Romano** chega a afirmar que constituição em sentido material e direito constitucional são expressões equivalentes. Para **Santi Romano**, o direito constitucional é o direito que marca a própria existência do Estado, que só começa a existir quando há alguma constituição.

O exagero do mestre italiano é o mesmo de outros ilustres e respeitados constitucionalistas ingleses como o clássico **Dicey** e o moderno **Hood Phillips**, os quais invejavam os países de constituição escrita, matéria-prima mais acessível aos estudiosos do direito constitucional.

Da constituição britânica discute-se até mesmo a sua existência, como afirmavam **Thomas Paine**, desafiando **Burke** e **Alexis de Tocqueville** na sua célebre obra *A Democracia na América*, lembrados por **Orlando Bittar**, o notável constitucionalista do Pará, no estudo *Fontes e Essência da Constituição Britânica*.

Não é tecnicamente adequado restringir o estudo do direito constitucional à constituição. Nos Estados de constituição escrita, do tipo racional normativo, que veremos mais à frente ao examinar a tipologia dos conceitos de constituição, essa limitação equipara-se a excluir da matéria todo um elenco de questões que não integram a constituição, mas são parte do objeto do direito constitucional.

Para **Afonso Arinos**, nos Estados democráticos *direito constitucional positivo* é o conjunto de leis, regras, convenções e costumes que regulam a forma do Estado, o regime de governo e os direitos públicos individuais, bem como as suas garantias. Esta simples enunciação do território do direito constitucional demonstra que nos países de constituição escrita ele não se confunde com o direito da constituição e, embora abranja a este no seu todo, é muito mais amplo.

Manuel Garcia-Pelayo alcança melhor o conceito de direito constitucional, subdividindo-o em três disciplinas: *direito constitucional particular, direito constitucional comparado, direito constitucional geral.*

O *direito constitucional particular* tem por objeto a interpretação e a sistematização, além da crítica, das normas jurídico-constitucionais vigentes em um determinado estado.

O *direito constitucional comparado* destina-se ao estudo das normas jurídico-constitucionais positivas, ainda que não necessariamente vigentes, de vários Estados, propondo-se a destacar as singularidades e os contrastes entre estas ou grupos destas. Nessa disciplina a metodologia não é obrigatoriamente uniforme, tão variado é o seu campo. O seu objeto pode ser um estudo individualizado e simultâneo de diversas constituições, ou um estudo no qual as constituições de Estados particulares sejam reduzidas a grupos, ainda que cada um deles seja dotado de particularidades com relação aos demais, ou, ainda, um estudo tomando um determinado Estado como ponto de referência comparativa, ou, finalmente, um estudo utilizando em conjunto as três vertentes anteriores.

O *direito constitucional geral* pode ser considerado uma verdadeira teoria geral do direito constitucional democrático-liberal, que se tornou possível graças à extensão do regime constitucional a todos os Estados civilizados. Para **Santi Romano**, o *direito constitucional geral* delineia uma série de princípios, de conceitos, de instituições que se encontram em diversos direitos positivos ou em grupos deles para classificá-los e sistematizá-los em uma visão unitária.

Essa divisão do direito constitucional em três partes permite, pelo menos, dispensar o conceito exclusivamente positivo para alcançar outros territórios importantes. É o caso do constitucionalista norte-americano **Rocco Tresolini** ao ensinar que, considerando o fato de que a lei fundamental nos Estados Unidos é a constituição escrita, a sua interpretação pelo Presidente, pelo Congresso, pelas Cortes judiciais e pelos agentes públicos, bem como os hábitos governamentais e os costumes, constituem parte do mesmo direito constitucional. Até para um especialista acostumado a trabalhar sobre uma constituição escrita, o direito constitucional ultrapassa o texto puro e simples para buscar outras áreas, ampliando, assim, o objeto de estudo da disciplina.

Leon Duguit, no seu monumental *Traité de Droit Constitutionnel*, considera o direito público o conjunto de regras de direito que se aplicam ao Estado. A expressão direito constitucional, criticada pelo mestre francês, era reservada à primeira parte do direito público interno, compreendendo apenas o conjunto de regras que se aplicam direta e exclusivamente aos governantes, ou seja, aos indivíduos que possuem em um dado grupo a força coativa material. No sistema criado por **Duguit** o Estado é uma abstração, sendo realidade os governantes.

Para **Esmein,** o direito constitucional, parte fundamental do direito público, determina a forma do Estado e os órgãos do governo, os limites dos direitos do Estado diante dos cidadãos. Nessa linha, **Paolo Biscaretti di Ruffia** baliza o direito constitucional por seu aspecto normativo. Assim, o direito constitucional abrange toda aquela esfera do ordenamento jurídico estatal que fixa os pressupostos para a própria formação do Estado e determina seus elementos constitutivos; que, estabelecendo as modalidades da composição de seus órgãos fundamentais (e especialmente do legislativo), especifica suas atribuições e dirige concretamente a atividade também em suas relações recíprocas e, finalmente, que regula as relações que surgem entre os órgãos do Estado e seus cidadãos.

Pinto Ferreira apresenta a luta entre duas tendências básicas do direito constitucional para melhor explicitar o seu conceito da disciplina como *ciência positiva das constituições*. De um lado, **Hans Kelsen**, de outro, **Harold Laski**. Para o primeiro, chefe da escola de Viena e criador da teoria pura do direito, o direito constitucional é uma ciência normativa, desprovida de conteúdo sociológico, econômico e histórico. Para o inglês **Laski**, o direito constitucional tem muitos aspectos, a partir da indagação do próprio conceito de Estado, que extrapolam o puro normativismo kelseniano. Considerando as posições de **Kelsen** e **Laski**, **Pinto Ferreira** ensina que o direito constitucional é uma ciência positiva de conteúdo sociológico e normativo. De fato, não se entenderia uma ciência jurídica sem essa exploração da validade histórica e social *in fieri*, que permite a compreensão sistemática das suas regras de conduta. Tais fundamentos humanos estão subjacentes nos textos constitucionais, de sorte que se deve afirmar ser o direito constitucional uma ciência jurídica de conteúdo histórico-social.

Bidart Campos cuida do conceito de direito constitucional em um cenário com três ordens intimamente vinculadas: *a ordem do* *sistema normativo, a ordem da realidade existencial, a ordem axiológica da justiça*. O professor argentino explica que toda posição que deprecie qualquer dos três elementos que integram o mundo jurídico peca por parcial e defeituosa. O direito constitucional deve ocupar-se dos textos constitucionais porque tem um sentido histórico e uma positividade atual que obrigam à busca da coerência entre as condutas e suas disposições. Deve atender igualmente à realidade, tanto para formular as regras de técnica na elaboração dos textos, a fim de evitar futuros divórcios entre as previsões normativas e os fatos, como para conhecer a fisionomia constitucional dos Estados, especialmente quando o fenômeno da desconstitucionalização cria na realidade uma constituição paralela, diferente e oposta à escrita. E, por fim, não pode deixar de lado os critérios da justiça para valorar a ordem normativa e a ordem da realidade, sob pena de incorrer na apostasia do positivismo e de atrofiar os ideais de reivindicação, de progresso e de perfeição.

Esse painel doutrinário indica que o conceito de direito constitucional é apresentado em duas grandes direções: a primeira, no *sentido estrito*, isto é, o direito constitucional é o direito da constituição; a segunda, no *sentido amplo*, isto é, o direito constitucional alcança a organização do Estado, com um conteúdo histórico-social.

Tenho adotado como correta a segunda direção, assim porque é imperfeito reduzir o direito constitucional ao puro normativismo. É claro que o direito constitucional inclui necessariamente o estudo da lei fundamental vigente em uma dada sociedade. Naqueles países de constituição escrita, como o Brasil, o direito constitucional trata de modo particular do direito constitucional positivo. Mas em nenhum caso pode ficar fora do âmbito de estudo a realidade social, econômica, política, assim como a evolução histórica da organização da sociedade, enfim, *a realidade constitucional*, que vai muito além da disciplina normativa.

O direito constitucional alcança todos os atos e fatos de qualquer natureza que constituem o Estado. Eles compõem o que chamo de *quadro constitucional*, ou seja, o conjunto de elementos concretos relativos à organização do Estado, ao funcionamento dos poderes, ao exercício dos direitos e garantias individuais, ao poder constituinte, à prática do regime político, à ordem econômica e social, à história e à cultura da sociedade que se constitui em Estado. O direito constitucional é, portanto, o vértice do direito interno que cuida do *quadro constitucional* com vistas à constituição e ao funcionamento do Estado.

2. Poder constituinte

Há poder constituinte e ato constituinte. Há, também, poder estatal. **Emile Boutmy** escreveu que o ato constituinte abrange fato ou fatos históricos reveladores da vontade política. Tem laços históricos com o contratualismo. É, na verdade, decisão primária de reunir a comunidade política. Poder constituinte é a vontade que define a forma da existência comum. É constitutivo de poder. Constitui a comunidade política. **Carlos Sanchez Viamonte** doutrina que o poder constituinte é o poder originário e essencialmente do povo e que não pode ser exercido sem sua direta intervenção. É intervenção popular para constitucionalizar a comunidade política, em termos de unidade.

Antes há o poder estatal. É o poder de construir e reconstruir o Estado. É distinção que se reflete no campo do direito das gentes: reconhecimento de Estados e reconhecimento de governos. Como ensina **Pontes de Miranda**, aquele se refere à existência de nova ou alterada circunscrição de direito das gentes, portanto — à sua participação na competência supra-estatalmente distribuída. Esse, somente à investidura de novos titulares de poder, na circunscrição que juridicamente já existe.

Do poder constituinte nasce a constituição. Mas, como já vimos quando estudamos a tipologia dos conceitos de constituição, uma constituição formal não faz, em absoluto, um Estado, salvo na mais estrita significação literal, um autêntico Estado constitucional, como bem assinala **Karl Loewenstein**. Tecnicamente, a constituição é ato do poder estatal através do poder constituinte.

Importante é ter presente que a convocação e o exercício do poder constituinte é ato pré-constitucional. Todas as vezes que há uma interrupção do processo de constitucionalização do Estado, o que ocorre com as revoluções, há necessidade de nova convocação do poder constituinte. Se não houver, começa a usurpação do poder.

Nesse sentido, deve ser considerada a questão da legitimidade da constituição, dentro do conceito racional-normativo, referido por **Garcia-Pelayo**. Poder constituinte legítimo = constituição legítima. Poder de fato devolvendo o poder constituinte ao titular legítimo = constituição legítima. Assim, a constituição feita por quem não é titular do poder constituinte é ilegítima. Torna-se legítima se houver devolução ao titular: intervenção do poder constituinte legítimo, referendo, plebiscito, como ensina **Pontes de Miranda**.

A constituição que resulta do poder constituinte legitimamente exercido vincula a vontade do titular. Daí se segue que a Constituição, ao estabelecer qual a forma da ordem estatal, os mecanismos necessários ao exercício do poder e os direitos e garantias assegurados, revela a vontade do titular do poder constituinte. Se a constituição é ilegítima, é evidente que não vincula a vontade do titular.

Para **Linares Quintana**, o poder constituinte tem fonte legítima: o povo. Se o povo não exerce o poder constituinte, desinfluente quem o exerça, em substituição, há usurpação, dando nascimento ao estado de fato. Quando o titular é o legítimo, novo exercício do poder constituinte corresponde à alteração material.

Para **Georges Burdeau**, ao contrário, o poder constituinte revela o que ele chama *"idée de droit"* dominante em um determinado momento histórico e que, inclusive, o legitima. Desse modo, para **Burdeau** pouco importa o titular do poder constituinte, que pode pertencer tanto ao povo, como ao grupo, como ao indivíduo, desde que a *"idée de droit"* esteja presente.

A posição de **Burdeau** afasta a contradição que decorre do exercício do poder constituinte durante os processos revolucionários. Nesses momentos questiona-se a legitimidade dos governos de fato para outorgar uma nova constituição. Essa questão perde substância se houver identidade entre a constituição assim nascida e a *"idée de droit"*. Esta nada mais é do que um certo modo de organização social do qual decorre o reconhecimento de princípios que podem valer como regra de direito. Daí que para **Burdeau** a legitimidade da constituição está na sua identidade com a idéia de direito.

Na realidade, ainda que modernamente a decadência dos mitos constitucionais esteja em expansão, é necessário preservar intacta a natureza e a importância do poder constituinte, a partir do seu titular, sem qualquer concessão, tudo para, nos limites do possível, preservar o espaço de liberdade conquistado pelo homem diante do Estado e demais entidades sociais, que, desde sempre, foi o cânone essencial do constitucionalismo.

Quando um autor clássico como **Hermann Heller** escreveu que poder constituinte é aquela vontade política, com poder e autoridade, capaz de determinar a existência da unidade política do todo, ele pretendia descartar-se das dificuldades práticas de considerar-se o povo como sujeito do poder constituinte, ao mesmo tempo que sugeria que tal possibilidade para ser concretizada dependia da existência preliminar de uma norma. Mas, ao lado disso, assinalou que uma simples relação fática e instável de dominação não era suficiente para a caracterização plena de uma constituição.

Também para **Schmitt**, poder constituinte é a vontade política cuja força e autoridade é capaz de adotar a concreta decisão de conjunto sobre modo e forma da própria existência política.

Para **Pedro Salvetti Netto**, manifesta-se o poder constituinte consoante o órgão que o exerça. Se for o rei, a vontade do rei será sua manifestação; se for a minoria aristocrática, exterioriza-se ele por intermédio de vontade soberana desta minoria. Quando o exercente desse poder é o povo — como prevê o regime democrático — três se mostram as formas de manifestação do referido poder, dependendo cada uma delas da espécie de democracia que se adotar: **a)** se *democracia direta* (a que se refere o autor apenas como recolhimento da experiência ateniense e suíça), o poder constituinte manifestar-se-á por meio das Assembléias Populares; **b)** se *democracia representativa* pela Assembléia Constituinte, onde se pronunciarão os representantes do povo, por ele eleitos; **c)** se *democracia semidireta* (forma mista de exercício do poder pelo povo), sua manifestação não dispensará a interferência do respectivo titular, por intermédio do referendo, do plebiscito, da iniciativa popular, do veto popular — institutos de direito político que matizam essa forma de exercício da soberania. Para o ilustre professor paulista, atendendo aos princípios do ideal democrático, só a Assembléia Constituinte eleita pelo povo é capaz de elaborar o texto constitucional. O monarca absoluto, por ser titular do poder constituinte, outorga a constituição, e assim também o ditador; mas, em tais casos, o diploma legal não se origina da fonte verdadeiramente legítima do poder.

Uma questão importante é saber se o poder constituinte originário é incondicionado e autônomo. É evidente, desde logo, que o poder constituinte não tem qualquer vinculação com a ordem jurídica anterior. Por isso não há direito adquirido contra a constituição. O fundamento da ordem jurídica é a constituição, com o que a modificação da constituição retira o fundamento de validade da ordem jurídica anterior que com ela conflita. Para evitar o caos jurídico há o que se chama princípio da recepção, ou seja, a regra jurídica com o seu fundamento de validade na constituição revogada é recepcionada pela nova constituição se com ela não for incompatível. Caso contrário, está revogada, não sendo sequer caso de declaração de inconstitucionalidade. Todavia, o poder constituinte não é ilimitado. Há direitos supraconstitucionais, que estão muito além da gradação da positividade jurídica, que o poder constituinte não pode dispor, assim, por exemplo, a liberdade de consciência e toda a sorte de direitos que decorrem da natureza do homem.

Por derradeiro, tenha-se presente que não sendo imutável a constituição, como já vimos anteriormente, o poder constituinte originário institui o chamado poder constituinte derivado, autorizado a modificar a constituição, obedecidos os limites por ela impostos e o procedimento especial nela estabelecido, no caso das constituições rígidas. O impropriamente chamado poder constituinte derivado, escreveu **Gomes Canotilho**, distingue-se do poder constituinte originário, que permanece fora e sobre a constituição, não sendo, pois, um poder vinculado pela constituição. Assim, grande é a discussão teórica sobre os fundamentos do poder constituinte derivado, mas bem devendo ser referido como um poder limitado de revisão ou reforma da constituição pelo poder constituinte pelo constituinte originário.

3. Conceito de Constituição

Nós sabemos que a palavra constituição pode ser empregada com vários significados. Mas aquele que nos interessa é o de lei fundamental de um Estado. É nesse preciso sentido que estamos empregando a palavra constituição desde o início.

Mesmo no sentido de lei fundamental, o conceito de constituição é amplo, apresentando os autores uma pluralidade de perspectivas.

Um grande teórico da constituição, **Carl Schmitt**, apresenta quatro conceitos de constituição, a saber: *conceito absoluto; conceito relativo; conceito positivo; conceito ideal*.

O *conceito absoluto* para **Carl Schmitt** pode significar, desde logo, a concreta maneira de ser resultante de qualquer unidade política existente. Sob este particular aspecto, a constituição é igual à concreta situação de conjunto da unidade política e ordenação social de um determinado Estado. Aqui, o Estado não tem uma constituição, pois que o Estado é a constituição, quer dizer, um *status* de unidade e ordenação. O Estado deixaria de existir se esta unidade e ordenação não existissem. Igualmente, a constituição é uma maneira especial da ordenação política e social. A constituição é a *forma formarum*. Equivale, neste sentido, à forma de governo, por exemplo: monarquia, aristocracia ou democracia. Também é possível afirmar que a constituição, no seu conceito absoluto, é o *devenir* dinâmico da unidade política. Para **Schmitt**, foi **Lorenzo Von Stein** o teórico que apresentou uma grande construção sistemática deste conceito, reconhecido com especial nitidez em **Santo Tomás de Aquino**, na **Suma Theologica**, ao sublinhar duas coisas: a participação de todos os cidadãos na formação da vontade do Estado e a espécie de governo e ordenação. Pode significar, ainda, um sistema de normas supremas e últimas. Neste sentido, a constituição é um simples *dever-ser*.

O *conceito relativo* entende a constituição como uma pluralidade de leis particulares. Nas palavras de **Schmitt**, neste caso, em lugar de fixar-se o conceito unitário de constituição como um todo, fixa-se, apenas, o de lei constitucional concreta, mas este, por sua vez, é fixado segundo características externas e acessórias chamadas formais. Para este conceito formal é indiferente que a lei constitucional regule a organização da vontade estatal ou tenha qualquer outro conteúdo. Cuida-se aqui de uma constituição escrita, sendo que o caráter formal vem do fato de possuir certas propriedades, seja da pessoa ou do órgão que emite o documento, seja do conteúdo. Para **Schmitt**, as razões que permitiram designar como constituição em sentido formal precisamente a constituição escrita são muito variadas. Desde logo, deve ser considerado o fato da constituição escrita ser estável, protegida contra modificações. Além disso, a constituição escrita necessita ser originária de um órgão competente. O conceito formal equipara a constituição a uma série de leis constitucionais escritas, surgindo a questão da dificuldade de reforma constitucional. Assim, mediante as condições especiais para a reforma, fica protegida a duração e a estabilidade da constituição, ou, na terminologia de **Schmitt**, das leis constitucionais. Aparece, então, a distinção entre constituições rígidas e constituições flexíveis. Estas são as que nenhuma proteção oferecem para a sua reforma, não havendo qualquer diferença entre leis constitucionais e leis ordinárias. As primeiras podem ser absolutamente rígidas, ou seja, proibir a alteração de todas as suas prescrições. Neste sentido absoluto não existiria nenhuma constituição rígida. Mas pode ocorrer que haja proibição constitucional de reforma para algumas partes. Classificam-se como constituições rígidas, de todos os modos, aquelas que estabelecem a possibilidade de reforma ou revisão, mediante certos critérios e condições. Para **Schmitt**, o conceito relativo de constituição, dissolvendo-a em lei constitucional, leva à renúncia da significação objetiva de constituição.

O *conceito positivo* entende a constituição como decisão de conjunto sobre o modo e a forma da unidade política. É aqui que **Carl Schmitt** trata de sua especial contribuição à teoria constitucional. Afirma ele que só é possível um conceito de constituição quando se distingue entre constituição e lei constitucional. A constituição em sentido positivo surge como ato do poder constituinte. Este ato constitui a forma e o modo da unidade política, cuja existência é anterior; é uma decisão consciente que a unidade política, por meio do titular do poder constituinte, adota por si e para si. Para **Schmitt**, a constituição, aqui, vale em virtude da vontade política existencial daquele que a adota. A distinção entre constituição e lei constitucional só é possível porque a essência da constituição não está contida em uma lei ou em uma norma. No fundo de toda normação reside uma decisão política do titular do poder constituinte, quer dizer, do povo na democracia, do monarca na monarquia autêntica. Assim, no caso da Constituição de Weimar são decisões políticas fundamentais: a decisão em favor da democracia, a decisão em favor da república, a decisão em favor do Estado Federal, a decisão em favor do regime parlamentar-representativo, a decisão em favor do Estado burguês de direito com seus princípios: direitos fundamentais e divisão de poderes. O fato da Constituição de Weimar ser uma constituição, e não uma soma desconexa de prescrições particulares reformáveis segundo certos procedimentos especiais, consiste exatamente no fato do povo alemão haver adotado aquelas decisões políticas fundamentais. Para **Schmitt**, o significado prático da diferença entre constituição e leis constitucionais pode ser visto em alguns exemplos que indica, dos quais destacamos os dois que se seguem: **a)** segundo o art. 76, que dispõe sobre os procedimentos de reforma, as leis constitucionais podem ser modificadas, mas não a constituição como totalidade, ou seja, não podem ser modificadas as decisões políticas fundamentais, com o que o *Reich* não pode ser transformado em uma monarquia absoluta ou em uma república soviética pela maioria qualificada do Parlamento. O ato de dar uma constituição é qualitativamente distinto do ato de reformá-la, quer dizer, rever as leis constitucionais contidas no texto, porque em um caso se entende por constituição a decisão de totalidade, e, em outro, a lei constitucional; b) a constituição é intangível, enquanto as leis constitucionais podem ser suspensas durante o estado de exceção, e violadas por medidas do estado de exceção. E é assim porque tal estado de exceção não atenta contra a decisão política fundamental nem contra a substância da constituição, mas, ao contrário, destina-se a preservá-la. Seria um absurdo fazer da intangibilidade da constituição uma intangibilidade de cada uma das leis constitucionais, as quais não podem ser um obstáculo insuperável para a defesa da constituição em seu conjunto. Para **Schmitt**, a Constituição de Weimar é uma constituição porque contém as decisões políticas fundamentais do povo alemão.

O *conceito ideal* vincula a constituição a certos postulados políticos, com o que não se considera constituição aquela que não agasalhe determinado conteúdo. Por exemplo, só é constituição aquela que assegura garantias de liberdade burguesa, assim, os direitos fundamentais, a divisão de poderes, e, pelo menos, uma participação do povo no Poder Legislativo, mediante a representação popular. Aqui, também, a constituição é igual à constituição escrita. Segundo **Schmitt**, na época em que escreveu, final dos anos 20, o *conceito ideal* está ligado ao Estado burguês de direito, com o que se excluiria, por exemplo, a constituição socialista soviética.

Modernamente, **Manuel Garcia-Pelayo**, criticando a tipologia de **Schmitt**, porque posta em um campo absolutamente formal, apresenta três conceitos possíveis, a saber: *conceito racional normativo, conceito histórico tradicional, conceito sociológico*.

O *conceito racional normativo* concebe a constituição como um complexo normativo estabelecido de uma só vez e no qual de uma maneira total, exaustiva e sistemática se estabelecem as funções fundamentais do Estado e se regulam os órgãos, o âmbito de suas competências e as relações entre eles. A constituição é, pois, um sistema de normas. Neste sentido, não cabe existência jurídico-política fora da constituição normativa. Tudo deriva da constituição, que é soberana. **Hans Kelsen** é a expressão mais radical desse pensamento. Para o mestre, a soberania é uma propriedade da ordem jurídica que se tem como válida, ou seja, como vigente. Esta propriedade consiste em ser uma ordem suprema, cuja vigência não deriva de nenhuma outra ordem superior, quer dizer, quando é uma ordem que deriva de uma mesma norma fundamental, ou seja, de uma mesma constituição. O *conceito racional normativo*, no fundo, supõe uma certa *deificação* da constituição, já que por ela os reis reinam, os parlamentos legislam, os governos governam, as leis regem. Por outro lado, para **Garcia-Pelayo**, o fato de o conceito racional normativo estabelecer a soberania da constituição, dela derivando as competências, conduz ao raciocínio de ser tal conceito a expressão de uma situação social na qual a burguesia é, ou luta para ser, o estrato dirigente. Em conseqüência, o conceito racional normativo não é — como quer mostrar a crítica sociológica — algo sem conexão com a realidade social, mas, pelo contrário, algo perfeitamente vinculado com uma situação social concreta, que adquire sentido dentro dessa realidade e que, portanto, perde sentido quando aquela se transforma. É, destarte, um conceito político não apenas no sentido formal, mas, igualmente, quanto ao conteúdo, pois não é todo sistema normativo que pode valer como constituição. Sob tal aspecto, só seria constituição aquela que realizasse o Estado liberal-burguês, aquela que estabelecesse uma limitação à atividade estatal, assim, por exemplo, a garantia dos direitos individuais e a divisão de poderes. Característica do *conceito racional normativo* é considerar apenas a constituição escrita, pois só o direito escrito oferece garantias de racionalidade frente à irracionalidade do costume e frente ao arbítrio da administração. Acentua **Garcia-Pelayo** que o fato de alguns países que organizaram a sua vida política sob este conceito de constituição terem desenvolvido, também, um direito consuetudinário ou uma criação judicial, ao lado do direito escrito, não quer significar nenhuma contradição. Finalmente, deve ser considerado que sob este conceito impõe-se uma clara distinção entre poder constituinte e poder constituído, de modo que só ao primeiro é dado decidir sobre a constituição como totalidade ou sobre suas reformas parciais. Apesar da pura teoria racionalista pretender a imutabilidade absoluta da constituição, a realidade impõe a reforma, com o que, além do poder constituinte originário, existe um poder constituinte derivado, sendo certo que a reforma será feita por um modo especial e mais difícil do que o exigido para as leis ordinárias. Desse modo, há uma distinção não apenas material, mas, também, formal entre as normas constitucionais e as normas jurídicas ordinárias.

O *conceito histórico tradicional* é uma reação ao *conceito racional normativo*. O seu *substractum* intelectual é o historicismo. Assim, a constituição não é um sistema produto da razão, mas uma estrutura resultado de uma lenta transformação histórica, na qual intervém freqüentes motivos irracionais e fortuitos irredutíveis a um esquema. A constituição de um país não é criação de um ato único e total, mas de atos parciais reflexos de situações concretas e, freqüentemente, de usos e costumes formados lentamente e cuja data de nascimento é imprecisa. Dois grupos podem ser apresentados dentro do *conceito histórico tradicional*: **a)** o que considera a constituição uma situação puramente histórica e a História como um campo rebelde à razão e planificação humanas. Neste caso está **Burke**, para o qual a constituição é a herança vinculada que nos foi legada por nossos antepassados e que deve ser transmitida aos nossos pósteros como uma propriedade que pertence essencialmente ao povo do reino, sem referência a nenhum direito mais geral ou anterior. A legitimidade desta constituição radica no passado, pois é uma constituição que existiu desde tempos imemoriais; **b)** o que considera que a razão é capaz de modelar a história em certa medida, de planificar o futuro considerando os dados de uma situação histórica. Para o *conceito histórico tradicional*, a constituição não precisa ser escrita em sua totalidade, como, também, o costume assume um papel importante, que lhe é sempre atribuído em uma teoria do direito de base historicista. Em conseqüência, não se conhece a distinção formal entre leis constitucionais e leis ordinárias. Finalmente, na concepção histórica não cabe, em princípio, a despersonalização da soberania. Esta reside em uma pessoa ou em órgãos concretos, e como resultado do desenvolvimento histórico ou como princípio a ele imanente. No direito político inglês considera-se como soberano o Parlamento, já que, do ponto de vista jurídico-formal, não existe limite algum para o exercício do seu poder. Como afirmou **Jennings**, um clássico do direito constitucional inglês, a única lei fundamental é que o Parlamento é supremo. Assim, rigorosamente falando, não existe direito constitucional na Grã-Bretanha, mas, apenas, o poder arbitrário do Parlamento.

O *conceito sociológico* é a projeção do sociologismo no campo constitucional. Para **Garcia-Pelayo**, por tal deve ser entendida uma concepção científica e uma atitude mental que de maneira mais ou menos intensa e extensa relativiza a política, o direito e a cultura a situações sociais. Há, de fato, coincidências inevitáveis entre este conceito e o *conceito histórico tradicional*. Desse modo, para distingui-lo dos demais conceitos impõe-se ter presente as seguintes afirmações: **a)** a constituição é primordialmente uma forma de ser e não de dever ser; **b)** a constituição não é o resultado do passado, mas imanência das situações e estruturas sociais do presente, que para uma grande parte do pensamento do século XVIII, e não apenas para **Marx**, se identificam com situações e relações econômicas; **c)** a constituição não se sustenta em uma norma transcendente, assim porque a sociedade tem sua *própria legalidade*, rebelde *à pura normatividade* e impossível de ser dominada por ela; o ser, não de ontem, mas, sim, de hoje, tem sua própria estrutura, da qual emerge ou a que deve adaptar-se o dever ser; **d)** enfim, se no que respeita ao direito a concepção racional gira em torno do momento de validez, e a histórica sobre o de legitimidade, o *conceito sociológico* gira em torno do momento de vigência. Dois exemplos próprios desta concepção são **Lassalle** e **De Maistre**. Para o primeiro, a constituição é a soma dos fatores reais de poder que existem em um determinado país, ou seja, depois identificados os fatores reais, eles são reduzidos à expressão escrita e, a partir desse momento, passam a ser o direito. Para o segundo, a constituição nada mais é do que a solução do seguinte problema: dadas a população, as riquezas, as boas e más qualidades de uma determinada nação, encontrar as leis convenientes. A característica principal do *conceito sociológico* é entender que a estrutura política real de um povo não é criação de uma normatividade, e que se tal normatividade quer vigorar ela tem de ser expressão e sistematização daquela realidade social subjacente. Esta característica, porque de fato pode haver uma normatividade constitucional em desacordo com a estrutura real, leva à oposição entre constituição real ou sociológica e constituição jurídico-política, que será tanto mais vigente e eficaz quanto mais coincida com a primeira. **Lorenzo Von Stein**, sociólogo, jurista e historiador, formulou muito claramente este conceito. Para ele, o Estado é aquela organização na qual a pluralidade de vontades individuais se converte em personalidade unitária; é portador do interesse geral e está dominado pela idéia de liberdade e de igualdade. Por seu turno, a sociedade é a unidade orgânica da vida humana, tal como está condicionada pela distribuição da riqueza; está dividida em grupos particulares com interesses antagônicos, e está marcada por relações de desigualdade e de servidão, pois da dominação sobre as coisas deriva a dominação sobre as pessoas; em resumo, a sociedade é sociedade de castas, de estamentos ou de classes. A constituição é a forma pela qual a pluralidade da vontade do povo se transforma em vontade unitária do Estado, ou, dito de outro modo, o organismo de participação dos indivíduos na totalidade do organismo interno do Estado, especialmente na formação e determinação da vontade da personalidade estatal. Para **Stein**, em virtude da dominação sobre as coisas dar lugar a uma dominação sobre as pessoas, a própria sociedade produz algumas normas jurídicas, à margem das estatais, quando a distribuição de riquezas não tem sua correspondência no direito formal; neste caso, ao direito e à constituição válidos se contrapõem um direito e uma constituição reais, ocorrendo, assim, um antagonismo diante do qual não há outra saída que a reforma e a revolução. É, pois, um erro pensar que as constituições, até mesmo as revolucionárias, tenham sido originadas por teorias filosóficas, porque, certo mesmo é que elas são produzidas de modo imanente pela sociedade. Para **Stein**, o autêntico motor da revolução não é a idéia da igualdade, mas a desigual distribuição do bem social, e não são as verdades filosóficas, mas as classes sociais, as que fazem a revolução e configuram a constituição.

Finalmente, vejamos a classificação apresentada por **José Afonso da Silva**. Quanto ao **conteúdo**: materiais e formais; quanto à **forma**: escritas e não escritas; quanto ao **modo de elaboração**: dogmáticas e históricas; quanto à **origem**: populares (democráticas) e outorgadas; quanto à **estabilidade**: rígidas, flexíveis e semi-rígidas.

A constituição material é concebida em sentido amplo e em sentido estrito. No primeiro, identifica-se com a organização total do Estado, com regime político. No segundo, designa as normas constitucionais escritas ou costumeiras, inseridas ou não em uma constituição escrita, que regula a estrutura do Estado, a organização de seus órgãos e os direitos fundamentais. Neste caso, a constituição só se refere à matéria essencialmente constitucional.

A constituição formal é a solenemente estabelecida pelo poder constituinte, somente alterada por procedimentos especiais.

A constituição escrita é aquela codificada e sistematizada em um único texto, elaborado de uma só vez pelo poder constituinte.

A constituição não escrita, ao contrário da anterior, é aquela que não está configurada em um único documento solene, mas, sim, aquela fundada em costumes, convenções e textos constitucionais esparsos.

A constituição dogmática é também a elaborada pelo poder constituinte, sistematizando dogmas ou idéias fundamentais da teoria política dominante no momento.

A constituição histórica ou costumeira é não escrita, resultado de lenta formação histórica.

A constituição popular é a que se origina de um órgão constituinte composto de representantes do povo, eleitos para esse fim.

A constituição outorgada é a elaborada e estabelecida sem a participação do povo.

A constituição rígida é aquela que só pode ser alterada mediante procedimentos especiais, mais difíceis do que os exigidos para a elaboração das leis ordinárias.

A constituição é flexível quando pode ser livremente modificada pelo legislador ordinário, sem qualquer dificuldade.

A constituição semi-rígida é a que contém uma parte rígida e outra flexível, como a Constituição do Império, à vista do disposto no art. 178.

4. Princípios gerais de direito constitucional

Se nós estudarmos as constituições, tomando por base um determinado tempo histórico, é possível identificar alguns sinais comuns. A repetição desses sinais, com regularidade e constância, permite que sejam apresentados o que chamamos de princípios gerais do direito constitucional.

Michel Henry-Fabre, depois de mostrar que a concepção clássica do regime constitucional tende a proteger o indivíduo contra o poder político, identifica quatro postulados básicos para construir o que ele denomina Estado respeitador dos direitos do cidadão. Para o especialista francês, a supremacia da constituição, a separação dos poderes, a legalidade do governo e a sua legitimidade são os suportes do regime constitucional clássico.

Pinto Ferreira acredita que a ciência do direito constitucional induz da realidade histórico-social os lineamentos básicos, os grandes princípios constitucionais que servem de base à estruturação do Estado. Os princípios essenciais assim estabelecidos são a *summa genera* do direito constitucional, fórmulas básicas ou postos-chaves de interpretação e construção teórica do constitucionalismo, e daí se justifica a atenção desenvolvida pelos juristas na sua descoberta e elucidação. Para o professor pernambucano, são cinco os grandes princípios constitucionais do Estado moderno: princípio da supremacia da constituição; princípio democrático; princípio liberal; princípio do socialismo; princípio do federalismo.

José Afonso da Silva, por seu turno, distingue entre princípios constitucionais fundamentais e princípios gerais de direito constitucional. Os primeiros integram o direito constitucional positivo, traduzindo-se em normas fundamentais, normas-síntese ou normas-matriz, que contém as decisões políticas fundamentais que o constituinte acolheu no documento constitucional. Os princípios gerais formam os temas de uma teoria geral do direito constitucional, por envolver conceitos gerais, relações, objetos, que podem ter seu estudo destacado da dogmática jurídico-constitucional.

Um respeitado constitucionalista português, **Jorge Miranda**, anota a função ordenadora dos princípios para afirmar que eles exercem uma ação imediata, enquanto diretamente aplicáveis ou diretamente capazes de conformar as relações político-constitucionais, e uma ação mediata, tanto em um plano integrativo e construtivo como em um plano essencialmente prospectivo.

É, de fato, muito difícil, separar aquilo que deve ser considerado um princípio geral daquilo que deve ser considerado objeto de uma teoria geral do direito constitucional. Por outro lado, tanto é possível destacar princípios gerais extraídos da realidade constitucional de vários Estados, como princípios gerais do direito constitucional de um Estado particular. Esse estreito espaço está refletido, em maior ou menor escala, nos estudos de **Thomas Cooley, Esmein, Barthélemy-Duez, Schmitt**, entre tantos outros, que procuraram encontrar os traços mais comuns, mais freqüentes, do direito constitucional do tempo em que escreveram. **Esmein**, por exemplo, escreveu com mais precisão sobre os princípios comuns aos povos livres do Ocidente. Para o antigo professor da Faculdade de Direito de Paris, a filosofia do século XVIII introduziu no Ocidente uma nova corrente de idéias, que alcançaram a realidade com as revoluções americana e francesa. A partir delas, por um contágio irresistível e fecundo, ganharam a maioria das nações da Europa e da América, com o que as constituições adotaram princípios comuns, que representaram verdadeiramente a liberdade moderna.

Um meio adequado para buscar os princípios gerais do direito constitucional de nosso tempo vivido é agrupá-los em função da natureza do regime político, da forma de Estado, da forma e do sistema de governo. Uma das tarefas do direito constitucional comparado é estudar os diversos sistemas constitucionais. Esse estudo é que permite ao especialista indicar os chamados princípios gerais de direito constitucional.

No Brasil, a história constitucional republicana consolidou, até aqui, os seguintes princípios gerais: **a)** o da constituição escrita; **b)** o do reconhecimento dos direitos e garantias individuais; **c)** o do Estado federal; **d)** o da representação política; **e)** o do controle da constitucionalidade das leis; **f)** o da proteção social ao trabalhador.

Por fim, anote-se que a Constituição de 1988 cuidou no Título I dos princípios fundamentais, a saber: **a)** o da República; **b)** o da Federação; **c)** o do Estado democrático de direito; **d)** o da representação política; **e)** o da separação de poderes. O art. 1º estabeleceu os fundamentos da República: a soberania; a cidadania; a dignidade da pessoa humana; os valores sociais do trabalho e da livre iniciativa; o pluralismo político. Estabeleceu, também, no art. 3º, os objetivos fundamentais da República: construir uma sociedade livre, justa e solidária; garantir o desenvolvimento nacional; erradicar a pobreza e a marginalização e reduzir as desigualdades sociais e regionais; promover o bem de todos, sem preconceitos de origem, raça, sexo, cor, idade e quaisquer outras formas de discriminação. Finalmente, no art. 4º, fixou os princípios diretores da República nas suas relações internacionais: independência nacional; prevalência dos direitos humanos; autodeterminação dos povos; não-intervenção; igualdade entre os Estados; defesa da paz; solução pacífica entre os conflitos; repúdio ao terrorismo e ao racismo; cooperação entre os povos para o progresso da humanidade; concessão de asilo político. Prescreveu, ainda, nesse campo, a busca da integração econômica, política, social e cultural dos povos da América Latina visando à formação de uma comunidade latino-americana de nações.

5. A supremacia da constituição

O princípio da supremacia da constituição seria estéril se não existisse um mecanismo específico destinado a controlar a adequação das normas jurídicas, editadas no curso da atividade legislativa ordinária, à disciplina constitucional. Por sua própria natureza, o valor da constituição no plano da hierarquia das leis é superior, de modo a conferir-lhe o privilégio da precedência, o que equivale dizer, põe a constituição em posição fundamental, como vértice de todo o processo legislativo interno.

Na verdade, a posição de primazia do diploma constitucional em um quadro positivo determinado decorre exatamente dos requisitos e circunstâncias que envolvem a elaboração da constituição. Na medida em que a constituição revela a disciplina básica da organização e do funcionamento do Estado, ela identifica a vontade do povo manifestada pelo poder constituinte.

No magistério de **Leon Duguit** o problema da inconstitucionalidade, ou o valor do princípio da supremacia da constituição, insere-se no círculo maior das suas considerações sobre as leis contrárias ao direito, assim, aquelas leis que contenham disposição contrária, seja a um princípio de direito superior, seja a uma disposição inscrita na declaração de direitos, seja, finalmente, a uma disposição da lei constitucional rígida.

Existindo um choque entre duas prescrições legais, uma, necessariamente, contrária ao direito estabelecido pela outra, resolve-se o conflito em favor da norma de hierarquia superior. É claro que, no plano dos Estados com constituição de tipo racional-normativa, o conflito resolve-se, sempre, em favor da constituição.

A conseqüência prática da supremacia da constituição está, desse modo, vinculada diretamente à obrigatória conformação da lei ordinária às prescrições constitucionais. É inconstitucional, portanto, a lei que contém, no todo ou em parte, prescrições incompatíveis com a constituição.

Problema importante, ligado estreitamente ao conceito de inconstitucionalidade, diz respeito ao critério seguido para diagnosticar a existência do conflito com a constituição. É inconstitucional a regra jurídica que é incompatível com a letra expressa da constituição, não há a menor sombra de dúvida. Mas será inconstitucional a regra contrária ao espírito da constituição? Ou, ainda, a inconstitucionalidade verifica-se nos conflitos com as regras mandamentais e diretoriais da constituição? Ou, apenas, com relação às regras mandamentais?

E, nesse campo preliminar, qual o critério de interpretação que deve ser adotado para as regras constitucionais? Contendo princípios gerais, fixando a estrutura do Estado, o seu funcionamento, as suas relações com os indivíduos, assegurando a paz, a liberdade e o progresso, a constituição deve ser interpretada de forma a permitir a realização das suas prescrições, combatendo-se, portanto, qualquer tipo de interpretação paralisante. Aqui vale lembrar o estudo de **Peter Häberle** ao propor a seguinte tese: *"no processo de interpretação constitucional estão potencialmente vinculados todos os órgãos estatais, todas as potências públicas, todos os cidadãos e gru-*

*pos, não sendo possível estabelecer-se um lenco cerrado ou fixado com **numerus clausus** de intérpretes da Constituição"*. Para o professor tedesco, a *"interpretação constitucional é, em realidade, mais um elemento da sociedade aberta. Todas as potências públicas, participantes materiais do processo social, estão nela envolvidas, sendo ela, a um só tempo, elemento resultante da sociedade aberta e um elemento formador ou constituinte dessa sociedade (weil Verfassungsinterpretation diese offene Gesellschaft immer von neuem mitkonstituiert und von ihr konstituiert wird). Os critérios de interpretação constitucional hão de ser tanto mais abertos quanto mais pluralista for a sociedade"*.

Tenha-se presente nessa matéria que o conflito com a constituição deve ser considerado somente a partir do esgotamento de todos os critérios possíveis de interpretação de modo a facultar o exame concreto que ofereça segurança na identificação da inconstitucionalidade. **Themistocles Cavalcanti**, que foi Ministro do Colendo Supremo Tribunal Federal e professor na antiga Faculdade de Direito da PUC-RJ, para escoimar de dúvidas a apreciação da constitucionalidade, estabeleceu regras gerais, assim a de que a constituição seja considerada um todo harmônico, a de levar em conta a evolução da conjuntura, a de entender as palavras em seu sentido usual, quando não tenham sentido técnico próprio, a de evitar a declaração de inconstitucionalidade de uma lei aplicada durante muito tempo sem contestação.

Outro antigo Ministro do Colendo Supremo Tribunal Federal, **Carlos Maximiliano**, que escreveu o mais importante livro de hermenêutica em nosso país, considerando a conseqüência da declaração de inconstitucionalidade — uma lei inconstitucional é como se não tivesse existido —, aduz, ainda, outras regras gerais referentes ao exame e à verificação do conflito: sempre que for possível, sem fazer demasiada violência às palavras, interprete-se tão restritivamente a linguagem da lei que se torne constitucional a medida; não se declaram inconstitucionais os motivos da lei — se o Parlamento agiu por motivos inconstitucionais ou reprováveis, porém a lei não é, no texto, contrária à constituição, o intérprete assim deve rechaçar a inconstitucionalidade; se apenas uma parte da lei é inconstitucional e é possível separá-la, sem destruir ou diminuir a eficiência do todo para atingir os objetivos colimados pelo decreto ou lei, condene-se somente a parte.

No que concerne ao problema de saber se todas as regras da constituição têm a mesma força para caracterizar a existência do conflito e conseqüente declaração de inconstitucionalidade, a lição de **Francisco Campos** pode ser considerada definitiva. Com efeito, no sistema de constituição escrita e rígida a distinção entre regras diretórias e regras mandatórias não deve prosperar. Para **Francisco Campos**, no regime de constituição escrita ou rígida, todas as regras constantes da constituição, seja qual for o seu conteúdo ou natureza, são indistintamente constitucionais. Sendo, pois, todas elas de ordem constitucional, terão, igualmente, a mesma força que lhes provém, não de sua matéria, mas do caráter do instrumento a que aderem, não se podendo conceber que se preserve ao legislador o arbítrio de distingui-las, para o efeito de sua observância, em essenciais ou substanciais, a saber, imperativas ou mandatórias, e em acessórias, ou de mera conveniência, isto é, diretórias.

Quem melhor examinou essa questão da aplicabilidade das normas constitucionais foi **José Afonso da Silva**. Depois de mostrar que a classificação das normas constitucionais em mandatórias (que seriam as cláusulas constitucionais essenciais ou materiais, cujo cumprimento é obrigatório e inescusável) e diretórias (de caráter regulamentar, podendo o legislador dispor de outro modo sem que isso importasse na inconstitucionalidade de seu ato), e de anotar a posição de **Francisco Campos** no sentido de ser tal distinção a mesma, formulada em outros termos, entre leis constitucionais formais e materiais, consideradas as primeiras como meramente diretórias, por não conterem matéria de natureza ou de essência constitucional, e as segundas como mandatórias por natureza, não por figurarem no instrumento da constituição, mas por serem substancial e essencialmente constitucionais, ele relembra a velha classificação trazida por **Ruy Barbosa** do direito constitucional norte-americano, entre normas constitucionais *self-executing* (são as desde logo aplicáveis, porque revestidas de plena eficácia jurídica, por regularem diretamente as matérias, situações ou comportamentos de que cogitam) e *not self-executing* (são as de aplicabilidade dependente de leis ordinárias), expressões que em nosso país foram traduzidas em auto-aplicáveis e não auto-aplicáveis, para apresentar a sua própria tipologia. Para o eminente constitucionalista de São Paulo, as normas constitucionais têm uma tríplice característica quanto à eficácia e aplicabilidade: **a)** normas constitucionais de eficácia plena; **b)** normas constitucionais de eficácia contida; **c)** normas constitucionais de eficácia limitada ou contida.

Normas de eficácia plena são as de aplicabilidade direta, imediata e integral sobre os interesses objeto de sua regulamentação jurídica. Normas de eficácia limitada são as de aplicabilidade indireta, mediata e reduzida, porque somente incidem totalmente sobre esses interesses após uma normatividade ulterior que lhes desenvolva a eficácia, conquanto tenham uma incidência reduzida e surtam outros efeitos não essenciais. Podem ser declaratórias de princípios institutivos ou organizativos e declaratórias de princípios programáticos. Finalmente, normas de eficácia contida são as de aplicabilidade direta, imediata, mas não integral, porque sujeitas a restrições previstas ou dependentes de regulamentação que limitam a sua eficácia e aplicabilidade.

Essa tipologia apresentada por **José Afonso da Silva** tem sido de uso permanente, eis que os conflitos constitucionais, normalmente, exigem a correta classificação da regra constitucional questionada.

Nos Estados Unidos da América do Norte, a doutrina do controle da constitucionalidade resultou de construção jurisprudencial. O conflito deve ser muito claro, manifesto (**Haines**: *violation must be manifest beyond reasonable doubt*; **Watson**: *the courts will not exercise this power except in cases where it is clear that the legislate in question violates the Constitution*; **Tucker**: *if the court be in doubt whether a law be or be not in pursuance of the constitution where the repugnancy is not clear and beyond reasonable doubt – it should refrain from making the law void in effect by its judgement*). De fato, essa orientação do direito constitucional norte-americano é a melhor. Não é possível declarar a inconstitucionalidade sem que ela seja clara, além de qualquer dúvida razoável.

Loureiro Júnior, examinando a origem histórica do controle da constitucionalidade das leis, localiza o antecedente inglês com o objetivo de demonstrar que o princípio da limitação legal dos poderes, da sua diversidade, autonomia e independência, da constituição escrita, da hierarquia das normas com a prevalência de umas sobre as outras, da competência da justiça para declarar deliberações, tanto da Coroa como do Parlamento, nulas e sem efeito, tem fundas raízes na Inglaterra. Foi no século XVII que Edward Coke, no chamado Bonham's Case, afirmou a primazia da **common law**. Todavia, foi no conhecido caso *Marbury vs. Madison*, julgado em 1803, pela Corte Suprema dos Estados Unidos, que Marshall firmou definitivamente a doutrina do controle da constitucionalidade das leis. O caso consistiu em um requerimento de William Marbury à Suprema Corte para que fosse expedido um *mandamus* a seu favor. Nomeado por Adams para o cargo de Juiz de Paz no Distrito de Columbia, tendo o Senado confirmado a nomeação, Marbury não foi efetivado por decisão do Secretário de Estado Madison. Marshall, decidindo a questão a favor do Executivo, proferiu o julgado que se tornou famoso, merecendo transcrita a parte principal, de acordo com a tradução de **Ruy Barbosa**:

> *"Se o ato legislativo, inconciliável com a constituição é nulo, ligará ele, não obstante a sua invalidade, os tribunais, obrigando-os a executarem-no? Ou, por outras palavras, dado que não seja lei, subsistirá como preceito operativo, tal qual se o fosse? Seria subverter de fato o que em teoria se estabeleceu; e o absurdo é tal, logo a primeira vista, que poderíamos abster-nos de insistir.*
> *Examinemo-lo, todavia, mais a fito. Consiste especificamente a alçada e a missão do Poder Judiciário em declarar a lei. Mas as que lhe adaptam as prescrições os casos particulares, hão de forçosamente explaná-la e interpretá-la. Se duas leis se contrariam, aos tribunais incumbe definir-lhes o alcance respectivo. Estando uma lei em antagonismo com a constituição, e aplicando-se à espécie a constituição e a lei, de modo que o Tribunal haja de resolver a lide em conformidade com a lei, desatendendo a constituição, rejeitando a lei, inevitável será eleger, dentre os dois preceitos opostos, o que dominará o assunto. Isto é da essência do dever judicial.*
> *Se, pois, os tribunais não devem perder de vista a constituição, e se a constituição é superior a qualquer ato ordinário do poder legislativo, a constituição e não a lei ordinária há de reger o caso, a que ambas dizem respeito. Destarte, os que impugnam o princípio de que a constituição se deve considerar em juízo, como lei predominante, hão de ser reduzidos à necessidade de sustentar que os tribunais devem cerrar olhos à constituição e enxergar a lei só. Tal doutrina aluiria os fundamentos de todas as constituições escritas. E equivaleria a estabelecer que um ato, de todo em todo inválido segundo os princípios e a teoria de nosso governo, e, contudo, inteiramente obrigatório na realidade. Equivaleria a estabelecer que, se a legislatura praticar o que*

lhe está explicitamente vedado, o ato, não obstante a proibição expressa, será praticamente eficaz. Equivaleria a dar, de um só fôlego, à legislatura uma onipotência prática e real, professando, aliás, circunscrever-lhe os poderes em estreitos limites. Equivaleria a prescrever-lhe confins, e outorgar-lhe o arbítrio de excedê-los a seu bel-prazer. Para se repelir semelhante interpretação, bastaria admitir em que ela reduz a nada o que estamos habituados a encarar como o maior dos melhoramentos em matéria de instituições políticas: a vantagem de uma constituição escrita. Bastaria de si só isso, na América, onde, com tanta reverência, se estima o benefício das constituições escritas, para se condenar esta hermenêutica. Mas há na Constituição dos Estados Unidos textos que nos ministram argumentos adicionais no mesmo sentido.

Estende-se o nosso poder judicial a todos os casos subordinados à constituição. Poderia estar no ânimo dos que conferiram este poder a intenção de que, ao usarmos dele, desviássemos a vista da constituição? A idéia é de que houvéssemos de resolver os casos submetidos à Constituição, sem examinarmos o instrumento, a cuja alçada eles pertencem? Tamanha extravagância não se poderia manter. Espécies há, portanto, em que os juízes têm de consultar a constituição. E se é força compulsarem-na, quais os lanços desse documento, que não lhes será permitido verem, ou cumprirem?"

Não foi tranqüila a aceitação da doutrina, que, finalmente, acabou consolidada, principalmente, pela prudência das decisões da Suprema Corte. Uma das limitações mais importantes é a declaração de inconstitucionalidade só poder ser feita em casos submetidos ao julgamento da Corte, que não pode declarar, em tese, a inoperância, pelo vício da inconstitucionalidade, de qualquer ato do Congresso. Outra limitação está na doutrina das chamadas questões políticas. Nestes casos, a Corte declina de qualquer decisão por entender que tais questões não pertencem à sua jurisdição. Não existe, na verdade, qualquer definição precisa do que constitui uma questão política. E, dessa maneira, é a própria Corte que vai dizer, em cada caso, se é, ou não, uma questão política. O Juiz Brennam, no caso *Baker vs. Carr*, afirmou que, genericamente, a questão política pode ser medida pela competência dos departamentos políticos do governo e a ausência de critérios satisfatórios para suportar a decisão judicial. Para o antigo Juiz da Corte Suprema, o exame da casuística americana mostra assuntos como relações internacionais, existência de um estado de guerra, a forma de governo de um Estado, se é republicana, ou não. Por outro lado, há quem afirme que a decisão do Tribunal pode ser considerada nessa categoria por mera conveniência, assim, por exemplo, quando não quer conflitar com o Presidente ou com o Congresso. Desse modo, se o Tribunal acha melhor limitar a sua jurisdição, restringir o seu poder de revisão, não é por causa da doutrina da separação de poderes ou da carência de regra jurídica aplicável, mas por causa da oportunidade.

Ao lado dessas limitações, a Suprema Corte vem ampliando, ao longo do tempo, a sua competência de revisão, com o que fica claro que as limitações estão subordinadas a critério político e não à regra do *stare decisis*. A decisão varia, assim, com o momento, com a oportunidade, mas sempre guarda prudência para preservar a autoridade da Corte e o cumprimento efetivo de suas decisões. De todos os modos, não se pode negar que a Suprema Corte tem utilizado o judicial *review* como instrumento de afirmação do poder judicial. Contudo, as suas decisões, desde tempos remotos, lançam mão da chamada *rule of reason*, isto é, da regra da razoabilidade, para enfrentar as argüições de inconstitucionalidade. Como ensina **Bidart Campos**, razoável é o axiologicamente válido segundo as circunstâncias do caso, o oportuno, o conveniente em função de todos os valores.

Para **Garcia-Pelayo**, a Emenda nº XIV e as transformações econômicas dos Estados Unidos facilitaram a extensão dos poderes da Corte. A Emenda, que introduziu a noção do *due process of law*, permitiu o reforço da *rule of reason*. Assim, quando a constituição admite diferentes interpretações, não impõe aos atos do Legislativo nenhum conteúdo específico, e este pode determinar um e outro; mas, segundo o Judiciário, desses possíveis conteúdos só está de acordo com a constituição aquele que é razoável; por conseguinte, os tribunais têm que decidir também sobre a razoabilidade das leis.

No sistema constitucional norte-americano, como é sabido, o controle da constitucionalidade é judicial e por via de exceção. Esse controle de tipo norte-americano, como mostra **Cappelletti**, que se distingue do controle de tipo austríaco, inspirado na *Oktoberverfassung*, com base em projeto elaborado por mestre **Kelsen**, "*encontra-se, sobretudo, em muitas ex-colônias inglesas,* *como o Canadá, a Austrália, a Índia e em outras partes: e nós procuramos no capítulo precedente (sub § 4) explicar o aparente paradoxo pelo qual o Direito inglês, que, decididamente, exclui na mãe pátria, por força do princípio fundamental da 'supremacy of the Parliament', a possibilidade de controle judicial da legislação, fez-se, ao contrário, promotor, nas colônias, deste controle".*

Antes de estudarmos o sistema de controle no Brasil, vale mencionar o sistema austríaco que traduz, como ensina **Gilmar Ferreira Mendes**, uma nova concepção de controle da constitucionalidade. Outorgou-se ao Tribunal Constitucional a competência para dirimir as questões constitucionais, consagrando não apenas o controle abstrato e concreto, além dos recursos constitucionais, mas, também, uma modalidade preventiva. Podem ser objeto de controle as leis federais ou estaduais e os regulamentos editados pelas autoridades administrativas. Na Áustria, mediante requerimento especial, formulado pelo Governo Federal, com referência a leis estaduais, ou pelos Governos estaduais, com referência a leis federais, o Tribunal é provocado para dirimir o conflito constitucional, não sendo necessária a demonstração de ofensa a qualquer interesse particular ou situação subjetiva. De igual modo, um terço dos membros do Parlamento podem apresentar argüição de inconstitucionalidade, para proteger a chamada minoria qualificada, tal como recomendado por **Kelsen**. Ensina **Gilmar Ferreira Mendes** que competia ao Tribunal apreciar a questão constitucional como pressuposto de uma controvérsia pendente. Inexistia, porém, previsão quanto ao controle concreto de normas relativo aos processos pendentes em outros juízos ou tribunais. Esse controle veio em 1929, sendo reconhecido, excepcionalmente, efeito retroativo à decisão proferida no caso concreto submetido à Corte pelo Tribunal Superior ou pela Corte Administrativa. Segundo **Kelsen**, este efeito é uma necessidade técnica: é que os órgãos legitimados a provocar o Tribunal Constitucional, no caso concreto, tinham necessidade de saber se aquela provocação, caso procedente, teria efeito imediato sobre a questão em exame.

A Constituição austríaca reconhece, ainda, um recurso para espancar a violação de direitos constitucionais assegurados, por ato da Administração, e contra a aplicação de um regulamento ilegal, ou de uma lei ou tratado internacional, sendo necessário o exaurimento das instâncias ordinárias. Em 1975, foi introduzido o chamado recurso individual, que permite a impugnação, perante a Corte Constitucional, de lei ou regulamento que lese, diretamente, direitos individuais, sendo que tal recurso, segundo a jurisprudência do Tribunal, só é possível se não houver outra via judicial adequada à defesa do alegado direito. O controle preventivo decorre da competência do Tribunal Constitucional declarar, mediante requerimento do Governo Federal ou de um Governo estadual, se determinado ato concreto de soberania é de competência da União ou dos Estados. Anote-se que esse controle só é possível antes da conversão do projeto em lei.

A Constituição da Turquia de 9/7/61 seguiu a lição austríaca acolhendo, no art. 145, uma Corte Constitucional, com a competência para apreciar a constitucionalidade das leis. No sistema turco, quando outra Corte considera a inconstitucionalidade de uma lei, ou julga relevante a alegação de uma das partes a esse respeito, o julgamento deve ser adiado para que a Corte Constitucional decida sobre o assunto. O prazo deferido para esse fim é de três meses, findo o qual a Corte na qual a matéria estava sob exame decidirá segundo as suas próprias convicções. Todavia, se a decisão da Corte Constitucional chegar antes da decisão final, deverá ser imediatamente obedecida.

A Constituição da França, de 1958, criou o Conselho Constitucional com competência para apreciar a constitucionalidade das leis. O que, de fato, caracteriza o controle no sistema francês é o exame prévio da lei. Tal exame é obrigatório no caso das leis orgânicas e dos regulamentos das assembléias parlamentares. É facultativo no caso das leis ordinárias, no caso dos textos que tomam caráter de lei e de compromisso internacional. A regra declarada inconstitucional não pode ser promulgada, nem posta em execução. Das decisões do Conselho Constitucional não cabe recurso.

A Itália conheceu o sistema norte-americano nos anos de 1948 a 1956, da entrada em vigor da Constituição de 1948 até o funcionamento da Corte Constitucional. Anotou **Mauro Cappelletti** que os sistemas acolhidos pela Itália e pela Alemanha superaram o defeito apresentado pelo sistema austríaco que a ambos influenciou decisivamente. Ensina o notável processualista, que tantos laços tem com o Brasil: *"Como é sabido, tanto na Itália como na Alemanha, vale, tal qual na Áustria, a proibição aos juízes comuns (civis, penais, administrativos) de efetuar um controle de constitucionali-*

*dade das leis. Em suma, os juízes comuns são, na Itália e na Alemanha, assim como na Áustria **incompetentes** para efetuar tal controle de constitucionalidade, que é reservado à competência exclusiva das Cortes Constitucionais dos dois países. Contudo, na Itália como na Alemanha, diferentemente da Áustria, **todos os juízes comuns, mesmo aqueles inferiores**, encontrando-se diante de uma lei que eles considerem contrária à Constituição, em vez de serem passivamente obrigados a aplicá-la, têm, ao contrário, o poder (e o dever) de submeter a questão da constitucionalidade à Corte Constitucional, a fim de que seja decidida por esta, com eficácia vinculatória. Em síntese, todos os juízes, e não apenas os juízes superiores, são legitimados a dirigir-se à Corte Constitucional, limitadamente às leis relevantes nos casos concretos submetidos a seu julgamento, e este julgamento será **suspenso**, enquanto a Corte Constitucional não tiver decidido a questão prejudicial de constitucionalidade."*

Na Suíça, a interpretação dos artigos 113, III, e 114 bis, da Constituição Federal de 29/5/1874, emendada em 31/12/1964, acolhe o controle da constitucionalidade pelo Tribunal Federal, operando por via da exceção ou por via principal. No primeiro caso, está o controle das decisões federais simples, dos decretos do Conselho Federal e dos seus departamentos, e, finalmente, dos decretos do Tribunal Federal. No segundo, o controle é exercido apenas com relação às leis cantonais, seja por violação da Constituição Federal, seja por violação das constituições cantonais.

O sistema constitucional brasileiro acompanhou e acatou o modelo norte-americano. Já em 1893, **Ruy Barbosa**, primeiro defensor brasileiro do controle jurisdicional da constitucionalidade, traçou as três bases da Constituição de 24 de fevereiro, a saber: a) supremacia da lei fundamental sobre todas as leis; b) limitação estrita da autoridade da legislatura e da autoridade da administração às suas fronteiras; c) intervenção reparadora da justiça da União em todos os casos de violência ao direito constitucional. **Ruy Barbosa** proclamou a compatibilidade do controle jurisdicional da constitucionalidade estabelecendo: a) o poder de fazer a lei não compreende o de reformar a Constituição; b) toda lei que cerceie instituições e direitos consagrados na constituição é inconstitucional; c) por maioria de razão, inconstitucionais são as deliberações não-legislativas de uma Câmara, ou de ambas, que interessarem esfera vedada ao Poder Legislativo.

A Lei n° 221/1894, a primeira a regular o processo judicial federal, acolheu no § 10 do art. 13, a competência do Poder Judiciário para negar aplicação às leis manifestamente inconstitucionais, consagrando, assim, no direito positivo, antes mesmo de qualquer disposição constitucional, o princípio da hierarquia das leis.

A partir da Constituição de 1934 o sistema constitucional brasileiro consolidou a doutrina do controle jurisdicional da constitucionalidade das leis. Foi disciplina inovadora: ao Senado caberia suspender a execução de lei ou ato de qualquer natureza declarado inconstitucional pelo Poder Judiciário, e a obrigação de maioria absoluta dos membros dos Tribunais superiores para a declaração de inconstitucionalidade.

A Constituição de 1946 inovou na matéria, com a Emenda Constitucional n° 16/65, ao atribuir competência ao Procurador-Geral da República para representar perante o Supremo Tribunal Federal por inconstitucionalidade de lei ou ato normativo federal ou estadual. Esta inovação foi mantida pela Carta constitucional de 1967.

A Constituição de 1988 trouxe importante inovação, assim, a chamada ação direta de inconstitucionalidade, com legitimação ativa própria, restrita conforme indicado no art. 103. Desse modo, além do sistema difuso, quer dizer, por via incidental, a inconstitucionalidade pode ser enfrentada pelo sistema concentrado, ou seja, pela ação direta de inconstitucionalidade. A Constituição de 1988 criou, ainda, a chamada inconstitucionalidade por omissão de medida para tornar efetiva norma constitucional, inspirando-se no art. 283 da Constituição portuguesa. Posteriormente, nasceu a ação declaratória de constitucionalidade de lei ou ato normativo federal (Emenda n° 3/93). Para **Celso Ribeiro Bastos**, esta inovação pode *"propiciar, se não forem tomadas as medidas cautelares necessárias, um julgamento precipitado e fora das condições próprias em que se dá a atividade jurisdicional, sempre respeitosa dos princípios do contraditório e da ampla defesa"*.

Finalmente, merece referência, nesta homenagem que se presta a mestre **Caio Tácito**, por seus oitenta anos de luzes no mundo jurídico, o trabalho da comissão especial de juristas (**Caio Tácito, Ada Pelegrini Grinover, Alvaro Vilaça de Azevedo, Antonio Jamyr Dall'Agnol, Arnoldo Wald, Gilmar Ferreira Mendes, Luiz Roberto Barroso, Manoel André da Rocha, Roberto Rosas, Ruy Rosado de Aguiar Junior** e o autor deste artigo) que elaborou anteprojeto de lei dispondo sobre o processo e julgamento da ação direta de inconstitucionalidade e da ação declaratória de constitucionalidade perante o Supremo Tribunal Federal, tendo o Senhor Presidente da República encaminhado mensagem ao Congresso Nacional, encontrando-se a matéria em tramitação na Câmara dos Deputados. Dentre tantas inovações propostas, vale destacar aquelas sobre a possibilidade do Supremo Tribunal Federal, por maioria de dois terços de seus membros, restringir os efeitos da declaração de inconstitucionalidade ou decidir que ela só terá eficácia a partir de seu trânsito em julgado, ou de outro momento que venha a ser fixado, sobre a interpretação conforme a Constituição e a declaração parcial de inconstitucionalidade sem redução de texto, e, ainda, aquela sobre o efeito vinculante em relação aos órgãos do Poder Judiciário e à administração pública federal, estadual e municipal. Na verdade, o anteprojeto procurou consolidar posições já esboçadas em julgados do Colendo Supremo Tribunal Federal. São alterações substantivas que, concretamente, aproximam o sistema brasileiro do sistema tedesco, afastando-o, assim, da velha tradição norte-americana. É certo que, como destacou a exposição de motivos do Ministro **Nelson Jobim**, no que se refere aos efeitos da declaração de inconstitucionalidade, que a *"Suprema Corte americana vem considerando o problema proposto pela eficácia retroativa de juízos de inconstitucionalidade a propósito de decisões em processos criminais. Se as leis ou atos inconstitucionais nunca existiram enquanto tais, eventuais condenações nelas baseadas quedam ilegítimas e, portanto, o juízo de inconstitucionalidade implicaria a possibilidade de impugnação imediata de todas as condenações efetuadas sob a vigência da norma inconstitucional. Por outro lado, se a declaração de inconstitucionalidade afeta tão-somente a demanda que foi levada a efeito, não há que se cogitar de alteração de julgados anteriores"*. **Lawrence Tribe** adverte, porém, que a posição da Suprema Corte é bem mais complexa na prática, considerando que o esforço final é para minimizar a injustiça de tratar litigantes em situação semelhante de forma diversa. A partir do caso *Stovall vs. Denno*, a solução seria a aplicação do benefício das decisões não-retroativas para todos os réus com casos pendentes na data da decisão.

De todos os modos, as constituições de tipo racional-normativo não podem dispensar o controle da constitucionalidade das leis, qualquer que seja o modelo adotado. A força da constituição, por seu turno, como ensina **Konrad Hesse**, existe quando *"se fizerem presentes, na consciência geral — particularmente, na consciência dos principais responsáveis pela ordem constitucional —, não só a vontade de poder (Wille zur Macht), mas também a vontade de constituição (Wille zur Verfassung)"*. Para o grande jurista alemão, ex-Presidente da Corte Constitucional, a *"norma constitucional somente logra atuar se procura construir o futuro com base na natureza singular do presente. Tal como exposto por Humboldt alhures, a norma constitucional mostra-se eficaz, adquire poder e prestígio se for determinada pelo princípio da necessidade. Em outras palavras, a força vital e a eficácia da Constituição assentam-se na sua vinculação às forças espontâneas e às tendências dominantes do seu tempo, o que possibilita o seu desenvolvimento e a sua ordenação objetiva. A Constituição converte- se, assim, na ordem geral objetiva do complexo de relações da vida."*

O papel do Judiciário é, pois, relevante no sentido mesmo de compatibilizar a interpretação constitucional com o tempo vivido, fazendo prevalecer a norma constitucional sobre todas as manifestações do poder do Estado. Não é tarefa simples, nem fácil, mas, sem dúvida, é imperativa para assegurar a sobrevivência do estado de direito. É preciso não esquecer, como anotou o clássico **C.A. Lúcio Bittencourt**, que mesmo os mais ilustres democratas, como **Lincoln**, enfrentaram a competência dos tribunais em matéria constitucional, até mesmo com o desafio ao cumprimento de ordem judicial, como a suspensão do *habeas corpus* negada por **Taine**, então Chief Justice. Mas com a persistência, a firmeza, o equilíbrio e o bom senso das Cortes, o cidadão terá sempre a certeza de ter seus direitos preservados contra ato normativo de qualquer natureza contrário à constituição.

COMISSÃO PARLAMENTAR DE INQUÉRITO: LIMITES*

Uma das questões importantes sobre as comissões parlamentares de inquérito alcança a extensão dos seus limites materiais.

Laurence H. Tribe, na segunda edição (1988, The Foundation Press, Mineola, New York, págs. 375 e segs.) de seu clássico *American Constitutional Law* (1988), estudando o poder de investigação do Congresso em face do princípio da separação de poderes, mostra, com muita claridade, que o Congresso pode investigar qualquer matéria que seja alcançada pelo seu poder de legislar, sendo certo que o Congresso não pode investigar a atividade privada pelo só propósito de publicizar tal atividade (*"But more significantly, Congress may also investigate any matter concerning which the Constitution authorizes it to legislate. (...) But Congress may not investigate private activity for the sole purpose of publicizing that activity;"*).

Bernard Schwartz, lembrando Lord Coke, segundo o qual os Comuns *são os inquisidores gerais do reino*, noção rechaçada pelas Cortes americanas, indica que o princípio fundamental que rege o alcance do poder de investigação parlamentar foi estabelecido no caso *Kilbourn vs. Thompson*. Para a Corte Suprema, a autoridade de investigação do Congresso só pode ser exercida devidamente em apoio à função de legislar, sendo um poder auxiliar, portanto, cabível para ajudar o Congresso no exercício dos seus poderes legislativos, tal qual ocorreu, por exemplo, no caso *McGrain vs.*

---

* Publicado na Revista da Faculdade de Direito da UERJ nº 2/147.

Daugherty. Para **Bernard Schwartz**, de todos os modos, é necessário ter em conta que, pela relevância do poder de investigação parlamentar, a interpretação sobre a matéria não deve ser mesquinha. Para **Schwartz**, a investigação pode alcançar toda a gama de interesses nacionais a respeito dos quais o Congresso pode legislar ou decidir, ou, como dito pela Corte Suprema no caso *Barenblatt vs. Estados Unidos,* o poder de investigar, em suma, é tão profundo e vasto como o poder potencial de sancionar leis e assinar fundos conforme a Constituição (*The Powers of government, federal and state powers*, trad. mexicana, UNAM, 1966, págs. 167/168).

No caso *Gibson vs. Florida Legislative Investigation Committee*, a opinião da Corte, com o voto do Justice Goldberg, alcançou a proteção do direito constitucional de associação, deixando induvidoso que o poder de investigação parlamentar é amplo, e que o Estado tem o poder de informar-se adequadamente, assim por meio do poder de investigação legislativa, mas não sem limite (*"This Court has repeatedly held that rights of association are within the ambit of the constitutional protections afforded by the First and Fourteenth Amendments... At the same time, however, this Court prior holdings demonstrate that there can be no question that the State has power adequately to inform itself — through legislative investigation, if so desires — in order to act and protect its legitimate and vital interests... It is no less obvious, however, that the legislative power to investigate, broad as it may be, is not without limit"*) (*Constitutional Law — Cases and Materials*, Gerald Gunther and Noel T. Dowling, University Casebook Series, The Foundation Press, Inc., New York, 1970, pág. 1.341).

Segundo **Francisco Campos**, nessa *"cadeia de decisões judiciárias, além de outros pontos que serão referidos mais adiante, ficou plenamente estabelecido que o poder investigatório do Congresso tem como única fonte, ou como fonte originária exclusiva, a Constituição, e que aquele poder só pode ser exercido sobre matérias compreendidas na jurisdição constitucional do Congresso, sendo, assim, a sua primeira e mais ampla limitação, a de que o poder de investigar não é um poder geral, indiscriminado e autônomo, mais um poder auxiliar ou ancilar da função legislativa do Congresso e que, em conseqüência, ao invés de ser de natureza lúdica ou esportiva, ou de não visar qualquer fim de utilidade específica, só se justifica o seu exercício quando, mediante a investigação, o Congresso tenha em mira tomar medida ou resolução que se compreenda entre as* *reservadas à sua específica função constitucional"* (*Revista Forense 195/83*).

Em admirável tese, **Fulvio Fenucci**, revelando as dificuldades do tema, examina os limites da investigação parlamentar, sob a luz do art. 82 da Constituição da Itália, que confere às investigações parlamentares os mesmos poderes e limitações da autoridade judicial sobre matérias de interesse público. Assinala **Fennucci** que a investigação não se justifica em si mesma, mas, sim, como um instrumento para a formação de um ato legislativo, com o que o limite da função legislativa é o limite do poder de investigar, e, ainda, que, em geral, concorda-se que a investigação parlamentar é destinada a recolher informação essencial para estabelecer a necessidade de um ato legislativo em um dado momento ou relativamente a uma dada matéria, a preparar a documentação para a redação de um projeto de lei, trazendo diversos outros exemplos neste sentido de vínculo da investigação com o interesse público. E ao cuidar do limite derivado do direito à liberdade, **Fenucci** desenvolve a controvérsia sobre o limite material da investigação legislativa, assim, a atividade privada, seja individual, seja coletiva, seja de uma associação, assim, o direito pré-constituído e constitucionalmente garantido quer das pessoas naturais, quer das pessoas jurídicas, considerando esta última categoria como a mais exata, ainda que um tanto nebulosa. O autor, entrando fundo na controvérsia, entende lícito concluir que o direito de liberdade é o limite da investigação parlamentar — *"Se infatti l'inquesta legislativa non si justifica in sè, ma acquista un significado nel suo preordinarsi alla formazione di un'atto legislativo, ne consegue che i limiti della funzione legislativa sono a un tempo limiti del relativo potere... Secondo alcuni costituisce un limite materiale dell'inchiesta delle Camere l'attività privata, sia dei singoli che delle società, delle associazioni, degli enti; secondo altri sono limiti generali dei poteri delle commissioni d'inchiesta i diritti precostituiti e costituzionalmente garantiti dai privati, sia che si tratti di persone fisiche che di persone giuridiche. ... Quanto alla seconda affermazione — sono limiti dell'inchiesta i diritti precostituiti e costituzionalmente garantiti dei privati, sia che si tratti di persone fisiche che di persone giuridiche — sembra che, anche se in parte esatta, la formula sia alquanto nebulosa, sacarsamente chiarificatrice dei termine della questione... É lecito concludere, quindi, che le due proposizioni ricordate — l'attività* *privata à un limite dell'inchiesta delle Camere; sono limite dell'inchiesta delle Camere i diritti dei privati — si debbono convertire nella seguente: i diritti di libertà sono limiti dell'inchiesta parlamentare"* (I Limiti Dell'lnquesta Parlamentare, Casa Editrice Dott. Eugenio Jovene, Napoli, 1968, págs. 84, 310, 311 e 314. Ver também, **Alessandro Pace**, em sua monografia *Il Potere D'Inchiesta Delle Assemblee Legislative*, (Dott. A. Giuffrè Editore, Milano, 1973, pág. 54), que apresenta três limites, a saber: funcional (limiti funzionali), segundo o qual o escopo deve ser inspetivo-legislativo *("...gli scopi da perseguire possono essere solo questi ispettivo-legislativi"*); material (limiti materiali), considerando que não pode alcançar a autonomia do indivíduo e das entidades locais, nem a independência dos outros órgãos constitucionais *("...non si può incidere sull'autonomia di individui ed enti locali e sull'indipendenza di altri organi constitucionali"*), e instrução (limiti istruttori), na medida em que não pode ter em matéria de prova e de informação poder maior ou limitação menor que aqueles da autoridade judiciária *("...d'alla impossibilità di avere nella racolta delle prove e delle informazioni, poteri maggiori o limitazioni minori di quelli dell'autorità giudiziaria"*).

Finalmente, merece registro a definitiva lição de **Pietro Virga** sobre a compatibilidade entre a investigação parlamentar e o princípio da separação de poderes, porque a investigação parlamentar não pode ter função diversa da competência do Parlamento (*Diritto Costituzionale*, Dott. A. Giuffrè Editore, Milano, 6ª ed., 1967, pág. 234).

Em Portugal, ensina **J. J. Gomes Canotilho**, a *"letra do art. 181/4 deixa em aberto o fim ou fins das comissões parlamentares de inquérito. Daí que eles possam abranger: (1) os inquéritos legislativos que se destinam a colher informações com vista à preparação de projectos legislativos; (2) os inquéritos que visam assegurar e manter a reputação e prestígio do Parlamento; (3) os inquéritos tendentes a controlar abusos e irregularidades do Governo e da administração"* (*Direito Constitucional*, Almedina, Coimbra, 1991, 6ª ed., pág. 741). Para o grande teórico do novo constitucionalismo português, não *"é fácil delimitar o âmbito das comissões de inquérito. A regra é a de que o direito de inquérito existe em relação a assuntos para os quais o parlamento é competente, mas não para questões que são de exclusiva competência de outro órgão de soberania. Mas esta teoria —* **Korollar-Theorie** *lhe chama a doutrina alemã" —* adverte **Canotilho** — *"que limita as comissões de inquérito ao âmbito da competência do Parlamento, não é fácil de precisar, porque se ela pretende manter válido, também neste campo, o princípio da separação e interdependência dos órgãos de soberania, há casos em que o princípio sofre entorses na própria Constituição. Líquido parece ser que as comissões de inquérito não podem incidir sobre assuntos sujeitos a segredo de justiça e já confiados aos tribunais e que a elas está vedado transformarem-se em comissões de fiscalização permanente dos atos do executivo. Dúvidas existem quanto a comissões de inquérito relativas a assuntos incluídos no âmbito da administração autônoma"* (op. cit., pág. 742). Para **Canotilho** parece *"também que as comissões de inquérito não podem incidir sobre a esfera privada do cidadão: a protecção dos direitos fundamentais constitucionalmente assegurada vale perante os inquéritos parlamentares (...)"* (op. cit., pág. 743).

No Brasil, a prática das Comissões Parlamentares de Inquérito é muito antiga (v. **Aguinaldo Costa Pereira**, *Comissões Parlamentares de Inquérito*, Tese de Concurso, 1948, págs. 145 e segs.; **Wilson Accioli**, *Comissões Parlamentares de Inquérito*, Tese de Concurso, 1980, págs. 24 e segs.). Sob a Constituição de 1988, § 3º, do art. 58, as comissões parlamentares de inquérito, que terão poderes de investigação próprios das autoridades judiciais, além de outros previstos nos regimentos das respectivas Casas, serão criadas em conjunto ou separadamente, para a apuração de fato determinado e por prazo certo. Como é fácil verificar, diversamente do que dispôs o constituinte italiano, que definiu o seu alcance em matérias de interesse público, o constituinte brasileiro não estabeleceu, expressamente, o limite material das comissões parlamentares de inquérito.

Já **Pontes de Miranda**, após estudar a diferença entre as regras jurídicas das Constituições de 1934, 1946 e 1967, na vigência da Emenda nº 01/69, assinalava a vinculação do limite material das comissões parlamentares de inquérito com a competência das Casas legislativas, afirmando que a *"Câmara dos Deputados não pode abrir inquérito sobre assunto que é da só competência do Senado Federal"*, nem, tampouco, *"sobre assunto que escapa às funções do Poder Legislativo"*, concluindo por indicar a amplitude do poder de investigação parlamentar *"porque são em incalculável extensão os fatos de que o Congresso Nacional precisa inteirar-se"* (*Comentários à Constituição de 1967*, com a Emenda nº 1 de 1969, Forense, Rio, Tomo III, 1987, págs. 57/58).

Enquanto **Manoel Gonçalves Ferreira Filho** anota que as comissões parlamentares de inquérito *"constituem um recurso para tornar mais efetivo e rigoroso o controle que é deferido aos parlamentares sobre toda a máquina estatal"*, para ensinar que a *"regra de ouro é que o poder investigatório há de estar vinculado a uma atribuição constitucional específica"*, uma vez que *"não sendo da alçada da Casa ou do Congresso tomar decisão a respeito do 'fato' investigado, descabe a investigação"* (Comentários à Constituição Brasileira de 1988, Saraiva, São Paulo, vol. 2, 1992, págs. 70/71), **J. Cretella Junior** indica que o fato determinado deve *"relacionar-se com o momento constitucional vivido, recaindo a investigação apenas sobre eventos que se relacionem numa sucessão encadeada de causa e efeito"* (Comentários à Constituição de 1988, Forense Universitária, Rio, vol. V, 2ª ed., 1992, pág. 2.700).

O que se verifica é que a investigação parlamentar, concretamente, está vinculada ao poder de legislar e de controlar do Congresso. Há, portanto, uma esfera própria para a comissão parlamentar de inquérito, ou seja, uma limitação material, assim, a competência do Congresso sobre o objeto da investigação. **Chester J. Antieau**, apoiado nos casos *Kilbourn vs. Thompson*, de 1881, e no caso *McGrain vs. Daugherty*, de 1927, mostra que o poder de investigar é inerente ao processo legislativo, sendo, na verdade, um auxiliar da função legislativa, não possuindo o Congresso o poder geral de investigar os assuntos privados dos cidadãos. E apoiado no caso *Hutcheson vs. United States*, de 1962, indica que não é possível a investigação com o só fim de punir o investigado pela exposição pública (Modern Constitutional Law, The Lawyers Co-operative Publishing Company, New York, Bancroft Whitney Company California, vol. II, 1969, págs. 273/274).

Outrossim, como doutrina **Raul Machado Horta**, a *"competência da comissão de inquérito deve ser ainda encarada em função da distribuição de competência realizada pelo texto constitucional. Esse aspecto adquire particular relevo no Estado federal, caracterizado pela dualidade dos ordenamentos jurídicos. A Constituição Federal é a fonte das competências e ela demarca as fronteiras normativas de cada ordenamento. No caso do Estado-membro, a competência que lhe toca pressupõe a enumeração prévia dos poderes da União. (...) Comissão de Inquérito de Assembléia Legislativa estadual não poderá investigar matéria ou entidades que se encontram* *sujeitas à competência legislativa e administrativa da União"* (Revista de Direito Público — RDP nº 5, pág. 38).

Dúvida não há, portanto, sobre a limitação do poder de investigação parlamentar.

Logo, existe um limite em razão da matéria, isto é, não é possível avançar a investigação além da competência legislativa do Parlamento. Mas há, também, uma limitação importante no que concerne ao ente a ser fiscalizado pela Comissão Parlamentar de Inquérito.

O Órgão Especial do Tribunal de Justiça do Estado do Rio de Janeiro julgou mandado de segurança contra ato do Presidente da Assembléia Legislativa que criou Comissão Parlamentar de Inquérito *"com a finalidade de apurar o funcionamento e as irregularidades cometidas pela atual Direção da ECAD (Escritório Central de Arrecadação e Distribuição de Direito Autoral)"*, associação civil, constituída pelas associações de titulares de direito autoral, na forma do art. 115 da Lei nº 5.988/73[1], sujeito à fiscalização do Conselho Nacional de Direito Autoral — CNDA, que foi extinto no Governo do Presidente Fernando Collor. O Órgão Especial concedeu a ordem, considerando que a Assembléia Legislativa do Estado não tem qualquer competência sobre a legislação de direito autoral, que é da competência privativa da União (art. 22, I, da Constituição Federal). Entendeu o Órgão Especial, na linha da doutrina dominante, que fora do âmbito do seu poder de legislar e de controlar não pode a Assembléia Legislativa criar comissão parlamentar de inquérito.

No referido julgamento, a Corte enfrentou a possibilidade da prestação jurisdicional nesta matéria. É possível a interferência do Judiciário no poder de investigar da Assembléia Legislativa? E como se põe a questão do princípio da separação de poderes? As Cortes americanas desde o caso *Hearst vs. Black*, de 1936, têm dado sinais de resistência quando se trata de limitar a ação do Legislativo. Mas, mesmo assim, esclarece **Lawrence Tribe**, a Suprema Corte tem determinado estrita obediência ao estabelecido pelos direitos do cidadão, assim, por exemplo, em respeito ao disciplinado nas primeira (liberdade de manifestação de pensamento

---

[1] Revogada pela Lei nº 9.610/98, em seu artigo 99.

e de livre reunião), quarta (direito à segurança pessoal, da casa, dos documentos e dos bens contra as investigações e apreensões injustas) e quinta (o privilégio de não ser testemunha contra si próprio) emendas. Como anota **Tribe**, a Suprema Corte tem exigido que o Congresso adote salvaguardas procedimentais no curso das suas investigações (op. cit., pág. 377; v. tb. **Bernard Shwartz**, op. cit., pág. 188).

No caso do Brasil, também as Cortes têm sido prudentes na interferência em questões internas de outro Poder, preservando, assim, o princípio constitucional da separação de poderes. Todavia, não pode o Poder Judiciário deixar de prestar a jurisdição para assegurar direitos previstos na Constituição que sejam violados ou ameaçados de violação por ato de autoridade praticado com ilegalidade ou abuso de poder.

Como é sabido, são amplos os poderes das comissões parlamentares de inquérito, alcançando aqueles de investigação próprios das autoridades judiciais, além de outros previstos nos regimentos das respectivas Casas. Em geral, podem as comissões, no exercício de suas funções, determinar o comparecimento de testemunhas, colher depoimentos, promover diligências, requisitar documentos, pedir informações a qualquer repartição pública, expedir notificações. É evidente que os atos praticados com apoio em poderes tão amplos, se decorrentes de investigação vedada ao Poder Legislativo, seja porque ao largo de sua competência, seja porque atingem direitos constitucionalmente protegidos, violam direito líquido e certo. E, desse modo, é inquestionável a competência do Poder Judiciário para prestar a jurisdição.

Na lição clássica de **Francisco Campos** *"é indispensável para que se torne legítima a investigação parlamentar, se enuncie, com clareza e de modo adequado, a finalidade legislativa a que se destina. Se esta finalidade se presume em atenção à alta autoridade do Congresso, os tribunais, entretanto, na ressalva ou na defesa dos direitos individuais ameaçados ou violados, podem decidir, em face do contexto da resolução que designa o objeto do inquérito, que a investigação se destina antes a expor os negócios privados à indiscriminada e maliciosa curiosidade pública, do que a servir a um específico intento legislativo por parte do Congresso. Como a Corte Suprema já decidiu, não só em Kilbourn v. Thompson (103 U.S. 168), como em John Watkins v. United States (77 U.S. Ct. 1.173),* *a investigação de negócios individuais é ilegítima se não tem relação com um definido propósito de ordem legislativa"* (op.cit., pág. 88).

Finalmente, anote-se que o Órgão Especial, com o erudito voto condutor do eminente Desembargador **Ellis Figueira**, ao julgar o MS nº 179/94, decidiu no mesmo sentido, entendendo que o poder do Parlamento *"não vai ao infinito, não é detentor das rédeas do absoluto, mas se delimita às atividades que lhe são inerentes, ou seja, legislar e fiscalizar atos da administração pública em todo o seu raio de atuação e desdobramentos, mas sem romper as balizas do itinerário constitucional. Se o extrapola sua ação se alça juridicamente comprometida e se submete à poda jurisdicional, por provocação de quem se acha legitimado a fazê-lo".*

O ato de criação de comissão parlamentar de inquérito para investigar matéria fora da competência legislativa ou decisória da Casa na qual foi criada viola direito líquido e certo do investigado, merecendo a interferência do Poder Judiciário, que não pode negar a prestação jurisdicional invocada, até mesmo para preservar o princípio constitucional da separação de poderes.

CONTRATO DE TRANSPORTE. RESPONSABILIDADE CIVIL DECORRENTE DE ASSALTO[1]

O contrato de transporte é aquele em que alguém se obriga a transferir incólume de um lugar a outro, mediante pagamento, pessoa ou bem. É, como sabido por todos, um contrato bilateral, consensual, oneroso e, não raro, de adesão.

O Código Civil não cuidou do transporte[2]. O Código Comercial regulou o transporte marítimo e a respectiva responsabilidade. Há no artigo 102[3] referência ao transporte terrestre, estipulando que corre por conta do dono o risco que as fazendas sofrerem, proveniente de vício próprio, força maior ou caso fortuito, cabendo a prova ao condutor ou comissário de transporte. O Decreto nº 2.681, de 7/12/12, com força de lei, que disciplinou a responsabilidade civil das estradas de ferro, foi um marco. Por analogia, as regras que estabeleceu foram aplicadas aos demais transportes coletivos.

O primeiro passo é distinguir as três relações jurídicas que podem ocorrer: a primeira, alcança os empregados da empresa trans-

---

[1] Adaptação de conferência proferida no V Congresso Responsabilidade Civil no Transporte Terrestre de Passageiros, promovido pelo 1º Tribunal de Alçada Civil de São Paulo e Centro de Estudos e Pesquisas — CEPES, São Roque, São Paulo, 25/3/2000.

[2] Matéria regulada pelos artigos 730 e seguintes do Código Civil de 2002.

[3] Revogado pelo Código Civil de 2002 (arts. 730 e seguintes).

portadora; a segunda, terceiros e, finalmente, os passageiros (Sérgio Cavalieri, *Programa de responsabilidade civil*, Malheiros, 1996, pág. 192).

É evidente que com relação aos terceiros a responsabilidade é extracontratual objetiva. Não existe relação contratual subjacente. E a responsabilidade está subordinada ao art. 37, § 6º, da Constituição Federal, por se tratar de empresa prestadora de serviços públicos. Não se pesquisa a culpa. A responsabilidade somente pode ser afastada por fato exclusivo da vítima, caso fortuito ou força maior, e fato exclusivo de terceiros.

No que concerne ao empregado, a responsabilidade está fundada no acidente de trabalho, e em relação ao passageiro, a responsabilidade é contratual, fundada no contrato de transporte.

A responsabilidade é objetiva, presente a concessão do serviço público, não baseada, portanto, na culpa presumida, em que se inverte o ônus da prova, ficando o transportador, causador do dano, com a incumbência de demonstrar que não agiu com culpa. Assim, a exoneração da responsabilidade só ocorre se o causador do dano provar que está presente uma das excludentes de responsabilidade. O art. 14 do Código de Defesa do Consumidor, impondo a responsabilidade objetiva para o prestador de serviços, consolida a interpetação do art. 17 do Decreto nº 2.681/12. Como ensina **Aguiar Dias**, *"reconhecida a obrigação de garantir a incolumidade do viajante, e traduzindo o fato de que ele se queixa uma demonstração de que essa incolumidade não foi assegurada, logicamente, é à empresa de transporte que incumbe provar que não faltou à sua obrigação, em face do caso fortuito, força maior ou culpa exclusiva da vítima"* (*Da Responsabilidade Civil*, Editora Forense, vol. I, 10ª ed., 1995, pág. 195). Está presente aquilo que **Carvalho de Mendonça** chama de resultado útil. Somente no caso do transporte benévolo exige-se para a responsabilidade civil do transportador o dolo ou culpa grave (Súmula nº 145-STJ).[4]

Como sabido, a exclusão da responsabilidade do transportador, presente a cláusula da incolumidade, depende da prova da culpa exclusiva da vítima e da existência do caso fortuito e da força maior. Segundo **Clóvis Bevilácqua**, caso fortuito é o acidente produzido por força física ininteligente, em condições que poderiam

---

4 V. art. 736 do Código Civil vigente.

ser previstas pelas partes, e força maior é o fato de terceiro que criou, para a inexecução da obrigação, um obstáculo que a boa vontade do devedor não pode vencer, sendo seu traço característico não a imprevisibilidade mas, sim, a inevitabilidade.

É evidente que não há exoneração de responsabilidade naqueles casos que muitos autores chamam de "fortuito interno", assim, o fato, mesmo imprevisível, ligado aos riscos da própria atividade.

A Súmula nº 187 do Supremo Tribunal Federal estabelece que a responsabilidade contratual do transportador em relação ao passageiro não é elidida por culpa de terceiro, contra o qual tem ação regressiva.

Mas o que ocorre quando existe dano em decorrência de assalto? Vale pesquisar a ampla jurisprudência sobre a matéria no âmbito do Superior Tribunal de Justiça.

Uma observação que merece repetida foi feita por **Luiz Alberto Thompson Flores Lenz** (A responsabilidade civil do transportador pela morte de passageiro em assalto aos coletivos, RT 643/52): *"O caso fortuito e a força maior não se confundem com a falta de cautela ou a imprevidência"*. Com isso, afirma o autor que *"a exoneração somente ocorrerá quando a dificuldade no cumprimento do avençado atingir o patamar da impossibilidade"*.

Há vários precedentes relativos ao tema. Vejamos:

A Quarta Turma decidiu que a *"presunção de culpa da transportadora pode ser ilidida pela prova da ocorrência de força maior, como tal se qualificando o roubo de mercadoria transportada, com ameaça de arma de fogo, comprovada atenção da ré nas cautelas e precauções a que está obrigada no cumprimento do contrato de transporte"* (REsp nº 160.369/SP, Relator o Ministro **Sálvio de Figueiredo Teixeira**, DJ de 21/9/98).

A Terceira Turma, em caso de roubo de mercadoria durante o percurso para sua entrega, entendeu que não guardando o fato de terceiro conexidade com o transporte, exonera-se a responsabilidade do transportador (REsp nº 40.152/SP, Relator o Ministro **Nilson Naves**, DJ de 10/10/94).

Ainda na Terceira Turma, com voto vencido, ficou assentado que *"o assalto à mão armada configura força maior, de ordem a excluir a responsabilidade do transportador"*. O voto vencido entendia que o *"assalto à mão armada nos meios de transporte de cargas e passageiros deixou de revestir esse atributo, tal a habitualidade de sua ocorrência, não sendo lícito invocá-lo como causa de exclusão da responsabilidade do transportador, notadamente quando este, prevendo a possibilidade do evento, efetua cobertura contra roubo"* (REsp nº 65.761/SP, Relator para o acórdão o Ministro **Costa Leite**, vencido o Ministro **Waldemar Zveiter**, DJ de 17/12/99).

Também a Quarta Turma entendeu, de outra feita, que a *"presunção de culpa da transportadora pode ser ilidida pela prova de força maior, decorrente de assalto com violência, comprovada a atenção da ré nas cautelas e precauções a que está obrigada no cumprimento do contrato de transporte"* (REsp nº 109.966/RS, Relator o Ministro **Sálvio de Figueiredo Teixeira**, DJ de 18/12/98).

A Terceira Turma decidiu que estando o roubo devidamente provado, *"sob ameaça de arma, fica evidente na linha dos precedentes, que há força maior a excluir a responsabilidade do transportador"* (REsp nº 109.631/SP, de minha relatoria, DJ de 25/5/98).

Ainda a Quarta Turma reitera o mesmo entendimento tratando-se de assalto à mão armada em transporte de mercadoria (REsp nº 59.912/RJ, Relator o Ministro **Sálvio de Figueiredo Teixeira**, DJ de 9/10/95).

De outra feita, tratando o processo de indenização em decorrência do ingresso de passageiro portando pacote de dimensão a exigir expressa autorização e que entrou em combustão durante o trajeto, excluiu-se a responsabilidade da transportadora porque responsável o preposto que não cuidou de impedir o transporte do pacote. Há precedentes da Terceira e da Quarta Turmas no mesmo sentido (REsp nº 78.458/RJ, de minha relatoria, DJ de 29/9/97; REsp nº 95.426/RJ, Relator o Ministro **Ruy Rosado de Aguiar**, DJ de 14/10/96).

Precedente da Quarta Turma considerou que o assalto ao cobrador de ônibus *"não é fato imprevisível nem alheio ao transporte coletivo, em zona de freqüentes roubos, razão pela qual não vulnera a lei a decisão que impõe à empresa a prova da excludente da responsabilidade pela morte de um passageiro"* (REsp nº 175.794/SP, Relator o Ministro **Ruy Rosado de Aguiar**, DJ de 21/2/2000).

Já a Terceira Turma entendeu que em transporte intermunicipal, o assalto praticado dentro do ônibus é fato de terceiro que não guarda conexidade com o transporte, com o que existe exoneração da responsabilidade do transportador (REsp nº 74.534/RJ, Relator o Ministro **Nilson Naves**, DJ de 14/4/97).

Há antigo precedente da Quarta Turma no sentido de que o *"caso fortuito e a força maior caracterizam-se pela imprevisibilidade do evento. No Brasil contemporâneo, o assalto à mão armada nos meios de transporte de cargas e passageiros deixou de revestir esse atributo, tal a habitualidade de sua ocorrência, não sendo lícito invocá-lo como causa de exclusão da responsabilidade do transportador"* (REsp nº 50.129/RJ, Relator o Ministro **Torreão Braz**, DJ de 17/10/94).

A jurisprudência, como se vê, tem admitido a exoneração da responsabilidade quando há assalto. Mas existem muitas circunstâncias, aspectos de fato, que podem suscitar algumas vigorosas controvérsias.

Está em julgamento interessante questão sobre a exclusão da responsabilidade diante de um assalto a um carro forte, praticado por bandidos postados em viaduto com emprego de armas de fogo, provocando acidente de trânsito. O que se está discutindo é a natureza do transporte. Assim, se é carro forte não poderia haver a inevitabilidade, porque nesse tipo de transporte é de se exigir que a empresa transportadora de valores assuma o risco com cautelas adequadas para impedir o evento danoso decorrente de assalto.

Outra situação está posta naquele precedente já citado da relatoria do Ministro **Ruy Rosado de Aguiar**, em que se argumenta que *"existem circunstâncias propícias à prática de atos criminosos, tais como furto, roubo, ou homicídio, de execução facilitada pela solidão, nos horários da madrugada, ou pelo acúmulo de pessoas, na hora do pique. Não se trata de transferir para o transportador o encargo do Estado, na prevenção dos delitos e na garantia da segurança das pessoas, mas de incluir na responsabilidade do concessionário o dever de eliminar ou minorar os riscos causados aos passageiros, riscos estes criados ou agravados pela exploração da atividade de transporte"*.

Estando o cenário doutrinário bem delineado, ou seja, sendo objetiva a responsabilidade e ensejando a alegação das excludentes de força maior, ou caso fortuito, e culpa da própria vítima, o enquadramento do fato de terceiro, que não guarde conexidade com o transporte, para configurar excludente, é que pode gerar controvérsias. Torna-se necessário examinar bem o quadro concreto.

A dificuldade é que há precedentes entendendo que o assalto, considerando a realidade brasileira, não pode ser considerado causa excludente. Há um acórdão do antigo Tribunal de Alçada Civil do Rio de Janeiro, relatora a hoje Desembargadora **Valéria Maron**, afirmando a responsabilidade da transportadora *"face o entendimento de que a freqüência com que ocorrem os assaltos no interior dos coletivos da linha afasta a hipótese de caso fortuito, só admissível quando se trata de eventos imprevisíveis, o que não é o caso"*. Comentando este acórdão, **Enéas de Oliveira Matos**, depois de traçar um panorama da responsabilidade no transporte, particularmente na doutrina francesa, afirma que não pode ser *"definido o assalto como imprevisível, vez que se transformaria em verdadeiro privilégio para o transportador, que se exoneraria da responsabilidade, e não cuidaria para evitá-lo, e estímulo para o delinqüente, que se estimularia para o crime com a falta de precauções das composições férreas ou rodoviárias"*. Mencionando a lição de **Josserand**, entende este autor que *"há força maior somente no caso do fato advindo — por exemplo, de terceiro — quando este se constituir em obstáculo insuperável para a execução da obrigação, sendo que, com Josserand, subsiste a responsabilidade, quando a execução seja possível, porém em condições mais onerosas para o devedor do que as anteriormente consideradas no momento da celebração do contrato, como no assalto em composição de transporte coletivo, onde se alega que o particular não deve fazer as vezes do poder público — e polícia —, e que, se o fizesse, não seria nos moldes pecuniários, preços, que se presta o serviço a todos, pelo que, no homenageado entendimento do mestre francês, temos que, apesar de ser mais oneroso para o transportador evitar tais eventos pela ação de terceiros, esse fator não é caracterizador de força maior, porque, além dos fundamentos do preclaro mestre, estão tais eventos assentes pelo explorador particular, que aufere lucros no seu mister público, conforme a Constituição de 1988, que o descreve nas atividades consideradas essenciais, art. 30, inc. V, no risco de sua atividade e no seu dever de garantia aos transportados, realçando-se pelo princípio geral* **ubi emolumentum ibi ius ou ubi commoda ibi incommoda**". Para o autor, qualquer outra interpretação *"será a inversão dos princípios que norteiam a responsabilidade civil, notadamente o da proteção à vítima, e o aumento dos assaltos, desvirtuando mais um princípio da responsabilidade, que deve guiar toda interpretação na matéria, de que não é dado a ninguém lesar outrem"* (Responsabilidade civil do transportador por ato de terceiro, RT 742/139).

Essa orientação está perfilhada pelo voto do Ministro **Ruy Rosado de Aguiar** no REsp nº 175.794/SP (DJ de 21/2/2000), antes mencionado. Lembrou o voto condutor antigo precedente da relatoria do Ministro **Torreão Braz** em que afirma que *"no Brasil dos dias correntes o assalto nos meios de transporte de carga e de pessoas é fato previsível e até corriqueiro. Falar, pois, em caso fortuito nessa hipótese é afastar ou ficar insensível ao óbvio"*.

Há, ainda, a questão do art. 14, § 3º, do Código de Defesa do Consumidor, estipulando que o fornecedor de serviços só não será responsabilizado quando provar que, "tendo prestado o serviço, o defeito inexiste" e "a culpa exclusiva do consumidor ou de terceiro", pretendendo espancar, assim, a excludente da força maior, ou do caso fortuito.

Compreendendo bem a perplexidade que o tema acarreta, não deve prevalecer esse conceito de previsibilidade para afastar a configuração da força maior, ou caso fortuito, em caso de assalto ao veículo coletivo. A imprevisibilidade em tal circunstância não é o traço predominante; predominante é a inevitabilidade, como, de resto, já anotou **Clóvis**.

Quais as conseqüências de admitir a responsabilidade da empresa transportadora diante de um ataque com armas de fogo, por um bando, mesmo considerando o local ermo, durante a madrugada? A interpretação que afasta a excludente em tais circunstâncias levaria a um tipo de cautela que só prejuízos acarretaria, qual seja, a de **suspender** as linhas de ônibus para as localidades ditas de risco; ou, então, admitir, por exemplo, que uma linha que tenha ponto final em uma favela **faça acordo com os marginais** para que seus passageiros e seus ônibus não sejam assaltados.

Que tipo de preparo próprio podem ter os prepostos quando seu ônibus é invadido por três ou quatro bandidos, portando arma de fogo, com ameaça generalizada de tiro, estando o veículo circulando em área de grande concentração de passageiros? Armá-los? Criar uma força de segurança dentro dos ônibus, ou seja, ampliar o porte de arma de fogo para que a segurança privada cuide da tranqüilidade dos passageiros, transformando a cidade em um praça de guerra?

Não é possível imaginar, mesmo na situação presente, com a insegurança reconhecida nas grandes cidades, como acolher a responsabilidade da transportadora quando devidamente provado que o dano resultou de assalto à mão armada, independentemente da vontade da transportadora, sem o conluio de seus prepostos. O ataque violento, organizado, com armas de fogo, muitas vezes de circulação proibida, não consegue ser impedido nem mesmo pela força policial, como ocorre nas invasões de delegacias para libertar outros presos, ou de outros estabelecimentos também dotados da segurança institucionalizada.

Estou convencido de que a jurisprudência prevalecente na Terceira Turma, com o tempero do exame de cada caso, presente a inevitabilidade do evento danoso, causado por terceiro, está de acordo com a doutrina da responsabilidade civil. Afastar-se dela para banalizar como corriqueiro o assalto aos veículos é criar sistemas paralelos de segurança pública e, ao mesmo tempo, estimular a irresponsabilidade do Estado. E isso, sob todas as luzes, não é conveniente.

Não acompanho a corrente que se está formando no sentido de que o art. 14, § 3º, do Código de Defesa do Consumidor, não mais reconhece como excludente a força maior, ou caso fortuito. É princípio básico do instituto que mesmo na responsabilidade objetiva, não é possível desmerecer a imprevisibilidade e a inevitabilidade de outros fatos que, a despeito da vontade do contratante, impedem o cumprimento de obrigação.

Finalmente, o Código cuidou de excluir a responsabilidade se provada a culpa exclusiva de terceiros.

CREDIBILIDADE E GOVERNABILIDADE*

É um grande privilégio poder participar, uma vez mais, deste painel. O convite que recebo, e logo aceito, faz bem ao meu espírito. Posso parar a labuta obrigatória para repensar em liberdade os temas de nosso tempo. E o nosso tempo brasileiro vivido, acossado pelo drama impiedoso dos conflitos sociais, faz-me lembrar, como terapia necessária, do livro do historiador **Reinhart Koselleck**, estudioso do setecentos, **Futuros Passados**, recente de 1979, ao apresentar as variadas características e sentidos do termo revolução, para adotar aqui aquele de transformação social, longe do originário, vindo da astronomia, que designava o movimento regular dos corpos em suas órbitas. E, assim, juntá-la ao terceiro significado do termo revolução apresentado por **José Guilherme Merquior**: a revolução como algo positivo para a humanidade; as revoluções como divisores de águas na experiência histórica do gênero humano, mudanças em profundidade, abrindo novas etapas na marcha ascensional da civilização. Ascender criticamente, deve-se dizer sempre, a cada patamar da história da guerra do mundo, para que, pelo menos seja menor a intensidade e maior a felicidade, sem perder a esperança, que invadiu **Michelet** ao escrever, ainda em 1830, uma **Introdução à história universal**, com a seguinte abertura: *"Nasceu com o mundo uma guerra que só há de terminar com o mundo: a guerra do*

---

* Palestra proferida no painel "Teoria da Constituição", na Escola de Comando do Estado-Maior do Exército, 10/4/91.

homem contra a natureza, do espírito contra a matéria, da liberdade contra a fatalidade. A história" – pontificou **Michelet** – *"não é mais que o registro desse conflito interminável".*

Entre muitos e superiores caminhos que a teoria da constituição oferece, pensei que seria desafio maior enfrentar, como provocação para um maior debate, aquele que angustia os espíritos comprometidos com a nacionalidade, assim, o da **governabilidade**, no contorno, desenhado por **Gianfrancesco Pasquino**, que vale aqui resumido.

De fato, mais usado atualmente é o termo oposto, isto é, **não-governabilidade**. Esta, assumindo o que a variegada literatura política alvitra, alcançaria uma das seguintes hipóteses, ou uma combinação de várias:

"1ª) A não-Governabilidade é o produto de uma sobrecarga de problemas aos quais o Estado responde com a expansão de seus serviços e da sua intervenção, até o momento em que, inevitavelmente, surge uma crise fiscal. Não-Governabilidade, portanto, é igual à crise fiscal do Estado (O'Connor).

2ª) A não-Governabilidade não é somente, nem principalmente, um problema de acumulação, de distribuição e de redistribuição de recursos, bens e serviços aos cidadãos, mas é, de preferência, um problema de natureza política: autonomia, complexidade, coesão e legitimidade das instituições. Na sua exposição mais sintética e mais incisiva 'a Governabilidade de uma democracia depende do relacionamento entre a autoridade de suas instituições de Governo e da força das suas instituições de oposição' **(Huntington)***.*

3ª) A não-Governabilidade é o produto conjunto de uma crise de gestão administrativa do sistema e de uma crise de apoio político dos cidadãos às autoridades e aos Governos. Na sua versão mais complexa, a não-Governabilidade é a soma de uma crise de **input** *e de uma crise de* **output***. Diz* **Habermas***: 'As crises de* **output** *têm a forma de* **crise de racionalidade***: o sistema administrativo não consegue compatibilizar, nem agilizar eficientemente, os imperativos de controle que lhe chegam do sistema econômico. As crises de* **input** *têm a forma de* **crises de legitimação***: o sistema legitimador não consegue preservar o* *nível necessário de lealdade da massa, impulsionando assim os imperativos de controle do sistema econômico que ele assumiu'"* (*in* **Norberto Bobbio**, *Dicionário de Política*, Ed. Universidade de Brasília, 2ª ed., 1986, págs. 547/548).

Nos sistemas totalitários, nos quais as massas não se organizam soberanamente como povo-órgão, o problema da **governabilidade** é resolvido pelo aparelho de repressão do Estado. O governo governa porque quer e não porque é representante do povo. E, nessa medida, não se lhe opõem frustrações públicas, nem se lhe apontam enfermidades malignas capazes de acelerar o seu afastamento. Há, nesses casos, uma terapia peculiar pelas elites de poder, enclausuradas no próprio sistema de governo.

A **não-governabilidade** é, assim, um **vírus** possível das democracias ocidentais, ou como tal organizadas. Poder-se-ia dizer que o **Abade Sièyes** inventou a nação como corpo unitário, fonte de soberania, fundindo o conceito rousseauniano de vontade geral com a idéia de representação. Como analisou **Merquior**, esse berço democrático: "*A vontade geral, mesmo representada, implica uma cidadania igualitária. Sieyès não advoga o sufrágio universal e sim o regime censitário; mas dentro da franquia os cidadãos são igual e universalmente ativos. Ora, os estratos privilegiados, nobreza e clero, detêm um **imperium in imperio**: eles são contrários a um só tempo ao espírito da cidadania (já que não podem ser iguais) e à lógica da produção (já que são classes ociosas). Todo o poder, portanto, ao Terceiro-Estado. Rousseau condenara a representação por julgá-la vulnerável aos particularismos. **Sieyès**, alegando que cada deputado 'representa a nação inteira' e não apenas a sua circunscrição, **reconcilia a instituição representativa com o universalismo da vontade geral**"* (Dicionário Crítico da Revolução Francesa, Nova Fronteira, Rio, 1989, pág. XXV).

Aí está, na verdade, no manancial democrático que começa com a idéia de nação e deságua na teoria clássica da representação, um cenário propício à exacerbação do fato político e social da **não-governabilidade**.

Isto não significa nenhuma heresia teórica. A crise de governabilidade encontra nos regimes democráticos um caldo de cultura a céu aberto, com que, também e principalmente, tem claridade suficiente para ser antevisto tempestivamente.

Em setembro de 1978, no auge da discussão sobre a abertura política, iniciada pelo então Presidente **Ernesto Geisel**, o Núcleo de Estudos e Pesquisas Sociais — NEPES, da Universidade do Estado do Rio de Janeiro, realizou um seminário sobre **Reorganização Partidária e Representação,** tendo o relator, Professor **Bolivar Lamounier,** quando ainda não se questionava no Brasil, com a fluência que ganhou depois, a crise de **governabilidade,** destacado, tendo presente o caso brasileiro, que *"cumpre evitar os riscos aparentemente opostos, mas na verdade complementares, do '**autoritarismo**' e do '**populismo demagógico**'. Não sendo fatalidades da formação histórica brasileira, mas produtos apenas prováveis de nossa formação, elas não excluem a possibilidade de uma democracia melhor ordenada".* Eu próprio, naquela oportunidade, já lá se vão treze anos, tempo curtíssimo para a história, insisti em dois postulados básicos para o processo da então iniciante abertura política. O primeiro, que o desenvolvimento político (= democratização) tem de ser considerado um objetivo em si mesmo (isto é, não será jamais mera conseqüência do desenvolvimento econômico); o segundo, que o desenvolvimento político pode ser ameaçado tanto pelo excesso de planejamento estatal quanto pelo excesso de espontaneísmo social. E, arrematando com absoluta lucidez, não aquela referida por **Rilke, Bolivar Lamounier** alertou que nem o processo de democratização terá eficácia e será estável se não trouxer benefícios substantivos para a grande maioria da população que se encontra nos estratos de baixa renda, nem estará ele a salvo de deformações e retrocessos se resultar em perturbações excessivas que possam prejudicar o processo de crescimento econômico, pois, nesse caso, a própria opinião pública voltar-se-á em parte contra a prática democrática.

Essas referências valem como preâmbulo necessário para que se entenda a crise de governabilidade que pode alastrar-se descontroladamente na larga tubulação das frustrações democráticas, como reação provável pela distância entre a expectativa do processo eleitoral e a realidade do exercício do governo.

O caso brasileiro apresenta indicadores sociais que não podem permanecer esquecidos. Na segunda etapa da pesquisa "para um novo pacto social", realizada pelo IEPS — Instituto de Estudos Políticos e Sociais, vol. I, em 1988, os dados apresentados são alarmantes. Vejamos:

• 15% das famílias brasileiras com rendimento **per capita** de até 1/4 do salário mínimo vivem em condição de miséria;

- 35% com rendimento **per capita** de 1/2 salário mínimo (incluídos os 15% anteriores) vivem em estado ou de miséria ou de estrita pobreza;
- 41% dos brasileiros vivem nesse estado;
- 61,1% das pessoas que trabalham ganham apenas até 1 salário mínimo;
- 10,1% ganham mais de 3 salários mínimos;
- 1,4% ganha mais de 10 salários mínimos;
- 50% mais pobres do país têm acesso apenas a cerca de 13,6% da renda nacional;
- 1% mais rico tem participação quase igual aos 50% mais pobres, cerca de 13,3%.

E este não é um cenário exclusivamente brasileiro: na América Latina, dados de 1970, de 264 milhões de pessoas, 115 milhões poderiam ser consideradas pobres (44%), ou seja, não usufruíam rendimentos necessários para adquirir no mercado uma cesta de bens e serviços considerados essenciais; da população pobre da América Latina, mais de 40% estavam na faixa de indigência, isto é, não tinham condições para prover sequer suas necessidades mínimas de alimentação.

É evidente que este cenário de agudas necessidades sociais aumenta o volume de demandas. Essas demandas compõem expectativas populares que são despertadas no curso do processo político, com especial ênfase nos períodos eleitorais. Os candidatos prometem o que possibilita ampliar o respectivo universo de votos. Assim, por exemplo, com a fixação de tempo certo para cumprir tarefas que não dependem exclusivamente da vontade política do agente, porque condicionadas a variáveis outras de complexa estrutura: percentual certo de inflação, eliminação da criminalidade, elevação a um patamar preestabelecido do salário mínimo, etc. Ora, esse nível de relacionamento promíscuo gera, inevitavelmente, um acirramento da cobrança, na medida em que o nível de vida não dá sinais de alteração substantiva. Quanto menos benefícios substantivos e quanto mais expectativas é igual a alto nível de frustrações e, por conseqüência, de assustadores índices de desordem social. Nesse preciso sentido anote-se, ainda uma vez, a lição de **Gianfranco Pasquino**: *"O ponto central desta tese é que uma democracia torna-se tanto mais forte quanto mais organizada, sendo que o crescimento da participação política deve ser acompanhado pela* *institucionalização (isto é, pela legitimação e aceitação) dos processos e das organizações políticas. Quando, porém, diminui a autoridade política, temos a não-Governabilidade do sistema"* (op. cit., págs. 550/551). E, mais adiante: *"A situação mostra-se particularmente grave porque a expansão da intervenção do Governo se verifica numa fase na qual é evidente uma contração de sua autoridade e isto provoca um **desequilíbrio democrático**. Automaticamente, segue-se que a diminuição da confiança dos cidadãos nas instituições do Governo e a queda de credibilidade dos governantes provocam uma diminuição de sua capacidade para enfrentar os problemas, dentro de um círculo vicioso que pode ser definido como a espiral da **não-Governabilidade**"* (op. cit., pág. 551). E, então, vem a referência sobre o caminho a trilhar: *"A solução mais controvertida que surge deste relacionamento consiste, não tanto na imediata utilização de praxes não-democráticas, quanto na diminuição paulatina do processo de democratização ('existem também limites que podem potencialmente prognosticar a ampliação indefinida da democracia política'), na tentativa de 'descarregar' o sistema político das solicitações que lhe aumentem as funções e diminuam a autoridade ('é necessário, por essa razão, substituir a menor marginalização de alguns grupos por uma maior autolimitação de todos os grupos'), da reintrodução de diferenciações ('cada organização social exige, numa certa medida, disparidade de poder e diferença de função') e, finalmente, da descentralização política ('a Governabilidade de uma sociedade a nível nacional depende da medida como ela é governada eficazmente a níveis subnacionais, regionais, locais, funcionais e industriais')"* (op. cit., pág. 551). Para **Pasquino**, *"embora estas receitas possam parecer, de um lado, conservadoras e, de outro, pouco incisivas, seu valor real consiste em individualizar terrenos imediatamente operativos, nos quais o êxito parece ter sido favorável aos países que mais conseguiram livrar-se da crise de Governabilidade. Da Áustria à Suécia, da Suíça à Noruega, a credibilidade dos Governos é o resultado da diferenciação do poder e da presença de uma vasta rede de associações, capaz de aglutinar eficazmente os interesses e de reivindicar com sucesso, dentro de um quadro de compatibilidades. Mesmo assim, podemos afirmar com esta base que não existe uma verdadeira crise de Estados contemporâneos?"* (op. cit., pág. 551).

É de ver-se que **CREDIBILIDADE E GOVERNABILIDADE** são termos que andam juntos. De fato, a **não-governabilidade** pressupõe ausência de **credibilidade**. E esta perda de credibilidade pressupõe, por sua vez, frustrações acumuladas pela diminuição do nível de vida, ou seja, o dinheiro do trabalho não é suficiente — quando o emprego existe — para garantir acesso aos bens e riquezas necessários para que a pessoa humana realize a plenitude de sua natureza na sociedade em que vive.

O repensar desse tema — **credibilidade e governabilidade** — não é atual apenas porque está diante de nós, contemporâneo. É atual pelo que pode significar de moderno repensar o Estado, naquele inaugural conceito de revolução: como algo positivo para a humanidade.

Reformar o Estado, nesse passo, significa aproximá-lo da cidadania. E com que finalidade? Com a finalidade de criar um sistema por meio do qual a organização da sociedade tenha círculos cada vez menores, juntando o quanto possível a demanda com o responsável por sua execução.

Eram estas as modestas reflexões que julguei útil submeter ao debate, invocando a frase de **Michelet** sobre a queda da Bastilha: *"Naquele dia uma idéia se levantou em toda Paris..."*. Alguém, algum dia, também terá outra idéia...

DA UNIÃO ESTÁVEL NO NOVO CÓDIGO CIVIL*

Ao lado da responsabilidade civil, sem dúvida, a família tem merecido uma incessante atividade legislativa, refletindo, necessariamente, a cultura da sociedade. Não há instituição, por mais que se queira conservadora, que tenha exigido dos legisladores um tratamento de constante trânsito para permitir que sejam atualizados os seus institutos, a começar do próprio conceito de entidade familiar. Quando se trata dos problemas relativos ao Direito de Família, a realidade não pode ser alcançada na sua totalidade pela disciplina normativa. São tão variadas as situações, os cenários, tão diversificadas as circunstâncias concretas, que não há como confiná-las aos termos puros do Direito Positivo. Existe sempre uma larga margem de interpretação, de interpretação construtiva, capaz de desafiar os muitos confins das relações familiares, na exuberância dos conflitos exacerbados pelo conteúdo sentimental, pela paixão, pela carga emotiva que tolda, com freqüência, a capacidade dos envolvidos de enxergar com razoabilidade a melhor solução a ser adotada. O amor, que cega quando vivo, cega, também, quando morto, substituído pelo rancor, pela mágoa acumulada, pela frustração, pelo sentimento de perda, sobretudo, pela enraizada noção de culpa, no sentido utilizado pela cristandade ocidental.

---

* *in* O novo Código Civil — Estudos em homenagem ao Prof. Miguel Reale, coord.: Domingos Franciulli Neto, Gilmar Ferreira Mendes, Ives Gandra S. Martins Fº. São Paulo: LTR Editora, 2003, págs. 1.269/1.285.

Quando se trata de Direito de Família, sempre é possível recorrer àquele ensaio de **Montaigne** sobre o arrependimento. O grande ensaísta do século XVI escreveu que o *"mundo não é mais que um perene movimento. Nele todas as coisas se movem sem cessar; a terra, os rochedos do Cáucaso, as pirâmides do Egito, e tanto com o movimento geral como com o seu particular. A própria constância não é outra coisa senão um movimento lânguido. Não consigo fixar meu objeto. Ele vai confuso e cambaleante, com uma embriaguez natural. Tomo-o nesse ponto, como ele é no instante em que dele me ocupo. Não retrato o ser. Retrato a passagem; não a passagem de uma idade para outra ou, como diz o povo, de sete em sete anos, mas de dia para dia, de minuto para minuto. É preciso ajustar minha história ao momento. Daqui a pouco poderei mudar, não apenas de fortuna, mas também de intenção. Este é um registro de acontecimentos diversos e mutáveis e de pensamentos indecisos e, se calhar, opostos; ou porque eu seja um outro eu, ou porque capte os objetos por outras circunstâncias e considerações. Seja como for, talvez me contradiga; mas, como dizia Dêmades, não contradigo a verdade. Se minha alma pudesse firmar-se, eu não me ensaiaria: decidir-me-ia; ela está sempre em aprendizagem e prova"* (Livro III, ed. Brasileira da Martins Fontes, trad. De **Rosemary Costhek Abílio**, págs. 27/28).

Uma mirada sem maiores preocupações analíticas, de estudo, de compreensão científica, mostra que o universo das relações familiares guarda uma unidade intrínseca com o tempo cultural da sociedade em que se desenvolve. Não há nenhuma capacidade de forçar uma visão uniforme, totalizada, até mesmo no plano das verdades religiosas, no trânsito a que as próprias crenças e a fé, como livre manifestação da vontade, estão subordinadas. Não há um princípio e um fim, mas um princípio e permanentes mudanças. É a concepção de que a vida humana tem a grandeza infinita da permanência como espécie, na virada da descendência, como páscoa da humanidade, que nasce todos os dias e todos os dias morre, sinal da imperfeição, que leva à busca da perfeição para realizar a integralidade da natureza do homem na sociedade.

As relações entre os casais, as relações dos pais com os filhos, a idéia mesma da vida em comum, tudo, enfim, está submetido a um processo e como tal modificam-se, às vezes lentamente, às vezes rapidamente, mas nunca contra o movimento da sociedade, contra as raízes da convivência social, contra os modelos que se adotam de tempos em tempos para significar avanços ou recuos de acordo com o padrão moral que é imposto a todos como sociedade civilizada. E aqui a palavra moral é utilizada no seu sentido mais simples, ou seja, na regularidade dos comportamentos dos indivíduos de acordo com normas sociais que alcançam todas as pessoas em uma dada sociedade. O que é relevante fixar é a idéia de que nas relações familiares o conjunto dessas normas sociais provoca e estimula certa orientação, certo comportamento. Adicionando a tudo o poder da comunicação social, que transformou o mundo, em uma nova forma de totalitarismo, vê-se que o poder dessas normas sociais, ou convenções sociais, tem penetrante força na direção dos comportamentos individuais e coletivos, importando hábitos que não são da própria sociedade, mas, sim, de outra, como forma de dominação cultural terrificante.

Essas advertências servem para disciplinar o horizonte no trato das questões de família e, ainda, servem para positivar menos o Direito e deixá-lo mais nas amplas possibilidades da interpretação dos casos, considerando as peculiaridades, as particularidades de cada cenário. Nesse sentido, em tantos aspectos, é exemplar o Estatuto da Criança e do Adolescente — ECA, que criou mecanismos de interpretação a partir do conceito de proteção ao melhor interesse do menor.

A Constituição Federal de 1988 foi inovadora em matéria de Direito de Família. Na verdade, criou mesmo um novo Direito de Família no Brasil, que passou a ter um Direito Constitucional de família, a começar do novo conceito de entidade familiar, reconhecendo a união estável entre um homem e uma mulher, com direitos e deveres iguais para ambos os cônjuges, com o planejamento familiar, para coibir a violência no âmbito das relações familiares, vedando quaisquer tipos de discriminação dos filhos, nascidos ou não da relação de casamento, acabando, portanto, com o estigma da filiação ilegítima.

O ponto que suscitou, desde logo, as maiores controvérsias foi, sem dúvida, aquele que consagrou a união estável entre um homem e uma mulher como entidade familiar. E é bem típico do que mencionado acima. A nova disciplina constitucional foi o coroamento de uma longa construção jurisprudencial, à margem do Direito de Família, que admitia, pela aplicação das regras relativas às sociedades de fato, algumas conseqüências patrimoniais, após a convivência entre um homem e uma mulher por um determinado período. Para tanto, exigia a prova do esforço comum para a aquisição de bens. Mas também admitia uma denominada indenização por serviços domésticos de modo a justificar uma compensação financeira pela comunhão de afetos, considerando que não seria possível avançar para a concessão de alimentos. Transformou-se um tempo de amor em um interregno de prestação de serviços. A jurisprudência acabou consolidada na Súmula nº 380 do Supremo Tribunal Federal. A discussão surgiu logo em torno da natureza do dispositivo constitucional. O Tribunal de Justiça do Rio de Janeiro, pioneiramente, assentou pela auto-aplicabilidade do dispositivo e decidiu que com a Constituição de 1988 o *"que se tratava como sociedade concubinária, produzindo efeitos patrimoniais, com lastro na disciplina contratual das sociedades de fato, passa ao patamar de união estável, reconhecida constitucionalmente como entidade familiar, e como tal, gozando da proteção do estado, legitimada para os efeitos da incidência das regras de direito de família"*.

O *"avanço foi, exatamente, o de deslocar para o universo do direito de família as questões relativas aos conflitos decorrentes da dissolução das então chamadas sociedades de fato. E era imperativo que tal ocorresse porque a própria Constituição da República entendeu de elevar ao patamar de entidade familiar a união estável entre um homem e uma mulher. E, assim, reconhecer a presunção da contribuição para a formação do patrimônio adquirido na constância da vida em comum, na mesma linha da regra incluída no anteprojeto do Código Civil, antes referido"* (Revista de Direito Renovar — RDR 1/27).

Em trabalho publicado na obra coletiva em homenagem ao professor Arnoldo Wald, **Semy Glanz**, Desembargador do Tribunal de Justiça do Rio de Janeiro, lembra estudo de mestre **Orlando Gomes**, de 1983, no qual o grande civilista brasileiro ensina que com *"a locução poliformismo familiar significa-se a política legislativa tendente a estender a situações vizinhas, a qualificação e a proteção, senão a dignidade, da família legítima. Em outras palavras: o regime legal da família não deve se restringir à família constituída pelo casamento, muito menos ainda a seu modelo antigo de uma 'sociedade fechada sobre si mesma, na qual se sucedem as mortes, os matrimônios e os nascimentos, assegurando entre as gerações uma continuidade biológica, social e econômica'* (Vittorio Frosini, II Diritto nella Società Tecnologica, Milão, 1981, p. 127). *Igual tutela deve ser dispensada, na medida do possível, a toda sociedade aberta de convivência íntima entre seus componentes, ligadas a uma situação matrimonial constituída à imagem e semelhança do casamento"* (O Direito na década de

1990: novos aspectos, coord. de **Paulo Dourado de Gusmão** e **Semy Glanz**, RT, 1992, pág. 204). E, ainda, invoca **Semy Glanz** trabalho de **Sergio Giskow Pereira**, Juiz e professor da Universidade Católica e da Escola Superior da Magistratura do Rio Grande do Sul, no qual defende a *"possibilidade de alimentos entre concubinos com o advento da Constituição de 1988"* (op. cit., pág. 207), com argumentos dentre os quais se destacam: a Constituição consagrou juridicamente o concubinato; enquadrou-o como entidade familiar, em dispositivo que cuida da família; considerou-o forma de família e família legítima (ainda que sem igualdade com a família fundada no casamento); quer que o Estado a proteja; ora, o Judiciário é igualmente o Estado; o dever de alimentos se funda em caridade e solidariedade familiares, em dever ético de assistência e socorro; se a união estável é forma de família, atua também o direito a alimentos; este diz com um direito fundamentalmente essencial, direito à vida e à vida com dignidade, princípio não apenas moral, mas jurídico. Cita **Jürgens Habermas**, *"mostrando que o respeito aos princípios éticos foram juridicizados pela Constituição; seria contraditório manter direito alimentar entre irmãos muitas vezes afastados, e negá-lo aos companheiros, vivendo em íntima relação, às vezes por longo tempo; se a relação concubinária provoca a perda dos alimentos de anterior casamento, pressupõe-se que haja um dever de alimentos entre os conviventes"* (op. cit., pág. 207). Conclui nosso eminente colega que a *"tendência universal é para tal regulamentação e para vencer os preconceitos de várias origens, reconhecendo a existência de famílias sem casamento, mas com certos direitos, especialmente os que se destinam a proteger a dignidade humana"* (op. cit., pág. 208).

Antônio Chaves, na mesma obra antes citada, mostra que a Constituição valoriza a *"condição da companheira, dignificando-a mesmo quando abandonada pelo pai de seus filhos, contornando, com habilidade a problemática também dos que, sem desfazer o casamento, constituem nova família com outra mulher"* (op. cit., pág. 166). Lembra o autor o Decreto nº 2.681, velho de 1912, que regula a responsabilidade civil das estradas de ferro, *"determinando, art. 22, que, no caso de morte, respondam por todas as despesas e indenizem 'a todos aqueles aos quais a morte do viajante privar de alimento, auxílio ou educação"* (op.cit. pág. 167). Destaca o mestre que *"uma série de diplomas admite o reconhecimento do filho havido fora do matrimônio, após o desquite, outorga a possibilidade de* *se ter na posse do estado de casado evidência de matrimônio para fins previdenciários; benefícios em virtude de acidentes de trabalho; licença, inclusive da gestante concubina, para as funcionárias públicas da União; continuidade da locação para a solteira, desquitada ou viúva que vivesse em estado marital; pensões; uso do nome patronímico do companheiro solteiro, desquitado ou viúvo; previdência social, etc."* (op. cit., pág. 167).

Fácil é verificar que a realidade social, a cultura do tempo vivido, levou os Tribunais primeiro e depois o constituinte a incorporar modificações substantivas nas relações familiares. Com isso, não se pode dizer que o novo Código Civil, nesta matéria, seja definitivo, devendo considerar-se, sempre, que a sua disciplina reflete momento de sua elaboração e, portanto, não dispensará permanentes atualizações.

O Livro IV abre com o inovador Título I, Do Direito Pessoal, cuidando do casamento no Subtítulo I.

O art. 1.511 começa por oferecer um conceito abrangente do casamento como *"comunhão plena de vida, com base na igualdade de direito e deveres dos cônjuges"*, no reflexo inaugural da nova disciplina constitucional.

Ademais dos regramentos costumeiros, incluído o tratamento do casamento religioso, sem correspondência no vigente Código, trata no Capítulo II da capacidade para o casamento, modificando o regime dos impedimentos. A primeira novidade é autorizar em caráter excepcional, além dos casos já consagrados, ou seja, evitar a imposição ou cumprimento de pena criminal, o casamento dos menores de 16 anos em caso de gravidez, depois de atribuir ao Juiz, em caso de divergência entre os pais, o poder de decidir, na mesma linha do que estabeleceu para o caso de divergência no exercício do poder familiar, expressão que substitui o antigo pátrio poder (artigos 1.630 a 1.633).

Traz o novo Código o Capítulo IV para disciplinar as denominadas causas suspensivas do casamento, substituindo o impedimento, *"não podem casar"*, pela expressão mais adequada *"não devem casar"*, pondo sob tal cobertura o caso do divorciado *"enquanto não houver sido homologada ou decidida a partilha dos bens do casal"*. Sendo causa suspensiva, abriu-se o caminho, no parágrafo único do art. 1.523, para que os nubentes peçam *"ao juiz que não lhes sejam aplicadas as causas suspensivas previstas nos incisos I, III e IV deste artigo, provando-se a inexistência de prejuízo, res-*

pectivamente, para o herdeiro, para o ex-cônjuge e para a pessoa tutelada ou curatelada; no caso do inciso II, a nubente deverá provar nascimento de filho, ou inexistência de gravidez, na fluência do prazo".

Na habilitação para o casamento, expressamente, introduziu-se a passagem pelo Ministério Público antes da homologação pelo Juiz (art. 1.526), prescrevendo como dever do oficial do registro *"esclarecer os nubentes a respeito dos fatos que podem ocasionar a invalidade do casamento, bem como sobre os diversos regimes de bens"* (art. 1.528). Os impedimentos e as causas suspensivas serão opostos *"em declaração escrita e assinada, instruída com as provas do fato alegado, ou com a indicação do lugar onde possam ser obtidas"* (art. 1.529), dando o oficial do registro *"aos nubentes ou a seus representantes nota da oposição, indicando os fundamentos, as provas e o nome de quem as ofereceu"* (art. 1.530), podendo os nubentes *"requerer prazo razoável para fazer prova contrária aos fatos alegados, e promover as ações civis e criminais contra o oponente de má-fé"* (parágrafo único do art. 1.530).

Interessante prescrição está no art. 1.545, que alterou o atual art. 203, no sentido de que o *"casamento de pessoas que, na posse do estado de casadas, não possam manifestar vontade, ou tenham falecido, não se pode contestar em prejuízo da prole comum, salvo mediante certidão do Registro Civil que prove que já era casada alguma delas, quando contraiu o casamento impugnado"*. De fato, há casos em que os que se encontram em tal situação não podem manifestar a vontade, assim, por exemplo, a doença com falência do juízo de realidade, e estavam fora da proteção legal, com severas conseqüências para a vida familiar.

O Capítulo VIII, Da Invalidade do Casamento, substitui o antigo Capítulo VI, Do casamento nulo e anulável, e está mais simplificado. Considerou nulo o casamento contraído pelo enfermo mental sem o necessário discernimento para os atos da vida civil e por infringência de impedimento, regulados no art. 1.521. Previu a ação direta de nulidade por qualquer interessado, ou pelo Ministério Público, retirada a restrição existente no antigo art. 208, parágrafo único, ou seja, *"salvo se já falecido algum dos cônjuges"*. No art. 1.550 indicou os casos em que anulável o casamento e no art. 1.555 prescreveu que o *"casamento do menor em idade núbil, quando não autorizado por seu representante legal, só poderá ser anulado se a ação for proposta em 180 (cento e oitenta) dias, por iniciativa do incapaz, ao deixar de sê-lo, de seus representantes legais ou de seus herdeiros necessários*", mandando, no § 1º, contar o prazo "*do dia em que cessou a incapacidade, no primeiro caso; a partir do casamento, no segundo; e, no terceiro, da morte do incapaz*", substituindo a redação do atual art. 178, § 5º, III. E, ainda, no § 2º, prescreveu que não se anulará o casamento "*quando à sua celebração houverem assistidos os representantes legais do incapaz, ou tiverem, por qualquer modo, manifestado a sua aprovação*".

Correta é a disciplina sobre erro essencial, na fonte da mais moderna jurisprudência sobre o tema. No inciso II do art. 1.557 retirou a qualificação de crime inafiançável e erigiu como condição que o crime que, "*por sua natureza, torne insuportável a vida conjugal*". E, ainda, criou uma nova categoria, qual seja, "*a ignorância, anterior ao casamento, de doença mental grave que, por sua natureza, torne insuportável a vida em comum ao cônjuge enganado*". Neste caso, muitas, certamente, serão as controvérsias. O avanço das terapias nos casos de transtornos de humor e de patologias mais graves como as psicoses, vai criar situações de grande complexidade para a aplicação da regra. Não será fácil enquadrar a natureza da doença mental capaz de tornar insuportável a vida comum. Uma depressão severa, por exemplo, hoje com tratamento possível e com grande perspectiva de cura, poderá ser classificada como erro essencial, dependendo do quadro apresentado e, ainda, da freqüência dos surtos, sendo, ademais, extremamente complicado identificar a anterioridade ao casamento. Mas, no ponto, o mais relevante foi retirar do Código Civil o defloramento como erro essencial, o que representa a aceitação do legislador com relação à vida sexual anterior ao casamento, embora presentes, quanto ao tema, restrições de natureza religiosa.

O Código considerou anulável o casamento "*em virtude de coação, quando o consentimento de um ou de ambos os cônjuges houver sido captado mediante fundado temor de mal considerável e iminente para a vida, a saúde e a honra, sua ou de seus familiares*" (art. 1.558). Este dispositivo não tem correspondência no antigo Código e, certamente, tem as mesmas dificuldades já indicadas quanto ao artigo anterior.

Estabeleceu os prazos para o ajuizamento da ação de anulação e, também, corretamente, determinou que a sentença que decretar a nulidade do casamento "*retroagirá à data da sua celebração, sem prejudicar a aquisição de direitos, a título oneroso, por terceiros de boa-fé, nem a resultante de sentença transitada em julgado"* (artigo 1.563), sem correspondência no antigo Código.

No que concerne à eficácia do casamento, o Código Civil de 2002 agasalha as mudanças sociais e, em alguns casos, legislativas sobre as responsabilidades dos cônjuges com o casamento. Primeiro, estabelece que *"homem e mulher assumem mutuamente a condição de consortes, companheiros e responsáveis pelos encargos da família"* (artigo 1.565); segundo, faculta que qualquer dos cônjuges acresça ao seu sobrenome o sobrenome do outro, ou seja, tanto a mulher quanto o homem podem assim proceder; terceiro, assegura o direito do planejamento familiar, de livre decisão do casal, dando ao Estado competência para propiciar recursos para tanto, *"vedado qualquer tipo de coerção por parte de instituições privadas ou públicas"*; quarto, estabelece que a direção da sociedade conjugal é comum, exercida em colaboração, abrindo campo para o recurso ao Juiz em caso de divergência; quinto, impõe aos cônjuges a obrigação, na proporção de seus bens e dos rendimentos do trabalho, de concorrer para o sustento da família e a educação dos filhos, *"qualquer que seja o regime patrimonial"*.

Dando conseqüência ao que dispôs a Constituição e as leis sobre a matéria, o novo Código incorporou a dissolução do vínculo no Capítulo X. Outra vez, inseriu a questão da doença mental grave, desta feita, posterior ao casamento, como causa para o pedido de separação, desde que torne impossível a continuação da vida em comum, e *"desde que, após uma duração de 2 (dois) anos, a enfermidade tenha sido reconhecida de cura improvável"* (§ 2º do art. 1.572). Mais uma vez, há um cenário difícil de configuração, tendo em vista que em matéria de doença mental qualquer prazo é sempre muito arriscado, sendo difícil em casos fronteiriços reconhecer a *"cura improvável"*

De extrema utilidade foi a previsão no Código dos motivos para caracterizar a impossibilidade da comunhão de vida, a saber: adultério; tentativa de morte, sevícia ou injúria grave; abandono voluntário do lar conjugal, durante um ano contínuo; condenação por crime infamante; conduta desonrosa. O Juiz poderá considerar outros fatos para caracterizar a impossibilidade da vida comum (art. 1.573). Aqui temos um significativo avanço, abrindo espaço para que o Magistrado interprete de acordo com a realidade da vida comum.

No campo do divórcio, deixou mais clara a legislação antes existente, terminando com a controvérsia sobre a necessidade da partilha prévia de bens (art. 1.581).

No Capítulo XI estabeleceu que não havendo acordo sobre a guarda, *"será ela atribuída a quem revelar melhores condições para exercê-la"* (art. 1.584), podendo o Juiz, se verificar que os filhos não devem permanecer sob a guarda do pai ou da mãe, deferi-la *"à pessoa que revele compatibilidade com a natureza da medida, de preferência levando em conta o grau de parentesco e relação de afinidade e afetividade, de acordo com o disposto na lei específica"*, prestigiando o Estatuto da Criança e do Adolescente.

No Subtítulo II, ao cuidar das relações de parentesco, reconheceu a filiação por meio de fecundação artificial homóloga ou heteróloga (art. 1.597), não havendo razão alguma na crítica feita sobre a falta de previsão da clonagem, o que, mesmo do ponto de vista científico, ainda suscita enormes divergências, estando no limiar da descoberta. Seria grave erro tratar de tema que ainda não está consolidado na esfera científica, despertando controvérsias que não autorizam a redução legislativa.

Importante inovação foi o reconhecimento da imprescritibilidade da ação do marido para contestar a paternidade dos filhos nascidos de sua mulher (art. 1.601), o que veio ao encontro da melhor doutrina que entende não ser possível impor limite de tempo para o reconhecimento da paternidade verdadeira. Anote-se que já a jurisprudência andava na mesma trilha.

Também no campo do reconhecimento dos filhos havidos fora do casamento, é benfazejo o Código ao torná-lo irrevogável (art. 1.609), *"nem mesmo quando feito em testamento"* (art. 1.610), criando a possibilidade de que seja feito *"por manifestação direta e expressa perante o juiz, ainda que o reconhecimento não haja sido o objeto único e principal do ato que o contém"* (artigo 1.609).

O Código mostra-se obsoleto ao manter no artigo 1.614, que já constava do artigo 362, estando já hoje a matéria disciplinada na lei especial, assim o art. 27 do ECA, que dispõe sobre a imprescritibilidade da busca da paternidade, que o *"reconhecimento do estado de filiação é direito personalíssimo, indisponível e imprescritível, podendo ser exercitado contra os pais ou seus herdeiros, sem qualquer restrição, observado o segredo de justiça"*. É certo que a jurisprudência tratará do assunto prestigiando a lei especial, único caminho possível para homenagear o princípio da paternidade real, disponíveis métodos modernos de identificação, utilizados já em larga escala.

No Capítulo V do Subtítulo II, o Código enterrou o pátrio poder, substituído pelo poder familiar exercido pelos pais, em comum, durante o casamento ou união estável, assegurado a qualquer deles, em caso de divergência, recorrer ao Juiz para a solução do desacordo.

Uma das grandes modificações trazidas pelo novo Código em matéria de Direito de Família está no Título II, Do Direito Patrimonial.

Já no art. 1.639, § 2º, abriu campo para a alteração do regime de bens, *"mediante autorização judicial em pedido motivado de ambos os cônjuges, apurada a procedência das razões invocadas e ressalvados os direitos de terceiros"*. Venceu-se um tabu na legislação brasileira, e, seguramente, os advogados, os membros do Ministério Público e os Juízes terão pela frente trabalho de monta para construir uma jurisprudência capaz de conciliar a inovação com a má-fé e o escapismo de situações desconfortáveis para os cônjuges.

Ficou melhor definido o regime da comunhão parcial, que estabeleceu claramente a comunhão dos bens que sobrevierem ao casal, na constância do casamento, mantendo com alterações de pouca monta o regime da comunhão universal.

A grande inovação aparece no denominado *"Regime de Participação Final nos Aqüestos"*. Segundo os artigos 1.672 e 1.673, no novo regime *"cada cônjuge possui patrimônio próprio"*, constituído pelos bens que possuía ao casar e os por ele adquiridos, a qualquer título, na constância do casamento, *"e lhe cabe, à época da dissolução da sociedade conjugal, direito à metade dos bens adquiridos pelo casal, a título oneroso, na constância do casamento"*. E, ainda, dispôs no parágrafo único do art. 1.673 que a *"administração desses bens é exclusiva de cada cônjuge, que os poderá livremente alienar, se forem móveis"*.

Ocorrendo a dissolução da sociedade conjugal, será apurado o montante dos aqüestos, ficando de fora: os bens anteriores ao casamento e os que em seu lugar se sub-rogaram; os que sobrevieram a cada cônjuge por sucessão ou liberalidade; as dívidas relativas a esses bens, presumindo-se adquiridos durante o casamento os bens móveis (art. 1.674).

O Código permite que possam ser feitas doações sem o consentimento do outro cônjuge, caso em que o bem poderá ser reivindicado pelo cônjuge prejudicado ou por seus herdeiros, ou, então, declarado no monte partilhável, *"por valor equivalente ao da época da dissolução"* (art. 1.675). Também deverá ser incorporado ao monte *"o valor dos bens alienados em detrimento da meação, se não houver preferência do cônjuge lesado, ou de seus herdeiros, de os reivindicar"* (art. 1.676). Quanto aos bens imóveis, dispôs o Código que eles pertencem ao cônjuge cujo nome constar do registro, podendo ser a titularidade impugnada, cabendo ao proprietário a prova de que a aquisição foi regular (art. 1.681).

Ocorrendo a dissolução *"verificar-se-á o montante dos aqüestos à data em que cessou a convivência"*, sendo que em caso de morte, será apurada a meação do cônjuge sobrevivente, deferindo-se a herança aos herdeiros na forma prevista no Código (artigos 1.683 e 1.685).

No que concerne às dívidas, o regime de participação final dos aqüestos estabelece: as contraídas por um dos cônjuges após o casamento, será este o responsável, *"salvo prova de terem revertido, parcial ou totalmente, em benefício do outro"*; se um solveu a dívida do outro com bens de seu patrimônio, *"o valor do pagamento deve ser atualizado e imputado, na data da dissolução, à meação do outro cônjuge"*; finalmente, as *"dívidas de um dos cônjuges, quando superiores à meação, não obrigam o outro, ou a seus herdeiros"* (artigos 1.677, 1.678, 1.686).

O Subtítulo III cuida dos alimentos e traz boas inovações. Desde logo, oferece um padrão para os alimentos, assim, o valor será aquele que o credor necessite *"para viver de modo compatível com sua condição social, inclusive para atender as necessidades de sua educação"*, fixados na proporção das necessidades deste e dos recursos do devedor, nos termos do vigente art. 400, mas, *"serão apenas os indispensáveis à subsistência, quando a situação de necessidade resultar de culpa de quem os pleiteia"* (art. 1.694).

Alguns pontos merecem, também, ser destacados: **primeiro**, o novo Código estipulou que a obrigação de prestar alimentos transmite-se aos herdeiros do devedor, na linha do art. 23 da Lei do Divórcio, que revogou o art. 402 do antigo Código (art. 1.700); **segundo**, regulou a substituição do alimentante, prescrevendo que se aquele que deve em primeiro lugar não estiver em condições de prestar totalmente os alimentos, *"serão chamados a concorrer os de grau imediato; sendo várias as pessoas obrigadas a prestar alimentos, todas devem concorrer na proporção dos respectivos recursos, e, intentada ação contra uma delas, poderão as demais ser chamadas* *a integrar a lide"* (art. 1.698); **terceiro**, diversamente do que dispõe o anterior art. 403, a *"pessoa obrigada a suprir alimentos poderá pensionar o alimentando, ou dar-lhe hospedagem e sustento, sem prejuízo do dever de prestar o necessário à sua educação, quando menor"* (art. 1.701); **quarto**, na separação judicial litigiosa, *"sendo um dos cônjuges inocente e desprovido de recursos, prestar-lhe-á o outro a pensão alimentícia que o juiz fixar, obedecidos os critérios estabelecidos no art. 1.694"* (art. 1.702), **quinto,** ambos contribuirão para a manutenção dos filhos na proporção de seus recursos (art. 1.703); **sexto**, se um dos cônjuges separado judicialmente *"vier a necessitar de alimentos, será o outro obrigado a prestá-los mediante pensão a ser fixada pelo juiz, caso não tenha sido declarado culpado na ação de separação judicial"*, e se culpado for, não tendo parentes em condições de prestá-los, *"nem aptidão para o trabalho, o outro cônjuge será obrigado a assegurá-los, fixando o juiz valor indispensável à sobrevivência"* (art. 1.704); **sétimo**, com o casamento, a união estável ou o concubinato, cessa o dever de prestar alimentos, cessando, também, se o credor tiver comportamento indigno com relação ao devedor (art. 1.708); **oitavo**, o novo casamento do divorciado não extingue a obrigação alimentar estipulada na sentença de divórcio (art. 1.709); **nono**, impôs a atualização obrigatória dos alimentos, *"segundo índice oficial regularmente estabelecido"* (art. 1.710).

O Subtítulo IV cuida do bem de família, regulando inteiramente a disciplina dos artigos 70 a 73 do Código anterior. Estipulou no art. 1.711 que os cônjuges ou a entidade familiar, mediante escritura pública, podem destinar *"parte de seu patrimônio para instituir bem de família, desde que não ultrapasse 1/3 (um terço) do patrimônio líquido existente ao tempo da instituição, mantidas as regras sobre a impenhorabilidade do imóvel residencial estabelecida em lei especial"*. Está ressalvada, portanto, a incidência da Lei nº 8.009/90. Autorizou, ainda, o terceiro a assim proceder por testamento ou doação, dependendo sempre da aceitação expressa de ambos os cônjuges beneficiados ou da entidade familiar beneficiada. O bem de família será um imóvel residencial urbano ou rural, mas poderá abranger valores mobiliários, cuja renda será aplicada na conservação do imóvel e no sustento da família, não podendo estes últimos exceder o valor do prédio, à época de sua instituição, devendo ser individualizados no instrumento de instituição do bem de família (artigos 1.712 e 1.713). Estabeleceu o Código que o bem de família, "*quer instituído pelos cônjuges ou por terceiro, constitui-se pelo registro de seu título no Registro de Imóveis*" (art. 1.714), sendo isento de execução por dívidas posteriores a sua instituição, salvo as referentes aos tributos relativos ao prédio e às taxas de condomínio (art. 1.715). O bem de família poderá ser substituído (art. 1.719) e a dissolução da sociedade conjugal não o extingue, salvo se por morte, caso em que o sobrevivente poderá pedir a extinção, se for o único bem do casal (art. 1.721).

Finalmente, o Título III está reservado à união estável. É bom lembrar que se encontra tramitando no Congresso Nacional projeto de lei oriundo de comissão de Magistrados, juristas e advogados, nomeada pelo então Ministro da Justiça, **Nelson Jobim**, com o objetivo de consolidar a legislação existente sobre a matéria, assim as Leis nº 8.971, de 1994, e nº 9.278, de 1996. A preocupação maior da Comissão foi evitar superposições com a legislação em vigor, com o que, desde logo, os trabalhos foram direcionados para formular um verdadeiro estatuto da união estável, aproveitando a farta jurisprudência existente e as iniciativas parlamentares e doutrinárias, algumas transformadas em lei.

O codificador de 2002 foi bem econômico.

Conceituou a união estável entre o homem e a mulher como a "*convivência pública, contínua e duradoura e estabelecida com o objetivo de constituição de família*" (art. 1.723), não podendo ser constituída, seria melhor ter escrito reconhecida, se ocorrerem os impedimentos do art. 1.521, salvo se, no caso do inciso VI, houver a separação de fato ou judicial, não a impedindo as causas suspensivas do art. 1.523. No anteprojeto da Comissão impôs-se para a configuração da união estável um prazo de convivência de cinco anos, sob o mesmo teto, como se casados fossem. Creio que a redação oferecida pelo novo Código é mais ampla e permitirá ao Juiz enfrentar melhor os pedidos de reconhecimento de união estável. De fato, o prazo de cinco anos e a vida sob o mesmo teto dão mais objetividade ao conceito, mas, ao mesmo tempo, entravam o trabalho de interpretação e criam dificuldades para tratar da realidade, nem sempre compatível com regras tão rígidas, como a convivência sob o mesmo teto. A redação está muito próxima daquela constante do art. 1º da Lei nº 9.728/96. Benfazejo é o Código no que concerne à separação de fato. Não tem mesmo nenhum sentido deixar de reconhecer o tempo como um fator relevante para estabelecer a separação do casal e ensejar a possibilidade de constituição da união estável. Importante é a regra do § 2º do art. 1.723 ao afastar as causas suspensivas como impedimentos para a caracterização da união estável.

Também no art. 1.724, o novo Código aproveitou a redação do art. 2º da Lei nº 9.278/96. Andou na mesma linha o anteprojeto elaborado pela Comissão de Juristas. Impôs os deveres de lealdade, respeito, assistência, e de guarda, sustento e educação dos filhos (art. 1.724). Foi importante que o legislador substituísse a palavra "fidelidade" por "lealdade", mais moderno o conceito, mais abrangente, retirando a conotação opressora na relação de amor. É uma pena que não tenha sido repetida no art. 1.566, que conservou a velha expressão "fidelidade recíproca". Não há razão alguma para a disparidade.

No art. 1.725, o novo Código estabelece o regime patrimonial, mandando aplicar, salvo pacto escrito, no que couber, o regime da comunhão parcial de bens. Tanto a Lei nº 9.278/96 quanto o anteprojeto de lei foram mais específicos. Neste último, dispôs-se que os bens móveis e imóveis adquiridos onerosamente por qualquer dos companheiros, na constância da união estável, obedecerão as disposições sobre o regime da comunhão parcial estabelecidas no Código Civil e em leis posteriores, abrangendo direitos, deveres e responsabilidades. E, ainda, dispôs-se que as doações, feitas por um ao outro, presumem-se adiantamentos da respectiva meação. Melhorou o Código ao simplificar com o comando de aplicação do regime da comunhão parcial, ressalvando a possibilidade de um contrato escrito entre os companheiros para regular a matéria. Esta regra sobre o regime patrimonial é, na verdade, o núcleo da disciplina legal sobre a união estável. O Código acompanha a evolução doutrinária e jurisprudencial mais moderna, saltando por cima dos bolsões mais conservadores que sempre relutaram em reconhecer a possibilidade de meação fora da equação numérica da participação de cada companheiro na formação do patrimônio comum. É importante assinalar, sempre que possível, que a aferição da contribuição para a formação do patrimônio adquirido durante a convivência, consagrada na Súmula nº 380, do Supremo Tribunal Federal, que representou extraordinária conquista em seu tempo, gerou enormes perplexidades e não menores complicadores práticos. Não é fácil quantificar a quota de cada companheiro. Por que 15% e não 17%? Por que 28% e não 31%? Diante de tantas dificuldades, a jurisprudência chegou mesmo a estabelecer formas criativas de repartição patrimonial, dando relevo ao trabalho do lar, presumindo nos estratos de baixa renda a contribuição da mulher, a comunhão de interesses e de esforços. Com a nova regra, teremos maior estabilidade no relacionamento patrimonial, ademais de permitir que os companheiros façam contrato que melhor atenda aos termos e modos com que pretendem conviver. Sem dúvida a redação do novo Código é superior ao que dispõe o art. 5º da Lei nº 9.278/96, que introduz a figura do condomínio e faz cessar a presunção estabelecida no **caput** se a aquisição patrimonial ocorrer com o produto de bens adquiridos anteriormente ao início da união. Agora, aplica-se o disposto no Capítulo III, Título II, Subtítulo I, podendo ser aproveitada a vasta jurisprudência já existente sobre o regime da comunhão parcial.

Uma deficiência do Código foi não ter trazido para o ninho da união estável a parte relativa à sucessão. Muito se tem discutido sobre o assunto, particularmente, porque a Lei nº 9.278/96 não repetiu a disciplina da Lei nº 8.971/94, deixando de tratar da sucessão. Acórdão da Terceira Turma do Superior Tribunal de Justiça (REsp nº 418.365/SP, de que fui Relator, julgado em 21/11/02) decidiu que a edição da Lei nº 9.278/96 não afastou a disciplina da Lei nº 8.971/94 em matéria de sucessão. Mas o novo Código não deixou de cuidar do assunto.

Logo nas Disposições Gerais sobre o Direito das Sucessões, o art. 1.790 estabelece que a *"companheira ou o companheiro participará da sucessão do outro, quanto aos bens adquiridos onerosamente na vigência da união estável, nas condições seguintes: I — se concorrer filhos comuns, terá direito a uma quota equivalente à que por lei for atribuída ao filho; II — se concorrer com descendentes só do autor da herança, tocar-lhe-á a metade do que couber a cada um daqueles; III — se concorrer com outros parentes sucessíveis, terá direito a 1/3 (um terço) da herança; IV — não havendo parentes sucessíveis, terá direito à totalidade da herança"*. Já na Lei nº 8.971/94, estava regulada a matéria, estipulando que na ausência de descendentes e de ascendentes, o que sobreviver terá direito à totalidade da herança. Além disso, estabelece o novo Código que ao companheiro, *"se com o outro convivia ao tempo da abertura da sucessão"*, caberá a administração da herança até o compromisso do inventariante, no art. 1.797; estipula que o companheiro, tal e qual o cônjuge, não pode ser nomeado herdeiro ou legatário (art. 1.801); exclui da sucessão os herdeiros ou legatários *"que houverem sido autores, co-autores ou partícipes de ho-

micídio doloso, ou tentativa deste, contra a pessoa de cuja sucessão se tratar, seu cônjuge, companheiro, ascendente ou descendente" (art. 1.814, I); no art. 1.844, que dispõe sobre a devolução da herança ao Município ou ao Distrito Federal, ou à União, incluem-se o companheiro sobrevivente como impedimento para que ocorra a devolução, ao lado do cônjuge, ou algum parente sucessível.

Vale anotar que no art. 8º do anteprojeto da Comissão de Juristas está disposto que a sucessão será deferida ao companheiro sobrevivente se não houver testamento, nem ascendentes nem descendentes vivos do *de cujus*. E, havendo testamento, pode o companheiro investir-se na sucessão se este não abranger a totalidade de seu patrimônio, ficando o sobejante para ele. Com isso, o anteprojeto considera que o companheiro deve ser o herdeiro legítimo, na falta de parentes em linha reta do autor da herança, vindo antes dos colaterais e do Estado na vocação sucessória. Seguiu-se a lição de **Pontes de Miranda**, ao cuidar da herança legítima não necessária, *"a herança com que a lei pôs os herdeiros indicados por ela no lugar em que poderiam estar os herdeiros testamentários e os legatários"*, com o que *"não é necessário que tais pessoas herdem, mas elas herdam se o de cujo não dispõe diversamente do que estava no seu patrimônio. Tais herdeiros são o cônjuge sobrevivente, os parentes colaterais e a entidade estatal, a que a lei ordinária confere tal direito"* (*Tratado de Direito Privado*, vol. LV, Rio de Janeiro, Ed. Borsoi, 1968, pág. 369).

A conversão em casamento poderá ser obtida mediante simples pedido dos companheiros ao Juiz e assento no Registro Civil (art. 1.726). Está cumprido o comando constitucional facilitando a conversão da união estável em casamento, sem maiores formalidades.

Finalmente, deu espaço ao concubinato, distinguindo-o da união estável, e, portanto, sem os seus efeitos, para configurá-lo como relações não eventuais entre o homem e a mulher impedidos de casar (art. 1.727).

A disciplina positiva codificada é mais do que suficiente para que a entidade familiar assim constituída tenha, afinal, direitos reconhecidos com maior amplitude, considerando que, ainda hoje, a jurisprudência tem sido ainda limitadora dos efeitos da união estável, permanecendo com a exigência da comprovação da contribuição para a partilha proporcional do patrimônio adquirido durante a convivência.

Não é fácil codificar tema que está sujeito a tantas e tantas transformações sociais e culturais. De todos os modos, o novo Código, nessa matéria, tem suficiente espaço para a construção jurisprudencial e poderá ser um instrumento de concretização da vida familiar, sem a qual não há sociedade que sobreviva. Caberá aos especialistas, aos mestres, aos doutos, advogados, defensores públicos, membros do Ministério Público e aos Juízes a tarefa de pôr o Código em andamento, de torná-lo vivo, de explicá-lo, de construí-lo socialmente.

Ao encerrar, vejamos o **Padre Antônio Vieira**: *"Há de tomar o Pregador uma só matéria, há de defini-la para que se conheça, há de prová-la com a Escritura, há de declará-la com a razão, há de confirmá-la com o exemplo, há de amplificá-la com as causas, com os efeitos, com as circunstâncias, com as conveniências que se hão de seguir, com os inconvenientes que se devem evitar, há de responder às dúvidas, há de satisfazer às dificuldades, há de impugnar e refutar com toda a força da eloqüência os argumentos contrários, e depois disto há de colher, há de apertar, há de concluir, há de persuadir, há de acabar"* (Sermão da Sexagésima, Sermões, ed. Hedra, organização de Alcir Pécora, 2ª reimpressão, pág. 42).

DECISÃO JUDICIAL*

O aprendizado do julgador, que não dispensa a leitura constante e atualizada dos doutrinadores, tem suas raízes no dia-a-dia dos julgados, dirimindo as questões postas ao julgamento pessoal e ao julgamento dos colegas. Enfim, a jurisprudência acaba sendo a fonte inesgotável para orientar os caminhos dos Juízes.

Como se forma a decisão judicial? Quais são os elementos essenciais que levam o julgador a decidir a questão de uma determinada maneira? Por que uma mesma regra jurídica recebe tratamento diferenciado dos Juízes e Tribunais?

Essas questões, para todos os Juízes que sentem a incompatibilidade entre o tempo disponível e o volume de processos que chegam sem parar, são importantes, ainda que não haja tempo suficiente para desafiá-las. Essa angústia com o tempo leva à crença de que mais importante é saber como deve ser resolvida a questão de direito material ou de direito processual, como os Tribunais estão decidindo sobre tal assunto e, ainda, como a doutrina os enfrenta.

A proposta que se apresenta é deixar por alguns momentos esse campo de trabalho para cuidar da aplicação do Direito ao caso concreto, no exato instante em que se busca no ordenamento jurídico, ou nos princípios gerais do Direito, a regra ou princípio que deve incidir para resolver a causa que está sendo julgada.

O que faz o Juiz no sistema jurídico brasileiro? Ele é membro de um dos poderes do Estado ao qual está reservado o dever de

---

* *in* Estudos em homenagem ao Ministro Adhemar Ferreira Maciel, coord. Sálvio de Figueiredo Teixeira. São Paulo, Ed. Saraiva, 2001, págs. 99/115.

prestar a jurisdição, ou seja, de dizer o Direito. As partes buscam o Poder Judiciário quando pretendem defender um bem da vida. E os Juízes devem, necessariamente, dizer qual o Direito aplicável, decidindo a favor de uma das partes da relação processual. Será esse trabalho apenas uma decorrência do conhecimento científico do Magistrado? Isto é, pelo fato de conhecer o Direito, o Magistrado, pura e simplesmente, faz incidir uma determinada regra jurídica, federal, estadual ou municipal, ou certo princípio já consagrado? Ou está ele subordinado às suas circunstâncias pessoais, culturais e sociais? Qual a influência que a cultura do tempo desempenha no exercício da judicatura? Qual o papel que tem a chamada opinião pública na decisão judicial? Em que condições essas circunstâncias limitam a liberdade e a independência dos Juízes? Finalmente, como tal cenário influi na interpretação da regra jurídica e na integração das lacunas? Sem falar em alguns outros fatores extrajurídicos que decorrem dos julgamentos colegiados, mencionados com a sabedoria de sempre por **José Carlos Barbosa Moreira** (*Temas de Direito Processual*, 6ª série, Editora Saraiva, 1997, págs. 145 e segs.).

Ronald Dworkin abre o seu livro O *Império do Direito* mostrando a importância do modo como os Juízes decidem os casos. E, lembrando um famoso Juiz dos Estados Unidos que dizia ter mais medo de um processo judicial que da morte ou dos impostos, escreve: *"A diferença entre dignidade e ruína pode depender de um simples argumento que talvez não fosse tão poderoso aos olhos de outro juiz, ou mesmo o mesmo juiz no dia seguinte. As pessoas freqüentemente se vêem na iminência de ganhar ou perder muito mais em decorrência de um aceno de cabeça do juiz do que de qualquer norma geral que provenha do legislativo"* (Martins Fontes, 1999, pág. 3).

Peter Häberle, professor titular de Direito Público e de Filosofia do Direito da Universidade de Augsburg, na Alemanha, produziu provocante estudo de hermenêutica constitucional sobre a sociedade aberta dos intérpretes da Constituição. Nesse texto, o professor **Häberle** procura mostrar que o Juiz não é o único intérprete da Constituição porque os cidadãos e todos aqueles que participam da sociedade, indivíduos e grupos, a opinião pública, são forças vigorosas de interpretação, partindo do pressuposto de que não existe norma jurídica, senão norma jurídica interpretada. Para **Häberle** a *"vinculação judicial à lei e a independência pessoal* *e funcional dos juízes não podem escamotear o fato de que o juiz interpreta a Constituição na esfera pública e na realidade(...). Seria errôneo reconhecer as influências, as expectativas, as obrigações sociais a que estão submetidos os juízes apenas sob o aspecto de uma ameaça a sua independência. Essas influências contêm também uma parte de legitimação e evitam o livre arbítrio da interpretação judicial. A garantia da independência dos juízes somente é tolerável, porque outras funções estatais e a esfera pública pluralista fornecem material para a lei"* (Hermenêutica constitucional — a sociedade aberta dos intérpretes da constituição: contribuição para a interpretação pluralista e "procedimental" da Constituição, Sérgio Antonio Fabris Editor, Porto Alegre, 1977, págs. 31/32).

O tema da interpretação e aplicação do Direito tem sido desafiado há muito tempo. Já **Puchta**, antigo discípulo de **Savigny**, construiu a chamada "jurisprudência dos conceitos", fortalecendo a abstração e a sistematização, com **Ihering** afirmando a universalidade da ciência do Direito, criticando o formalismo jurídico alemão e formulando a idéia de que o Direito está ligado a um fim que se deseja realizado, abrindo campo ao aparecimento da "jurisprudência dos interesses", representada nos trabalhos de **Heck**. Para **Heck**, o Juiz, que tem uma atividade criadora, estando subordinado à lei, deve adequar a decisão judicial à realidade da vida, presentes os interesses de toda ordem no momento da aplicação da lei. Segundo **Larenz**, a "jurisprudência dos interesses" reserva ao Juiz uma área de decisão mais ampla, distante, no entanto, da escola do Direito livre, que nasce com **Kantorowics**, em 1906. Nesse constante evoluir do pensamento filosófico, não se pode deixar de relevar a eminência de **Kelsen**, com a retomada do formalismo e a reconstrução da pureza do direito, entrelaçado em um sistema de validade em cascata do direito positivo, dedicando parte de sua Teoria Pura à interpretação ao elaborar a distinção entre ser e dever ser. É de **Kelsen** a lição de que a interpretação de uma lei não conduz necessariamente a uma única solução, como sendo a única correta, admitindo a beleza da atividade de interpretação que o Juiz realiza para concretizar o Direito. Vale mencionar, ainda, a chamada "jurisprudência dos valores", que tem em **Stammler**, **Windelband**, **Radbruch**, entre outros, uma expressão maior, e que nasce para reconhecer um campo até então esquecido que é a cultura como referência, na grande afirmação do Direito justo, sendo a justiça o valor do Direito. Em **Stammler**, o Direito justo é consoante com o ideal social. Nesse desenho rudimentar, vale assinalar a contribuição de **Theodor Viehweg**, para o qual o Direito é a técnica de resolução de problemas, em crítica ao pensamento sistemático. Para a tópica de **Viehweg**, dado um problema, chegar-se-ia a uma solução; em seguida, tal solução seria apoiada em tópicos, em pontos de vista suscetíveis de serem compartilhados pelo adversário na discussão. Desse modo, a ciência do Direito deveria ser entendida como um processo especial de discussão de problemas, havendo que tornar tal esquema claro e seguro, graças ao desenvolvimento de uma teoria da praxe. Merecem ser mencionados, ainda, os esforços de **Claus-Wilhelm Canaris** para a compreensão da idéia de sistema na ciência do direito, recordando a definição clássica de **Kant**, de sistema como a "unidade de conhecimentos variados" ou "um conjunto de conhecimentos ordenados segundo princípios", ou, também, a de **Savigny**, de sistema como "concatenação interior que liga todos os institutos jurídicos e as regras de direito numa grande unidade". A crítica de **Canaris** a **Viehweg** é a de que o Direito não é tópico, surgindo sistemático, em sentido não axiomático, em uma tradição que remonta ao *Ius Romanum*.

Essas considerações teóricas são relevantes e exigem estudo, tempo de estudo e meditação, tantas são as contribuições que oferecem para o exercício da atividade do Juiz.

No estágio atual da ciência do Direito, na perspectiva do Direito brasileiro, pelo menos, é relevante anotar, desde logo, que o senso de justiça individual não substitui, ou não deve substituir, o limite posto pelo ordenamento jurídico como um todo. Lembram alguns autores a experiência do final do século passado e início deste do Tribunal de primeira instância de Château-Tierry, sob a liderança do Presidente Magnaud, ficando os seus membros conhecidos como *les bons juges*.

Em livro de extraordinária utilidade, que todos deveriam ter como leitura obrigatória, *A Natureza do Processo e a Evolução do Direito*, **Benjamin Nathan Cardoso**, Juiz da Suprema Corte dos Estados Unidos da América, diante da questão sobre como deveria decidir um Magistrado em face do conflito entre suas convicções e as da comunidade, diante da resposta de um seu colega, que indicava a predominância das convicções pessoais do Juiz, ofereceu grande lição. Disse o notável julgador que a hipótese formulada *"não se verificará, provàvelmente, na prática. Raro, na verdade, será o caso em que nada mais exista para inclinar a balança, além de noções contraditórias sôbre o procedimento correto. Se, entretanto, o caso suposto aqui estivesse, creio que erraria o juiz que quisesse impôr à comunidade, como norma de vida, suas próprias idiossincrasias de procedimento ou de crença. Suponhamos, por exemplo, um juiz que encarasse a freqüência a teatros como pecado. Estaria êle agindo bem se, num campo em que a jurisprudência ainda não estivesse assentada, permitisse que sua convicção governasse sua decisão, apesar de saber que aquela estava em conflito com o **standard** dominante do comportamento correto? Penso que êle estaria no dever de conformar aos **standards** aceitos da comunidade, os **mores** da época. Isso não significa, entretanto, que um juiz não tenha o poder de levantar o nível de comportamento corrente. Em um ou outro campo de atividade, as práticas que estão em oposição aos sentimentos e **standards** de comportamento da época podem crescer e ameaçar entrincheirar-se, se não forem desalojadas. Apesar de sua manutenção temporária, não suportam comparação com as normas aceitas da moral. A indolência ou a passividade tolerou aquilo que o julgamento meditado da comunidade condena. Em tais casos, uma das mais altas funções do juiz é estabelecer a verdadeira relação entre o comportamento e as idéias professadas. Pode até acontecer, e expressamo-nos aqui um tanto paradoxalmente, que apenas uma medida subjetiva satisfaça padrões objetivos. Algumas relações, na vida, impõem o dever de agir de acôrdo com a moralidade costumeira, e apenas isso. Nessa hipótese, a moralidade costumeira deverá constituir, para o juiz, o **standard** a adotar"* (A natureza do processo e a evolução do Direito, Coleção AJURIS, Porto Alegre, 1978, págs. 61/62).

A decisão judicial não decorre da pura aplicação da lei considerando um dado caso concreto. A criação de um computador que, alimentado com a lide proposta e com as leis vigentes, seja capaz de emitir um julgado até pode ser idéia atraente e, mesmo, factível. Os cientistas têm condições de criar um *software* adequado para tanto. Essa perspectiva não é fora de propósito, uma vez que a ciência já anda a passos largos para a invasão do código genético. O que se quer significar com isso é que a decisão judicial é, essencialmente, uma decisão humana. E sendo assim, não está, por inteiro, no domínio da ciência ou da técnica. O homem não existe somente porque tem o suposto domínio da razão. O homem existe porque ele é razão e emoções, sentimentos, crenças. A decisão judicial é, portanto, uma decisão que está subordinada aos sentimentos, emoções, crenças da pessoa humana investida do poder jurisdicional. E a independência do Juiz está, exatamente, na sua capacidade de julgar com esses elementos que participam da sua natureza racional, livre e social.

O processo de aplicação do Direito realizado pelo Juiz começa com a identificação da causa, da situação de fato, das circunstâncias concretas ou, como diz o Ministro **Costa Leite**, com o conhecimento da base empírica do processo. Nesse momento, o Juiz começa a abrir a sua inteligência para a noção de justiça. Quem está com a razão? Quem deve vencer a lide? Enquanto o Magistrado não conhecer todos os fatos da causa não estará em condições de emitir nenhum julgamento. Sem dominar as circunstâncias concretas dos autos, o julgador não está preparado para buscar a disciplina jurídica própria, seja no rol do Direito positivo seja nas demais fontes possíveis, assim os princípios gerais do Direito, os costumes, etc. É necessário não esquecer nunca o Juiz que a sua função é a de realizar a justiça, não a de, pura e simplesmente, encontrar uma regra jurídica aplicável ao caso sob julgamento. O Direito positivo é, apenas, um meio para que ele preste a jurisdição.

Após esse contato com a realidade dos autos, o Juiz alcança o segundo momento de sua atividade: a determinação das regras ou princípios jurídicos aplicáveis ao caso. E essa determinação, segundo **José de Oliveira Ascensão**, em obra preciosa, O *Direito — Introdução e Teoria Geral*, pode ser dividida em três processos fundamentais: 1) interpretação; 2) integração das lacunas; 3) interpretação enunciativa (RENOVAR, 1ª ed. brasileira, 1994, págs. 301 e segs.).

É claro que todos conhecem as bases sobre as quais estão assentados esses três processos fundamentais de determinação das regras jurídicas. A interpretação é a atividade que permite, partindo da fonte do Direito (lei, costume, jurisprudência, eqüidade), revelar o sentido da regra que ela alberga. É bom deixar claro, muito claro, que não prevalece mais o velho princípio *in claris non fit interpretatio*. Até para que se afirme isso, é imperativo que seja feita a interpretação. Como ensina **Ascensão**, a *interpretação em sentido amplo é a busca, dentro do ordenamento jurídico, da regra aplicável a uma situação concreta*. A aplicação não se confunde com a interpretação porque é posterior ao conhecimento da regra.

E a integração surge quando uma solução jurídica se impõe sem que haja disponibilidade específica de fonte, configurada uma lacuna, procurando o Juiz nas fontes admitidas pelo ordenamento jurídico a maneira de integrá-lo. E, finalmente, a interpretação enunciativa pressupõe a prévia determinação de uma regra, e a partir dela *"consegue-se chegar até outras que nela estão implícitas, e que suprem assim a falta de expressa previsão de outras fontes. O que caracteriza a interpretação enunciativa é limitar-se a utilizar processos lógicos para este fim"*. Desse processo resultará *"uma nova regra, e não mera especificação da regra anterior"*.

É de comum sabença que são muitas as teorias sobre interpretação. Veja-se, por exemplo, a exaustiva exposição de **Dworkin** sobre os conceitos de interpretação (*"uma interpretação é, por natureza, o relato de um propósito; ela propõe uma forma de ver o que é interpretado — uma prática social ou uma tradição, tanto quanto um texto ou uma pintura — como se este fosse o produto de uma decisão de perseguir um conjunto de temas, visões ou objetivos, uma direção em vez de outra"* — op. cit., págs. 55 e segs.). Mas aqui o propósito não está nesse plano teórico mais profundo. É suficiente relevar o trabalho de interpretação como um passo no ofício do Juiz.

É conhecido o admirável estudo, infelizmente já hoje pouco lido, mas que deveria ser, igualmente, obrigatório para os Magistrados, de **Carlos Maximiliano**, *Hermenêutica e Aplicação do Direito*. O notável advogado e antigo Ministro do Supremo Tribunal Federal, com extrema simplicidade, mostrou que interpretar *"é explicar, esclarecer; dar o significado de vocábulo, atitude ou gesto; reproduzir por outras palavras um pensamento exteriorizado; mostrar o sentido verdadeiro de uma expressão; extrair, de frase, sentença ou norma, tudo o que na mesma se contém"* (Liv. Freitas Bastos, 1965, pág. 21). E com acuidade afirmou que a *"interpretação colima a clareza; porém não existe medida para determinar com precisão matemática o alcance de um texto; não se dispõe, sequer, de expressões absolutamente precisas e lúcidas, nem de definições infalíveis e completas. Embora clara a linguagem, fôrça é contar com o que se oculta por detrás da letra da lei; deve esta ser encarada, como uma obra humana, com tôdas as suas deficiências e fraquezas, sem embargo de ser alguma coisa mais do que um alinhamento ocasional de palavras e sinais"* (op. cit., pág. 23).

O trabalho do Juiz repousa na interpretação. E vale mencionar que ele interpreta não apenas a regra jurídica, mas, também, a realidade fáctica, as práticas sociais.

E é na interpretação que começa a delinear-se o problema da personalidade do Juiz, que **Barbosa Moreira** indica ser *"o complexo de traços que o distinguem de todos os outros seres humanos e assim lhe definem a quente e espessa singularidade"*, compreendidas *"as características* **somáticas** *do magistrado — v.g. sexo, idade, cor da pele, condições de saúde física etc. — até elementos relativos ao seu* **background** *familiar, às suas convicções religiosas, filosóficas, políticas, aos conceitos (preconceitos) que tenha acerca dos mais variados assuntos, à sua vida afetiva, e por aí afora"* (op. cit., pág. 145). Esse conjunto de qualidades tem influência decisiva no trabalho de interpretação que o Juiz realiza. É evidente que não se pode imaginar que seja abandonada a importância da formação técnica nem do respeito que o Magistrado tem diante da lei, como ordem da razão.

É de **Carlos Maximiliano** a lição sobre a natureza da elaboração legislativa. A lei, escreveu o mestre, *"não brota do cérebro do seu elaborador, completa, perfeita, como um ato de vontade independente, espontâneo. Em primeiro lugar, a própria vontade humana é condicionada,* **determinada***; livre na aparência apenas. O indivíduo inclina-se, num ou noutro sentido, de acôrdo com o seu temperamento, produto do* **meio***, da hereditariedade e da educação. Crê exprimir o que pensa; mas êsse próprio pensamento é socializado, é condicionado pelas relações sociais e exprime uma comunidade de propósitos"* (op. cit., pág. 31).

Veja-se a interpretação, sem maior pretensão, sem veleidade teórica, no seu sentido amplíssimo. Quer dizer, interpretar como atividade central do Juiz para revelar a sua convicção sobre a situação de fato e a regra descoberta, até mesmo no sentido de definir o instrumento que vai utilizar quando tiver necessidade de preencher uma lacuna.

O Juiz, quando interpreta, jamais é neutro. Ele está revelando o seu sistema de convicções, que serve de inspiração na descoberta da regra e na sua incidência ao caso concreto. Com muito mais razão, não é neutro quando realiza o trabalho de integração. Dizer que o Juiz é neutro quando presta a jurisdição é uma hipocrisia.

Por isso mesmo, os racionalistas não estão certos quando afirmaram que o Juiz é um ser acima das paixões, sendo mero intermediário entre a norma em abstrato e a sentença, a solução concreta do caso. Sobre essa diversidade quanto a ser a interpretação um ato de conhecimento, como querem os racionalistas, ou um ato de vontade, como querem os anti-racionalistas, vale a pena consultar o estudo do bom e lúcido Ministro **Ruy Rosado de Aguiar** (*Interpretação*, AJURIS, nº 45, março de 1989, págs. 7 e segs.).

Diante desse cenário é pertinente perguntar se a interpretação pode modificar o comando da lei?

Ocorre que mesmo o trabalho de interpretação, com a maior amplitude que possa ter, não tem condições, em regra, de modificar a lei. E por que não tem? Porque a existência da lei impede que o Juiz julgue como se fosse livre o Direito. Mas a prática tem demonstrado que em muitas circunstâncias a interpretação, adaptando a lei à realidade, conduz a um julgamento além da lei. Em algumas ocasiões, ocorre uma necessidade de compatibilizá-las, particularmente, se a lei está envelhecida no tempo. Em um certo sentido, o julgador pode criar com a sentença um novo Direito, valendo lembrar, ainda uma vez, **Dworkin**, destacando o sentido trivial desse conceito, em que o Juiz anuncia uma regra, um princípio, uma ressalva a uma disposição, nunca antes declarados. E quando assim o faz, completa **Dworkin**, alega que uma nova formulação *"se faz necessária em função da correta percepção dos verdadeiros fundamentos do direito, ainda que isso não tenha sido previamente reconhecido, ou tenha sido, inclusive, negado"* (op. cit., pág. 9).

Cada dia mais, esse papel construtivo está ganhando vigor. E igualmente forte está a identificação do limite da lei pelo princípio da razoabilidade.

Luiz Recaséns Siches ensinava que o Juiz deve submeter-se à lógica do razoável, explicando assim as etapas percorridas pelo julgador, como bem destacou o citado estudo do Ministro **Ruy Rosado de Aguiar**: *"filtra os fatos, avalia a prova, confronta com a lei, faz **aportes de circunstâncias** extralegais, pondera as conseqüências de sua decisão e, depois de passar e repassar por esse complexo de fatores, chega finalmente à sua conclusão por intuição intelectiva, momento em que a questão se esclarece e é fixada uma posição. O Juiz não só aplica a lei, pois nenhuma é completa, só a sentença o é. Julgando, o Juiz tem função criadora, vez que reconstrói o fato, pondera as circunstâncias às quais atribui relevo, escolhe a norma a aplicar e lhe estabelece a extensão. Nesse trabalho, necessariamente faz valorações, que não são as suas* *pessoais, mas as do ordenamento jurídico. Sendo um criador, o Juiz, no entanto, está submetido à ordem jurídica, recomendando-se-lhe a renúncia no caso de desconformidade irreconciliável entre a sua consciência e a lei"* . A lógica do razoável *"está condicionada pela realidade concreta do mundo em que opera: está impregnada de valorações, isto é, de critérios estimativos ou axiológicos, o que a distingue decisivamente da lógica do racional; tais valorações são concretas, isto é, estão referidas a uma determinada situação humana real; as valorações constituem a base para estabelecimento dos fins; a formulação dos fins não se fundamenta exclusivamente sobre valorações, mas está condicionada pelas possibilidades da realidade humana concreta; a lógica do razoável está regida por razões de congruência ou adequação: entre os valores e os fins; entre os fins e a realidade concreta; entre os fins e os meios; entre fins e meios e a correção ética dos meios; entre fins e meios e a eficácia dos meios; por último, a lógica do razoável está orientada pelos ensinamentos da experiência da vida humana e da experiência histórica."*

O grande filósofo do Direito mostrou com toda claridade que o processo de interpretação de uma norma geral diante de casos singulares, a individualização das conseqüências dessas normas para tais casos e as variações que a interpretação e a individualização devem ir experimentando, *"todo eso, debe caer bajo el dominio del* **logos de lo humano**, *del logos de la acción humana. No es algo fortuito, ni tampoco algo que pueda ser decidido arbitrariamente. Es algo que debe ser resuelto* **razonablemente**" (Nueva filosofia de la interpretación del Derecho, Fondo de Cultura Economica, México-Buenos Aires, pág. 140).

Em monografia que merece ser lida, **Margarida Lacombe Camargo** destaca o ponto relevante da obra de **Recaséns Siches**, ao acentuar que independente da vontade da lei ou da vontade do legislador, *"o processo de individualização das leis nas decisões judiciais refere-se, mais especificamente, à sua concretude e à sua temporalidade"* (*Hermenêutica e argumentação — uma contribuição ao estudo do Direito*, RENOVAR, 1999, pág. 168). Para **Margarida Lacombe Camargo**, que equipara a nova filosofia de **Recaséns Siches** a autores como **Viehweg** e **Perelman**, com a influência do pragmatismo norte-americano, *"os juízes, ao privilegiarem os efeitos concretos do direito na sociedade, muitas vezes se vêem diante da necessidade de dissimular a lei para fazer* *justiça, ou pelo menos evitar a injustiça. Mas, para escapar de qualquer tipo de crítica ou acusação em virtude de terem agido arbitrária ou negligentemente, ameaçando a ordem e a estabilidade social, precisam elaborar uma justificativa que apresente uma aparência lógica e que seja, portanto, convincente. O que Recaséns Siches almeja é que os juízes possam agir sem culpa; fazer justiça sem culpa, 'sob a luz do meio-dia'"* (op. cit., págs. 170/171).

Paulo Roberto Soares Mendonça, por seu turno, mostra que **Recaséns Siches** *"inverte o eixo da operação interpretativa, a qual passa a estar centrada no caso e não na norma e, com isso, faz com que a norma aplicável seja aquela realmente adequada ao fato existente e não apenas uma mera adaptação de uma lei genérica e abstrata. A decisão passa então a apresentar um caráter construtivo, uma vez que atualiza o sentido da norma a cada causa julgada"* (págs. 56/57), com o que a *"literalidade do texto legal torna-se uma ferramenta secundária, o que torna desnecessário um esforço hermenêutico, no sentido de obter uma explicação 'racional', para uma decisão que se considera de antemão como 'justa'. A decisão originada pela aplicação da 'lógica do razoável' pode ser melhor classificada como 'correta', porque fundada em valores socialmente relevantes"* (*A argumentação nas decisões judiciais*, Editora RENOVAR, 1997, pág. 57).

Quando o Magistrado cumpre todas as etapas do processo de julgar, ele, afinal, conclui com uma realidade concreta que é a sentença. O que era uma norma geral, uma proposição jurídica, torna-se realidade concreta, resolvendo o conflito posto em julgamento, dando eficácia ao que estabeleceu o legislador. Nesse momento, a norma geral tem o alcance que lhe deu a interpretação do Juiz daquele caso, e que, portanto, pode ser diverso da interpretação dada por outros Juízes. A sentença é que revela a presença do Estado para encerrar a lide, pôr fim à disputa entre os cidadãos ou entre os cidadãos e o Estado. Essa força da sentença — daí a necessária preservação da liberdade de convencimento do Juiz — é que pode apresentar, em certas circunstâncias, efetivamente, uma configuração legislativa, exatamente, em função do trabalho de interpretação do julgador. O fato é que o Magistrado quando prolata a sua sentença está impondo coativamente uma solução para a lide. É o Estado que está dizendo o Direito pela sentença do Juiz.

Esse quadro existe na interpretação infraconstitucional, e no plano da interpretação constitucional ele está presente com mais vigor. **Gomes Canotilho**, cuidando dos limites da interpretação da

Constituição, mostra que o problema é saber *"se, através da interpretação da constituição, podemos chegar aos casos-limite de mutações constitucionais ou, pelo menos, a mutação constitucional não deve transformar-se em princípio 'normal' da interpretação (K. Stern). Já atrás ficou dito que a rigorosa compreensão da estrutura normativo-constitucional nos leva à exclusão de mutações constitucionais operadas por via interpretativa"*. De todos os modos, adverte o mestre que a *"necessidade de uma permanente adequação dialética entre o programa normativo e a esfera normativa justificará a aceitação de transições constitucionais que, embora traduzindo a mudança de sentido de algumas normas provocado pelo impacto da evolução da realidade constitucional, não contrariam os princípios estruturais (políticos e jurídicos) da constituição. O reconhecimento destas **mutações constitucionais silenciosas** ('stillen Verfassungswandlungen') é ainda um ato legítimo de interpretação constitucional"* (Direito Constitucional e Teoria da Constituição, Almedina, Coimbra, 3ª ed., 1999, págs. 1.153/1.154).

O Juiz tem, nos dias de hoje, um amplo campo do agir interpretativo. De modo geral, as teorias de interpretação procuram justificar esse papel construtivo como fundamento para a realização da justiça, para a distribuição pelo Estado da prestação jurisdicional ancorada na idéia da justiça para todos. A lei, por isso, passa a ser apenas uma referência, devendo dela extrair o julgador a interpretação que melhor se ajuste ao caso concreto, com a preocupação única de distribuir a justiça, ainda que, para tanto, tenha de construir sobre a lei, mesmo que a proposição esteja com claridade suficiente para o caso sob julgamento.

O Magistrado deve considerar com muita cautela a sua capacidade de provocar uma interpretação construtiva que altere o comando legal, ainda que, em muitas situações, isso seja impossível de evitar. Veja-se o julgado do Superior Tribunal de Justiça, com a relatoria de exemplar Magistrado, Ministro **Eduardo Ribeiro**, examinando ação declaratória de paternidade por meio da qual o autor, com base em exame pelo método do DNA, contesta a legitimidade da filha de sua ex-mulher, nascida na constância do casamento, com requerimento de anulação do registro de nascimento e a revogação da obrigação de prestar alimentos. A sentença extinguiu o processo sem o julgamento de mérito, com base nos artigos 337 e 343 do Código Civil, tendo o pedido por juridicamente impossível, uma vez que não embasado nas exceções do art. 340, I ou II, do Código Civil.

O Tribunal de Justiça do Rio Grande do Sul deu provimento ao recurso de apelação destacando na ementa que as *"regras do Código Civil precisam ser adaptadas ao novo sistema jurídico brasileiro de direito de família, implantado pela Constituição Federal de 1988 e diplomas legais posteriores. Isso implica revogação de vários dispositivos daquele Código, como, por exemplo, os arts. 340, 344 e 364, em matéria de filiação. Tornou-se ampla e irrestrita a possibilidade investigatória da verdadeira paternidade biológica, que prevalece sobre a verdade jurídica (três estágios na filiação: verdade jurídica — verdade biológica — verdade sócio-afetiva). Destarte, não há que opor obstáculos legais superados à demanda negatória de paternidade proposta pelo pai contra o filho matrimonial. Da mesma forma, não podem persistir os prazos exíguos de decadência contemplados no art. 178, §§ 3º e 4º, inc. I, do Código Civil".*

O voto condutor no Superior Tribunal de Justiça assinalou a relevância da questão relativa ao art. 340 do Código Civil. Para o Ministro **Eduardo Ribeiro**, o *"sistema instituído pelo Código Civil, fiel às concepções e à organização social da época em que editado, visava a resguardar rigidamente a chamada família legítima. Várias disposições criavam empeços a que se pudesse atribuir, a pessoas casadas, filhos havidos fora do matrimônio. Entre elas avultava o disposto no artigo 358, a vedar o reconhecimento de filhos adulterinos e incestuosos, regra não mais subsistente. Igualmente o art. 364, que impedia a investigação de maternidade quando pudesse resultar atribuir-se prole ilegítima a mulher casada. Em relação especificamente à apontada presunção de paternidade, previu-se, não apenas que privativo do marido o direito de contestá-la, como se procurou restringir as hipóteses em que isso poderia ocorrer. À sociedade de então importava evitar o reconhecimento de que muitas pessoas deviam sua existência a relações tidas como ilícitas. Como não era possível impedir o fato, afastavam-se as conseqüências jurídicas".* Mostrou o voto do Relator que as *"leis estabelecem padrões de comportamento tendo em vista os valores da época em que editadas. Submetidos esses a profunda revisão, as normas jurídicas hão de ser entendidas em consonância com as novas realidades sociais. E creio poder-se afirmar que os costumes sexuais e as relações de família constituem um dos territórios em que maiores as* *modificações que a sociedade conheceu nesses oitenta anos de vigência do Código Civil".*

Finalmente, advertiu que seria *"chocante absurdo que, nos tempos atuais, quando a ciência propicia métodos ensejadores de notável segurança na pesquisa da paternidade, ainda estivesse adstrito o julgador a restringir-se a negá-la tão só quando realizadas as hipóteses do artigo 340".* E, como corolário, o voto concluiu por admitir que *"o prazo de decadência será o momento em que toma conhecimento dos fatos passíveis de conduzir a fundada suspeita de ilegitimidade do filho"* (REsp nº 194.866/RS). Na oportunidade, votei vencido, anotando ser *"sempre fascinante acompanhar a vitalidade da interpretação construtiva dos Tribunais. A hermenêutica ganha hoje sempre mais vigor diante da rapidez com que a realidade social se transforma",* mas, que *"o trabalho de interpretação, por maior amplitude que possa ter, não tem, na minha avaliação, condições de ultrapassar a lei. A lei impede que o Juiz julgue como se fosse livre o direito ou como se estivéssemos sob o regime da* **equity**. *É claro que poderá haver em muitas ocasiões necessidade de compatibilizar a realidade com a lei, particularmente quando a lei está envelhecida no tempo. E, nesse momento, o limite da lei deve ser aferido com a presença do princípio da razoabilidade".* E, ainda, que, no caso, não era possível *"interpretar além do limite da lei, que é expressa e tem motivação certa".* Nesse caso, a Corte fez uma interpretação construtiva, socorrendo-se da força da realidade, da modificação da sociedade, do avanço da ciência repercutindo na organização jurídica da sociedade.

No Tribunal de Justiça do Estado do Rio de Janeiro aplicamos, em questão acerca da verificação do **quorum** de instalação de assembléia geral de determinado clube carioca, doutrina da força normativa dos fatos de **Georg Jellinek**. Naquela ocasião examinamos a força do costume como fonte do Direito. **François Geny**, no seu clássico *Méthode d'Interpretation*, define o costume como um uso existente em um grupo social, que expressa um sentimento jurídico dos indivíduos que compõem tal grupo. E **Eugen Erlich** ensina que o costume é a norma do futuro, como destaca em sua obra *Fundamental Principles of the Sociology of Law* — é importante como elemento para a melhor interpretação do Direito. É nesse sentido que se encaixa a doutrina da força normativa dos fatos: quando um determinado hábito social se prolonga, acaba por produzir, na consciência dos indivíduos que o praticam, a crença de que é obrigatório, em resumo da exposição contida na sua conhecida obra *Teoria Geral do Estado*.

Em outro caso, também do Superior Tribunal de Justiça, de que foi Relator o mesmo Ministro **Eduardo Ribeiro**, discutia-se a interpretação do Código Comercial no que se refere à prova dos contratos de fretamento. Considerou a Corte que a *carta partida*, referida no art. 566, é contemporânea da época quando não existiam o fax, o telex, o telefone. Mostrou o Relator que o *"costume fez, então, que se assentassem os termos do contrato em documento que era rasgado ao meio, sendo metade entregue a cada parte. Mesmo naquela época, era possível efetuar-se o registro do acordo junto ao escrivão. Verdade, todavia, que os entendimentos eram mantidos pessoalmente ou via carta"*. A Corte levou na devida conta que os tempos são outros e as regras do velho Código devem ser analisadas *"de acordo com a nova realidade, a qual implica reconhecer a velocidade com que a comunicação se realiza. Inúmeros negócios são fechados por telefone e fax, iniciando-se a execução antes mesmo da formalização de um documento"*. Mas a Corte considerou, também, que *"o contrato de fretamento é espécie de contrato de transporte e este prova-se por todos os meios permitidos em direito. Repita-se, mais uma vez, que a exegese dos dispositivos do Código Comercial não pode ser feita como se ainda estivéssemos em 1850"* (REsp nº 127.961/RJ). Seria bem o caso de lembrar a célebre frase de **Gaston Morin**: *"a revolta dos fatos contra o Código"*.

Isso revela muito claramente que o Juiz, diante do caso concreto, tem uma capacidade de interpretação que vai depender, basicamente, do seu conhecimento adequado da teoria do Direito e, no mesmo patamar de importância, da sua capacidade de perceber a realidade e contaminar-se, apenas, do sentimento de justiça.

Pode ocorrer, ainda, que o trabalho de interpretação resulte negativo Veja-se, por exemplo, a denominada interpretação corretiva, já conhecida desde Aristóteles, como manifestação da equidade, a que se refere Ascensão, em que o resultado da interpretação pode acarretar um sentido nocivo para a lei. Para o doutrinador português, é preciso cautela para que não se afaste a lei; mas é preciso saber que o Juiz pode e deve utilizá-la *"quando a aplicação da lei a certas hipóteses, compreendidas no seu âmbito mas que não pertencem ao núcleo de casos que justificaram a norma, produz resultados infensos ao bem comum"* (op. cit., pág. 340).

Esse sentimento de justiça, que faz com que o Juiz vença as limitações da lei, subordina a lide, no fundo, ao sistema de convicções do julgador, ao seu sentido de justiça. Ele carrega para a decisão a força do seu temperamento, da sua formação, das influências que recebe da sociedade, da cultura do seu tempo. A justiça existe na perspectiva daquele que está julgando, aplicável ao caso sob julgamento, à medida que é, pelo menos, muito difícil avançar um conceito de justiça comum a todos os Juízes e para a generalidade dos casos.

Bem a propósito, **Inocêncio Mártires Coelho**, em seu recente livro *Interpretação Constitucional*, assinalou que *"é precisamente no ato e no momento da interpretação-aplicação que o juiz desempenha o papel de agente redutor da distância entre a generalidade da norma e a singularidade do caso concreto"* (pág. 43). De fato, diz o antigo Procurador-Geral da República, o Juiz *"cria a **norma de decisão concreta** ou a **norma do caso**, para realizar a justiça em sentido material, porque estará decidindo em vista das **particularidades** da situação posta a seu julgamento"* (op. cit., pág. 43).

Foi com esse cenário presente que os Tribunais brasileiros construíram a denominada doutrina da sociedade de fato, para dar conseqüências jurídicas a uma realidade que o direito positivo, por mero preconceito, procurava esconder. E com a Constituição de 1988, que ampliou a proteção com a regra sobre a união estável (art. 226, § 3º), foi possível garantir o reconhecimento da existência de uma família mesmo sem o papel timbrado do casamento formal. A legislação especial veio, tão-somente, consolidar a farta jurisprudência existente na matéria.

E esse trabalho de construção ganha maior fôlego diante da necessária integração das lacunas. A lacuna ocorre, simplificadamente, quando existe falha na previsão de um caso que deveria estar regulado ou quando há previsão, mas os efeitos correspondentes não estão previstos. E, mais ainda, com a chamada interpretação ab-rogante, mediante a qual o intérprete constata que a regra está morta. E tudo se faz sempre a partir do princípio clássico do aproveitamento das leis, ou seja, deve ser dado um sentido útil ao texto legal.

Mais uma vez é bom assinalar que em Direito Constitucional, particularmente, com a jurisprudência da Corte constitucional alemã, o trabalho de interpretação é sempre para reduzir os casos de inconstitucionalidade, até mesmo com a instigante interpretação conforme a Constituição. Nesse caso, o objetivo é assegurar a constitucionalidade da interpretação. A Corte confere preferência àquela que está de acordo com a Constituição, sempre utilizada quando a lei permite um espaço de interpretação, na lição de **Canotilho**. E nunca é demais invocar a lição de **Konrad Hesse**, professor da Universidade de Freiburg e ex-Presidente da Corte Constitucional alemã: *"(...) a interpretação tem significado decisivo para a consolidação e preservação da força normativa da Constituição. A interpretação constitucional está submetida ao princípio da ótima concretização da norma (Gebot optimaler Verwirklichung der Norm). Evidentemente, esse princípio não pode ser aplicado com base nos meios fornecidos pela subsunção lógica e pela construção conceitual. Se o direito e, sobretudo, a Constituição, têm sua eficácia condicionada pelos fatos concretos da vida, não se afigura possível que a interpretação faça deles tábula rasa. Ela há de contemplar essas condicionantes, correlacionando-as com as proposições normativas da Constituição. A interpretação adequada é aquela que consegue concretizar, de forma excelente, o sentido (Sinn) da proposição normativa dentro das condições reais dominantes numa determinada situação"* (A força normativa da Constituição, Sérgio A. Fabris Editor, Porto Alegre, 1991, págs. 22/23).

O Juiz é um agente do Estado, é sempre bom repetir, que concretiza o trabalho do legislador. A lei só está concretizada quando interpretada e aplicada ao caso concreto. E esse trabalho não é de todo simples, como pode parecer. Aí o grave risco de transformar-se a atividade judicante em uma rotina de produzir sentenças. É claro que em um país como o Brasil, com uma enorme carga de processos, com poucos Juízes e muitos processos, a tentação é grande em deixar-se levar pelo desânimo. O Juiz deve considerar o ato de julgar como um trabalho que exige não apenas o seu conhecimento, mas, também, disciplina. A disciplina é para subordinar-se ao comando da lei, sem perder a capacidade de construir para fazer justiça ao caso que está sob a sua responsabilidade; disciplina para não transformar o seu julgamento no desaguadouro das suas insatisfações e crenças pessoais; disciplina para meditar sobre o processo. Na velha lição de **Henry Campbell Black**, *"se a linguagem da lei é ambígua, ou se enseja duas construções, o Tribunal pode e deve considerar os efeitos e as conseqüências de uma e de outra para adotar a que torne a lei efetiva e produza os melhores resultados"* (Interpretation of laws, West Publishing CO, 2ª ed., 1911, pág. 100).

O Juiz trabalha com as fontes, ainda que, freqüentemente, procure apenas uma delas que é a lei. E nesse trabalho dedica-se a interpretar e aplicar diante do caso concreto. Em razão do volume de demandas, ele, com indesejável freqüência, não encontra tempo para refletir sobre a realidade que está em julgamento. E, se tem consciência social, sente-se atraído pela escola crítica e a possibilidade de ampliar os horizontes da interpretação e aplicação buscando o desfecho mais fácil do Direito além da lei, do Direito amparado no seu próprio senso de justiça, nas suas crenças pessoais. Esse é o risco que o Juiz não deve correr porque ele ameaçará com tal comportamento todo o sistema democrático, que tem no Poder Judiciário o instrumento para assegurar o primado da lei e do Direito. Se o Juiz abandona esse cenário, pondo-se a emitir juízos desvinculados da ordem jurídica que lhe incumbe preservar, a sociedade não terá mais nem justiça nem liberdade, porque ambas estarão limitadas ao juízo de valor de um Juiz ou Tribunal. Veja-se, mais uma vez, a lição de **Cardoso**, leitura obrigatória de todos os Juízes na verdadeira acepção da palavra: *"Se perguntardes como saberá o juiz que um interesse sobrepuja outro, poderei responder-vos, apenas, que o seu conhecimento deverá provir das mesmas fontes que inspiram o legislador, a experiência, o estudo e a reflexão; em resumo, da própria vida. Aqui, na verdade, encontra-se o ponto de contacto entre o trabalho do legislador e o do juiz. A escolha de métodos, a estimativa de valores, tudo deve ser guiado, no fim, por considerações semelhantes, seja no caso de um, seja no caso de outro. Cada um dêles, realmente, está legislando dentro dos limites de sua competência. Não há dúvida de que os limites para o juiz são mais estreitos. Êle legisla apenas para suprir lacunas e encher os espaços vazios no direito positivo. Até onde pode ir sem ultrapassar os confins dos interstícios, eis o que não pode ser rigorosamente delimitado em um mapa para seu uso. Deve aprendê-lo por si próprio, à medida que adquire o senso de conveniência e de proporção, proveniente dos anos de hábito na prática de uma arte. Mesmo no que se refere às lacunas, há restrições, não fàcilmente definidas, mas sentidas por todos os juízes e juristas; apesar de serem extremamente sutis, atalham e circunscrevem sua ação. São estabelecidas pelas tradições dos séculos, pelo exemplo de outros juízes, seus predecessores e colegas, pelo julgamento coletivo da classe e pelo dever de aderir ao espírito difundido do direito"* (op. cit., págs. 64/65).

O que importa é que o Juiz saiba que a sua decisão põe termo a uma lide, gerando conseqüências. E aqui está um último elemento relevante. Não pode o Juiz decidir sem levar em conta as conseqüências da sua decisão. Por exemplo, é necessário ter cautela com condenações absolutamente inexeqüíveis. Quando um Juiz vai fixar o valor de um dano moral, que a jurisprudência considera subordinado ao seu prudente arbítrio, ele deve ter presente exatamente essa prudência. Não é admissível a fixação de valores completamente fora da realidade brasileira, valores exorbitantes, sem nenhum padrão, fora do alcance das partes. Foi nessa direção que o Superior Tribunal de Justiça, com a relatoria de cuidadoso Juiz, Ministro **Nilson Naves**, assumiu a responsabilidade de mexer na jurisprudência assentada, com base na Súmula nº 7, para corrigir o excesso que desmoraliza a atividade judicante. Na ocasião, todos concordaram que, embora o constituinte dos oitenta não tenha criado o Superior Tribunal de Justiça com esse objetivo, impunha-se rever a jurisprudência, em caráter excepcional, para evitar a decisão judicial absurda. Em seu voto, o Ministro **Naves** ressaltou que *"seja lá qual for o critério originariamente eleito, o certo é que, a meu ver, o valor da indenização por dano moral não pode escapar ao controle do Superior Tribunal de Justiça. Urge que esta Casa, à qual foi constitucionalmente cometida tão relevantes missões, forneça disciplina e exerça controle de modo a que o lesado, sem dúvida alguma, tenha reparação, mas de modo também que o patrimônio do ofensor não seja duramente atingido. O certo é que o enriquecimento não pode ser sem justa causa"* (REsp nº 53.321/RJ, DJ de 24/11/97).

Em qualquer circunstância, deve o Juiz redobrar as suas cautelas, não aceitando valores que não estejam de acordo com a realidade, pouco importa que tenha o amparo de contador ou de laudos técnicos. O que o julgador tem de aferir é se o resultado é compatível com a situação concreta, sem exageros, sem abusos.

O Magistrado não pode decidir sem considerar todo o conjunto dos autos. Não é suficiente uma prova. Nem mesmo a técnica. É dele a responsabilidade de conhecer toda a realidade subjacente. Só assim ele cumpre a sua função de dizer o Direito.

Há o caso de uma ação de anulação de testamento na Primeira Câmara Cível do Tribunal de Justiça do Rio de Janeiro, de que fui relator, em que a sentença anulou o testamento baseado em um laudo psiquiátrico que apontou a testadora como padecendo de esquizofrenia esquisoafetiva, em fase crônica, que a incapacitava para os atos da vida civil. A decisão foi em sentido contrário ao laudo, trazendo a literatura sobre a esquizofrenia, para concluir que o que deve ser considerado é a compatibilização entre o ato e a realidade. Assim, diante de um laudo *"que oferece poucos elementos de análise, mas, apenas, conclusões peremptórias indiretas, diante de uma prova testemunhal robusta, contendo a afirmação do Tabelião que colheu o testamento, e o depoimento de pessoas modestas que conviveram com a testadora, diante dos termos da procuração passada a uma das autoras, tempos após o testamento que se pretende anular, finalmente, diante da logicidade do testamento que beneficiou uma criança cuidada pela testadora, que não possuía herdeiros necessários, desde o nascimento, a revelar carinho e afeição normais para uma mulher solteira, sem filho, com irmãs que a internavam a toda hora"*, o recurso foi provido e afastada a anulação do testamento.

No entanto, é indispensável assinalar que o fundamento do julgado é que dá força ao dispositivo. Juiz que julga sem convencer, sem expor as razões de seu convencimento, ademais de violar o Direito positivo, malfere a essência da função judicante.

O Magistrado, na sua independência, não pode decidir agredindo a realidade. Nem pode demonstrar com atos judiciais extremos o seu poder constitucional. A força da decisão judicial é a sua compatibilidade com as condições concretas da sociedade, é a sua adequação ao critério do que é razoável, presente a lei, com o que o julgado e a sua conseqüência têm equilíbrio.

O que é, portanto, necessário é que o Juiz transforme a prestação jurisdicional em ponto de referência da sociedade. Não quer isso dizer que serão eliminados os descontentes; quer dizer, isso sim, que a decisão coube no critério de justiça do tempo vivido, na compreensão do homem médio. Mas jamais deixar-se dominar pelo "tribunal da opinião pública".

O Juiz não precisa demonstrar a sua força. Ao contrário, ele precisa demonstrar a sua competência, a sua capacidade, inspirando o respeito da sociedade. E, mais do que nunca, isso é necessário. Quando tudo se encaminha para limitar os Juízes, para cercear os seus poderes de julgar, principalmente no âmbito das cautelas, é preciso encontrar o caminho para reconquistar o espaço com o exercício firme da judicatura, sem concessões, mas, também, sem excessos.

Se muitos esquecem o que representou e representa o Poder Judiciário brasileiro em momentos decisivos da vida nacional, é bom tirar da gaveta os exemplos de dignidade, de coragem, de honradez de milhares de Juízes em todas as instâncias. Não é hora de falar das exceções. É hora de falar da regra. E a regra é essa vida vivida com o sofrimento de decidir diariamente, sem muitos confortos, exposta a toda sorte de diatribes, tendo como tribuna os autos, limitada pela razão simples de não servir para outro propósito que o de fazer justiça, mas poderosa pela razão de ser o estuário de angústias, desesperanças, sofrimentos, tristezas. Fortes são os Juízes, sobretudo, porque têm sede de Justiça. Como disse **André Compte-Sponville**: *"felizes os que têm sede de justiça porque jamais serão saciados"*.

DESCONSIDERAÇÃO DA PERSONALIDADE JURÍDICA*

A sociedade moderna, na teia de suas enormes dificuldades sociais, marcada por forte desequilíbrio de renda e de acesso aos bens da vida, e, ainda, por uma vigorosa atividade econômica, particularmente após o desaparecimento da guerra fria e o fantástico desenvolvimento dos recursos de comunicação, já agora sob o domínio da informática, exige do Poder Judiciário respostas prontas e menos burocratizadas para que seja realizada a justiça. Um dos pontos de estrangulamento da Justiça é a demora na prestação jurisdicional e também a ausência de elementos processuais ágeis para que seja atingida a decisão terminativa dos conflitos.

Na vida econômica, os conflitos não podem ser eternizados, sob pena de absoluta inutilidade da prestação jurisdicional. Do mesmo modo, o emaranhado de leis causa facilidades para manobras de toda a ordem, beneficiando os espertos e criando dificuldades aos honestos, que cumprem as suas obrigações. Mais grave ainda, dá ensanchas ao inadimplente de escapar ileso, deixando um vácuo na relação econômica pela utilização de meios capazes de enredar o sistema de Direito Positivo.

É nesse contexto que se deve examinar a teoria da desconsideração da personalidade jurídica. E a sua origem está bem vinculada

---

* Texto em homenagem ao Ministro José Carlos Moreira Alves, *in* Aspectos Controvertidos do novo Código Civil, coordenadores Arruda Alvim, Joaquim Pontes de Cerqueira Cesar, Roberto Rosas. São Paulo, Ed. Revista dos Tribunais, 2003.

ao panorama antes delineado. Formalmente, foi o Direito inglês que inaugurou a proteção contra a fraude na atividade econômica, por meio do chamado *Companies Act*, de 1929, estabelecendo a competência da Corte para declarar que todos os que participaram, de forma consciente, da fraude constatada no curso da liquidação de uma determinada sociedade seriam considerados responsáveis, direta e ilimitadamente, pela obrigação. Mas no Direito norte-americano, desde o século XVI, já existiam instrumentos para evitar atos fraudulentos, aparecendo nos primeiros anos do século XX o denominado *Uniform Fraudulent Conveyance Act*, e já nos oitenta a revisão no *Uniform Fraudulent Transactions Act*. Ganhou fôlego a teoria, conhecida no Direito anglo-saxão como *disregard of legal entity*, espraiando-se pela Alemanha com a *durchgriff der juristichen personen*, pela Itália com o *superamento della personalitá giuridica*, pela França com a *misé a lécart de la personalité morale*.

No Direito brasileiro, a teoria da desconsideração da personalidade jurídica nasceu para desafiar a regra do art. 20 do Código Civil de 1916: *"As pessoas jurídicas têm existência distinta da dos seus membros"*. Como bem ensina **Fábio Ulhoa Coelho**, a manipulação da autonomia das pessoas jurídicas é o instrumento para a realização da fraude contra credores. Mas o mesmo autor, no seu Curso de Direito Comercial, adverte, corretamente, que a desconsideração da personalidade jurídica não deve ser olhada como a destruição do instituto da autonomia entre a sociedade e seus membros, mas, sim, como meio para corrigir o seu mau uso, afirmando: *"O objetivo da **teoria da desconsideração da personalidade jurídica (disregard of legal entity ou piercing the veil**) é exatamente possibilitar a coibição da fraude, sem comprometer o próprio instituto da pessoa jurídica, isto é, sem questionar a regra da separação de sua personalidade e patrimônio em relação aos de seus membros. Em outros termos, a teoria tem o intuito de preservar a pessoa jurídica e sua autonomia, enquanto instrumentos jurídicos indispensáveis à organização da atividade econômica, sem deixar ao desabrigo terceiros vítimas de fraude"* (Curso de Direito Comercial, v. 2. São Paulo. Ed. Saraiva, 1999, págs. 34/35).

Rubens Requião, considerado o introdutor da doutrina no Brasil, lembrando a tese de Rolf Serick, da Faculdade de Direito de Heidelberg, esclarece, desde logo, que não se trata de *"considerar ou declarar **nula** a personalidade, mas de torná-la ineficaz para* *determinados atos"* (*Curso de Direito Comercial*. São Paulo, Ed. Saraiva, 21ª ed., 1993, pág. 283). Para **Requião**, *"a doutrina, pouco divulgada em nosso País, levada à consideração de nossos Tribunais, poderia ser perfeitamente adotada, para impedir a consumação de fraude contra credores e mesmo contra o fisco, tendo como escudo a personalidade jurídica da sociedade comercial"* (op. cit., pág. 284).

O que se deve considerar no trato doutrinário da desconsideração da personalidade jurídica é a sua utilização apenas para evitar o abuso ou a fraude, todas as vezes que a personalidade jurídica da sociedade comercial, na forma do art. 20 do Código Civil de 1916, for utilizada como instrumento para prestigiar aquele que manipula a pessoa jurídica com o objetivo de fugir do adimplemento de uma dada obrigação. Vale, por isso mesmo, a advertência feita por **Fábio Ulhoa Coelho**, no sentido de que a doutrina como tal é aquela, que ele denomina de *"maior"*, *"que condiciona o afastamento episódico da autonomia patrimonial das pessoas jurídicas à caracterização da manipulação fraudulenta ou abusiva do instituto"* (op. cit., pág. 35). Assim, a *"menor"*, isto é, aquela *"que se refere à desconsideração em toda e qualquer hipótese de execução do patrimônio de sócio por obrigação social, cuja tendência é considerar o afastamento do princípio da autonomia à simples insatisfação de crédito perante a sociedade"* (op. cit., pág. 35).

No plano doutrinário, a desconsideração da personalidade jurídica cabe quando houver a configuração de abuso ou de manipulação fraudulenta do princípio da separação patrimonial entre a sociedade e seus membros. O que se quer é evitar a manipulação da autonomia patrimonial da sociedade como meio de impedir, fraudulentamente, o resgate de obrigação assumida nos termos da lei. E, assim mesmo, a doutrina não conduz à extinção da sociedade, que permanece existindo regularmente, mas, tão-somente, afasta a separação patrimonial em uma determinada circunstância. Ainda uma vez, a lição de **Fábio Ulhoa Coelho**: *"Em outros termos, cabe invocar a teoria quando a **consideração** da sociedade empresária implica a licitude dos atos praticados, exsurgindo a ilicitude apenas em seguida à **desconsideração** da personalidade jurídica dela. Somente nesse caso se opera a ocultação da fraude e, portanto, justifica-se afastar a autonomia patrimonial, exatamente para revelar o oculto por trás do **véu** da pessoa jurídica"* (op. cit., pág. 42). **Juan Dobson** mostra que todos os autores *"que consideram o problema* *da desconsideração (desestimación) da personalidade jurídica, outorgam um papel preponderante à fraude"*, anotando que Rolf Serick, *"que escreveu indiscutivelmente uma obra fundamental sobre o tema, coloca a fraude em lugar primordial. Entende que só se pode prescindir da personalidade jurídica quando haja abuso dela, e só haverá abuso quando se intente com ela burlar uma lei, quebrar obrigações contratuais ou prejudicar fraudulentamente terceiros"* (*El abuso de la personalidad jurídica (En el Derecho Privado)*, Depalma, 1991, pág. 178). E **Alexandre Couto Silva** destaca que, na *"aplicação da desconsideração da personalidade jurídica, a regra geral mais comumente citada é a determinada pelo Juiz Sanborn no caso United States v. Milwakee Refrigerator Transit Co.: '[Uma] companhia será considerada uma pessoa jurídica como regra geral, e até que suficiente razão contrária apareça; mas, quando a noção de pessoa jurídica é usada para derrotar a ordem pública, justificar o injusto, proteger a fraude, ou amparar o crime, o direito irá considerar a companhia como uma associação de pessoas"* (*Aplicação da desconsideração da personalidade jurídica no Direito brasileiro*, São Paulo, LTr, 1999, págs. 58/59). E cita o **leading case** Bartle vs. Home Owners Cooperative (1955), *"no qual a companhia foi formada simplesmente para evitar a responsabilidade pessoal dos acionistas, mas sem a intenção de que esta servisse de instrumento para perpetrar a fraude, o abuso ou, mesmo, realizar injustiça. 'A lei permite a formação de um negócio para a proposta de escapar da responsabilidade pessoal. De forma geral, a doutrina da 'desconsideração da personalidade jurídica' é invocada para prevenir fraude ou para alcançar a justiça'. Mas no presente caso não houve fraude, informações falsas que levam ao erro e nem ilegalidade"* (op. cit., pág. 60).

Como sabido, o objetivo maior da desconsideração da personalidade jurídica é responsabilizar o sócio por dívida formalmente imputada à sociedade. Mas isso não quer dizer que não possa ocorrer o contrário, ou seja, o afastamento da autonomia patrimonial para responsabilizar a sociedade por dívida do sócio, desde que caracterizada a manipulação fraudulenta.

Esses lineamentos básicos da doutrina bem revelam que a aplicação jurisprudencial é de fundamental importância para que se possa aferir bem a extensão por ela alcançada no Direito brasileiro. Só recentemente, com o Código de Defesa do Consumidor, art. 28, é que houve a previsão positiva da doutrina da desconsideração da personalidade jurídica, usada pelos Tribunais, inicialmente, no campo tributário. É certo que alguns autores a identificam já na Consolidação das Leis do Trabalho, que prescreve a responsabilidade solidária das empresas componentes de determinado grupo econômico com relação às obrigações decorrentes do contrato de trabalho. Por outro lado, o Código Tributário Nacional, nos artigos 124 e 135, contém disciplina sobre a responsabilidade solidária. Mas **Alexandre Couto Silva** entende que no *"Direito Tributário não se pode afirmar a existência de dispositivos que consagrem a desconsideração da personalidade jurídica"* (op. cit., pág. 119). O mesmo se pode dizer da disciplina das instituições financeiras com a responsabilidade solidária dos administradores, no caso da liquidação, embora limitada ao montante do passivo descoberto da instituição, nos termos do art. 15 do Decreto-Lei nº 2.321/87. Sobre este último aspecto, escreve **Flávia Lefèvre Guimarães** que a *"previsão legal de responsabilidade solidária dos sócios para a garantia dos créditos de difícil recuperação, protege as finanças públicas — dos correntistas e aplicadores pequenos, médios e grandes —, evitando-se o desrespeito ao direito de propriedade, e apropriação indébita dos valores depositados das instituições financeiras, bem como os efeitos nefastos no que respeita à segurança e estabilidade do sistema financeiro nacional, garantindo-se, em última instância, a função social do instituto da pessoa jurídica"* (Desconsideração da personalidade jurídica no Código do Consumidor — aspectos processuais, Ed. Max Limonad, 1998, pág. 42).

Sem dúvida, é o Código de Defesa do Consumidor que agasalha, pela primeira vez, a doutrina com o nome pela qual ficou conhecida.

Logo no Título I, que cuida dos direitos do consumidor, a Seção V, do Capítulo IV, tratando da qualidade de produtos e serviços, da prevenção e da reparação dos danos, regula a desconsideração da personalidade jurídica, com o seguinte comando, contido no *caput* do art. 28: "*O juiz poderá desconsiderar a personalidade jurídica da sociedade quando, em detrimento do consumidor, houver abuso de direito, excesso de poder, infração da lei, fato ou ato ilícito ou violação dos estatutos ou contrato social. A desconsideração também será efetivada quando houver falência, estado de insolvência, encerramento ou inatividade da pessoa jurídica provocados por má administração*". E, no § 5º, estabelece o Código de Defesa do Consumidor que também poderá ser desconsiderada a pessoa jurídica *"sempre que sua personalidade for, de alguma forma, obstáculo ao ressarcimento de prejuízos causados aos consumidores".* O Código de Defesa do Consumidor prescreve, ainda, a responsabilidade subsidiária das sociedades integrantes dos grupos societários e as sociedades controladas pelas obrigações decorrentes do Código, a responsabilidade solidária das sociedades consorciadas e a responsabilidade por culpa das sociedades coligadas.

Os dispositivos do Código de Defesa do Consumidor enfrentam forte crítica formulada por **Fábio Ulhoa Coelho**. O ilustre comercialista e também comentador do Código de Defesa do Consumidor afirma que *"tais são os desacertos do dispositivo em questão (art. 28), que pouca correspondência há entre ele e a elaboração doutrinária da teoria. Com efeito, entre os fundamentos legais da desconsideração, encontram-se hipóteses caracterizadoras de responsabilização de administrador que não pressupõem nenhum superamento da forma da pessoa jurídica. Por outro lado, omite-se a fraude, principal fundamento para a desconsideração. A dissonância entre o texto legal e a doutrina nenhum proveito trará à aplicação do novo Código; ao contrário, é fonte de incertezas e equívocos"* (Comentários ao Código de Proteção do Consumidor, Saraiva, 1991, pág. 142).

Vale a pena refletir sobre a crítica formulada. De fato, a disciplina positiva não acompanhou a doutrina da desconsideração da personalidade jurídica, oferecendo um contorno diferente e muito mais abrangente, particularmente, se considerado o § 5º do art. 28, que autorizou a desconsideração sempre que houver obstáculo ao ressarcimento de prejuízos causados ao consumidor. Na verdade, era necessário muita cautela para que a regra que protege o consumidor não provocasse o esvaziamento do art. 20 do Código Civil de 1916, agora superado com o Código Civil de 2002, e, com isso, um desequilíbrio da atividade econômica com o enfraquecimento da organização empresarial, que, em uma economia de mercado, é a base do desenvolvimento.

De todos os modos, não acredito que seja possível desconhecer a disciplina positiva, entregando a prestação jurisdicional com uma interpretação que atravanque o direito que se quis assegurar para proteger o consumidor. E, nesse sentido, a jurisprudência vai ser de fundamental importância para a correta aplicação do art. 28 do Código de Defesa do Consumidor, tal e qual foi para a introdução da doutrina no Brasil. **Genacéia da Silva Alberton**, em trabalho publicado na revista Estudos Jurídicos (vol. 24, nº 61), assinalou que a *"desconsideração é resultado de uma construção jurisprudencial, correspondendo à técnica de suspensão da eficácia da pessoa jurídica no caso concreto quando verificado que a mesma, em fraude à lei ou por abuso de direito, foi desviada da função para a qual foi criada"*. A autora, Juíza, também considerou que o Código de Defesa do Consumidor *"apresentou a desconsideração de forma ampla, de tal modo que pode abranger qualquer situação em que a autonomia da personalidade jurídica venha a frustrar ou dificultar o ressarcimento do consumidor prejudicado"*, para criticar a disciplina no sentido de que *"a impossibilidade de ressarcimento, por si só, não pode ser motivo para a desconsideração se o ato da sociedade não extrapolou o objeto social ou não teve como fim ocultar conduta ilícita ou abusiva"*. Com isso, concorda que *"há pouca correspondência entre a desconsideração da pessoa jurídica prevista no art. 28 do Código de Defesa do Consumidor e a teoria do 'disregard'. Omitiu-se, inclusive, a fraude como causadora da desconsideração. Pelo menos isso não fica claro, embora possa ser inserido na hipótese do § 5º. Por outro lado, há inclusão de hipóteses de simples responsabilização do administrador que nada tem a ver com a desconsideração da pessoa jurídica"*.

Um dos autores do anteprojeto, Zelmo Denari, comentando o art. 28, afirma que há pressupostos *"que primam pelo ineditismo, tais como a falência, insolvência ou encerramento das atividades das pessoas jurídicas"* (Código Brasileiro de Defesa do Consumidor — comentado pelos autores do anteprojeto, 4ª ed., 1994. pág. 158), ademais de introduzir uma novidade, *"pois é a primeira vez que o direito legislado acolhe a teoria da desconsideração sem levar em consideração a configuração da fraude ou do abuso de direito. De fato, o dispositivo pode ser aplicado pelo juiz se o fornecedor (em razão da má administração, pura e simplesmente) encerrar suas atividades como pessoa jurídica"* (op. cit., pág. 58).

De todos os modos, o certo é que a disciplina do consumidor representa a forma pela qual o Direito Positivo brasileiro recebeu a teoria da desconsideração da personalidade jurídica, e, por isso mesmo, é preciso que se ofereça a melhor interpretação possível para tornar eficaz esse poderoso instrumento de defesa do cidadão, tantas vezes lesado por maquinações realizadas com o só objetivo de prejudicar o ressarcimento de prejuízos, o adimplemento de obrigações licitamente assumidas.

O primeiro aspecto a merecer a atenção do intérprete é a natureza da regra no que concerne a sua aplicação pelo Juiz. O *caput* do art. 28 não comporta outra interpretação que a de ser uma faculdade do Juiz, dependente, portanto, de seu prudente critério. É certo que a jurisprudência, tal e qual aconteceu com as medidas cautelares, poderá inclinar-se pela obrigatoriedade diante da presença dos pressupostos constantes do dispositivo. Assim, se estiverem eles presentes, ao Juiz não restará outro caminho senão aplicá-la quando requerida pela parte. Mas não creio que seja este o melhor caminho. O que está prescrito é que o Juiz poderá, o que quer dizer que no seu prudente critério repousou o legislador a aplicação da desconsideração.

Outra questão é saber se o ato do Juiz depende de pedido da parte. E não depende a aplicação do art. 28 de requerimento da parte. Havendo a presença das situações descritas no *caput*, em detrimento do consumidor, o Juiz poderá fazer incidir o dispositivo, independentemente de requerimento da parte. O que provoca a incidência da desconsideração é a existência de prejuízo para o consumidor. Havendo o prejuízo, está o Juiz autorizado a fazer valer o art. 28. Nesse sentido, opina **Genacéia da Silva Alberton**, embora releve o princípio da iniciativa da parte. Para **Genacéia**, *"como as situações embasadoras da desconsideração podem emergir no decorrer da instrução do processo, deve-se aceitar a possibilidade de o juiz desconsiderar a pessoa jurídica independentemente de postulação da parte autora. Tal postura não irá colidir com o princípio da iniciativa da parte, pois essa se refere à propositura da demanda. Por outro lado, estará preservado o princípio da congruência porque a tutela jurisdicional será prestada no âmbito do pedido"*. E conclui: *"Observe-se que a norma do art. 28 é uma norma dispositiva dirigida precipuamente ao juiz. Tendo em vista o caráter protetivo do Código do Consumidor, se presentes as circunstâncias previstas no art. 28, o julgador tem a possibilidade de penetrar na personalidade jurídica para atingir pessoas físicas que dela fazem parte, não sendo a autonomia da personalidade jurídica óbice à solução justa do conflito"*. **Alexandre Couto Silva** considera *"bastante positiva essa tentativa de **Alberton** de adequar a desconsideração da personalidade jurídica ao processo. É de se notar a argumentação quanto aos princípios do contraditório e da ampla defesa, principalmente quanto à afirmação de que a parte que será atingida pelos efeitos da sentença e por ela alcançada estaria acom-

panhando a ação, direta ou indiretamente, por estar protegida pela personalidade da pessoa jurídica da qual se utilizou e de onde acompanhou todo o decorrer do processo, ciente de todos os rumos que este tomava" (op. cit., págs. 131/132). Mas é preciso considerar já agora que o art. 50 do Código Civil menciona, fora do âmbito de proteção do consumidor, o pedido da parte, ou do Ministério Público *"quando lhe couber intervir no processo"*.

Ponto controvertido é sobre o momento da aplicação do art. 28. Cuidando dos aspectos processuais da teoria da desconsideração, **Fábio Ulhoa Coelho** entende que *"o juiz não pode desconsiderar a separação entre a pessoa jurídica e seus integrantes senão por meio de ação judicial própria, de caráter cognitivo, movida pelo credor da sociedade contra os sócios ou seus controladores. Nessa ação, o credor deverá demonstrar a presença do pressuposto fraudulento. Em outros termos, quem pretende imputar a sócio ou sócios de uma sociedade empresária a responsabilidade por ato social, em virtude de fraude na manipulação da autonomia da pessoa jurídica, não deve demandar esta última, mas a pessoa ou as pessoas que quer ver responsabilizadas"*. Com isso, descarta o autor a possibilidade de o Juiz, por simples despacho em processo de execução, aplicar a desconsideração; para ele precisa haver a dilação probatória. **Flávia Lefèvre Guimarães**, anotando que há decisões no sentido de que para a aplicação da teoria *"faz-se essencial a instauração de processo de conhecimento para o reconhecimento da fraude"*, invoca precedente da relatoria do Ministro **Ruy Rosado de Aguiar**, e rechaça o caminho mais longo, na medida em que poderia tornar a aplicação inoperante. Também eu não creio necessário o ajuizamento de ação própria para o fim de aplicar-se a desconsideração. Seria criar um obstáculo que o legislador não desejou.

Um ponto a ser mencionado, antes do exame do atual Código Civil, diz respeito ao alcance do § 5º do art. 28. A redação do dispositivo autoriza a interpretação de que a sua incidência não depende dos pressupostos constantes do **caput**. Nele está escrito que *"também poderá ser desconsiderada a pessoa jurídica sempre que sua personalidade for, de alguma forma, obstáculo ao ressarcimento de prejuízos causados aos consumidores"*. Assim, poderá ser aplicada a desconsideração apenas verificada a situação de entrave ao ressarcimento dos prejuízos causados. Em trabalho publicado na coletânea coordenada por Fernando Scaff (*Estudos em homenagem a Ary Brandão de Oliveira*, LTr e Programa de Pós-Graduação em

Direito da Universidade Federal do Pará, A Disregard Doctrine no Código de Defesa do Consumidor, págs. 351 e segs.), **Suzy Elizabeth Cavalcante Koury** rebate as críticas ao § 5º, principalmente aquela feita por Zelmo Denari (teria havido um equívoco remissivo no veto do Presidente, que recaiu no § 1º quando deveria versar o § 5º), para asserir que a boa interpretação do dispositivo, que já vem sendo aplicado pelos Juízes, *"é no sentido de que não basta ter havido prejuízo ao consumidor, mas que tal prejuízo tenha decorrido de abuso da forma da pessoa jurídica"*. Realmente, o § 5º autoriza uma interpretação amplíssima. Mas não há nele vício capaz de torná-lo pernicioso, uma vez que a jurisprudência sempre encontra um caminho que limita os excessos e consolida uma interpretação temperada de modo a fazer com que a incidência do § 5º seja confinada aos limites do interesse do consumidor, mas diante da configuração de maquinação para burlar o ressarcimento do prejuízo. A expressão "de alguma forma" deve ser interpretada na linha mestra da doutrina, ou seja, para evitar que o devedor, por manobra ilícita, escape da obrigação de pagar o que é devido.

Devo indicar, ainda, dois excelentes trabalhos sobre a aplicação da desconsideração da personalidade jurídica no âmbito do direito de família. **Rolf Madaleno** entende possível utilizar a desconsideração para proteger a meação, destacando a existência de meios engenhosos para burlá-la, assim, por exemplo, *"o expediente da aparente transferência da totalidade das quotas sociais detidas pelo varão em determinada sociedade comercial, e esta, por seu turno, é titular do acervo de bens conjugais"*. Para o autor, tal ato é ilícito, embora perfeito o método quanto ao fundo e à forma. Para vencer essa manobra que malfere o Direito à meação, **Rolf Madaleno** afirma que *"compete ao decisor simplesmente desconsiderar na fundamentação de sua sentença judicial o ato lesivo cometido através da personalidade jurídica, em decisão vertida no ventre do próprio processo de separação judicial ou de dissolução de união estável. As alterações contratuais que cuidaram de transferir ou reduzir a participação social do cônjuge empresário são ignoradas pelo julgador, que as desconsidera no âmbito de sua sentença judicial e computa para a partilha conjugal a participação social preexistente à fraudulenta subcapitalização das quotas sociais, repondo-as ao estado anterior ao da flagrante usurpação da meação do cônjuge espoliado, sempre tendo como reforço de decidir, o que preconiza o artigo 5º da Lei de Introdução ao Código Civil, de o juiz atender aos fins sociais* *e ao bem comum, sempre quando for aplicar a lei"* (*A disregard e a sua efetivação no Juízo de Família*, Liv. do Advogado Editora, págs. 64/65). O mesmo autor amplia a desconsideração também aos alimentos, à medida que considera que a *"empresa que empresta o seu véu ao sócio que almeja burlar a sua dívida alimentar não deve ficar impune ao artifício ilícito, como ocorreu na separação litigiosa nº 01291069282, que tramitou pela 1ª Vara de Família e Sucessões de Porto Alegre, onde o juiz monocrático entendeu que a empresa devesse ser responsabilizada pela pensão arbitrada, já que detrás dela o alimentante se escondia. Naquele processo a prova demonstrou que o réu continuava à testa da sociedade, nela comparecendo e deliberando diariamente, não obstante em seus contratos houvesse sido articulada artificiosamente a sua simbólica retirada"* (op. cit., pág. 89). E o estudo do Juiz **Jorge Luís Costa Beber** segue a mesma linha: *"Em muitos casos, pais ou cônjuges insensíveis, relapsos e irresponsáveis se utilizam da pessoa jurídica que integram como sócios para montar diversos estratagemas, tudo com a inequívoca e deliberada intenção de impedir que o autor da ação de alimentos possa demonstrar, através de dados concretos e escoimados de dúvidas, os reais rendimentos por eles percebidos ou seus bens particulares"*. Adverte que *"há casos em que incorporações ou fusões societárias são manobradas tão-somente com a intenção de eclipsar os rendimentos e o patrimônio pessoal do sócio, deliberadamente integralizado como capital social"*. Para impedir o embuste, o autor entende possível utilizar aquilo *"que se convencionou denominar Teoria da Desconsideração da Personalidade Jurídica, cuja gênese dimana do direito norte-americano, onde essa desestimação corporativista resultou na criação da chamada* disregard doctrine" (*Alimentos e desconsideração da pessoa jurídica*, Jurisprudência Catarinense, v. 24, nº 81/82, 1998, págs. 73/78).

Antes de examinar a jurisprudência do Superior Tribunal de Justiça, é importante anotar que o novo Código, no art. 50, cuidou da matéria de forma diversa daquela do art. 20 do Código Civil de 1916, ou seja, disciplinando as exceções à separação entre a pessoa jurídica e seus membros, assim: *"Em caso de abuso da personalidade jurídica, caracterizado pelo desvio de finalidade, ou pela confusão patrimonial, pode o juiz decidir, a requerimento da parte, ou do Ministério Público quando lhe couber intervir no processo, que os efeitos de certas e determinadas relações de obrigações sejam estendidos aos bens particulares dos administradores ou sócios da pessoa jurídica"*. Como se pode observar, o Código Civil revogado disciplinou a regra geral da separação, deixando para a jurisprudência e para as leis extravagantes o tratamento das respectivas exceções. No atual diploma, abriu-se o campo de aplicação, indicando os requisitos que autorizam o Juiz, a requerimento da parte ou do Ministério Público quando lhe couber intervir no processo, a decidir *"que os efeitos de certas e determinadas relações de obrigações sejam estendidas aos bens particulares dos administradores ou sócios da pessoa jurídica"*. De fato, o novo Código afastou o rigor da regra geral presente no Código anterior para evitar a prática de abuso, *"caracterizado pelo desvio de finalidade, ou pela confusão patrimonial"*, que deu margem a manobras destinadas a acobertar o não-cumprimento de obrigações assumidas contratualmente ou determinadas judicialmente. Ficou claro o objetivo da regra, qual seja, reprimir os abusos antes cometidos à sombra da separação de responsabilidades entre a pessoa jurídica e os seus membros.

O art. 50 do Código Civil em vigor, resultou de alteração no processo legislativo. A redação primitiva, mais objetiva quanto ao preceito proibitivo e mais severa no tocante às penalidades, conforme demonstra **Maria Helena Diniz**: *"A redação original do dispositivo, tal como concebido pelo Ministro Moreira Alves, era a seguinte: 'A pessoa jurídica não pode ser desviada dos fins estabelecidos no ato constitutivo, para servir de instrumento ou cobertura à prática de atos ilícitos, ou abusivos, caso em que poderá o juiz, a requerimento de qualquer dos sócios ou do Ministério Público, decretar a exclusão do sócio responsável, ou, tais sejam as circunstâncias, a dissolução da entidade. Parágrafo único. Neste caso, sem prejuízo de outras sanções cabíveis, responderão conjuntamente com os da pessoa jurídica, os bens pessoais do administrador ou representante que dela se houver utilizado de maneira fraudulenta ou abusiva, salvo se norma especial determinar a responsabilidade solidária de todos os membros da administração'. Durante a tramitação no Senado, emenda do Senador Josaphat Marinho alterou a redação do artigo, fundindo **caput** e parágrafo único, passando a redigir-se: 'Em caso de abuso da personalidade jurídica, caracterizado pelo desvio de finalidade, ou pela confusão patrimonial, pode o juiz decidir, a requerimento da parte, ou do Ministério Público, quando lhe couber intervir no processo, que os efeitos de certas e determinadas relações de obrigações sejam estendidos aos bens particulares dos administradores ou sócios da pessoa jurídica'"* (*Novo*

Código Civil Comentado, Editora Saraiva, Coordenação **Ricardo Fiuza**, 1ª edição, 2ª tiragem, 2002, págs. 61/62).

A não-aprovação da redação original, entretanto, não impede que a jurisprudência ofereça interpretação construtiva para afastar eventuais falhas da regra jurídica em vigor, diante do caso concreto, evitando que os aproveitadores busquem interpretações restritas e incompatíveis com o instituto da desconsideração da personalidade jurídica.

Agora, passo a examinar alguns precedentes do Superior Tribunal de Justiça que cuidaram do tema.

No famoso caso do naufrágio da embarcação *Bateau Mouche*, com a relatoria do Ministro **Barros Monteiro**, o Tribunal aplicou a desconsideração da personalidade jurídica, entendendo a Quarta Turma que o *"Juiz pode julgar ineficaz a personificação societária, sempre que for usada com abuso de direito, para fraudar a lei ou prejudicar terceiros"*. No caso, o Juiz estabeleceu a responsabilidade solidária dos sócios por aplicação da **disregard doctrine**, reportando-se *"à cansativa repetição de 'sociedades pobres com sócios ricos', deixando remarcado o fato de que, tratando-se de empresas de modesto porte econômico, assumiram elas, com aquela viagem do 'Bateau Mouche IV, obrigações infinitamente maiores do que as suas forças permitiam"*. Houve aplicação pelo acórdão recorrido do art. 28 do Código de Defesa do Consumidor. E o Relator confirmou o julgado afirmando que, *"na espécie acham-se presentes os pressupostos insertos no indigitado art. 28 do CDC, porquanto os fatos e circunstâncias da lide estão a evidenciar de modo bastante claro que as empresas e seus sócios agiram com abuso de direito e infração à lei; praticaram, outrossim, ato ilícito, do qual resultou a morte de 55 pessoas. Basta, a propósito, lembrar que naquela noite a embarcação fora interceptada pelos agentes do poder público, que a fizeram retornar ao ponto de origem. Ali, com a presença de alguns sócios, diretamente interessados na execução da empreitada e, por certo, na concretização dos lucros previstos, o barco conseguiu zarpar, alcançando o 'mar picado', com peso excessivo e instalações impróprias, revelando conduta insensata e manifestamente imprudente. Aí estão caracterizados os atos contrários à lei ou, ao menos, o abuso de direito, a justificar — sem dúvida – a adoção da* **disregard doctrine** *no caso"* (REsp nº 158.051/RJ, DJ de 12/4/99).

Outro precedente da Quarta Turma, desta feita da relatoria do Ministro **Ruy Rosado de Aguiar**, entendeu que os *"administradores da pessoa jurídica que explora o jornal, seus diretores, membros do conselho editorial e do conselho corporativo responderão se demonstrada e reconhecida a hipótese de desconsideração da pessoa jurídica"*. No caso, cuidava-se de ação de indenização por dano moral diante de ataque formulado pela imprensa. A Corte conheceu e proveu o especial para afastar os dirigentes da empresa do pólo passivo, considerando o relator que *"a responsabilidade atribuída pela lei é à pessoa jurídica que explora o jornal, a qual se estende também ao jornalista ou autor da entrevista, conforme a orientação predominante acima exposta, mas não chega à desconsideração da pessoa jurídica, para atingir além dela os seus dirigentes, membros de conselhos administrativos, etc. Sem a demonstração e o reconhecimento de situação que, nos autos, justificaria a aplicação da **disregard doctrine**, inviável incluir no pólo passivo da ação de indenização por danos sofridos em razão de publicação em jornal, os seus sócios ou administradores, uma vez que a responsabilidade patrimonial é da pessoa jurídica que explora o jornal. É isso que está no art. 158 da Lei nº 6.404/76, que trata das sociedades anônimas, e no art. 49, § 2º, da Lei de Imprensa"* (REsp nº 185.843/RJ, DJ de 13/3/2000).

A Segunda Seção, em agravo regimental nos embargos de divergência, manteve despacho que proferi indeferindo liminarmente os embargos. Na ocasião, afirmei flagrante a intenção da desconsideração de combater fraudes e abusos de direito, tendo sido com *"essa motivação que o Acórdão embargado, ante as circunstâncias do caso, considerou válida a penhora de bem pertencente à embargante nos autos de ação movida contra outras sociedades do mesmo grupo empresarial. Assim é que, na hipótese dos autos, a 'Disregard of Legal Entity' com origem na separação entre sócio e sociedade, foi estendida à relação existente entre sociedades do mesmo grupo empresarial"*. Com isso, mostrei a diferença com o paradigma invocado da Terceira Turma, em que, *"mais precisamente no voto no Ministro **Eduardo Ribeiro**, impediu-se a desconsideração da personalidade jurídica da sociedade para não prejudicar sócio, avalista, que não poderia ser responsabilizado por litigância de má-fé, referente ao comportamento exclusivo da sociedade avalizada"* (AgRg no EREsp nº 86.502-SP, DJ de 30/6/97).

No precedente que deu ensejo aos embargos de divergência antes referido, da Quarta Turma, o Relator, Ministro **Ruy Rosado de Aguiar**, pôs-se de acordo *"com os que admitem a aplicação da doutrina da desconsideração, para julgar ineficaz a personificação societária sempre que for usada com abuso de direito, para fraudar a lei ou prejudicar a terceiros"*, e afirmou que, ademais dos casos expressamente previstos em lei, a *"sua compatibilidade com o ordenamento jurídico nacional, (...), também decorre do princípio geral da boa fé, base da doutrina alemã construída sobre o ponto, do princípio que veda o uso abusivo do direito, e da cláusula geral sobre a ordem pública (artigo 17 da LICC), que servem de fundamento para que se afaste pontualmente, presentes os pressupostos, a regra do artigo 20 do Código Civil"*. E, ainda, considerou admitir-se *"a desconsideração, para atingir empresa do mesmo grupo ou conglomerado, que se forma de fato ou de direito, quando sirva para elidir a responsabilidade por dívidas de seus integrantes"*. Importante no precedente é a circunstância de estar acolhida a desnecessidade da prévia ação de desconstituição do ato, com base no argumento desenvolvido pelo acórdão recorrido: *"De outra parte e para finalizar cumpre anotar que não procede a tentativa de condicionar a aplicação dos princípios da doutrina em questão a prévia decisão judicial em processo de conhecimento. Como o sistema jurídico, em regra, só reclama pronunciamento judicial prévio nos casos de atos anuláveis (por exemplo, na fraude contra credores, art. 106 do Código Civil) e o dispensa quando se trata de atos ineficazes (por exemplo, na fraude à execução, art. 592, nº V, do Código de Processo Civil), com ele não se harmonizaria o reclamado processo de conhecimento para aplicação da teoria da desconsideração, que sabidamente apenas opera no campo da ineficácia. Aliás, condicionar a aplicação da teoria da desconsideração da pessoa jurídica a prévio pronunciamento judicial importa torná-la inteiramente inoperante pelo retardamento de medidas cuja eficiência e utilidade depende de sua rápida efetivação"* (REsp nº 86.502/SP, DJ de 26/8/96).

Relator o Ministro **Sálvio de Figueiredo Teixeira**, a Quarta Turma considerou, ainda, que o especial não é próprio para aferir as condições concretas, os requisitos fáticos, para que seja aplicada a desconsideração da personalidade jurídica, diante da Súmula nº 7 da Corte (AgRg no AG nº 72.124/MA, DJ de 6/11/95).

Vale mencionar, igualmente, ainda da Quarta Turma, precedente de que foi Relator o Ministro **Ruy Rosado de Aguiar**, em que se postulava a desconsideração da personalidade jurídica, não para beneficiar os credores, mas para proteger os sócios. O voto do Relator mostrou *"que isso implica, também, a mudança do próprio fundamento do instituto, assim como apontado por Serick, que é o de abuso de direito, com ofensa à boa fé (Cfr. Juan Dobson, El Abuso de la personalidad jurídica, Depalma, ps. 17 e seguintes)"* (REsp nº 35.281/MG, DJ de 28/11/94).

Também da Relatoria do Ministro **Ruy Rosado de Aguiar**, há julgado no qual *"a eg. Primeira Câmara do Tribunal de Alçada de Minas Gerais, em fundamentado acórdão de lavra da em. Dra. Vanessa Verdolim Andrade, reconheceu a admissibilidade da teoria da desconsideração da pessoa jurídica para que se efetue a penhora de bens dos sócios de sociedade que paralisa as suas atividades sem baixa regular, com presunção de má gestão dos negócios sociais e também nos casos de excesso de mandato e violação à lei ou ao contrato, assim como previsto no art. 10 do Dec. 3708/19"*. No caso dos autos, porém, não se aplicou *"essa hipótese de extensão de responsabilidade por dívida porque não viu presente a prova dos fatos que a autorizariam"* (REsp nº 256.292/MG, DJ de 25/9/2000).

Precedente da Terceira Turma, Relator o Ministro **Costa Leite**, destacou a ementa ser *"inviável a pretendida desconsideração da personalidade jurídica, na espécie vertente, porquanto implicaria modificação da causa de pedir, porquanto o pedido de declaração de nulidade não se fundou na existência de venda direta"*. No caso, admitiu o Relator, com base *"em circunstâncias apanháveis no domínio dos fatos, como se acaba de ver, firmou-se o acórdão recorrido em que houve efetiva transação imobiliária, vale dizer, rechaçou a possibilidade de simulação e, quanto ao ponto, incide a Súmula nº 07, deste Tribunal, pois só se poderia concluir contrariamente refutando a base empírica do julgado"*. Por fim, afirmou que, no caso, *"não há cogitar obviamente de venda direta senão mediante a desconsideração da personalidade jurídica, mas isso, quero crer, não obstante a lúcida argumentação desenvolvida nas razões recursais, implicaria modificação da causa de pedir, porquanto o pedido de declaração de nulidade não se fundou na existência de venda direta"*, como consta da inicial (REsp nº 61.102/SP, DJ de 16/10/95).

Em outro precedente, de minha relatoria, a Terceira Turma assinalou que *"o Acórdão recorrido, de fato, fez ressalvas à aplicação da denominada 'desconsideração da personalidade jurídica', indicando que deve ser apoiada em 'fatos concretos que demonstrem o desvio da finalidade social da pessoa jurídica, com proveito ilícito dos sócios'* (**RT 673/160**). *E relevou que, no caso dos autos, 'embora tivesse a apelada o intuito de lucro exorbitante, é certo que fiou-se em proposta da firma e do sócio Waldemar Pires, com quem diretamente negociou o mútuo pelas taxas do mercado interbancário (CDI). Esse ato fraudulento, dando respaldo a uma negociação proibida e até mesmo envolvendo outra firma, a WALPIRES S/A, faz certo ter fugido às finalidades da empresa W PIRES COMÉRCIO, ADMINISTRAÇÃO E PARTICIPAÇÃO LTDA. Tudo induz, portanto, a convicção de que o negócio, — não escriturado na firma ou provado tenha esta recebido benefícios com o mútuo realizado, — visava o proveito próprio do sócio'. O que se verifica é que o Acórdão recorrido considerou, expressamente, a direta participação do sócio, beneficiário do negócio fraudulento, tudo fora das próprias finalidades da empresa. Anote-se que a sentença, invocando as lições de* **Caio Mário***, afirmou possível a aplicação da desconsideração da pessoa jurídica 'sempre que, em prejuízo de terceiros, houver por parte dos representantes legais de determinada pessoa jurídica, prática de ato ilícito, abuso de poder, violação de norma estatutária ou genericamente infração de disposição legal'."* E conclui assim: *"Com esse cenário, não consigo enxergar qualquer violação aos artigos 350 do Código Comercial, 592, II, do Código de Processo Civil, 1.491 do Código Civil e 28, § 5º, do Código de Defesa do Consumidor. Ao revés, o que o art. 28, § 5º, do Código de Defesa do Consumidor determina é a possibilidade de desconsideração da personalidade jurídica 'sempre que sua personalidade for, de alguma forma, obstáculo ao ressarcimento de prejuízos causados aos consumidores'. E o especial não desqualificou a relação de consumo, procurando, apenas, dar uma interpretação pessoal de não caber a aplicação da despersonalização em processo de conhecimento"* (REsp nº 252.759/SP, DJ de 27/11/2000).

Designado Relator para acórdão o Ministro **Waldemar Zveiter**, decidiu a Terceira Turma, por maioria, manter a extensão dos efeitos da falência de determinada empresa a outras, todas integrantes do mesmo grupo empresarial. Sobre a *Disregard of Legal Entity Doctrine*, afirmou o eminente Ministro que *"busca-se tanto a pro-*

teção da ação dos sócios gerentes, quanto a proteção de terceiros que com ela se relacionem ou que de qualquer forma sofram os efeitos de seu atuar. E mais do que isto, a desconsideração destina-se ao aperfeiçoamento do próprio instituto da personalização, pois determina a ineficácia de seu ato constitutivo, preservando a validade e existência de todos os demais atos que não se relacionam com o desvio de finalidade, protegendo, assim, a própria existência da pessoa jurídica". E continua: *"No caso dos autos, como bem ponderou o Eminente Relator: 'a decisão de primeiro grau explicitou longamente a promiscuidade de negócios entre as empresas, as práticas maliciosas, tendentes a fraudar credores. A exposição é minuciosa, constato especialmente de fls. 98 e seguintes, e a ela me reporto. Dela se verifica que, constituindo as empresas um só grupo econômico, com a mesma direção, os negócios eram conduzidos tendo em vista os interesses desse e não os de cada uma das diversas sociedades. A separação era apenas formal'"* (REsp nº 211.619/SP, DJ de 23/4/01).

Em outro precedente de minha relatoria, no qual se debatia a existência de fraude à execução, enfatizei: "*O que o especial pretende é a discussão sobre a desconsideração da personalidade jurídica da empresa, autorizando a responsabilidade direta porque existente manobra anterior. Ocorre que o Acórdão recorrido, com adequada fundamentação, asseverou não ser o caso porque a execução sob julgamento somente teve início muito após a transferência do bem, sendo necessário uma prova da fraude a partir de então, o que não há nos autos*" (REsp nº 325.977/MG, DJ de 15/3/02).

No julgamento do REsp nº 332.763/SP, relatado pela Ministra **Nancy Andrighi**, a desconsideração da personalidade jurídica foi mantida, já demonstrado perante as instâncias ordinárias que as sociedades respectivas tinham existência meramente formal, utilizadas por um dos sócios para *"exercer atividades no mundo dos negócios com limitação das responsabilidades pelas obrigações que essencialmente são suas, mas são assumidas em nome da sociedade, sendo os patrimônios de umas esvaziados em benefício das outras de forma a frustrar os credores, que não conseguem promover execução com êxito porque não lograram encontrar bens que pertençam àquela que, nominal e formalmente, é a única devedora responsável"* (DJ de 24/6/02).

Por último, os Recursos em Mandado de Segurança nº 14.168/SP, DJ de 5/8/02, e nº 12.872/SP, DJ de 16/12/02, ambos da relatoria da Ministra **Nancy Andrighi**, nos quais a Terceira Turma, lastreada em precedente do mesmo colegiado (REsp nº 211.619/SP, acima mencionado), acolheu a desconsideração da personalidade jurídica para efeito de estender os efeitos da falência ao patrimônio de outra empresa. Vale mencionar que, em ambos, as ementas assinalaram que a *"aplicação da teoria da desconsideração da personalidade jurídica dispensa a propositura de ação autônoma para tal"*, podendo o Juiz, verificados os pressupostos de sua incidência, *"incidentemente no próprio processo de execução (singular ou coletiva), levantar o véu da personalidade jurídica para que o ato de expropriação atinja os bens particulares de seus sócios, de forma a impedir a concretização de fraude à lei ou contra terceiros"*.

Com essas breves anotações sobre tão fascinante tema, deixo consignada a minha maior admiração pela exemplar figura humana e de Juiz, honra da Magistratura brasileira, o Ministro José Carlos Moreira Alves, meu mestre na Faculdade de Direito da Pontifícia Universidade Católica do Rio de Janeiro, meu mestre sempre nos caminhos da ciência do direito.

DIREITO AUTORAL NA OBRA CINEMATOGRÁFICA — PRODUTOR E DIREITO AUTORAL — A LEI nº 5.988/73 — A PROTEÇÃO INTERNACIONAL*

I. Consulta

1. A M.R. Empreendimentos Ltda. consulta sobre a repercussão no campo do direito autoral do empreendimento que realizou, decorrente do convênio celebrado com o consórcio formado por EBU, OIRT e OTI.

II. Os fatos

2. No dia 2 de fevereiro de 1978, a M.R. Empreendimentos Ltda. celebrou convênio com o consórcio EBU/OIRT/OTI para a aquisição dos direitos fílmicos do campeonato mundial de futebol realizado na Argentina.
3. O referido consórcio, por sua vez, com data de 19 de julho de 1976, firmou convênio com a FIFA, pelo qual adquiriu, em forma exclusiva, o direito de transmitir por televisão e/ou rádio os jogos do campeonato de futebol a realizar-se na Argentina, em 1978, para todos os países do mundo. Nos termos deste convênio, o consórcio é o único possuidor dos direitos mundiais de filme e

---

* Revista Forense 286/220.

cinematografia em todos os seus formatos, para sua exploração comercial em todo o mundo.

4. Assim, plenamente revestido de legitimidade, o consórcio cedeu e transferiu à M.R. Empreendimentos Ltda. todos os direitos relativos a filme e cinematografia, de forma exclusiva, pelo total de U$ 110.000 (cento e dez mil dólares).

5. Além do pagamento do preço citado, obrigou-se a M.R. Empreendimentos Ltda. a entregar, até 30 de novembro de 1978, quatro cópias de uma película editada dos 38 jogos do campeonato mundial, em 16mm, a cores, com 90 minutos de duração. Tais cópias serão destinadas à FIFA e a cada integrante do consórcio, para usos particulares, não comerciais. O descumprimento dessas obrigações dará causa à "anulação automática" do convênio, sem necessidade de aviso ou qualquer notificação, como previsto na respectiva cláusula III.

6. Para dar cumprimento ao convênio, a M.R. Empreendimentos Ltda. providenciou o equipamento adequado e contratou técnicos para os trabalhos no território argentino. Estes contratos foram denominados como de empreitada, a preço fixo, envolvendo eletricistas, operadores de câmera, repórteres, assistentes, diretores artísticos e assessores. Foi feito, ainda, um contrato verbal com o Sr. J.B.M. para a coordenação dos trabalhos da equipe contratada, a ser exercida no território argentino.

III. A questão do direito autoral

7. Simplificadamente, o direito de autor é a relação jurídica que se estabelece entre o autor e a sua obra, com reflexos patrimoniais e não patrimoniais. Como ensina mestre **Eduardo Espínola**:

"Quanto à essência e aos efeitos do direito autoral a análise demonstra que existe um direito de caráter essencialmente patrimonial que, numa compreensão inteligente, poderia dizer-se propriedade intelectual, e um direito moral, mais ou menos ligado intimamente à personalidade do autor" (RT 274/52).

Caracterizando o direito patrimonial, assinala, ainda, **Eduardo Espínola** que:

"o direito de caráter patrimonial, consistente na publicação e utilização de obra mediante um proveito material correspondente, pode, como qualquer outro direito patrimonial, constituir objeto de cessão à terceiros, gratuita ou onerosa."

E **Eduardo Manso** anota, depois de criticar a impropriedade do termo, que os direitos morais referem-se, basicamente, *"(...) às faculdades personalíssimas, de que gozam os autores, de ligar (ou não) seu nome à obra, de fazer respeitar sua pessoa e específica qualidade de 'autor' e de respeitar a inteireza e integridade da própria obra. É assim, um conjunto de faculdades estreitamente ligadas à própria personalidade do autor e que, por isso, também são consideradas por muitos como 'direitos de personalidade', sendo, como tal, perpétuos, inalienáveis, imprescritíveis"* (RT 467/25).

8. Para os efeitos da consulta, vale assinalar a questão doutrinária sobre a pessoa jurídica como titular de direito de autor.

9. Realmente, partindo do pressuposto da existência de um aspecto personalíssimo do direito de autor (o direito moral), poder-se-ia excluir a capacidade de a pessoa jurídica tornar-se titular desse direito. **Paul Daniel Gérard**, em obra clássica, *Les auteurs de l'ouvre cinématographique*, assinala que é da própria criação que deriva o direito de autor. E aduz:

"Or, la création intelectuellen ne peut être que le fait d'un ou de plusieurs individus, et apparaît comme le prolongement de leur personnalité. De toute évidence, une société ou une association ne crée pás, si ce n'est par l'intelligence ou l'imagination de ses representants; l'oeuvre sera la leur et non la sienne" (pág. 39).

10. Há que entender-se a matéria questionada no plano da realidade. Não se contesta que a atividade criadora é privilégio da pessoa física, mesmo quando integra uma estrutura coletiva dotada de personalidade jurídica própria. Ninguém discute, teoricamente, a titularidade original do indivíduo sobre a criação do espírito. O fato básico, entretanto, é que, modernamente, não se pode deixar de reconhecer à pessoa jurídica a capacidade de produzir uma obra intelectual tendo em vista que o ente moral obriga os entes físicos que atuam em seu nome e por sua conta. Nesse sentido, a pessoa jurídica pode corporificar a criação intelectual e deter, via de conseqüência, a titularidade do direito de autor. **Eduardo Piola**

Caselli, no seu *Trattato del Diritto di Autore e del Contratto di Edizione*, 2ª edição, justifica que:

> *"Certamente, l'Ente pubblico non é, nè può essere, creatore físico dell'opera, come non è creatore di alcuno dei fatti materiali, posti in essere dai suoi organi. Ma come per questi, egli ne è l'autore in senso giuridico, perchè sta nell'essenza della sua personalità giuridica che egli viva ed agisca nell'ordine materiale, per mezzo dell'inteligenza e dell'opera delle persone fisiche, che agiscono, pensano, creano in suo nome"* (pág. 250).

11. Mesmo considerando todos os fatos que podem macular a idéia de atribuir-se à pessoa jurídica a titularidade do direito de autor, não há que discutir a sua admissibilidade sob o ponto de vista legal. A legislação brasileira, em diversas passagens, prevê, expressamente, a hipótese. Assim, ao definir, no art. 4º, X, "b"[1], o produtor cinematográfico, a Lei nº 5.988, de 14 de dezembro de 1973, considera-o *"a pessoa física ou jurídica que assume a iniciativa, a coordenação e a feitura de obra de projeção em tela"*, atribuindo-lhe, mais adiante, no art. 37, os direitos patrimoniais sobre a obra cinematográfica. E, no art. 15, fixa, em definitivo a hipótese, determinando:

> *"Art. 15. Quando se tratar de obra realizada por diferentes pessoas, mas organizada por empresa singular ou coletiva e em seu nome utilizada a esta caberá sua autoria."*[2]

12. Assim, tendo em vista a doutrina dominante, e apesar de respeitadas manifestações críticas, é perfeitamente válida a conclusão de **Carlos Alberto Bittar**, no seu *Direito de autor na obra feita sob encomenda*, quando afirma, **verbis**:

> *"Em conclusão, conforme a melhor doutrina, o direito de autor é reconhecido originariamente às pessoas jurídicas (inclusive de direito público), sem necessidade de valer-se de qualquer ficção, mas, ao revés, pela sua própria essência, e sob os mesmos princípios que inspiram a outorga às pessoas naturais"* (pág. 79).

---

1 Matéria regulada pelo art. 5º, XI, da Lei nº 9.610/98.
2 Matéria regulada pelo art. 11, parágrafo único, da Lei nº 9.610/98.

IV. O direito autoral na obra cinematográfica

13. É, sem sombra de dúvida, o setor mais complexo e difícil para bem definir-se, seja a titularidade do direito, seja o seu exercício.

14. Mestre **Pontes de Miranda** anota que:

"A obra cinematográfica exige a colaboração de pluralidade de autores e ajudantes, de gente que cria e de gente que auxilia em complexidade funcional mais intensa que a do teatro e a da própria ópera. Há o enrêdo, que supõe autor literário; há, talvez, o texto sôbre cenário, em que haja criação, há o cenarista; há talvez, o compositor da música; há o diretor; há os atôres. Surgem os cortes, as mudanças nos textos e no cenário, os aumentos e acentuações para efeito, os retoques, a adaptação das palavras e frases ao plano temporal e espacial da ação, ou vice-versa. Há as filmagens experimentais, a filmagem definitiva, as supressões e os aproveitamentos. É inegável a convergência para um fim, o concêrto de atividades sob estrita divisão do trabalho. Cada obra intelectual, intencionalmente feita parte integrante, perde muito de sua existência individual, pôsto que algumas ainda possam ter exploração separada, como a escrita e a música. A colaboração alcança intensidade quase fundente.
A obra cinematográfica é considerada obra de arte, transcendente às obras literárias, científicas e artísticas que se coligaram para a compor" (Tratado de Direito Privado, vol. 16. Rio de Janeiro, Editora Borsoi, 1956, págs. 137/138).

15. **Antonio Chaves**, o festejado especialista brasileiro e reconhecida autoridade em questão de direito de autor, também adverte que:

"Não há, talvez, no direito de autor, setor mais delicado e intrincado do que o relativo às obras cinematográficas."

16. E, no mesmo artigo, sobre O *Direito do Autor na Obra Cinematográfica*, depois de citar **Hermano Duval**, arremata:

"O ponto mais controvertido é o que diz respeito à determinação dos participantes à sua elaboração que tem direito a serem considerados como autores paralelos, ou colaboradores, e em que

proporção deva, entre êles, ser atribuída a compensação adequada" (RT 422/65).

17. Da mesma forma, **Pedro Vicente Bobbio**, com sua reconhecida acuidade, segue a mesma trilha no seu artigo sobre *Obra Cinematográfica e Direito de Autor*, lembrando que:

"No campo jurídico do direito de autor, abriu-se, desde logo, um autêntico torneio de teorias, visando ao mais complicado caso de investigação de paternidade de que se tenha conhecimento" (RT 247/28).

18. Toda a complexidade gira em torno, como é fácil deduzir, da identificação do titular do direito de autor sobre a obra cinematográfica. Na verdade, a celeuma deve ficar por conta da natural tendência de complicar a ótica sob a qual o assunto é examinado. Tentemos raciocinar com simplicidade.

19. Não resta dúvida de que a obra cinematográfica é complexa. Depende da intervenção de várias pessoas. Diga-se que é obra em colaboração, pois supõe o concurso de diversos integrantes animados por um fim comum. É complexa na sua feitura, na sua elaboração. Mas supõe, já pronta, uma unidade. As partes integram-se de tal modo que perdem na maior parte das vezes consistência individual. O resultado da colaboração foi desejado por todos os colaboradores e existe, uma vez acabada, como unidade artística. E é como unidade objeto de direito de autor.

20. Sendo independente, una e indivisível, a obra cinematográfica é objeto de direito de autor. Qual, pois, o seu titular?

21. Do ponto de vista teórico há que reconhecer-se a existência de titularidade repartida quanto à composição. Isto quer dizer, os diversos colaboradores são titulares quanto às partes que criaram. Assim, o compositor sobre a música; o fotógrafo sobre a fotografia; o roteirista sobre o roteiro. Mas essa repartição perde substância quando a obra é concluída. Ainda que detenha sobre a parte que criou um direito de autor, cada qual, ao integrar a unidade, não pode dissociar a respectiva parte do todo criado com o seu concurso. Melhor dizendo, enquanto integrada na obra cinematográfica individualizada, a parte pertence a esta, ainda que conserve a possibilidade de ser considerada unidade para os efeitos de sua utilização independente, conforme cada caso específico. Assim, por

exemplo, pode o compositor utilizar em separado a música que criou e sobre esta utilização exercer os respectivos direitos autorais. Mas não pode, sob a alegação de direito autoral devido, turbar a obra cinematográfica para a qual concorreu. Se o fizesse estaria descaracterizando a obra artística criada com o objetivo da unidade de resultado. É sob esse ângulo que deve ser examinada a questão da autoria.

V. Produtor e direito autoral

22. O Tribunal Federal (*Bundesgerichtshof*), em decisão de 10 de janeiro de 1969, citada por Bruno Jorge Hammes, em tese de doutorado apresentada à Faculdade de Direito da Ludwig Maximillians — Universität, de Munique, *Elementos Básicos do Direito de Autor Brasileiro*, estabeleceu o conceito de produtor da obra cinematográfica da forma seguinte:

"Deve ser considerado produtor de obra cinematográfica a pessoa física ou jurídica que, por sua atividade organizatória efetivamente exercida, realiza o filme como resultado acabado de prestação criativa dos colaboradores de sua criação e com isto produz uma obra apta ao aproveitamento por exibição em salões de projeção luminosa."

23. O produtor deflagra o processo criativo. Torna-o viável. Organiza o trabalho. Controla a realização, e por ela é responsável.

24. Para **Pedro Vicente Bobbio**:

*"Não existe equivalência nem identidade ideológica entre 'criação' e 'produção' referidas à obra cinematográfica. Poderíamos até atribuir à produção alcance mais amplo, de maneira a torná-la compreensiva da 'criação'. No tempo, esta sucede àquela. A obra é criada como **corpus mysticum**, e a produção como **corpus mechanicum**. Na produção somam-se à criação intelectual os fatores organizativos, industriais, técnicos de cujo concurso necessita a realização da obra"* (RT 247/31).

25. É claro que a criação, em tese, pode estar separada da produção. Mas, na realidade, a prática tende a mostrar evidências de que a criação também pode estar incluída na produção. Se conside-

rarmos o fato essencial de que o produtor pode deflagrar o processo criativo, teremos como perfeitamente possível que ele conceba a idéia básica, crie a obra cinematográfica como um todo, e parta para a sua realização. Esta vai requerer a intervenção de vários colaboradores, que são chamados a participar, cada qual na parte que lhe cabe, de uma obra que transcende as partes que a compõem. Pode ocorrer que o produtor seja apenas o veículo para a realização material da obra, hipótese na qual o diretor do filme concebe-o inicialmente, dando criação a uma unidade artística cujo resultado visível é a obra cinematográfica como um todo. Há, portanto, duas situações possíveis. Na primeira, o produtor efetivamente cria intelectualmente a obra cinematográfica desde o seu início e convoca a equipe técnica necessária para realizá-la. Nesta, ele tem concepção original, sendo a origem do processo criativo. É, pois, criador intelectual no seu mais límpido sentido. Na segunda, a concepção original foi de outrem, o qual, sem meios materiais, ou sem capacidade organizativa, convoca um produtor para realizar a sua idéia, ou melhor dizendo, para viabilizar a sua criação espiritual.

26. É imperioso, portanto, o exame caso a caso, para determinar-se corretamente a natureza e a origem da criação. É matéria de fato. O que se não pode fazer é descartar, de logo, a factibilidade de ser o produtor também o criador. Como diz muito bem o sempre citado e respeitado **Pontes de Miranda**:

"Se o produtor exerceu atividade criadora, de modo que seja titular de direito autoral de personalidade e do direito autoral de nominação (com os outros figurantes), é questão de fato" (op. cit. pág. 139).

27. A tendência legislativa, como dá conta o estudo das diversas legislações e assinala a doutrina mais abalizada, é atribuir ao produtor, pelo menos, a titularidade do exercício dos direitos patrimoniais da obra. De fato, é uma forma de ladear o problema da autoria e de viabilizar a fruição da obra cinematográfica e sua livre e desembaraçada circulação, como atividade cultural crescente nos tempos modernos.

28. De todos os modos, pode ser categórica a afirmação de que o produtor é também criador quando a origem do processo criativo tem nele o seu ponto inicial. Se do produtor nasce a concepção da

obra, exercendo atividade criadora, discussão não pode haver quanto ao fato de ser titular de direito de autor.

VI. A Lei nº 5.988/73

29. A lei brasileira que regula os direitos autorais começa, como já visto, por estabelecer o conceito de produtor cinematográfico (art. 4º, X, "b"). Vê-se, desde logo, que pode ser produtor pessoa jurídica que *"assume a iniciativa, a coordenação e a responsabilidade da leitura da obra de projeção em tela"*.

30. Depois de considerar as obras intelectuais como *"criações do espírito de qualquer modo exteriorizadas"*, a Lei nº 5.988/73 inclui nestas *"as obras cinematográficas e as produzidas por qualquer processo análogo à cinematografia"* (art. 6º, VI)[3].

31. No capítulo II, trata da autoria das obras intelectuais, prescrevendo nos artigos 15 (já citado) e 16 o que segue:

"Art. 15 — Quando se tratar de obra realizada por diferentes pessoas, mas organizada por empresa singular ou coletiva e em seu nome utilizada, a esta caberá a autoria.

Art. 16 — São co-autores da obra cinematográfica o autor do assunto ou argumento literário, musical ou lítero-musical, o diretor e o produtor."[4]

32. Tendo em vista a autoria, prescreve, ainda, a Lei nº 5.988/73, no art. 23, **verbis**:

"Art. 23 — Salvo convenção em contrário, os co-autores da obra intelectual exercerão, de comum acordo, seus direitos.
Parágrafo único — Em caso de divergência, decidirá o Conselho Nacional de Direito Autoral, a requerimento de qualquer deles."[5]

---

3 Matéria regulada pelo art. 7º, VI, da Lei nº 9.610/98.
4 Matéria regulada pelo art. 16 da Lei nº 9.610/98.
5 Reproduzido no art. 23 da Lei nº 9.610/98, com supressão do parágrafo único.

33. Acompanhando a tendência mais moderna, entendeu o legislador brasileiro de distinguir os direitos morais dos patrimoniais. São direitos morais do autor, pelo art. 25, os seguintes:

"I — o de reivindicar, a qualquer tempo, a paternidade da obra;
II — o de ter seu nome, pseudônimo ou sinal convencional indicado ou anunciado como sendo o do autor, na utilização de sua obra;
III — o de conservá-la inédita;
IV — o de assegurar-lhe a integridade, opondo-se a quaisquer modificações, ou à prática de atos que, de qualquer forma, possam prejudicá-la, ou atingi-lo, como autor, em sua reputação ou honra;
V — o de modificá-la, antes ou depois de utilizada;
VI — o de retirá-la de circulação, ou de lhe suspender qualquer forma de utilização já autorizada."[6]

São direitos patrimoniais, pelo art. 29, os seguintes:

"Utilizar, fruir e dispor de obra literária, artística ou científica bem como o de autorizar sua utilização ou fruição por terceiros, no todo ou em parte."[7]

34. No que se refere à obra cinematográfica, a Lei nº 5.988/73, bipartiu a titularidade do exercício, ao estabelecer nos artigos 26 e 37 o que segue:

"Art. 26 — Cabe exclusivamente ao diretor o exercício dos direitos morais sobre a obra cinematográfica; mas ele só poderá impedir a utilização da película após sentença judicial passada em julgado."

"Art. 37 — Salvo convenção em contrário, no contrato de produção, os direitos patrimoniais sobre obra cinematográfica pertencem ao seu produtor."[8]

---

6 Matéria regulada pelo art. 24 da Lei nº 9.610/98.
7 Matéria regulada pelo art. 28 da Lei nº 9.610/98.
8 Matéria regulada pelo art. 17, § 2º, da Lei nº 9.610/98.

35. Entendeu a lei brasileira de considerar inalienáveis e irrenunciáveis os direitos morais (art. 28). Nos direitos patrimoniais, como bem esclarece **Eduardo Manso**, antes citado, ao contrário, *"(...) a nota característica do direito patrimonial do autor é sua alienabilidade, sua prescritibilidade, sua penhorabilidade; é sua negociabilidade"*.

36. Lendo superficialmente o texto legal, pode-se ter a impressão de que há conflito na indicação dos direitos morais e dos patrimoniais. No caso de obra cinematográfica, a lei, definindo os co-autores, estabelecendo, pois, os titulares de direito de autor, concentrou o exercício dos direitos morais no diretor e o pertencimento dos patrimoniais no produtor. Assim, o exercício do direito de autor ficou reduzido à legitimidade de dois co-autores: o diretor, para os direitos morais, e o produtor, para os direitos patrimoniais. Nessa linha de raciocínio, por exemplo, o autor do assunto ou argumento literário, musical ou lítero-musical não possui capacidade legal para exercer, sejam os direitos morais, sejam os patrimoniais.

37. Isso não quer dizer que o autor do assunto ou argumento literário, musical ou lítero-musical não perceba direitos autorais por seu trabalho. A lei, nesse sentido, não poderia chegar a tal absurdo. Pode e deve recebê-los, valendo considerar para tal efeito o critério de exibição. Exibida a obra cinematográfica tem o autor da música direito de perceber o direito autoral que lhe cabe, como tem, também, o de negociar a composição independentemente da obra cinematográfica na qual está incluída, como antes destacamos. O que não pode fazer é exercer quaisquer dos direitos morais ou patrimoniais em relação à obra cinematográfica como um todo. Neste caso, por exemplo, está a impossibilidade do autor do argumento musical de retirar a obra cinematográfica de exibição, ou de impedir que sua música seja nela incluída, exatamente porque para ela foi destinada e, nela integrada, passa a constituir o todo de obra original e, como tal, assim protegida. A legitimidade ativa para exercer os direitos morais sobre a obra cinematográfica a lei atribuiu, com exclusividade, ao diretor.

38. O mesmo se diga quanto ao aparente conflito que poderia ocorrer entre diretor e produtor, no que concerne à circulação da obra cinematográfica. Como vimos, a lei incluiu como direito moral, a ser exercido pelo diretor, retirar a obra de circulação, ou de lhe suspender qualquer forma de utilização já autorizada (art. 25, VI). Mas indicou como direitos patrimoniais aqueles de utilizar, fruir e dispor da obra, bem como o de autorizar sua utilização ou

fruição por terceiros, no todo ou em parte. Na realidade, a contradição é apenas aparente e fruto de leitura desatenta. Vejamos.

39. A essência do direito patrimonial é a negociabilidade da obra. Esta, inquestionavelmente, cabe ao produtor, titular dos direitos patrimoniais, nos termos do art. 37. Se o diretor pretendeu retirar a obra de circulação, turbando a sua negociabilidade, está lesando direito patrimonial de titular legalmente constituído e, via de conseqüência, tornando inexeqüível a prescrição da regra jurídica própria e aplicável na espécie. O que pode ocorrer é, sob a invocação do art. 28 (direitos morais inalienáveis e irrenunciáveis), a pretensão do diretor de retirar a obra de circulação, alegando violação do direito moral de que tem titularidade de exercício. Neste caso, tanto o impedimento só pode ocorrer após sentença judicial passada em julgado, com o que se inviabiliza qualquer providência processual que liminarmente suste a livre circulação da obra, como há que responder por indenizações a terceiros, desde que comprovados os prejuízos decorrentes[9]. E mais, o fundamento de qualquer pretensão há que lastrear-se em violação de direito moral expresso, assim, por exemplo, se o produtor negocia a obra com terceiros, autorizando a estes o direito de retirar o nome do diretor quando da exibição da obra.

40. Problema mais delicado poderia ser o relativo ao direito moral do autor de conservar a sua obra inédita. Mas não é. Se o autor literário, por exemplo, quisesse conservar sua obra inédita, que não autorizasse a sua produção cinematográfica. Mesmo porque o diretor, a quem cabe a legitimidade ativa para exercer o direito moral sobre a obra, não pode impedir a utilização da película, salvo após sentença judicial passada em julgado. De mais a mais, está prescrito, com clareza meridiana, no art. 84, **verbis**:

> "*Art. 84 — A autorização do autor de obra intelectual para sua produção cinematográfica implica, salvo disposição em contrário, licença para a utilização econômica da película.*
>
> *§ 1º — A exclusividade da autorização depende de cláusula expressa, e cessa dez anos após a celebração do contrato, ressalvado ao produtor da obra cinematográfica o direito de continuar a exibi-la.*"[10]

---

9   Matéria regulada pelo art. 25 da Lei nº 9.610/98.

10 A ressalva do § 1º do art. 84 da Lei nº 5.988/73 não consta no § 1º do art. 81 da Lei nº 9.610/98 que cuida da matéria.

41. Note-se, pois, que a lei procurou compatibilizar a salvaguarda dos direitos morais do autor intelectual com a necessidade de assegurar a circulação da película, de modo a garantir-se projeção cultural independente das partes que a integram.

42. Tratando da utilização de obra cinematográfica, a lei faz referência ao contrato de produção, o qual, nos termos do art. 85, deve estabelecer:

"I — a remuneração devida pelo produtor aos demais co-autores da obra e aos artistas intérpretes ou executantes, bem como o tempo, forma e lugar de pagamento;
II — o prazo de conclusão da obra;
III — a responsabilidade do produtor para com os demais co-autores, artistas intérpretes ou executantes, no caso de co-produção da obra cinematográfica."

43. O número I acima pode permitir entendimento de que o pagamento aos artistas intérpretes ou executantes equivale à quitação quanto aos direitos autorais de exibição. Penso que não. Como lucidamente ensina o mestre **Antônio Chaves**, no seu parecer O *Direito do Autor na Obra Cinematográfica*:

"Só existe uma maneira de elevar e preservar a arte e a cultura: pagar ao autor e ao artista a retribuição a que faz jus pelo seu trabalho. É preciso que compreendam de uma vez os nossos 'autoralistas' de bôlso de colête que não remunerar condignamente, pior do que isso, impedir que o autor e o artista retirem do seu trabalho a compensação que a sociedade jamais cogitou de negar-lhes, é incorrer não só num ridículo tremendo, como também, praticar a maior das insânias" (RT 422/63).

44. A remuneração de que trata o art. 85, I, a meu modo de ver, não exclui o pagamento do direito autoral correspondente à exibição. É certo que não compete ao produtor tal responsabilidade. Paga a remuneração prevista, quite está o produtor com o artista no que concerne à obra cinematográfica. Pode negociar a obra ("utilização econômica da película") a salvo de qualquer turbação. O que não pode o produtor é, no contrato de cessão de direitos sobre a película, por exemplo, quitar o terceiro adquirente, de direitos autorais de exibição a serem pagos ao artista. Nem pode ter o

terceiro adquirente qualquer expectativa nesta matéria. No caso, o direito autoral é pago pela exibição; a cada uma é o mesmo devido.

45. Não foi outra a intenção da regra jurídica do art. 13 da Lei nº 6.533, de 24 de maio de 1978, **verbis**:

"Art. 13 — Não será permitida a cessão ou promessa de cessão de direitos autorais e conexos decorrentes da prestação de serviços profissionais.

Parágrafo único — Os direitos autorais e conexos dos profissionais serão devidos em decorrência de cada exibição da obra."

46. O que se quis preservar com tal regra jurídica foi o direito autoral quanto à exibição. Assim, por exemplo, e no caso da cinematografia, o artista contratado dá quitação ao produtor quando tiver recebido a remuneração ajustada. Adimplido o contrato de produção, pode o produtor, em plenitude, exercer o direito patrimonial que lhe cabe, utilizando, fruindo e dispondo da obra cinematográfica, bem como autorizando sua utilização ou fruição por terceiro, no todo ou em parte. Mas, a cada exibição de película, há que recolher-se o direito autoral correspondente. No Brasil, este será recolhido por arrecadadora legalmente habilitada, que tem a responsabilidade do pagamento ao respectivo titular. Veja-se o caso da composição musical. O direito autoral é recolhido pela Embrafilme, com base em um percentual sobre o preço da venda, a qual repassa o total arrecadado para o Escritório Central de Arrecadação e Distribuição — ECAD — que tem a incumbência de proceder à distribuição. Este não é o local próprio para examinar a correção do sistema. Note-se que a tendência é proteger o artista nacional, sem descaracterizar o exercício do direito patrimonial que cabe ao produtor perceber com fulcro no art. 37 da Lei nº 5.988, de 1973. Nesse sentido, não há como pretender impedir a utilização econômica da película sob a alegação de que o direito autoral pela exibição não foi pago. Isto quer dizer que o contrato pelo qual o produtor negocia a película não se vê ameaçado porque direito autoral de exibição não foi pago. A prestação jurisdicional, no caso, é exigida contra quem devia e não pagou; e este, como é óbvio, não é o produtor.

47. Entretanto, e para resguardar os demais co-autores da obra

(art. 16 da Lei n° 5.988/73) de exploração econômica injusta, previu a lei, no art. 87, o que segue:

"Além da remuneração estipulada, têm os demais co-autores da obra cinematográfica o direito de receber do produtor cinco por cento, para serem entre eles repartidos, dos rendimentos da utilização econômica da película que excederem ao décuplo do valor do custo bruto da produção.

Parágrafo único — Para esse fim, obriga-se o produtor a prestar contas anualmente aos demais co-autores."

48. Pela lei são co-autores, além do diretor e do produtor, o autor do assunto ou argumento literário, musical ou lítero-musical. Assim, toda vez que o produtor negociar a película, deve ele ter na devida conta a regra jurídica do art. 87 da Lei n° 5.988/73[11]. Aplica-se o dispositivo se a negociação for a preço fixo? Parece-me que sim. Ao negociar com o produtor, o terceiro adquirente deve saber que, pela lei brasileira, é devido o percentual de que fala o citado art. 87. Em qualquer hipótese, pois, a utilização econômica da película deve obedecer ao disposto no art. 87. Cabe ao produtor, no meu entender, zelar por sua observância, sendo de sua responsabilidade prestar contas anuais aos demais co-autores.

49. Prescreve ainda a Lei n° 5.988/73 que, **verbis**:

"Art. 86 — Se, no decurso de produção de obra cinematográfica, um de seus colaboradores, por qualquer motivo, interromper, temporária ou definitivamente, sua participação, não perderá os direitos que lhe cabem quanto à parte já executada, mas não poderá opor-se a que esta seja utilizada na obra, nem a que outrem o substitua na sua conclusão."[12]

50. Como deflui claramente do texto, preserva-se a realização, sem negar-se ao inadimplente os direitos que lhe cabem quanto à parte já executada. Se o diretor, por exemplo, contrata com o produtor a realização da película e não a conclui, pode o produtor

---

11 Matéria regulada pelo art. 84 da Lei n° 9.610/98.
12 Matéria regulada pelo art. 83 da Lei n° 9.610/98.

contratar novo diretor, usando a parte já executada, assegurados os direitos sobre esta ao seu efetivo executante. Se houver divergência, é de aplicar-se a regra do parágrafo único do art. 23[13], salvo convenção em contrário.

51. Finalmente, o sistema legal brasileiro faculta aos co-autores utilizar-se, em gênero diverso, da parte que constitua a sua contribuição pessoal, salvo na existência de disposição em contrário (art. 88 da Lei nº 5.988/73)[14]. E o parágrafo único deste citado art. 88 fixa a obrigatoriedade do produtor em concluir a obra no prazo ajustado e a projetá-la dentro de três anos a contar da conclusão, sob pena de a utilização de que trata o **caput** ser livre, independentemente de qualquer estipulação em contrário.

VII. Proteção internacional

52. Questões delicadas podem surgir neste campo. Não é a oportunidade de examinar em detalhe tais questões. É bem limitada a dimensão deste parecer. Vale assinalar, no entanto, a tendência para a criação de um direito internacional uniforme.

53. Existe um direito convencional internacional que se materializa em diversas convenções internacionais: a Convenção de Berna, as três americanas (Montevidéu, Panamericana e a de Washington) e a Convenção Universal sobre Direito de Autor, assinada em Genebra. Existe, ainda, uma recentíssima convenção internacional para proteção aos artistas intérpretes ou executantes, aos produtores de fonogramas e aos organismos de radiodifusão, concluída em Roma. Todas elas procuram assegurar a proteção ao autor e ao artista, estabelecendo regras de aplicação uniforme.

54. Como assinala mestre **Haroldo Valladão**, tendo em vista a divergência das leis materiais de vários países surgem conflitos e sistemas para solvê-los. A corrente acolhida é partidária do estatuto real que *"estabelece a aplicação da lei **do país da proteção**, onde tal direito se exerce e se estabelecem as sanções para a sua contratação e por isto se chama a **teoria dos direitos territoriais independentes**, ou das **leges rerum sitarum**, o autor tendo tantos*

---

13 Matéria regulada pelo art. 23 da Lei nº 9.610/98.
14 Matéria regulada pelo art. 85 da Lei nº 9.610/98.

direitos de autor quantas forem as leis que os protegem" (Direito Internacional Privado, vol. II, 3ª ed. Rio de Janeiro, Ed. Livraria Freitas Bastos, 1983, pág. 177).

55. No Brasil, o nosso Código Civil, considerando *"móveis para os efeitos legais os direitos de autor"* (art. 48, III)[15], e regulados pela *lex rei sitae*, adotou o sistema territorial da lei da proteção. É esse o sistema da Convenção de Berna e, também o da Convenção de Genebra. Mestre **Haroldo Valladão** consolidou o direito vigente brasileiro no seu Anteprojeto de Lei Geral, art. 48, de forma seguinte:

"Os direitos morais e patrimoniais dos autores de obras literárias, científicas e artísticas se regem segundo a lei do país em que sua proteção é pedida."

Anote-se, ainda, que, para o direito convencional internacional, a obra cinematográfica é protegida como obra original nos termos das convenções internacionais (Convenção de Berna, art. 14, 2; Convenção de Washington, art. V, 1).

VIII. O caso concreto

56. A M.R. Empreendimentos Ltda. habilitou-se, como indicado anteriormente, em concorrência internacional para adquirir, com exclusividade, os direitos de filmagem dos jogos do campeonato mundial de futebol realizado na Argentina. Ganhou a concorrência e assinou o convênio pelo qual o Consórcio EBU-OIRT-OTI cedeu e transferiu os direitos de filme e cinematografia do campeonato mundial de futebol. Esses direitos, assim cedidos e transferidos, foram incorporados, legal e legitimamente ao patrimônio da empresa. Isto quer dizer que, a partir da data da assinatura do referido convênio, tinha a empresa plena disponibilidade econômica dos direitos que adquiriu.

57. A conclusão inicial, portanto, é a de que a M.R. Empreendimentos Ltda. tem plena capacidade jurídica para negociar os di-

---

15 O art. 3º da Lei nº 9.610/98 cuida da matéria.

reitos que adquiriu, no todo ou em parte, para todo o mundo, incluindo o Brasil.

58. Para realizar as filmagens, a empresa contratou diversos técnicos. Qual a relação jurídica existente para os efeitos do direito de autor? É indiscutível que a M.R. Empreendimentos Ltda. é de ser considerada produtora (pessoa jurídica que assume a iniciativa, a coordenação e a responsabilidade da feitura da obra de projeção em tela — art. 4°, X, "b", da Lei n° 5.988/73). Como tal, os direitos patrimoniais sobre a obra lhe pertencem, nos termos do art. 37 da mesma lei. Desse fato decorre o direito da empresa de utilizar, fruir e dispor de sua obra, bem como o de autorizar sua utilização ou fruição por terceiros, no todo ou em parte, na forma do art. 28 já reproduzido acima.

59. Vejamos agora qual a situação da titularidade para o exercício dos direitos morais. Inicialmente, no caso em foco, e tendo presentes os dados disponíveis, leia-se com atenção o art. 16 da Lei n° 5.988/73, que especifica os co-autores, para constatar que só atingirá o produtor e o diretor. Não há argumento literário, nem musical, nem lítero-musical. Na verdade, o autor do assunto é o produtor que o negociou previamente: jogos do campeonato mundial de futebol. Pode vir a ter trilha musical. Mas não a tem agora.

60. Nos contratos firmados pela M.R. Empreendimentos Ltda. há dois relativos a diretores artísticos. Estes contratos são de empreitada, a preço fixo, ainda que denominados no cabeçalho de contratos de trabalho por prazo determinado. Há documento sobre o pagamento do valor total do contrato, no caso dos diretores artísticos. Há, pois, quitação dada por cada contratado à contratante. Mas inexiste evidência do adimplemento pelos contratados das obrigações que lhes cabiam. Tanto assim é que a empresa informou que contratará outros para a conclusão do trabalho, iniciado e interrompido.

61. No contrato de empreitada (**locatio operis**), uma das partes obriga-se a fazer uma obra mediante remuneração. Tem objetivo certo: execução da obra contratada. Pelo Código Civil Brasileiro, recebida a remuneração ajustada, nada mais cabe ao empreiteiro, e o inadimplemento do contrato reverte-se em perdas e danos, como conseqüência da inexecução das obrigações contratuais (art. 1.056).

62. Como se trata do gênero "obra cinematográfica", é preciso indagar sobre o cabimento da incidência do art. 26 da Lei n° 5.988/73, reproduzido **supra**.

63. Entendo que, no caso, não se trata de obra cinematográfica em sentido estrito. É do mesmo gênero. Há filmagem de elementos vivos independentes de direção. Os "atores", a rigor, são os jogadores de futebol que foram dirigidos por seus respectivos técnicos, e não pelos diretores artísticos contratados pela empresa. A função destes, como parece claro pela organização adotada por M.R. Empreendimentos Ltda., para a filmagem dos jogos, foi a de coordenar as equipes de filmagem e executar a montagem final do filme. Aos operadores de câmera coube a tarefa essencial da filmagem. O trabalho verdadeiramente artístico dos diretores contratados seria evidentemente a montagem. Parece-me claro que, no caso, eles não podem equiparar-se aos diretores de cinema. Realizar os cortes, acrescentar cenas, "limpar" o filme para o acabamento é outra coisa. Nesta fase é que estaria concentrada a efetiva criação intelectual, não na anterior, na qual havia apenas a coordenação das equipes. Na fase anterior agiram com a função de coordenadores em nome e por conta da empresa. Os operadores de câmera é que funcionaram nas tomadas dos jogos, procurando obter os melhores ângulos e as cenas marcantes. É diferente da obra cinematográfica em sentido estrito, na qual o diretor interfere na tomada, dirigindo os atores e indicando a duração e a forma mesma de filmagem. O diretor, como diz **Pontes de Miranda**, é a *"pessoa que dirige a obra cinematográfica até a inteira realização, intervindo na criação intelectual, que não consiste em simples escolha de intérpretes e em cuidados jurídicos e econômicos ou em estímulos, ajustes e apaziguamentos"* (op. cit., pág. 145). E conclui, com meridiana clareza:

> *"Se o diretor **monta** o filme, isto é, lhe dá a forma última, cortando, escolhendo, concatenando, é, necessariamente, co-autor do filme"* (op. cit., pág. 145).

Acrescente-se aqui que não vai nenhum julgamento profissional quanto ao mérito das pessoas contratadas. O exame feito é de **quaestio facti**.

64. Diante desse quadro objetivo, parece inexistir a figura do diretor artístico no sentido que lhe empresta a lei para a obra cinematográfica em sentido estrito. Assim, seria melhor buscar para incidência o art. 15, inicialmente reproduzido.

65. Parece evidente que o art. 15 é a regra pertinente. A obra

foi realizada por diferentes pessoas, mas organizada por empresa e em seu nome será utilizada. Foi a M.R. Empreendimentos Ltda. que determinou o assunto, contratou os diretores, organizou o trabalho, tornou-o viável técnica e financeiramente e assumiu todos os riscos do negócio, utilizando o resultado final em seu nome, até porque a empresa é que possui os direitos para esse fim, salvo se para outrem os ceder e transferir. Assim, é de considerar-se nos exatos termos do citado art. 15, que a autoria pertence à M.R. Empreendimentos Ltda. E se à empresa pertence a autoria, tem ela, também, a titularidade dos direitos morais e patrimoniais sobre a obra que produziu, como estabelece o art. 21 da Lei n° 5.988/73.

66. Admitido, entretanto, que o sistema legal brasileiro agasalha interpretação restritiva quando se trata de proteger qualquer contribuição intelectual, por menor que seja, na obra criada, e aceito pacificamente o **nomem juris** contratual de "diretores artísticos", é de atribuir-se aos assim contratados apenas os direitos morais capitulados no art. 25 da Lei n° 5.988/73, com a interpretação já dada neste parecer, tendo em vista o pertencimento dos direitos patrimoniais ao produtor, que, inquestionavelmente, é a M.R. Empreendimentos Ltda.

67. Mas, ainda que acolhida essa interpretação, e ainda segundo as informações disponíveis, os "diretores artísticos" não cumpriram a sua parte. Ao que se tem, exerceram apenas a coordenação das equipes em território argentino, mas não realizaram a montagem final do filme. Isto quer dizer que a empresa poderá contratar outros para a conclusão do trabalho. Houve aqui inexecução das obrigações assumidas. Assim, admitida essa hipótese, é de aplicar-se o art. 86, pelo qual os "diretores artísticos" terão assegurados os direitos que lhes cabem quanto à parte já executada, mas não poderão opor-se a que esta seja utilizada na obra, nem a que outrem os substitua na sua conclusão.

68. As conseqüências dessa interpretação são de duas naturezas. A primeira, é que cabe aos "diretores artísticos" o exercício dos direitos morais sobre a parte já executada. E, neste caso, há que bem especificar o que já foi executado. A segunda, é a aplicação do já citado art. 87, pelo qual teriam direito a *"receber do produtor cinco por cento, para serem entre eles repartidos, dos rendimentos da utilização econômica da película que excederem ao décuplo do valor do custo bruto da produção"*. É certo que devem ser incluídos

os novos contratados para o efeito de repartição, valendo o estabelecimento de proporcionalidade para a parte já executada e a que vier a sê-lo, com a obrigatoriedade da prestação anual de contas pelo produtor.

69. Quero crer, entretanto, que na questão sob exame, levando em conta que não se trata de obra cinematográfica em sentido estrito, conforme fazem crer as informações prestadas, a melhor interpretação é a da incidência, pura e simples, do já citado art. 15. Houve filmagens de cenas "ao natural", que ocorreram por fato independente da produção e da direção, como o trabalho dependente da organização que lhe deu a empresa titular dos direitos de filmagem. A **quaestio facti** aqui é resolvida, pelos dados disponíveis, favoravelmente à empresa M.R. Empreendimentos Ltda., que adquiriu os direitos de filmagem, programou o desenvolvimento e organizou o trabalho e contratou as equipes para, em seu nome e por sua conta e responsabilidade, executá-lo.

70. É preciso ficar claro, no entanto, que, por exemplo, e porque constitui hipótese diversa, se argumento musical for inserido, é de aplicar-se, para esse co-autor, o tratamento já indicado, valendo destacar, desde logo, a aplicação do art. 87 da Lei nº 5.988/73 e os direitos autorais devidos por cada exibição.

71. Por outro lado, se a caracterização for de obra cinematográfica em sentido estrito, aos chamados "diretores artísticos" cabe o tratamento de co-autor e a respectiva titularidade do exercício exclusivo dos direitos morais, com a abrangência dada neste parecer. O que precisa ficar evidente, não deixando margem a qualquer dúvida, é o meu entendimento no sentido de que, na esteira da melhor doutrina, não há como negar ao criador intelectual o direito autoral que lhe cabe. Para isso é necessário o exame de cada caso. De modo teórico, a pessoa que *dirige a obra cinematográfica até sua inteira realização* é de ter a presunção legal de co-autor. Mas impõe-se saber se efetivamente foi o "diretor", ou mero coordenador, sem qualquer intervenção na criação intelectual. Neste último caso, certamente, e sob todas as luzes, parece-me que não pode ser considerado diretor, gozando dos benefícios da co-autoria.

72. A ressalva anterior é válida tendo em vista a imperfeição contratual. Se o contrato tivesse obedecido rigorosamente às prescrições da Lei nº 5.988/73, com o que se recomenda sempre a prévia audiência do advogado, a controvérsia não teria nascido com tanta impetuosidade. Mesmo porque, como já antes assinalado, em

matéria de direito de autor o que se deve pretender é a garantia de que os autores terão assegurados os seus direitos.

IX. Conclusão

73. Considerados todos os fatos analisados, entendo que a M.R. Empreendimentos Ltda. pode adotar as medidas cautelares adequadas para prevenir direitos e responsabilidades. Nesse caso, valeria a pena examinar concretamente o cabimento seja da produção antecipada de provas (art. 846 do Código de Processo Civil) seja do protesto (art. 867 do mesmo Código). Por falta de elementos objetivos ainda não acessíveis, não se examina aqui o cabimento da competente ação de perdas e danos por inexecução das obrigações.

74. Por outro lado, seria muito conveniente que a consulente promovesse o registro da obra no Conselho Nacional de Cinema — CONCINE — na forma do art. 1°, IV, da Resolução n° 5, de 8 de setembro de 1976, do Conselho Nacional de Direito Autoral, baixada com fulcro no art. 17 da Lei n° 5.988/73.

75. Finalmente, recomendo que futuras contratações devem obedecer rigorosamente ao disposto na Lei n° 5.988/73, de modo a tornar efetiva a proteção dos direitos autorais, como capitulada no sistema jurídico brasileiro e no direito convencional internacional.

É o meu parecer.
Salvo melhor juízo.

DISCIPLINA CONSTITUCIONAL DA PROPRIEDADE INDUSTRIAL*

A disciplina constitucional de propriedade industrial é matéria relevante e está na ordem do dia das preocupações nacionais. Agora mesmo o Congresso Nacional está discutindo projeto de lei que regula direitos e obrigações relativos à propriedade industrial. E as mais acesas controvérsias estão presentes, porque, na verdade, o que se está balizando são as linhas diretoras do projeto de desenvolvimento do país. E as preocupações que nos devem ocupar por inteiro concernem aos critérios para assegurar vitalidade ao crescimento industrial e à modernização como instrumentos para a melhoria da qualidade de vida na sociedade brasileira.

Todos sabemos que os tempos vividos são de mudanças. Mudanças na estrutura da sociedade internacional, que, com passos acelerados, começa a desenhar o seu próprio destino, vencendo barreiras ideológicas e enfrentando velhos conceitos que nasceram com a penosa construção do estado nacional. Toda mudança com esse alcance não se realiza, historicamente, sem avanços e recuos; mais ainda, não se realiza sem longa maturação, que começa por preparar a consciência dos homens de Estado, protagonistas dos grandes eventos que mexem na organização dos povos, com os olhos postos na plena realização da natureza do homem nas sociedades em que vivem.

---

* Revista de Direito Administrativo 185/19.

Na década de 70, o Clube de Roma desempenhou um papel de extraordinária importância com o projeto "Reformulação da Ordem Internacional". Esse trabalho tomou por base uma questão proposta pelo Dr. **Aurélio Peccei**, presidente do Clube de Roma, assim formulada: "*Que nova ordem internacional deve ser recomendada aos estadistas e grupos sociais do mundo de modo a atender, na medida do prática e realisticamente possível, as urgentes necessidades da população de hoje e as prováveis necessidades de gerações futuras?*" (Timberg, Jan. *Para uma nova ordem internacional — 3º informe ao Clube de Roma*, Livraria Agir Editora, Rio de Janeiro, 1978, pág. 11).

A resposta foi dada pelo *3º Informe ao Clube de Roma*, coordenado pelo professor **Jan Timberg**. Nesse trabalho, resultado do esforço comum de cerca de vinte cientistas, foram apontadas quarenta medidas concretas para resolver problemas dos mais diversos setores, assim, o sistema monetário internacional, a redistribuição do crédito e o desenvolvimento financeiro, para propiciar substancial aumento dos investimentos nos países mais pobres do Terceiro Mundo, produção e distribuição de alimentos e abastecimento energético, programa ambiental e gestão de recursos oceânicos, investigações científicas e tecnológicas, com vistas a um *pool* de informações para uso particular de países em desenvolvimento e, também, industrialização, comércio e distribuição internacional do trabalho.

Considerou o *3º Informe* que os principais objetivos no campo da industrialização estavam contidos na Declaração e Plano de Ação da Segunda Conferência Geral da UNIDO, realizada na cidade de Lima, em março de 1975, e que foi chancelada pela Sétima Sessão Especial da Assembléia Geral das Nações Unidas. Nesse documento reivindicava-se a expansão da participação dos países do Terceiro Mundo na produção industrial mundial, passando dos 7% de então para 25% até o ano 2000. Para atingir tal objetivo e outros correlatos, o *3º Informe* anotou ser "*necessária uma nova estrutura de regras e instituições que regulamentem e estimulem a industrialização, o comércio e o desenvolvimento. Isto é necessário para eliminar os padrões e práticas que evoluíram essencialmente na base de interesses bilaterais ou de grupos, muitos dos quais são incompatíveis com a obtenção de uma ordem econômica e social internacional e justa*" (op. cit., pág. 196).

O objetivo maior para o ano 2000 é a elaboração de uma estratégia internacional de industrialização, compreendendo um conjunto de programas mundiais que ajudem as nações a formular políticas coerentes de industrialização e que poderiam servir de base para negociações com outras partes, em especial as empresas transnacionais. Como parte dessa estratégia poderiam ser redigidos códigos de conduta, a serem aprovados internacionalmente, cobrindo áreas como procedimentos comerciais específicos, transferência de tecnologia, transferência de capital e conhecimentos administrativos e tecnológicos.

Como é óbvio, cada país regula o reconhecimento das patentes de acordo com a própria realidade, para salvaguardar os seus interesses. É nesse sentido a disciplina da Convenção de Paris, hoje em sua sétima versão. Não é por outro motivo que um levantamento realizado pela Organização Mundial da Propriedade Intelectual, com base em legislações vigentes em 1985, mostra que de 103 países pesquisados, 86 incluem restrições relativas a produtos químicos, farmacêuticos e alimentícios, processos para obtenção de produtos farmacêuticos e alimentícios, energia atômica e invenções na área nuclear, variedades animais e processos biológicos. São países como Austrália, Áustria e Bélgica (variedades animais, processos biológicos), Canadá (produtos farmacêuticos, alimentos, variedades animais, processos biológicos), Estados Unidos e Japão (energia atômica e área nuclear), Coréia do Sul (produtos químicos, produtos farmacêuticos, processos para produção de fármacos, alimentos, energia atômica e área nuclear), dentre outros.

Essa especificidade nacional para regular o sistema de patentes vai experimentar, certamente, o impacto da moderna tendência da integração regional. O fortalecimento da unidade européia, e as perspectivas de formação de um mercado comum do Pacífico, compreendendo Japão, Coréia do Sul, Cingapura, Malásia, Tailândia, Taiwan e Hong Kong, exigem uma reorganização do foro decisório. Em tais circunstâncias, os acordos regionais vão fixar princípios e regras comuns sobre propriedade industrial, objetivando a conciliação de interesses dos países-membros, e destes com os demais países. Vale mencionar aqui a decisão da Câmara de Recursos do Escritório Europeu de Patentes, em 5 de dezembro de 1984, estabelecendo a proteção genérica para um segundo uso terapêutico de produto conhecido, desde que a proteção seja indireta através da reivindicação do uso do produto ou substância para manufatura de um medicamento destinado a uma específica aplicação terapêutica (cfr. palestra da **Dra. Maria Margarida R. Mittelbach**, Anais do VIII Seminário Nacional de Propriedade Industrial, 1988, pág. 44). O mesmo destaque vale para a denominada *Roda da Uruguaia*, na qual se discute, entre outros assuntos, a transferência do foro de discussão da propriedade intelectual para o âmbito do GATT. As nações hoje, menos por decisão política do que por imperativo da realidade, não podem mais fechar-se sobre si mesmas. **Paul Kennedy**, na sua obra clássica, *Ascensão e Queda das Grandes Potências*, aponta as conseqüências desse fechamento já na época pré-industrial, quando cuida da China Ming e dos turcos otomanos, em que tal decisão decorria exclusivamente de uma avaliação política.

A América Latina, todavia, tem dado passos tímidos para a integração, apesar de algum avanço na área do Cone Sul. Em nosso continente ainda não conseguimos superar os questionamentos nacionais, até porque, em um certo sentido, a competição por investimentos das nações industrializadas é um fator de atraso para o desenvolvimento de nossas relações multilaterais. E esses países sempre utilizam, sob o pálio do seu interesse nacional, o mecanismo das barreiras protecionistas. Com isso, perde-se a oportunidade concreta para o fortalecimento das economias nacionais, possível com o fortalecimento da economia regional latino-americana como um todo. E aqui valeria alvitrar como proposta a realização de estudos concretos para a elaboração de um Código de Propriedade Industrial para a América Latina.

É certo que nesse assunto a questão do chamado modelo de desenvolvimento é um divisor. Contudo, o mundo moderno vem destruindo o mito do planejamento centralizado que, ao longo de muitas décadas, conduziu as sociedades ao engessamento pela velha tecno-burocracia. Não deu resultado para nenhuma nação fechar-se sobre si. As economias centralizadas ou foram completamente arruinadas ou obrigadas a estabelecer cabeças-de-ponte livres das peias do Estado dono de tudo.

É necessário, porém, escapar para a abertura da economia sem descurar da salvaguarda do interesse social e do desenvolvimento tecnológico e econômico, no limite em que a circulação da riqueza e do conhecimento é *conditio sine qua non* para o desenvolvimento da humanidade. Como afirmou **J. Bronowski**, em *A Escalada do*

Homem, "*representamos uma civilização científica: e isso significa uma civilização na qual o conhecimento e sua integridade são cruciais*" (pág. 437).

A disciplina constitucional de 1988 explicitou corretamente esse espírito. Primeiro, porque ao fixar os princípios que devem reger a conduta do Brasil nas suas relações internacionais, indicou o da cooperação entre os povos para o progresso da humanidade (art. 4º, inciso IX), estabelecendo, ainda, que o Brasil deverá buscar a integração econômica, política, social e cultural dos povos da América Latina, visando à formação de uma comunidade latino-americana de nações (art. 4º, parágrafo único). Segundo, porque, ao proteger os autores de inventos industriais, submeteu a concessão do privilégio temporário ao interesse social e ao desenvolvimento tecnológico e econômico do país.

O direito subjetivo dos inventores vem da Constituição de 1824 (art. 179, § 26), sendo acolhido pela primeira Constituição Republicana, de 1891 (art. 72, § 25). Já naquela época, **João Barbalho** assinalava que a proteção aos inventos ou descobertas de caráter industrial é uma questão de justiça, porque os inventos aproveitam grandemente à sociedade, ao desenvolvimento das indústrias, do comércio, ao incremento da riqueza pública. Até a Constituição de 1946 (art. 141, § 17), a regra constitucional mandava que a lei concedesse um privilégio temporário ou, se a vulgarização do invento conviesse à coletividade, concedesse um justo prêmio. O sistema, então, admitia, expressamente, que o inventor fosse compensado se o privilégio temporário lhe fosse negado, fundado na desapropriação do direito formativo gerador, isto é, do direito de obtenção de patente. Na Constituição de 1967 e na Emenda nº 1, de 1969 (art. 153, § 24), essa alternativa foi retirada. **Pontes de Miranda** escreveu que a Constituição de 1967 retirou a referência à salvaguarda do lado social da invenção, permitindo que o Estado a vulgarizasse mediante paga de prêmio justo, isto é, de acordo com o valor do invento e dos gastos que forem de mister. Para **Pontes de Miranda**, afastada a menção ao prêmio justo, só a desapropriação pode caber, se a vulgarização foi um caso de necessidade, ou utilidade pública, ou interesse social.

A disciplina constitucional para a proteção dos inventos industriais em tempo algum deixou de considerar a possibilidade da lei afastar o direito de obtenção de patente em casos específicos. No seu *Tratado de Direito Privado*, **Pontes de Miranda** assevera que a impatenteabilidade dos medicamentos vem de Lei francesa de 5 de julho de 1844, § 3º. Diz o mestre: "*A **ratio legis** foi complexa: temor do charlatanismo; poder-se empregar a patente como reclame; interesse público, que há de primar*" (op. cit., Tomo 16, § 1.926, pág. 296). E, mais: "*Hoje, êsse é o único fundamento, pelo menos no sistema jurídico brasileiro, tanto mais quanto as patentes podem encarecer, pela ganância dos industriais, o produto necessário a todos (e.g. quando cessou a eficácia da patente da aspirina, o preço caiu de 80%, cf. **Laby**, De La Propriété industrielle en matière de pharmacie, 45)*" (op. cit., pág. 296). Ainda agora, a imprensa noticiou a disputa entre grandes laboratórios pela fabricação do AZT. O réu é a Burroughs Wellcome, que detém a exclusividade. Dois laboratórios canadenses entraram com pedidos na Food and Drug Administration para produzir o medicamento. Alegam que podem vender a droga pela metade do preço (cfr. Relatório Reservado, 1º a 7/7/91, pág. 7).

A questão da constitucionalidade da restrição legal ao direito à obtenção de patente mobilizou a opinião de alguns juristas eminentes, como **José Frederico Marques** e **Vicente Ráo**, lastreados no comando constitucional "*A lei assegurará*". Afirmaram eles, em parecer, que diante da linguagem categórica e inequívoca da Constituição, "*é mais que certo que se não pode abrir brecha no canon constitucional, para que ele incida amputado e de modo restrito, a permitir que a lei ordinária — ainda que por vias indiretas — traga exceções incompatíveis com a extensão e amplitude do preceito que na Constituição vem escrito*" (RT 511, págs. 48/49). É evidente que a interpretação dos dois mestres do Direito apegou-se à falta de qualquer condicionamento no comando constitucional. Mas já o Colendo Supremo Tribunal Federal pacificou a matéria em sentido contrário, assim, o de que "*o Constituinte não assegurou, de logo, em qualquer hipótese, ao autor do invento industrial, o privilégio temporário para utilização deste e, assim, cometeu ao legislador ordinário o disciplinamento da matéria, de sorte que a garantia que previu fosse concedida quando atendidas determinadas condições, dentre as quais a de não contrariar a invenção o interesse público*" (RE nº 93.721, Relator o Ministro **Cunha Peixoto**).

Com a Constituição de 1988, art. 5º, inciso XXIX, a controvérsia sobre a impatenteabilidade de certas invenções perde substância. O que a lei assegurará é o privilégio temporário, subordinado ao interesse social e ao desenvolvimento tecnológico e econômico do país. A expressão *"tendo em vista"*, constante da última parte do inciso XXIX do art. 5º da Constituição Federal, autoriza a lei a limitar direito à obtenção de patente. Não pode ser interpretada como impedimento para excluir a patenteabilidade. Essa é a interpretação correta, consentânea com a tradição do Direito brasileiro.

Se, inquestionavelmente, a disciplina jurídica do sistema de patentes pertence ao Estado, é fundamental considerar, como já destacado, que o atual progresso da humanidade impõe a democratização do sistema, por via de acordos multilaterais, que propiciem um aproveitamento regular dos inventos em benefício dos povos. É bom salientar que o sistema de patentes é um estímulo à criação de bens necessários a uma melhor qualidade de vida. Restringir ou ampliar a proteção é uma política pública que deve levar na devida conta a realidade econômica e social. Como acentuou a Dra. **Maria Margarida R. Mittelbach,** "*A prática, acentuada na última década para a conquista e monopólio de mercados através da patente, pode parecer justa se isoladamente considerada como um dos meios possíveis para retorno de investimentos realizados em pesquisas. Contudo, sua limitação através dos tempos tem estado condicionada ao estado de desenvolvimento e interesses sociais e econômicos dos países — como historicamente conhecido — dada a significância do setor envolvido e suas implicações sociais e econômicas*" (cfr. Anais do VIII Seminário Nacional de Propriedade Industrial, 1988, pág. 45).

O que se espera neste momento é que a discussão sobre o sistema de patentes não se circunscreva aos interesses econômicos das grandes corporações, mas, ao revés, permaneça subordinada aos interesses maiores da humanidade. Se em determinadas circunstâncias nacionais impõe-se extinguir, limitar ou ampliar as restrições, não se perca de vista, jamais, que a pobreza do mundo será salva pela riqueza inesgotável da inteligência do homem.

DISCIPLINA JURÍDICA DO *IMPEACHMENT**

I — AS ORIGENS

A grande divulgação pela imprensa tem possibilitado um conhecimento geral sobre o *impeachment*. Já se sabe que é um remédio constitucional destinado a processar e julgar o Presidente da República por crime de responsabilidade. Já se sabe, também, que o processo e o julgamento são da competência do Congresso Nacional, ainda que, no Senado Federal, conte com a participação do Presidente do Colendo Supremo Tribunal Federal.

A literatura sobre o *impeachment* não é das maiores, sendo que a única monografia disponível, porque recentemente reeditada, é de **Paulo Brossard de Souza Pinto**, originariamente de 1965, e que contém numerosa referência bibliográfica.

As indicações disponíveis mostram que o *impeachment* nasceu na Inglaterra e foi adaptado pelos Estados Unidos da América do Norte.

Como ensina a história política, o berço do regime parlamentar está na velha Inglaterra. E as suas origens não estão ligadas a nenhuma pessoa, ainda que a **Simon de Montfort** e a **Eduardo I** devam ser creditados os primeiros grandes sinais dessa tão extraordinária conquista do mundo civilizado. Para **George Macauley Trevelyan** nada foi responsável pela criação do parlamento inglês, que, na verdade, é o resultado natural, atravessando muitos séculos, "*do*

---

* Revista de Direito Administrativo 210/123.

sentido comum e do bom caráter do povo inglês, que de modo geral preferiu as assembléias aos ditadores, as eleições às lutas nas ruas e as tertúlias aos tribunais revolucionários. O parlamento inglês cresceu gradualmente como um meio adequado para suavizar as diferenças e ajustar a ação comum entre poderes que se respeitavam entre si" (História Política de Inglaterra, trad. esp., FCE, México, 1943, pág.142).

O fortalecimento da atividade parlamentar foi uma necessidade de contemporização imposta pela construção constitucional inglesa, na medida em que o rei e os representantes do povo serviam como substância para a estabilidade institucional do reino.

No chamado *Good Parliament*, de 1376, sob o reinado de Eduardo III (1327-1377), há referência ao processo de *impeachment* contra figuras ligadas diretamente ao próprio rei, assim **Richard Lyons** e **Latimer**, acusados de fraudes financeiras, malversação de dinheiro público, e que foram devidamente condenados em processo que envolveu inicialmente o parlamento pleno e depois só os lordes, aplicadas, então, as penas de prisão, além do confisco e perda do cargo, ainda que o esforço com relação ao segundo não tenha sido completo (William Stubbs, *The Constitutional History of England*, B&N, N. York. Vol. II, 4ª ed., 1967, págs. 451/452).

Há, ainda, referência ao *impeachment*, de 1459, contra **Lord Stanley**, que não enviou tropas para a chamada Batalha de Bloreheat. No período de eminência na vida jurídica inglesa de **Edward Coke**, que também foi *speaker* dos *commons*, em 1593, em plena era *Stuart*, o parlamento de 1621 volta a utilizar o *impeachment*, que desde 1459 não era usado, contra **Sir Giles Mompesson** e **Sir Francis Mitchell**, acusados de fraudes, no que ficou conhecido como o caso dos "monopolistas", ambos condenados às penas de multa e prisão, alcançando também **Sir H. Yelverton**, o qual afirmara durante o processo contra os "monopolistas" que a exclusividade das patentes não configurava um monopólio (Hannis Taylor, *The Origin and Growth of the English Constitution London*, The Riverside Press, Cambridge, 1895, II, págs. 245/246).

Ainda no mesmo período está registrado o processo de *impeachment* contra **Lord Chancellor Bacon**, Ministro do Rei, acusado de corrupção. Este filósofo notável admitiu, então, a sua culpa e renunciou a toda e qualquer defesa: *"I do again confess there is a great deal of corruption and neglect, for which I am heartily and penitently sorry"* (Taylor, op. cit., pág. 246). Segundo

J. P. Kenyon, um estudioso da era *Stuart*, a palavra *impeachment* não foi formalmente usada em 1621, nem mesmo a fórmula empregada nos últimos tempos: *"We, in the name of the House of Commons and all the Commons of England, impeach N. of (...)"* (The Stuart Constitution, Cambridge University Press, 1969, pág. 93. Nesta obra está também transcrição de documentos sobre a atuação de Edward Coke no processo de *impeachment* contra **Sir Giles Mompesson**, pág. 98, e, ainda, sobre igual processo contra **Lionel Cranfield**, Earl of Middlesex, em 1624, pág. 100).

Esses exemplos são suficientes para mostrar que o alcance do *impeachment* na Inglaterra não perdeu a sua atualidade. O objetivo do controle parlamentar estava, como tem de estar agora, vinculado ao sistema de defesa dos interesses públicos, dever moral dos governantes.

Nos Estados Unidos da América do Norte, o *impeachment* foi recebido com alterações. Assinala **Paulo Brossard**, desde logo, que na Inglaterra ele atinge *"a um tempo a autoridade e castiga o homem, enquanto, nos Estados Unidos, fere apenas a autoridade despojando-a do cargo, e deixa imune o homem, sujeito, como qualquer, e quando for o caso, à ação da justiça"* (op. cit., pág. 21).

A Constituição norte-americana cuida do *impeachment* no artigo I, S. 3, cláusulas 6 e 7. Pela primeira, está assentado que só o Senado terá o direito de julgar as acusações decretadas pela Câmara dos Representantes, cabendo a presidência da sessão, quando o acusado for o Presidente dos Estados Unidos, ao chefe do Poder Judiciário, sendo de dois terços dos membros presentes o quorum para a condenação. Pela segunda, está fixado que a sentença não poderá ir além da perda do cargo e da incapacidade para o exercício de qualquer outro, seja honorífico, de confiança ou remunerado. Todavia, pode haver acusação, julgamento, condenação e punição de acordo com as leis. Pelo artigo 11, S. 4, o Presidente, o Vice-Presidente e todos os funcionários civis dos Estados Unidos serão demitidos do cargo no caso de acusação pela Câmara dos Representantes e condenação por traição, suborno e outros crimes ou delitos graves.

Segundo **Chester J. Antieau** qualquer pessoa sujeita ao *impeachment* tem a proteção do **due process of law**, estando, assim, sob a guarida das V e VI Emendas, com o que tem o direito de ser informado sobre a natureza e a causa da acusação, de ser acareado com as testemunhas de acusação, de usar de meios compulsórios para conduzir as testemunhas de defesa e de ser assistido por um advogado (*Modern Constitutional Law*, Vol. II, 1969, pág. 467).

Na luta pela autoridade da Suprema Corte, de que o caso *Marbury vs. Madison* foi um ponto crucial, marcado pelo conflito entre **Thomas Jefferson** e **John Marshall**, origem do princípio constitucional do controle jurisdicional da constitucionalidade das leis, há referência de processos de *impeachment* contra dois Juízes: **John Pickering**, de New Hampshire, e **Samuel Chase**, da Suprema Corte; o primeiro com resultado favorável no julgamento pelo Senado, e o segundo desfavorável, não obtido o *quorum* constitucional exigido (Gerald Gunther e Noel T. Dowling, *Constitutional Law — Cases and Materials*, F. Press, 8ª ed., 1970, pág. 13).

Como assinala Thomas M. Cooley, o *impeachment* deve ser considerado uma forma de limitação imposta pelo Parlamento contra o abuso cometido pelas autoridades do executivo e do judiciário, sendo o meio para punir os desvios de conduta (*The General Principles of Constitutional Law*, Boston, 3ª ed., 1898, pág. 165; na 7ª ed. do seu clássico *Treatise on the Constitutional Limitations*, Boston, 1903, págs. 229/230, Cooley relata dois outros casos de *impeachment* contra Juízes que se recusaram a aplicar leis consideradas inconstitucionais).

II — NATUREZA JURÍDICA

A doutrina constitucional parece não questionar mais a natureza do *impeachment*. Como ensina **Paulo Brossard**, a medida *"tem feição política, não se origina senão de causas políticas, objetiva resultados políticos, é instaurado sob considerações de ordem política e julgado segundo critérios políticos, julgamento que não exclui, antes supõe, é óbvio, a adoção de critérios jurídicos"*. Para o antigo Ministro do Colendo Supremo Tribunal Federal, isto ocorre *"mesmo quando o fato que o motive possua iniludível colorido penal e possa, a seu tempo, sujeitar a autoridade por ele responsável a sanções criminais, estas porém, aplicáveis exclusivamente pelo Poder Judiciário"* (op. cit., pág. 71).

Para mestre **Pontes de Miranda**, o *impeachment* é tão velho quanto as organizações sociais, sendo a responsabilidade política *"instituto que se impõe às boas Constituições, exatamente porque não há ou ainda não há necessariamente suficiente probabilidade* *de ser desconstituído o governo culpado de atos graves"*. Para **Pontes de Miranda**, os princípios que regem a responsabilização do Presidente da República (e dos governadores e dos prefeitos) são princípios de Direito Constitucional e princípios de Direito Processual (*Comentários à Constituição de 1946*, Borsoi, Rio, Tomo III, 4ª ed., 1963, págs. 127 e 129).

Não se pode esquecer que, embora predomine a natureza política, o instituto fica no resguardo das regras jurídicas constitucionais, o que quer dizer, concretamente, que sua aplicação depende do preenchimento dos pressupostos estabelecidos pela Constituição e pela legislação infraconstitucional especial. Invocar o remédio constitucional não é, apenas, uma questão política, é, antes de tudo o mais, uma questão jurídica de Direito Público, e, portanto, subordinada às regras científicas próprias, a começar pelo contraditório e ampla defesa, para não falar do sempre fundamental **due process of law**.

Veja-se, neste sentido, a lição de **João Barbalho** ao afirmar que *"ficou consagrado que o presidente denunciado deverá ser processado, absolvido ou condenado, não absque lege e por meras considerações de ordem política, quaisquer que sejam, mas com procedimento de caráter judiciário, mediante as investigações e provas admitidas em direito, e julgado secundum acta et probata"*. Para **Barbalho**, tal é necessário para impedir a instabilidade, a fragilidade do chefe da nação, que, de outro modo, ficaria sem independência, sem garantias (*Comentários à Constituição Federal Brasileira*, Briguiet, Rio de Janeiro, 1924, pág. 288).

III — A CONSTRUÇÃO BRASILEIRA

Para **Pontes de Miranda**, a *"inserção das espécies de responsabilidade no texto constitucional é a tradição brasileira, no tocante ao direito material da responsabilização, desde a Constituição de 1824"*, alcançando os ministros (*Comentários à Constituição de 1967*, Forense, Rio, Tomo III, 1987, pág. 360).

De fato, todas as nossas constituições cuidaram do *impeachment*, assim, a de 1891, no artigo 53; a de 1934, no artigo 58; a de 1937, no artigo 86; a de 1946, no artigo 88; na Emenda nº 1, de 1969, no artigo 83; e, finalmente na de 1988, no artigo 88, estabelecendo-se o processo constitucional a ser obedecido pela legislação infraconstitucional.

Com a Constituição de 1946, veio a Lei nº 1.079/50, que define os crimes de responsabilidade e regula o respectivo processo de julgamento.

Diante da atual conjuntura brasileira, importa examinar mais de perto a disciplina constitucional de 1967, confrontando-a com a de 1988.

IV — A CONSTITUIÇÃO DE 1988 E A LEI Nº 1.079/50

A Constituição de 1967 alterou, com relação à Constituição de 1946, apenas o *quorum* de votação, que da maioria absoluta passou a dois terços da Câmara dos Deputados, necessário para declarar procedente a acusação contra o Presidente da República, mantendo a competência do Senado para o julgamento.

Com a redação do artigo 86, a Constituição de 1988 substituiu o papel reservado à Câmara dos Deputados para fazer julgamento de mérito, vez que não mais cabe a decisão sobre a procedência ou não da acusação. Com o novo texto, à Câmara cabe, apenas, admitir ou não a acusação, devendo o processo desenvolver-se no Senado Federal, ao qual compete proferir o julgamento. O que se quis estabelecer foi que a Câmara deve, na verdade, autorizar o julgamento do Presidente da República pelo Supremo Tribunal Federal, nos crimes comuns, e pelo Senado Federal, nos crimes de responsabilidade, não sendo de sua alçada apreciar a procedência ou não da acusação. A procedência, ou improcedência, fica diretamente subordinada ao julgamento do Senado Federal ou do Supremo Tribunal Federal, conforme o caso.

No regime anterior, com a Lei nº 1.079/50, a Câmara dos Deputados era chamada a decidir primeiro sobre se a denúncia deveria, ou não, ser objeto de deliberação, para, ao depois, decidir sobre a procedência, ou não, da acusação, encaminhando-a ao Supremo Tribunal Federal ou ao Senado Federal. Daí que, necessariamente, duas seriam as votações pela Câmara: a primeira para decidir se a denúncia deveria ser objeto de deliberação; a segunda para decidir se a acusação seria procedente.

Demais disso, nas constituições anteriores, de 1946 e 1967, e na Emenda nº 1/69, o Senado apenas julgava o Presidente da República. Contudo, com a Constituição de 1988, ao Senado compete processar e julgar, superada, portanto, a controvérsia sobre a natureza da intervenção da Câmara dos Deputados.

Desse modo, se agora o papel da Câmara é, tão-somente, para decidir se a acusação deve ser admitida, ou não, é evidente que a votação é única, e subordinada ao *quorum* qualificado de dois terços.

Mas tal não significa que nesta fase seja negado ao acusado os direitos que a Constituição assegura a todos no concernente ao contraditório e à ampla defesa. Os termos do inciso LV do artigo 5º são muito claros: *"aos litigantes, em processo judicial ou administrativo, e aos acusados em geral são assegurados o contraditório e a ampla defesa, com os meios e recursos a ela inerentes".*

Parece insuscetível de qualquer dúvida razoável que, nesse caso, deve incidir a Lei nº 1.079/50 naquilo que não conflita com a Constituição Federal. Assim, recebida a acusação, uma comissão especial é formada para instruir o julgamento do plenário, com competência para abrir ao acusado a oportunidade de contestar a acusação, e para realizar as diligências que entender necessárias antes de emitir o seu parecer, que será submetido ao plenário, soberano para admitir, ou não, a acusação. O que se suprime da Lei nº 1.079/50, nesta fase, porque conflita com a nova disciplina constitucional, é a dupla votação, com o que permanece em vigor o prazo de vinte dias para o acusado apresentar a sua contestação, e, também, o regime de votação nominal, comando legal que não pode ser substituído por regra regimental.

Por outro lado, diferentemente do sistema anterior, no atual, o Presidente da República não fica suspenso de suas funções com a declaração de procedência da acusação pela Câmara dos Deputados, que não mais existe, e, sim, após a instauração do processo pelo Senado Federal, sendo que a sua suspensão só perdura até cento e oitenta dias. Tendo o processo duração maior que esse prazo, o Presidente da República retoma o cargo, passando a exercê-lo em sua plenitude.

Igualmente, não há como discutir a vigência da Lei nº 1.079/50 na parte relativa à definição dos crimes de responsabilidade a partir do padrão constitucional. Anote-se que nos crimes contra a probidade da administração, a lei especial de 1950 inclui, dentre outros, aqueles de não tornar efetiva a responsabilidade de seus subordinados, quando manifesta em delitos funcionais ou na prática de atos contrários à Constituição, e de proceder de modo incompatível com a dignidade, a honra e o decoro do cargo. Tenha-se presente nestes dois casos que a Constituição impõe como princípios da administração pública direta, indireta ou fundacional, de qualquer dos Poderes da União, dos Estados, do Distrito Federal e dos Municípios os de legalidade, impessoalidade, moralidade e publicidade, dentre os outros que enumera. Isto que dizer que o crime contra a probidade, como manda a Constituição, e está expresso na lei especial, abrange atos contrários à legalidade e à moralidade.

Finalmente, se o Presidente da República for condenado, em votação pelo Senado Federal, sob a presidência do Presidente do Colendo Supremo Tribunal Federal, exigido o *quorum* de dois terços, a condenação ficará limitada à perda do cargo, com inabilitação por oito anos, para o exercício de função pública, sem prejuízo das demais sanções judiciais cabíveis. Anote-se que dessa decisão não cabe qualquer recurso.

V — CONCLUSÃO

Duas observações finais fazem-se imperativas.

A primeira sobre o açodamento. As instituições políticas são preservadas quando o processo obedece aos ritos criados pelo constituinte. Isto significa que é contrário à Constituição condenar alguém por emoção, por sentimento. Todos, não apenas alguns, têm direito ao *due process of law*, garantia fundamental do cidadão, que o mais execrado dos homens, não importa qual a razão, deve merecer, sob pena de perecer toda a construção institucional, principalmente a democrática, que vela pela igualdade de todos os homens e pelo respeito aos direitos inerentes à cidadania.

A segunda sobre a força do *impeachment* como freio. Já assinalou o velho **Bryce** que o *impeachment* é uma pesada peça de artilharia à disposição do Congresso, e que, por isso, só pode ser usada em circunstâncias extraordinárias. Para **Bryce**, o *impeachment* é aquilo que os médicos chamam de remédio heróico, um remédio para situações desesperadas, próprio para ser empregado exatamente contra os funcionários culpados por crimes políticos. É um canhão de cem toneladas que exige, para ser usado, um mecanismo complicado, para atirar uma quantidade considerável de pólvora, e para ser ajustado, um grande alvo para pontaria (*La République Americaine*,

Giard & Brière, Paris, Tomo I, 1911, pág. 314). O *impeachment* é a arma do cidadão contra aquele que, tendo merecido a confiança para exercer um cargo público, age contra o interesse público, pondo em risco a existência das próprias instituições.

DISCRIMINAÇÃO RACIAL E
DECISÃO JUDICIAL*

Uma das preocupações modernas nos estudos da ciência jurídica é a dimensão dos processos judiciais. Cada vez mais o Direito é aquele aplicado pelos Juízes e Tribunais.

O principal filósofo do Direito da atualidade, **Ronald Dworkin,** autor do *Império do Direito*, adverte sobre a importância do modo como os Juízes decidem os casos. E lembrando um dos mais famosos Magistrados dos Estados Unidos, que dizia ter mais medo de um processo judicial que da morte ou dos impostos, afirma que os processos judiciais são também importantes em outro aspecto que não pode ser avaliado em termos de dinheiro, nem mesmo de liberdade: *"Há, inevitavelmente, uma dimensão moral associada a um processo judicial legal e, portanto, um risco permanente de uma forma inequívoca de injustiça pública. Um juiz deve decidir não simplesmente quem vai ter o quê, mas quem agiu bem, quem cumpriu com suas responsabilidades de cidadão, e quem, de propósito, por cobiça ou insensibilidade, ignorou suas próprias responsabilidades para com os outros, ou exagerou as responsabilidades dos outros para consigo mesmo. Se esse julgamento foi injusto, então a comunidade terá infligido um dano moral a um dos seus membros por tê-lo estigmatizado, em certo grau ou medida, como fora-da-lei. O dano é mais grave quando se*

---

* Painel "Justiça e Discriminação Racial" da XVII Conferência Nacional dos Advogados, promovida pelo Conselho Federal da OAB, setembro de 1999.

condena um inocente por um crime, mas já é bastante considerável quando um queixoso com uma alegação bem fundamentada não é ouvido pelo tribunal, ou quando um réu dele sai com um estigma imerecido" (págs. 3/4).

O Direito positivo encontra no poder institucionalizado a sua forma de eficácia. A lei é a referência do Juiz, mas é, também, uma massa de modelagem que autoriza um alcance sem limites muito definidos, de acordo com a realidade de cada tempo histórico. E o artífice dessa operação é sempre um Juiz, intérprete soberano da lei.

Na tradição dos países de formação constitucional racional-normativa, que estruturam a sua ordem jurídica a partir de um documento escrito de uma só vez, elaborado por um corpo representativo, eleito apenas para esse fim, a realização institucionalizada da Justiça faz repousar em um agente do Estado o destino da aplicação do Direito, a partir da conformidade das leis ao documento básico, a Constituição. Com isso, a história constitucional ganha a sua própria importância com a declaração dos direitos fundamentais, dos direitos do homem e do cidadão, que se torna incontrastável pelo sistema de controle constitucional e que está na raiz da própria vida do Direito Constitucional.

Esse quadro legal, que concentra o monopólio da prestação jurisdicional no Poder Judiciário, tende a submeter o juízo da opinião pública ao império do direito como reconhecido pelos Juízes e Tribunais. E, certamente, quando o Tribunal da opinião pública substitui o Direito emanado das Cortes, aí, sim, está o arbítrio.

Um dos mais relevantes aspectos da vida social, da construção da cidadania, é, exatamente, o conhecimento da formação das decisões judiciais, que refletem, em certa medida, a cultura da sociedade, a partir do sistema de convicções que rege a vida do presente, projetando-se para o futuro.

Se tomarmos no campo de nossa mesa de debates a jurisprudência americana, mesmo já presente a 14ª Emenda, vamos sentir como é verdadeira essa assertiva.

Em 1880, no caso *Strauder vs. West Virginia*, Justice Strong, que conduziu a maioria, anotou que a 14ª Emenda era uma provisão constitucional, dentre outras, com o objetivo de assegurar aos negros o gozo de direitos civis que são desfrutados pelas pessoas de cor branca, garantindo tais direitos sempre que ameaçados pelos estados.

Dezesseis anos depois, em 1896, no caso *Plessy vs. Fergusson*, a Corte manteve uma lei do Estado de Louisiana que estabeleceu igual, mas separada, acomodação nos transportes para negros e brancos. Nasceu a chamada doutrina da separação com igualdade (*separate but equal*). O que disse a Corte, então, pela voz do Justice Brown? Disse que o objetivo da 14ª Emenda é, indubitavelmente, realizar a plena igualdade das duas raças diante da lei, mas, de acordo com a natureza das coisas, a emenda não teve a intenção de abolir as distinções baseadas na cor. A lei, entendeu a maioria da Corte, permite, quando não exige, a separação, o que não significa inferioridade de nenhuma raça em relação a outra, sendo, de resto, tal matéria da competência dos estados no exercício do seu poder de polícia. Justice Harlan, dissentindo, acentuou que sob a Constituição e as leis não existe nenhuma raça superior, nenhuma casta. Para a divergência, a arbitrária separação dos cidadãos em razão de sua cor, nos transportes, é inconsistente com as liberdades civis e com a igualdade diante da lei estabelecida na Constituição.

Em 1954, no caso *Brown vs. Board of Education*, com voto condutor do Chief Justice Warren, vem o precedente que teve maior repercussão. A questão enfrentava, na verdade, o precedente *Plessy vs. Fergusson*, aplicado pelas cortes inferiores, com base na doutrina *separate but equal*, ou seja, há igualdade de tratamento quando as raças têm substancialmente as mesmas facilidades, embora tais facilidades sejam separadas. No caso, questionava-se a matrícula de pessoa de cor negra em escolas públicas para brancos. Chief Justice Warren rememorou os precedentes sobre a matéria, mostrou que a educação era a mais importante função do Estado e dos governos locais, concluindo que a segregação de negros e brancos em escolas públicas tinha um efeito prejudicial para as crianças da cor negra, com grande impacto diante de previsão legal, denotando a inferioridade da raça negra. E mais ainda, que a segregação sancionada pela lei tende a retardar a educação e o desenvolvimento mental das crianças negras, além de privá-las de alguns benefícios que poderiam receber com uma escola racialmente integrada. E arrematou em definitivo: a doutrina *separate but equal* na educação pública não tem lugar e qualquer disposição do caso *Plessy vs. Fergusson* contrária a isso está rejeitada. Posteriormente, a Corte enfrentou a execução do caso e adotou a expressão muito criticada, diante das dificuldades práticas da integração, *with all deliberate speed*.

Esse exemplo da jurisprudência da Corte Suprema dos Estados Unidos serve bem ao propósito de identificar o direito de igualdade, da igualdade de todos perante a lei, no campo da discriminação racial, menos ao Direito positivo, de existência de leis protetivas, do que a uma interpretação da disciplina a jurídica positiva a partir da Constituição.

É claro que o nosso país, pela sua própria formação étnica, não se defronta com os mesmos problemas enfrentados pelos Estados Unidos. Mas é preciso não esquecer que as diferenças raciais não podem e não devem ser relegadas a um plano secundário, ainda mais, considerando os aspectos dominantes da vida internacional moderna, a dita globalização. Basta ver os exemplos recentes na Europa, com inúmeras reações ao processo migratório, pouco importando que o fundamento, o *ground*, seja de ordem econômica.

As sociedades nacionais devem estar atentas a essa realidade. E devem estar atentas ao processo judicial, de onde deve partir a aplicação do Direito, em um país como o nosso de tradição constitucional racional-normativa.

O processo de aplicação do Direito começa com a identificação da causa, da situação de fato, das circunstâncias concretas. É nesse momento que o Juiz começa a despertar a sua consciência para a noção de Justiça. Quem está com a razão? E o labor de interpretação do Juiz, diante da lei, não é isolado da realidade. O Juiz não é neutro quando interpreta uma lei. Ele está nessa ocasião revelando o seu sistema de convicções, que serve de inspiração na descoberta da regra e na sua incidência ao caso concreto. E assim é sempre porque o Julgador, que tem o limite da lei, não apenas a aplica. Ele tem uma função criadora, reconstruindo o fato para avaliar as circunstâncias às quais atribui relevo, escolhendo a regra jurídica incidente, dando-lhe o alcance, a extensão, o tempero, com os olhos postos na realização da Justiça. Nesse trabalho faz valorações, e tem presente, consciente do que deve ser o seu papel social, a chamada lógica do razoável, a grande contribuição de **Recaséns Siches**, que *"está condicionada pela realidade concreta do mundo em que opera: está impregnada de valorações, isto é, de critérios estimativos ou axiológicos, o que a distingue decisivamente da lógica do racional; tais valorações são concretas, isto é, estão referidas a uma determinada situação humana real; as valorações constituem a base para estabelecimento dos fins; a formulação dos fins não se fundamenta exclusivamente sobre valorações, mas está condicionada pelas possibilidades da realidade humana concreta; a lógica do razoável está regida por razões de congruência ou adequação: entre* *os valores e os fins; entre os fins e a realidade concreta; entre os fins e os meios; entre fins e meios e a correção ética dos meios; entre fins e meios e a eficácia dos meios; por último, a lógica do razoável está orientada pelos ensinamentos da experiência histórica"* (Ruy Rosado de Aguiar, *Interpretação*, AJURIS nº 45, março de 1989, págs. 7 e segs.).

Nesse especial contexto, uma das mais importantes tarefas da sociedade como um todo, para preservar a convivência humana, é manter-se mobilizada para garantir a plena eficácia dos artigos 3º, IV, e 5º, da Constituição Federal.

Estando a sociedade consciente da igualdade natural entre os homens, ficará mais distante a discriminação racial, que agride o ser humano e mancha a história dos povos livres e independentes.

DO ERRO DO MÉDICO*

É sabido quão importante e relevante é o papel dos médicos na estrutura das sociedades democráticas e modernas, que, por viverem constantemente atormentadas por situações de massa, são geradoras de suas próprias doenças e, por isso mesmo, a requererem uma diversidade cada vez maior nos cuidados prestados pela Medicina.

Atualmente, o tema da responsabilidade civil na área médica tem despertado enorme interesse, porque a busca da prestação jurisdicional em decorrência do erro do médico tem sido elevada. O Judiciário, em suas várias instâncias, está, a todo instante, manipulando processos referentes a essa matéria, o que se deve, por um lado, ao aspecto da Medicina de massa e, por outro, talvez, à recente consciência de cidadania na busca dos seus direitos diante do Estado, invocando a prestação jurisdicional oferecida pelos Juízes e Tribunais.

Ao se analisar essa questão, é bom ter em mente as palavras de **Francis Moore**, que indica com muita clareza, que o fundamental ato do cuidado médico é a assunção da responsabilidade, e a prática cirúrgica é a assunção completa da responsabilidade pelo bem-estar do paciente.

As palavras de **Moore** servem de enlevo a todos os que precisam adentrar no aspecto da responsabilidade civil na área médica.

No Brasil, o art. 951 do novo Código Civil trouxe uma disciplina específica na qual se pode amparar o Juiz ao examinar as perspectivas postas nos múltiplos processos relativos a erros médicos.

---

* Revista de Direito Renovar 27/101 (edição especial em homenagem ao Ministro Eduardo Ribeiro).

A responsabilidade civil médica vem de tempos de antanho. Já era conhecida na Antigüidade, nos Códigos de Hamurabi e de Manu, que estabeleciam penas específicas para os médicos e cirurgiões que acarretassem lesões a seus pacientes ou que empregassem meios que os conduzissem à morte. O Código de Hamurabi, inclusive, continha estritas prescrições sobre as penas aplicadas no caso de mau procedimento cirúrgico. O mesmo ocorrendo na Lei das XII Tábuas e na Lei Aquília.

É importante — e esse seria o ponto nodal da questão relativa à responsabilidade civil na área médica e um dos aspectos que se deve mesmo ter em conta — a forma com que os pacientes são tratados. O atual sistema de Medicina tem criado alguns problemas de atendimento que, se resolvidos, poderiam reduzir, em muito, as razões que hoje são levadas aos Tribunais. É preciso sempre ter presente que o paciente, quando chega ao médico, é uma criatura absolutamente indefesa, atemorizada, aterrorizada, e a sua expectativa é sempre a mais periclitante possível, ou seja, quando chega na busca da prestação do serviço médico, ele o faz debaixo de tal pressão, que o tratamento alcança não só a patologia da qual eventualmente possa estar sofrendo, mas também a própria situação psíquica, diante da falta de riqueza do conhecimento extraordinário que está por trás da Medicina, "essa velha senhora", como diz o prof. **Júlio de Moraes**.

Na realidade, o sistema de saúde tem por objetivo a cura, que é alcançada com um tratamento correto. A consciência de tal objetivo deve ser levada em consideração quando se trata de responsabilidade civil, deve ser a substância mesma da reparação prevista no Direito positivo. No processo de cura, os médicos, os enfermeiros, os farmacêuticos, os bioquímicos, os dentistas e todos aqueles que estão envolvidos no sistema de saúde têm responsabilidades e, por isso, segundo o Direito, são legitimados passivos para as ações judiciais decorrentes das lesões que causem aos pacientes submetidos aos seus cuidados, tanto os erros que são originários do diagnóstico como os das terapias decorrentes, sejam elas clínicas ou cirúrgicas. **Miguel Kfouri Neto** fez um estudo muito precioso sobre a responsabilidade civil no campo médico e mostrou que o exercício profissional da Medicina acarreta, muitas vezes, uma falha que pode ter conseqüências irremediáveis, porque a vida que se perde é absolutamente irrecuperável: *"Por respeito à dignidade do ser humano, a relação contratual que se estabelece entre o médico e o paciente deverá estar sempre impregnada de humana consideração pelo se-*

melhante, pelos valores espirituais que ele representa. Assim, a função médica encerra, muito mais do que um ato de justiça social, um dever imposto pela fraternidade social, tornando mais suportáveis a dor e a morte" (Responsabilidade Civil do Médico, Ed. Revista dos Tribunais, 3ª ed., São Paulo, 1998, pág. 22).

Não é outro o efeito retratado por um neurologista inglês chamado **Oliver Sacks**. Nos Estados Unidos, tratando de um paciente com a Síndrome de Korsakov, sem encontrar solução razoável para o caso, escreveu para um grande especialista, prof. **A. R. Luria**, que era, naquela época, o mais famoso na matéria. Pedia que lhe desse alguma opinião, alguma orientação, sobre o que fazer. O cientista respondeu ao prof. **Sacks** dizendo que fizesse aquilo que a sua perspicácia e o seu coração sugerissem: *"Há pouca ou nenhuma esperança de recuperar a memória do seu paciente. Mas o homem"* — dizia o professor — *"não consiste em memória. Tem sentimento, vontade, sensibilidades, existência moral — aspectos sobre os quais a neuropsicologia não pode pronunciar-se. E é ali, além da esfera de uma psicologia impessoal, que poderá encontrar o modo de atingi-lo e de mudá-lo"* (O homem que confundiu sua mulher com um chapéu, Companhia das Letras, 4ª ed., São Paulo, 2001, pág. 49). As circunstâncias do trabalho desenvolvido pelo neurologista, no entanto, eram muito favoráveis, pois trabalhava em um asilo, que era como um pequeno mundo, muito diferente das clínicas e instituições onde trabalhara. *"Em termos neuropsicológicos"* — concluiu o prof. Luria —, *"há pouco ou nada a fazer; mas no que respeita ao indivíduo, talvez você possa fazer muito"* (op. cit. pág. 49).

Essa lição apresentada pelo prof. Sacks é primorosa, talvez porque acompanhe toda a linha da moderna terapia da interação de amor entre o médico e o paciente.

Nessa mesma direção, o médico francês **Phillippe Meyer**, professor da Universidade René Descartes — Paris IV, em obra recente chamada *A Irresponsabilidade Médica*, assinala que a responsabilidade médica é inerente a uma profissão construída desde a sua origem com a compaixão, o altruísmo, a humanidade, a vontade admirável de tirar o outro de um mau passo. O ofício médico é inconcebível sem o compromisso ético que compõe a sua própria essência. *"As responsabilidades civis e penais"* — diz o prof. **Meyer** —, *"evocadas em certos documentos antigos, são secundadas; aparecem quando os médicos acreditam ter um certo poder, o que, com a sua transmissão ancestral, não cabia"*. Esse talvez seja o grande sinal da passagem, do trânsito que estamos vivendo, deixando para trás aquele médico obscurantista que vivia em um cenário de poder absoluto. Esse panorama, na sociedade moderna, na era da comunicação instantânea, está radicalmente mudado, porque hoje existe, em verdade, um transplantar de transparências com o objetivo, exatamente, de abrir o leque da consciência de cada um diante do ofício que tem a desenvolver na sociedade.

Muito se tem discutido — os Juízes, os Tribunais, os advogados e os membros do Ministério Público, que, continuamente, se vêem às voltas com o problema — se a responsabilidade do médico é contratual ou extracontratual, se é uma obrigação de meio ou de resultado. Decerto, essa discussão hoje não tem muita importância, porque a responsabilidade do médico está subordinada aos princípios do Código de Defesa do Consumidor, particularmente ao art. 14, em que se criou, verdadeiramente, um sobredireito, passando a relação do médico com o paciente a ser tratada como uma relação de prestação de serviços e o paciente a ser enquadrado como um consumidor.

É preciso aplicar, com muito tempero, com muita ponderação, essa disciplina positiva, não se podendo esquecer das peculiaridades dos diversos serviços prestados pelo sistema de saúde. Há a responsabilidade pessoal, a responsabilidade dos hospitais, a dos serviços auxiliares, como, por exemplo, dos bancos de sangue, dos laboratórios, dos serviços de diagnósticos por imagem e dos exames ditos invasivos, a saber: a endoscopia e a colonoscopia.

De fato, há ainda quem enxergue, na prestação de serviços pelo médico, um contrato puro e simples ou um contrato especial, considerando a circunstância de que não se limita a prestar serviços exclusivamente técnicos, mas também de atendimento pessoal e familiar ao paciente, ou seja, deve ter-se presente — e isso, *mutatis mutandis*, alcança não só os médicos, mas ainda os Juízes, os advogados e os membros do Ministério Público — que a relação contratual entre o médico e o seu paciente não deve esgotar-se exclusivamente na prestação do serviço técnico; deve abranger a dimensão social, na medida em que ainda não está, pelo menos no estágio atual da sociedade brasileira, voltada exclusivamente para o atendimento profissional que exclui a parte humanística, tão característica das sociedades latinas.

O que deve presidir a responsabilidade pessoal do médico, além da consideração da responsabilidade em sentido estrito, é o dever de curar o doente, de salvá-lo, porque, se fosse diferente, seria contra a própria natureza das coisas. O objetivo do médico, nesse sentido, é mesmo o de curar e salvar, todavia, muitas vezes, enfrenta situações em que isso não é possível, por exemplo, nos quadros terminais, quer em razão de doenças incuráveis, quer em razão de acidentes com extenso comprometimento de órgãos vitais — particularmente o último caso, nos diversos setores de emergência de hospitais públicos ou privados.

Em princípio, o médico assume, contratualmente, a responsabilidade de curar, de salvar a vida, utilizando todos os meios disponíveis na ciência médica naquele momento e considerando as circunstâncias em que o atendimento é feito. Em outras palavras, não se pode considerar a responsabilidade do médico fora do quadro concreto em que o atendimento é prestado. Não adianta a idealização de um atendimento *per se* e, sobre esse ideal, a construção da responsabilidade do médico. Deve considerar-se a circunstância local concreta e positiva em que está o médico para prestar a assistência que lhe é requerida.

É importante ressaltar que o médico, quando assume a responsabilidade dita contratual, na verdade, assume o compromisso de empregar todo o seu conhecimento, a sua experiência, o seu desvelo e a sua assistência para obter a cura do paciente ou para reduzir o seu sofrimento, que é outro aspecto extremamente relevante no campo do atendimento médico e no da responsabilidade civil. No campo diagnóstico ou no cirúrgico, o médico é responsável pelo cuidado com o paciente, empregando os meios de que dispõe para que a cura seja obtida. Se essa não chega, sua responsabilidade somente poderá ser definida quando provado que o resultado negativo decorreu da sua negligência, imprudência e imperícia. Tal conjugação, embora controvérsias existam sobre o tema, foi mantida no Código de Defesa do Consumidor, ressalvados os aspectos peculiares relativos à prestação de serviços médicos pela empresa. E esse é um problema que se agudiza muito, porque médicos, por diversas razões, porém, sem maior exame da matéria jurídica, estão constituindo empresas para a prestação desses serviços. No momento em que essa prática ocorre, a responsabilidade sai do campo da teoria da culpa e passa para a responsabilidade objetiva, com enorme repercussão nas ações indenizatórias. A transmutação do serviço pessoal do médico para uma empresa, até mesmo em certas circunstâncias vantajosas do ponto de vista tributário, pode ter, portanto, do ponto de vista da responsabilidade, severas conseqüências.

Um dos pontos nucleares da responsabilidade médica é exatamente o de identificar o erro. Não se deve falar em erro médico, mas em erro do médico. Já se viu que esse tipo de erro é fruto da negligência, da imprudência e da imperícia, razão pela qual o médico será responsabilizado nessas precisas circunstâncias. Todavia, há uma corrente, hoje, que defende a distinção entre o chamado erro profissional, que seria insuscetível de acarretar a responsabilidade, e o erro do médico propriamente dito, este sim, passível da responsabilidade. O primeiro aconteceria quando a conduta médica fosse correta, mas a técnica incorreta; o segundo, quando a técnica é correta e sua conduta incorreta. De todos os modos, um dos aspectos mais difíceis é o da identificação do erro do médico.

Há um autor clássico no Direito brasileiro, **Carvalho Santos**, que, nos comentários ao art. 1.545 do Código Civil de 1916, fez algumas observações, inclusive limitativas da atividade do Juiz quando da identificação do erro do médico. Escreveu ele que o Juiz não deveria interferir de nenhuma maneira nos aspectos técnicos da prestação de serviços, mas isso está completamente ultrapassado. Hoje, o Juiz, independentemente do recurso à perícia médica, tem plena autonomia para decidir com o seu sentido, com a sua percepção da realidade, com o seu convencimento — e só à consciência está subordinado. Não há dúvidas de que, quando se faz essa afirmação, não se tem presente que o Juiz substitua o médico, mas que seja capaz de aferir o conjunto de circunstâncias concretas que autoriza a identificação do erro do médico, o que deve fazer com segurança, equilíbrio e bom senso.

Atul Gawande escreveu um livro extremamente interessante, *Complicações*, no qual abordou os dilemas do cirurgião diante de uma ciência imperfeita e mostrou que o estado essencial da Medicina hoje — aquilo que faz com que ser paciente seja tão doloroso, ser médico tão difícil e ser parte da sociedade que paga as contas tão irritante e aflitivo — é exatamente a incerteza. Diz ele que, com tudo o que se sabe nos dias de hoje sobre as pessoas, as doenças e como diagnosticá-las e tratá-las, pode ser difícil compreender a profundidade com que a incerteza ainda domina. *"Na qualidade de médico"* — diz o Dr. Gawande —, *"você acaba por descobrir, contudo, que a dificuldade para tratar das pessoas está mais freqüentemente no que você não sabe do que no que você sabe"* (pág.

256). O estado básico da Medicina é a incerteza, e a sabedoria, tanto para pacientes como para médicos, é definida pela maneira como lidam com ela. Isso é a consciência de que a Medicina é uma ciência imperfeita, um empreendimento de conhecimentos em estado de mutação constante, de informações incertas, de indivíduos falíveis e, ao mesmo tempo, lidando com vidas em risco. Há ciência no que os médicos fazem, mas não só isso: há hábito, intuição e, por vezes, pura e simplesmente, adivinhação, palpite. Erros acontecem, mas não podem ser tomados sempre como aberrações. Não é possível se conceber, sempre, que um determinado erro signifique uma aberração, e que isso leve à conseqüência da responsabilidade civil.

Nos Estados Unidos, por exemplo — e é algo curioso —, há diversos estudos realizados em escolas, inclusive com professores especializados, para evitar a freqüência com que vêm ocorrendo esses erros dos médicos. O Dr. **Gawande** cita um estudo feito por um grande especialista na matéria, **Lucian Leape**, no qual ressalta que em algumas empresas, como prestadoras de serviços e a indústria aeronáutica, há uma redução notável do índice de erros. Diz que a freqüência de erros operacionais na aviação caiu a um para cada 100 mil vôos, e a maioria desses erros não tem conseqüências prejudiciais, ou seja, tem havido um esforço nessas fábricas e serviços para evitar esse tipo de acontecimento, que pode causar lesões. *"É claro"* — escreve o Dr. Gawande — *"que os pacientes são muito mais complicados e idiossincráticos do que aviões, e a medicina, evidentemente, não é uma questão de entregar um produto específico, nem mesmo um catálogo de produtos (...)"* (op. cit., págs. 76/77).

Assim, como se pode conceituar o erro do médico? O melhor conceito foi dado pelo professor **Júlio de Moraes**: *"O erro do médico, na medida em que o médico não é infalível, é aquele que um profissional de média capacidade, em idênticas condições, não cometeria"*.

Esse é um norte extremamente poderoso para os Juízes, para os advogados e para os membros do Ministério Público, no sentido de identificar um conceito que seja substantivo daquilo que é o erro do médico. O que importa é exatamente isto: se o médico agir de acordo com as técnicas médicas em seu poder, utilizando todos os recursos disponíveis, o eventual erro poderá ser escusado, mas sempre podendo e devendo o Magistrado examinar amplamente as circunstâncias concretas de cada caso. Como disse o prof. **Meyer**, para identificar a responsabilidade, primeiro o médico deve aprender a medir a capacidade dos meios de que dispõe em relação àqueles que seus antecessores usaram. Uma apreciação ponderada da natureza do progresso é indispensável à percepção das vantagens e dos perigos.

Com efeito, o clínico nada mais é do que um cão perdigueiro. Deve farejar tudo, buscar exaustivamente cada possibilidade diagnóstica, e há um caso exemplar nesse sentido trazido por **Atul Gawande** em seu livro: uma paciente chegou ao hospital apresentando todos os sintomas para um diagnóstico de celulite, a qual seria facilmente curada com a administração de antibióticos. O médico fez uma observação dos sintomas apuradamente, mas, como há pouco tempo havia cuidado de outro paciente que apresentava sintoma parecido e que, ao ser examinado mais detalhadamente, descobriu-se ser portador de uma doença fatal chamada fasciite necrotizante, infecção por bactérias assassinas e devoradoras de carne, ficou com aquilo na cabeça e resolveu chamar um colega cirurgião do mesmo hospital para fazer o atendimento à paciente. Ele a examinou e verificou que, realmente, os sintomas recomendavam o diagnóstico de celulite e não fasciite necrotizante. O outro médico insistiu. Resolveram, então, levá-la para a sala de cirurgia, onde foi feita uma incisão e retirada uma parte para o exame do patologista. O patologista examinou e disse não ter uma conclusão, por isso chamaria um colega especialista para examinar. Esse colega chegou, examinou e disse que não parecia, mas que havia algo indicando tal possibilidade. Os médicos, então, retornaram à sala de cirurgia para a retirada de tecidos, instalando-se, finalmente, o terrificante diagnóstico. A moça foi operada mais quatro vezes, e o médico cirurgião-chefe assumiu a responsabilidade de decidir pela não-amputação do membro, achando que o que tinha feito já era suficiente. Naquele momento, a resolução de optar pela não-amputação do membro foi uma decisão difícil que o médico teve que tomar, considerando a sua própria avaliação, em virtude da emergência, mas que, naquela circunstância, tinha sido absolutamente exemplar. Por isso, o diagnóstico depende de dedicação, da atenção do clínico, o cão perdigueiro, o farejador, que não deve satisfazer-se com o primeiro momento. O cuidado verificado na busca dos sintomas apresentados, esgotando-se as possibilidades e observando-se a realidade do atendimento, deve ser levado em consideração pelo Juiz.

Não se pode comparar os recursos do médico do interior com os do médico da capital nem colocá-los no mesmo patamar para efeito da responsabilidade: deve-se tê-los como diferentes, porque diferentes são os cenários dos atendimentos prestados nesses âmbitos.

Em psiquiatria, por exemplo, as condições diagnósticas e a prescrição terapêutica são extremamente difíceis. Há um estudo que mostra que pacientes tratados em países diferentes receberam tratamentos diferentes, sendo, em alguns casos, identificado o transtorno esquizofreniforme como depressão bipolar, com graves conseqüências para o paciente. O tratamento desses pacientes — alguns diagnosticados como esquizofrênicos, outros como portadores de transtorno bipolar — levou a situações em que a doença pôde se transformar em crônica. Se o paciente tivesse recebido o diagnóstico preciso desde logo, provavelmente não teria acontecido.

Esse é um exemplo das enormes dificuldades ainda hoje ocorrentes no tratamento psiquiátrico, extremamente complicado, porque o diagnóstico é, às vezes, complexo em decorrência das estreitas fronteiras entre uma patologia e outra e porque as dosagens medicamentosas são difíceis de ser acertadas, variando de paciente para paciente. O psiquiatra sofre mais na mão do paciente do que o paciente na mão dele, porque nem sempre há a compreensão de que o psiquiatra, quando aplica uma determinada dosagem medicamentosa, depende da reação do paciente, ou seja, a dose correta muitas vezes somente é obtida após algum tempo. Por isso, na apuração da responsabilidade neste campo, o Juiz deve sempre considerar os cuidados que foram dispensados ao paciente lesado, e o médico nunca pode descurar de suas obrigações, o que hoje tem acontecido com certa freqüência. Os médicos, até mesmo por uma série de circunstâncias concretas do sistema de assistência à saúde, tratam os pacientes com tal distância, sem a necessária doação e, sobretudo, com realismo beirando o terrorismo, que os pacientes se vêem indefesos.

É necessário examinar, ainda, a parte deontológica da relação médico-paciente, um aspecto fascinante. O dever do médico de informar ou não o paciente da doença que sofre, dependendo das circunstâncias concretas de cada caso, é um dos pontos mais desafiadores. O importante, porém, é que a ligeireza e a falta de atenção são fortes elementos para a identificação da culpa do médico, levando, muitas vezes, ao atrito com o seu paciente.

Quanto ao atendimento, deve ser revestido de cautela, atenção, compaixão, amor, humildade diante do saber e da riqueza do ser do homem, porque, na realidade, há uma relação que extrapola a profissional — médico-paciente — a de amor entre aquele que sofre e aquele que Deus pôs no caminho para tentar salvá-lo do sofrimento, dotado de racionalidade e de liberdade, qualidades essenciais da própria natureza humana, como ensinaram Aristóteles e São Tomás de Aquino.

No campo da cirurgia, os critérios, ainda que não sejam muito diversos, têm algumas peculiaridades. É claro que o cirurgião moderno tem hoje uma responsabilidade maior do que antes, porque conduz o paciente pelas fases do diagnóstico, do preparo operatório, da intervenção cirúrgica propriamente dita, do pós-operatório e da reabilitação, e as cirurgias têm a grande vocação de tratar casos críticos ou de criar condições agudas para que a doença seja eliminada, e assim o fazem todos os cirurgiões por meio da manipulação do corpo do paciente.

Outro problema existente é a separação, na cirurgia, dos diversos participantes do ato cirúrgico. Antigamente, dizia o prof. **Fernando Paulino**, o cirurgião-chefe era o único responsável por tudo o que ocorresse dentro da sala de cirurgia. Hoje, destacam-se algumas figuras dentro do tratamento cirúrgico, entre elas, a do anestesista, que tem um papel independente do cirurgião-chefe, salvo se a escolha é da responsabilidade do cirurgião-chefe, ou seja, não vai ao quarto examinar o paciente, não tem contato com ele, não estabelece com ele uma relação autônoma. Há diversos acórdãos dizendo que o paciente que sofreu uma lesão no ato cirúrgico em decorrência de um choque anestésico pode responsabilizar, também, o cirurgião-chefe, porque seria solidário com o anestesista, na medida em que este faz parte da equipe daquele.

É válido ressaltar, ainda, alguns outros aspectos também importantes. Não pode o cirurgião que fez uma cirurgia pequena — não existem cirurgias simples, todas são complexas, das menores até as chamadas grandes cirurgias — deixar o seu paciente a descoberto. Um cirurgião que opera, viaja e deixa os assistentes no seu lugar, mesmo que o paciente saiba disso, está suscetível de sofrer ação por responsabilidade médica se ocorrer algum evento danoso em decorrência da cirurgia.

É muito importante que esse entendimento esteja no subconsciente do cirurgião, porque ele não é apenas o responsável por aquele ato cirúrgico, e sim por todo o acompanhamento do paciente até a sua saída do hospital. Quem tem que dar a alta do hospital após uma cirurgia não é o médico-clínico, mas o cirurgião, porquanto tudo decorre do procedimento cirúrgico a que o paciente foi submetido.

Há muitos médicos fazendo procedimentos cirúrgicos em consultórios, a exemplo de algumas cirurgias dermatológicas. O próprio cirurgião dermatológico aplica a anestesia, o que é um risco enorme, porque qualquer que seja o tipo pode causar uma reação anafilática, acarretando, se o consultório não estiver ambientado para a emergência, um complicador, o que pode configurar falta gravíssima. O mesmo ocorre no campo da cirurgia plástica, uma vez que estão sendo realizadas cirurgias plásticas em clínicas não devidamente aparelhadas. Nesse sentido, o cirurgião cumpre um relevante papel, visto que a ele compete, também, verificar se o instrumental cirúrgico está operacional, em bom funcionamento.

Outro campo de muita controvérsia é o da responsabilidade civil em cirurgia plástica. Duas correntes já se formaram. Uma, que diz haver obrigação de resultado; outra, que defende haver obrigação de meio, porquanto a cirurgia estética é uma cirurgia como qualquer outra, mesmo porque não se pode dizer que a cirurgia estética, em si mesma, seja puramente estética. A propósito, uma pessoa que tenha um defeito grave no nariz, pode padecer emocionalmente daquele problema, e, nesse caso, a cirurgia estética é uma cirurgia terapêutica e curativa, também, para a alma do paciente. Uma senhora que tenha mamas grandes deve ter, em conseqüência, problema postural. A cirurgia, nesse caso, não resultará apenas na correção das mamas, mas também na da própria postura da paciente, evitando lesões na coluna.

Por último, é primordial fazer referência à responsabilidade dos hospitais e dos planos de saúde, o que tem suscitado alguma controvérsia, hoje mais pacificada, após o advento do Código de Defesa do Consumidor. Já se admite, sem qualquer sombra de dúvida, que os hospitais e os planos de saúde, mesmo aqueles criados na forma de cooperativas, são responsáveis. Não apenas o médico é responsabilizado; há uma responsabilidade do plano de saúde na escolha do médico credenciado. Todos os julgados hoje já estão se encaminhando nesse sentido.

Algo importante é que, em estudos feitos nos Estados Unidos, muitas das complicações sofridas por pacientes internados eram devidas, exatamente, a erros de atendimento. Isso se deve, basicamente, ao problema da infra-estrutura hospitalar, o que é inconcebível. Só no Brasil admite-se que nos CTIs trabalhem enfermeiros sem curso superior, ou seja, técnicos de enfermagem desempenham um serviço que seria próprio de pessoas com curso superior. Esse é um erro grave, que acarreta uma enorme responsabilidade dos hospitais. Outro dado é que os hospitais se preocupam mais com o embelezamento, com a hotelaria, com a fachada, mas não com os equipamentos, com o aperfeiçoamento do pessoal. Essa também é uma falha muito séria, que conduz, certamente, a problemas de toda ordem em matéria de responsabilidade civil.

O tema é relevante. Muito há ainda para examinar. O que vale, porém, é o despertar da consciência de todos os que atuam na área médica e na área jurídica para o problema.

ÉTICA DO JUIZ*

Falar sobre a ética impõe, pelo menos, estabelecer a sua acepção. Na realidade, a ética é uma parte da filosofia que estuda, investiga, os princípios que orientam o comportamento do ser humano, e, ainda, a essência dos valores que estão presentes em qualquer realidade social. Há, portanto, um componente de permanência no seu conceito, que perpassa a realidade social de um determinado momento da história. Há, em suma, um vínculo intemporal, que dá um sentido próprio ao viver do indivíduo.

Johannes Messner, no seu monumental livro *Ética social, política e econômica*, ensina que a tarefa da ética consiste na investigação da ordem natural que corresponde à realidade presente do ser. Com isso, o que está na essência da ética são princípios e valores que antecedem a realidade vivida, a partir de uma concreta visão do homem na sua específica natureza no reino animal. Daí a idéia que perpassa a perspectiva do homem como ser social e individual. Por isso mesmo, alcança a plenitude na ordem social, porque a sua natureza necessita integração na sociedade, ou seja, a natureza individual do homem não pode desenvolver-se sem a presença dos outros homens. Ninguém se basta a si mesmo. Em conseqüência, a sociedade é a união de seres humanos para uma vida comum, na relação de necessidade — capacidade, em que todos e cada um contribuem para a consecução do ser do indivíduo nos seus fins existenciais.

---

* Palestra proferida no Seminário "Ética e Justiça", promovido pela Escola de Magistratura do Estado do Rio de Janeiro — EMERJ, Rio de Janeiro, out./2002.

A consciência da ética como presença na totalidade da ordem social, antes e agora e depois, permite visualizar uma outra face do comportamento humano, o campo da moral, como conduta, ligada ao agir do homem relativamente aos seus semelhantes e à sociedade. É possível descobrir, então, que a moralidade é para o homem, como está em **Messner**, a reta natureza (das Naturrichtige) em harmonia com os fins existenciais, ou seja, a moral é a reta natureza porque esta é exigida para a plena realização da condição do homem como ser individual e social. O bem para o homem é, portanto, a plenitude de sua natureza racional. Como está em Santo Agostinho, há uma relação recíproca entre realidade e moralidade, somente o bem, nunca o mal, podendo converter-se em realidade definitiva, exatamente, porque o mal é uma imperfeição do ser, uma deficiência da plena realização exigida pela natureza. Há, sem dúvida, no plano moral, um antagonismo entre o bem e o mal, tendo como referência a natureza do homem tanto individual como social. Haveria, nesse sentido, um instinto fundamental da natureza humana para a realização do bem, não naquela perspectiva kantiana da chamada "ética da intenção", em que a moralidade está na reta intenção consistente na vontade de fazer o bem somente porque é dever, ao contrário de Santo Tomás e de Santo Agostinho que consideram a reta razão como a razão em harmonia com o verdadeiro bem, o bem objetivo. Também não se trata de enxergar a moralidade como as conseqüências externas da conduta com vistas aos interesses sociais, tal e qual a sociedade pode julgar, fazer a axiologia da conduta humana.

Por essa razão é que se fala, em relação ao agir dos profissionais, com mais propriedade, em deontologia, isto é, em teoria do dever. O dever, está em **Messner**, é uma necessidade condicionada (hipotética), porque está em sua autodeterminação, e incondicionada (absoluta, categórica), porque a plena realização da natureza humana admite apenas uma conduta que esteja de acordo com a lei natural, eu diria, com a realidade da natureza humana e a sua reta intenção. Aquele que atua em sentido contrário está fora da conduta própria, imperativa, da característica individual e social do homem.

A respeito da descoberta do código genético e o mistério da vida, é possível encontrar em Sócrates a lição de que a busca do conhecimento é um bem. Como escreveu Bertrand Russell, o vínculo entre o bem e o conhecimento é mesmo um marco presente em todo o pensamento grego. E sobre a utilização da descoberta do código genético, a começar pela clonagem humana, é um problema de natureza ética, isto é, saber se pode o homem, na busca do conhecimento, sacrificar a vida. Então, não é possível confundir o termo ética, utilizado por **Aristóteles** em dois livros, *Ética a Nicômaco* e *Ética a Eudemo*, mas já presente em toda a filosofia grega mesmo antes dele, com o termo moral. É certo que muitos ainda pensam que ética e moral são palavras sinônimas, o que tem, certamente, origem na recepção do termo grego pelos romanos. O que vale, porém, é considerar a ética no sentido da conduta humana e não dos hábitos e costumes de uma determinada comunidade.

Dando um passo adiante, a ética está naquele plano superior, permanente, passando do tempo ao tempo, sem interrupção, na base da própria natureza do ser do homem, na sua integridade individual e social; por isso, a moral parte desse plano para alcançar a conduta humana em termos de bem e de mal, na afirmação maior de que o bem é a destinação natural do agir do homem.

Ao se considerar essa visão da totalidade, é possível situar-se melhor ao ingressar no plano profissional. Não se trata de falar com operadores do Direito. Essa expressão mediocriza a ocupação de membros de um poder específico do Estado, aquele de dizer o Direito, de distribuir a Justiça, função tão antiga, e antiga a sua singularidade.

O Código de Manu, na Índia, prescrevia que o rei tinha de comparecer com seus conselheiros experimentados à Corte de Justiça para julgar as causas, podendo incumbir um sábio brâmane, versado no livro dos Vedas, com mais três juízes de indicação das partes, para compor o que se chamou de "Tribunal de Brama das quatro faces".

Aqui, fala-se, portanto, com aqueles que são herdeiros de uma tradição imemorial, que tem um ponto de culminância histórica na criação do Areópago, com a reforma de Sólon, até a criação do "dicastério", o tribunal popular, o júri da antiga Grécia, originário do progresso da democracia ateniense, com mais de duzentos dicastas, podendo chegar a mil, e, ainda, em causas pequenas e cíveis, podendo funcionar com juízes singulares.

Mário Guimarães, no seu clássico O *Juiz e a Função Jurisdicional*, escreve que no Juiz "*o fazer Justiça é o alvo, a tarefa, a missão, o sacerdócio. O juiz existe para isso. É o órgão específico mediante o qual exercita o Estado uma de suas funções essenciais — a função jurisdicional*" (pág. 34).

Ressalte-se que ser Juiz é mais do que ocupar um cargo pelo qual se recebe uma determinada importância ao final de cada mês; não é, assim, apenas um emprego a ser exercido depois de aprovado em um concurso público.

A começar por esse conceito inaugural, há uma série de conseqüências. Entender que o cargo de Juiz é um meio de manter a vida material e familiar, o elemento agregador será, mantida a perspectiva ética imutável, menos exigente do que se entender que ela é, sobretudo, a manifestação soberana do Estado para dirimir, com a força coativa a que se referia Duguit em suas conferências de 1926, no Cairo, os conflitos entre o Estado e as pessoas e entre estas, a partir da garantia da liberdade, ou da reserva do espaço do homem diante da onipotência do poder do Estado, marca da história do Direito Constitucional e do nascimento dos grandes documentos que preservam até hoje os direitos fundamentais do homem e do cidadão.

Para que se possa entender o sentido da deontologia da Magistratura, deve-se perceber que o Juiz não é um burocrata do Estado, o que está subjacente à idéia da expressão "operador do direito", mas, o próprio Estado quando presta a jurisdição, quando diz aquele que tem direito, aquele ao qual a interpretação da lei beneficia na contenda judicial, na causa.

É por isso que **Ronald Dworkin**, em O *Império do Direito*, lembrou um famoso Juiz americano que dizia ter mais medo de um processo judicial que da morte ou dos impostos: *"A diferença entre dignidade e ruína pode depender de um simples argumento que talvez não fosse tão poderoso aos olhos de outro juiz, ou mesmo o mesmo juiz no dia seguinte. As pessoas freqüentemente se vêem na iminência de ganhar ou perder muito mais em decorrência de um aceno de cabeça do juiz do que de qualquer norma geral que provenha do legislativo"* (pág. 3).

A decisão judicial é, portanto, uma das chaves das modernas sociedades democráticas, em que influem variados fatores, desde a simples formação do Magistrado, do seu conhecimento da ciência do Direito, das suas circunstâncias pessoais, da cultura do seu tempo. Não é por outra razão que tantos teóricos estudam a atividade jurisdicional, a começar por **Peter Häberle**, afirmando que a *"vinculação judicial à lei e a independência pessoal e funcional dos juízes não podem escamotear o fato de que o juiz interpreta a Constituição na esfera pública e na realidade (...). Seria errôneo reco-*

nhecer as influências, as expectativas, as obrigações sociais a que estão submetidos os juízes apenas sob o aspecto de uma ameaça a sua independência. Essas influências contêm também uma parte de legitimação e evitam o livre arbítrio da interpretação judicial. A garantia da independência dos juízes somente é tolerável, porque outras funções estatais e a esfera pública pluralista (pluralistiche öffentlichkeit) fornecem material para a lei" (A Sociedade Aberta dos Intérpretes da Constituição, págs. 31/32), até Heck com a sua "jurisprudência dos interesses", para o qual o Juiz que tem uma atividade criadora, estando subordinado à lei, deve adequar a decisão judicial à realidade da vida, presentes os interesses de toda ordem no momento da aplicação da lei, e Stammler, Windelband, Radbruch, entre outros, com a "jurisprudência dos valores", que nasce para reconhecer um campo até então esquecido que é a cultura como referência, na grande afirmação do Direito justo. Como está em Stammler, o Direito justo é consoante com o ideal social.

O Juiz está alçado a uma tal altura na ordem social, que a sua atividade científica pode dar o tom dessa mesma ordem. E pode fazê-lo, porque o seu desempenho decide a vida das sociedades, não apenas nas relações entre os particulares, mas, também, entre estes e o Estado, e o que é primordial, dá a diretriz da cidadania na interpretação da lei e do Estado soberano, no mundo globalizado, enquanto particulariza a ordem jurídica nacional, tendo por base a interpretação constitucional. Na verdade, a nação será aquilo que os intérpretes da lei digam que ela é, no que tem de fundamental para a organização da sociedade. A razão disso é que o Juiz é, também, um intérprete da sociedade do seu tempo.

Na interpretação visualiza-se bem o problema da personalidade do Juiz, que mestre **Barbosa Moreira** indica ser *"o complexo dos traços que o distinguem de todos os outros seres humanos e assim lhe definem a quente e espessa singularidade(...). Aí se compreenderiam desde as características* **somáticas** *do magistrado — v.g. sexo, idade, cor da pele, condições de saúde física etc. — até elementos relativos ao seu* **background** *familiar, às suas convicções religiosas, filosóficas, políticas, aos conceitos (preconceitos) que tenha acerca dos mais variados assuntos, à sua vida afetiva, e por aí afora"* (Temas de Direito Processual: sexta série, São Paulo, Ed. Saraiva, 1997, págs. 145/146). Esse conjunto de qualidades tem influência decisiva no trabalho de interpretação que o Juiz realiza.

Há um verdadeiro existir comum da individualidade do Juiz e os valores e princípios que regem o seu tempo, isto é, no campo da moral, entre a pessoa do julgador, as suas convicções, e o bem e o mal na cultura da sociedade que o investiu na função judicante.

Em *A Natureza do Processo e a Evolução do Direito*, **Benjamin Nathan Cardoso**, Juiz da Suprema Corte dos Estados Unidos, considerando a questão de como deveria decidir um Magistrado diante do conflito entre suas convicções e as convicções da comunidade, presente a resposta de um seu colega, que indicava a predominância das convicções pessoais do Juiz, ofereceu grande lição. Disse ele que a hipótese *"não se verificará, provàvelmente, na prática. Raro, na verdade, será o caso em que nada mais exista para inclinar a balança, além das noções contraditórias sôbre o procedimento correto. Se, entretanto, o caso suposto aqui estivesse, creio que erraria o juiz que quisesse impôr à comunidade, como norma de vida, suas próprias idiossincrasias de procedimento ou de crença. Suponhamos, por exemplo, que um juiz que encarasse a freqüência a teatros como pecado. Estaria êle agindo bem se, num campo em que a jurisprudência ainda não estivesse assentada, permitisse que sua convicção governasse sua decisão, apesar de saber que aquela estava em conflito com o* **standard** *dominante do comportamento correto? Penso que êle estaria no dever de se conformar aos* **standards** *aceitos da comunidade, os* **mores** *da época. Isso não significa, entretanto, que um juiz não tenha o poder de levantar o nível de comportamento corrente. Em um ou outro campo de atividade, as práticas que estão em oposição aos sentimentos e* **standards** *de comportamento da época podem crescer e ameaçar entrincheirar-se, se não forem desalojadas. Apesar de sua manutenção temporária, não suportam comparação com as normas aceitas da moral. A indolência ou a passividade tolerou aquilo que o julgamento meditado da comunidade condena. Em tais casos, uma das mais altas funções do juiz é estabelecer a verdadeira relação entre o comportamento e as idéias professadas. Pode até acontecer, e expressamo-nos aqui um tanto paradoxalmente, que apenas uma medida subjetiva satisfaça padrões objetivos. Algumas relações, na vida, impõem o dever de agir de acordo com a moralidade costumeira, e apenas isso. Nessa hipótese, a moralidade costumeira deverá constituir, para o juiz, o* **standard** *a adotar"* (págs. 61/62).

Sem dúvida, é possível mesmo sentir isso no dia-a-dia. Há uma relação direta e imediata entre aquilo que se pode denominar de cultura do tempo vivido, como a missão de decidir uma causa, de dar ou negar uma medida liminar. A idéia de moralidade aqui está nos conceitos de certo e errado, bem e mal, bom e mau.

Quando **Recaséns Siches** proclamou a lógica do razoável, o que ele fez, de fato, foi considerar um grupo de circunstâncias que o julgador deve ter em mente quando emite uma decisão. A lógica do razoável tem como referência a realidade do mundo em que o Juiz atua. O grande filósofo do Direito mostrou que o processo de interpretação de uma norma geral diante de casos singulares, a individualização das conseqüências dessas normas para tais casos e as variações que a interpretação e a individualização devem ir experimentando, *"todo eso, debe caer bajo el dominio **del logos de lo humano**, del logos de la acción humana. No es algo fortuito, ni tampoco algo que pueda ser decidido arbitrariamente. Es algo que debe ser resuelto **razonablemente**"* (Nueva Filosofia de la Interpretación del Derecho, pág. 140).

A aplicação do poder estatal para dizer o Direito toma a realidade como referência. E essa realidade é o nosso existir temporal, aquilo que vivemos diariamente, e que, em um certo sentido, está contida nos autos como instrumento para chegar a uma dada decisão pelo conhecimento da verdade dita formal.

A decisão espelha o poder do Estado e, portanto, não é um ato desvinculado da sociedade, isto é, a solidão do Juiz ao decidir é, apenas, o significado da sua independência, não o isolamento do mundo que está em torno.

O Juiz, por isso mesmo, não pode decidir agredindo a realidade; nem, tampouco, pode demonstrar com atos judiciais extremos o seu poder estatal, emanado da constituição. A força da decisão judicial é a sua compatibilidade com as condições concretas da sociedade, é a sua adequação ao critério do que é razoável, presente a lei, com o que o julgado e a sua conseqüência têm equilíbrio; mas é, também, o resultado da sua autoridade, que se manifesta na sua investidura, da sua capacidade de convencer, que se manifesta na força da fundamentação dos seus julgados, e, ainda, da sua integridade, que se manifesta na sua vida profissional e pessoal.

Como é possível estabelecer um padrão de comportamento que reflita esse conceito de integridade? Certamente ele está vinculado diretamente à moral.

O professor **Ernest Tugendhat**, da Universidade Livre de Berlim, até sua aposentadoria, em 1992, em conferência proferida na Universidade de Brasília, sob o título "Como devemos entender a moral?", ofereceu belos contextos da moral em suas múltiplas acepções.

Para **Tugendhat**, moral é o sistema de normas sociais sob o qual os indivíduos vivem por toda a vida. A cada moral, nesse sentido, pertence também um conceito de boa pessoa. Uma pessoa é boa, no sentido moral, se ela se comporta da mesma maneira que é exigida reciprocamente para todos os membros da comunidade moral. Esta exigência recíproca, escreve **Tugendhat**, expressa-se em um tipo de orações de "dever". Qual o tipo? Para aclarar-se qual é o sentido de um dever sempre é útil perguntar: o que sucede quando um indivíduo que deve atuar de uma determinada maneira não o faz? No caso da moral, quando alguém não atua da maneira que é exigida reciprocamente, surge a pressão social; o significado disso é ficar exposto à indignação dos outros membros da comunidade moral. Se a pessoa se considera membro da mesma comunidade moral, ela também reage com revolta quando outros fazem o mesmo. Isso implica, no seu próprio caso, que ela sente (internaliza) o sentimento dos outros, o que quer dizer que se sente culpada. Tal tipo de dever, que consiste em exigências recíprocas, não se poderia entender se, em caso de violação, não houvesse uma sanção. E a sanção consiste, precisamente, nos sentimentos complementares de indignação e culpa. Para **Tugendhat**, o sentido da moral, de que ele parte, contém uma série de traços conectados uns aos outros. É, portanto, um sistema de exigências recíprocas expressas em um tipo de orações de dever; a obrigação nelas contida baseia-se nos sentimentos de indignação e culpa. No fundo, um sistema de regras morais existe, apenas, se aqueles que o aceitam, consideram-no justificado. A comunidade moral, portanto, é definida pelo conjunto das pessoas que aceitam essas normas, quer dizer, estão dispostas aos sentimentos correspondentes e consideram que as normas são justificadas.

Émile Faguet, da Academia Francesa, em obra de 1910 (*La Démission de la Morale*), escreveu que a moral é a ciência, ou a arte, que pode ou dar aos homens as regras de sua conduta através da vida ou as indicações sobre a conduta que deverão seguir durante sua vida.

Na verdade, o que tem intensa claridade em tudo isso é a possibilidade de redução dos conceitos aos comportamentos humanos diários da vida de um Juiz. É claro que não há sequer cogitação sobre a imperativa honorabilidade. Aquele que não é capaz de resistir às tentações da vida mundana, da vida de favores, do simples *up grade* em uma viagem de avião até a oferta de favorecimento na compra de qualquer bem material, põe a sua integridade em confronto com a deontologia, com a teoria do dever inerente ao Magistrado.

Veja-se a lição simples de **Messner**, tomando a deontologia na sua forma mais ampla, não particular: é de grande importância também a distinção entre bem e dever, porque mesmo quando o bem, pelo menos na forma de evitar o mal, constitui sempre o objeto do dever, todo bem não representa, porém, um dever para o homem. Está obrigado a fazer o bem o que é indispensável para permanecer em harmonia com a sua natureza essencial, com os seus fins existenciais. Da conexão existente entre o bem e o dever pode deduzir-se, ademais, que grande parte de nossos deveres, que são formulados na forma negativa de uma proibição, são só aparentemente negativos. Na realidade, todos eles são positivos. *"Não roubar"* significa em realidade *"conserva em tua conduta relacionada com a propriedade alheia a ordem que exige tua natureza."*

O comportamento do Juiz lhe impõe deveres maiores do que aqueles que são pertinentes a outras atividades humanas. São maiores não porque as exigências da sua natureza essencial são diferentes, mas, sim, porque o seu destino na sociedade é mais complexo, a sua força reside na sua conduta pessoal e profisssional. Não pode desviar-se dela em nenhum momento, sob pena de pôr em risco toda a própria sociedade que ele tem a obrigação de preservar como poder do Estado encarregado de prestar a jurisdição.

O Juiz que bebe até cair, aquele que joga, que aceita favorecimento, que despreza as suas vestes talares, que não tem compostura no trato individual com os seus semelhantes, não tem condições deontológicas de exercer a Magistratura. Não são sinais exteriores supérfluos, como pode parecer à primeira vista; ao contrário, são sinais que marcam a sua presença como responsável para fazer valer o poder do Estado e que ficam maculados com o descrédito da sociedade, em uma relação de causa e efeito sobre a força da decisão judicial, da própria função judicante. Imagine-se o Juiz que não cumpre os horários das audiências, que está nesse mesmo horário cumprindo obrigações outras, fora da atividade jurisdicional. Quando assim age, seja em primeiro, seja em segundo grau, está prejudicando a sociedade como um todo e desrespeitando o seu juramento como Juiz. E tanto assim é que dará um tratamento diferente se o atraso for do advogado, fazendo valer dois pesos no que deve ser apenas um. Exigirá que se compreenda o seu atraso, mas não livrará o advogado, na mesma situação, da conseqüência legal.

O que se quer dizer, de fato, é que o Magistrado está vinculado a uma determinada liturgia, que identifica o seu agir.

E nos momentos de trânsito republicano e democrático, tal liturgia, que está ligada aos deveres inerentes ao exercício da judicatura, é ainda mais necessária. O respeito do próximo só se conquista com o respeito próprio, com uma conduta que fique acima de qualquer dúvida razoável, que não autorize suspeita de qualquer espécie.

Há lembrança de recurso especial, relativo a uma ação de indenização, embora inviável de conhecimento pela Súmula nº 7 da Corte, em que assinalado, à unanimidade, que a situação peculiar do especial *"não dispensa que se tenha como recomendável para um Magistrado abster-se, por inteiro, de qualquer tipo de manifestação pública que possa ensejar interpretação desfavorável ao exercício da judicatura, considerando que a jurisdição exige do Juiz um comportamento escoimado de risco na convivência social"* (REsp nº 140.809/RJ, DJ de 11/5/98). Ora, o que se quis acentuar é que a vida de um Magistrado é vista por muitos olhos interessados em conhecer as suas fraquezas, o limite da sua resistência, o tamanho das suas ambições materiais. O Juiz decide contra muitos interesses, alguns de pequena monta, outros imensos, com tentáculos poderosos, prontos para atacar, com a chantagem do favor, ou com a ameaça da descompostura pública, da desmoralização.

Não existe a prerrogativa para encobrir essas fraquezas. Está bem claro no magistério de **Mário Guimarães**, invocando Harold Laski, *"que quanto maior for a independência dos juízes tanto mais seguras serão as possibilidades de realizarem a sua função"*. As prerrogativas do Juiz nada mais são que o sistema de garantias para que exerçam a sua função judicante, são a sua proteção, assim a vitaliciedade, a inamovibilidade, a irredutibilidade de vencimentos, dentre outras. Mas elas não são cobertores para a conduta irregular, o comportamento incompatível com a dignidade do cargo. Daí a Lei Orgânica da Magistratura estabelecer regras objetivas sobre os deveres dos Juízes.

Em outras palavras, a conduta do Magistrado dá respaldo a essas prerrogativas; se ele se comporta de modo a não merecê-las, cria para si e para toda judicatura a desconfiança da sociedade, que passa a entender as prerrogativas como favores para cobrir a falta de compostura, a desonestidade, fazendo com que o Juiz perca a sua condição de ponto de referência.

A sociedade cobra mais do que nunca; não quer saber de privilégios, busca a igualdade de todos e a transparência. Se os julgadores não são capazes de demonstrar que dispõem de prerrogativas para proteger a própria sociedade contra aqueles que querem atingir o Juiz e obter dele o sucesso na causa, então, não há mais razão para que elas existam. E não são capazes sempre que ofereçam exemplos de má conduta, de agressão à moralidade vivida, à lisura do seu comportamento pessoal e profissional.

Ao Juiz só é possível responder às cobranças com a demonstração efetiva de que está cumprindo com honradez o seu dever, que está na linha da sua deontologia, sem a demagogia da transparência pela transparência, sem que a sua espinha esteja curvada para ninguém, nem mesmo para o tribunal da opinião pública. Se o clamor social fosse o único tribunal existente, não haveria justiça, porque tanto a hostilidade quanto o aplauso das massas são resultado das emoções coletivas, do impacto dos fatos na consciência social. Essas emoções prevalecerão se não houver Juízes respeitados que decidam com a sua consciência, independentes, suposto que considerem a cultura do seu tempo, a moral da sua comunidade.

Daí que fundamental, hoje, que o próprio Judiciário esteja preparado para apreciar a conduta dos seus membros, sem excesso, sem que seja resposta a este ou àquele fato, mas como rotina preservadora da dignidade institucional, da autoridade do julgado emitido. Não é preciso que ninguém de fora ensine como agir com seriedade, rapidez e competência para separar o bem do mal, para retirar, conquanto dolorosamente, aqueles que agem fora do espaço deontológico possível. Ninguém deve ter o espírito punitivo como objetivo, mas, sim, com a bondade que faz a justiça ser efetivamente um equilíbrio entre a pretensão e a prestação, serenidade para decidir o que é certo e o que é errado, condenando aquele que penetrou na seara do errado, com todas as chances para que ele prove o contrário.

Por tudo, vê-se a importância das escolas da magistratura, do estágio probatório, do acompanhamento permanente dos Juízes nesse período, separando o conhecimento e o comportamento, pressupondo que aquele foi aferido no concurso público. E, demais disso, ensejando o aperfeiçoamento constante dos Magistrados, trazendo-os para a comunidade do estudo, da atualização.

E a sociedade está mais exigente, mais dura com o agir dos Magistrados. Mas, ao mesmo tempo, mais confiante. Nunca tantas demandas chegaram e tantos julgados foram proferidos; nunca tantos reclamaram tanto para pedir a proteção da Justiça aos direitos que alegam ter; nunca tantos foram tão beneficiados por decisões judiciais coletivas, na compreensão dos direitos da cidadania, reforçadas a partir da vigência do Código de Defesa do Consumidor. E agora ainda mais com a experiência dos Juizados Especiais, bem-aventurada criação do constituinte dos oitenta, fazendo com que nossos jovens Juízes sejam depositários de tantas esperanças de melhor distribuição da justiça.

Essa maior exigência da sociedade, esse grito angustiado de cobrança, eco de uma sociedade que ainda agasalha desigualdades entre os que vivem de rendimentos fixos ou salários e aqueles que vivem de participação nos rendimentos do capital, está encontrando um campo arado nas decisões judiciais sobre o comportamento dos Juízes, no âmbito do controle disciplinar.

Vale a pena lembrar três julgados do Superior Tribunal de Justiça sobre o assunto.

Antigo precedente, de que Relator o então Ministro **Vicente Cernicchiaro**, não hesitou em confirmar punição de Magistrado que em um período de dez anos na função prolatou apenas quatro sentenças criminais de mérito e 36 civis da mesma natureza. Já o acórdão recorrido, da Bahia, consignou logo na ementa que a *"impetrante, como magistrada, não poderia ter cometido falta mais grave que a desídia quanto às suas obrigações"*, merecendo a aposentadoria compulsória. E no Tribunal Superior destacou o voto condutor que o cidadão não pode ficar à mercê da boa vontade do julgador para decidir as questões fáticas emergentes do convívio social (RMS nº 10.268/BA, DJ de 23/8/99).

Em outra oportunidade, estando o impetrante em estágio probatório, o Superior Tribunal de Justiça, Relator o Ministro **Vicente Leal**, decidiu que o Magistrado em tal período não tem a proteção constitucional da vitaliciedade, podendo ser exonerado desde que não demonstrados os requisitos próprios para o exercício da função jurisdicional, tais como idoneidade moral, aptidão, disciplina, assiduidade, eficiência e outros, apuráveis as circunstâncias em processo especial de vitaliciamento, afastando a incidência do art. 27 da LOMAN (RMS n° 6.675/MG, DJ de 1°/9/02).

Outro precedente apreciou decisão do Tribunal de Justiça de Mato Grosso que afastou dois Juízes por conduta reveladora de procedimento incompatível com a condição ética e funcional de um Magistrado, assim, a solicitação, usando das funções que exercem, de empréstimo de elevada soma em dinheiro a um determinado advogado militante, o qual providenciou empréstimo bancário sob sua responsabilidade, tudo para que os Juízes comprassem área de terra, sem ter efetuado o devido pagamento, ademais de outras graves irregularidades como demarcação unilateral da área adquirida, prisões arbitrárias. O voto condutor mostrou que fazer prova contra um Magistrado *"em pleno exercício de suas funções é quase impossível. Como no caso se trata de juízes em cidades pequenas do interior de Mato Grosso, é fácil imaginar o poder e a capacidade de intimidações deles. Não é fácil encontrar alguém disposto a depor ou fornecer prova contra um magistrado e muito menos com ele em pleno exercício. Também não se deve admitir que Juízes acusados até de ações criminosas possam continuar a julgar, enquanto estão sendo processados. Um juiz que não soube manter conduta irrepreensível na vida pública e particular, não se mostrou digno das altas funções a ele atribuídas e é acusado de pedir vultoso empréstimo a advogado e de não pagar, de enganar um velho paralítico, de vender a um velho alquebrado de 90 anos, propriedade que a ele não pertence, de julgar em causa própria e de praticar várias outras irregularidades graves, não pode continuar a julgar seus semelhantes, enquanto não forem apurados estes fatos"* (RMS n° 2/MT, Relator o Ministro **Garcia Vieira**, DJ de 21/8/89).

O que se verifica é que a tutela jurisdicional está voltada em todas as circunstâncias para a efetiva garantia da dignidade da Magistratura, sendo os atos contrários, tanto profissionais como pessoais, agressões à instituição, isto é, atingem todos os Juízes. Não há distinção a fazer, tomando-se o Juiz como figura que deontologicamente está obrigado a agir no espaço da moralidade.

Mas não é só. O Juiz tem diante de si o dever de concretizar o trabalho do legislador. A lei só está concretizada quando interpretada e aplicada por ele. Por isso, não é um trabalho simples. É um trabalho que exige perseverança. A distribuição da justiça em um país como o nosso, com muitos processos e poucos a julgá-los, impõe ao Magistrado uma rotina que não pode ser cumprida sem disciplina: disciplina para dar conta de seu trabalho, disciplina para não retardar a outorga da jurisdição, disciplina para respeitar a lei, disciplina para construir no caso concreto, sem fazer com que este seja o desaguadouro de suas insatisfações e crenças pessoais, disciplina para não ceder a sua independência aos caprichos das suas conveniências, disciplina para seguir a lição de Black, isto é, se a linguagem da lei é ambígua, ou se enseja duas construções, o Tribunal pode e deve considerar os efeitos e as conseqüências de uma e de outra para adotar a que torne a lei efetiva e produza os melhores resultados (*Interpretation*, pág. 100).

O Juiz trabalha com as fontes, ainda que freqüentemente procure apenas uma delas que é a lei. E nesse trabalho ele se dedica a interpretar e aplicar a lei diante do caso concreto. Em razão do volume de demandas ele, com indesejável freqüência, não encontra tempo para refletir sobre a realidade que está em julgamento. E, se tem consciência social, sente-se atraído pela escola crítica e a possibilidade de ampliar os horizontes da interpretação e aplicação buscando a solução mais fácil do Direito além da lei, do Direito amparado no seu próprio senso de justiça, nas suas crenças pessoais. Esse é o risco que o julgador não deve correr porque ameaçará com tal comportamento todo o sistema democrático que tem no Poder Judiciário o instrumento para assegurar o primado da lei e do Direito. Se o Juiz abandona esse cenário, pondo-se a emitir juízos desvinculados da ordem jurídica que lhe incumbe preservar, a sociedade não terá mais nem Justiça nem liberdade, porque Justiça e liberdade estarão limitadas ao juízo de valor de um Juiz ou Tribunal.

Com isso, o que se quer assinalar é que aquele comportamento de acordo com a moral, aquele padrão de dignidade, de honradez, de recolhimento, de não-exposição a situações que possam gerar interpretações malévolas, tem a companhia do dever do Magistrado perante a lei. Aquele que julga sem a cobertura da lei não está cumprindo o seu dever de julgar. E também aqui há uma cobrança e uma exigência da própria sociedade. Desde a concessão de uma medida liminar quando a lei expressamente a veda, nos casos de mandado de segurança para a obtenção de vantagens pecuniárias, até a exorbitância, o exagero, o abuso na fixação do valor do dano moral.

Tem o Juiz sobre seus ombros uma terrificante responsabilidade, e não menor fonte de geração de expectativas para todos os que procuram justiça, daí a razão de sua importância na sociedade, do rigor na cobrança maior de seus deveres, mas, também, das suas prerrogativas, da sua proteção, da garantia da sua independência, da sua liberdade.

Mas a bem-aventurança é que são milhares de Juízes que dão exemplo de dignidade, de honradez, de coragem, de dedicação, como os Juízes eleitorais, homenagem especial que se deve fazer aos que são zelosos guardiões da vontade popular. Por isso, as exceções devem ser confinadas, exaltada a vida vivida, tantas vezes cheias de angústias, libertadas pela alforria do reconhecimento da sociedade de que são os Juízes os atores do bem, da verdade, da Justiça, para tantos que dela precisam, necessidade que também é felicidade, porque é a realização de uma vocação.

O monge **Thich Nhat Hanh**, Prêmio Nobel da Paz, no seu livro *A Guide to Walking Meditation*, conta que alguém perguntou a Buda: *"O que o senhor e seus discípulos praticam?"* Buda respondeu: *"Nós nos sentamos, nós andamos, nós comemos"*. O inquiridor continuou: *"Mas, senhor, qualquer um se senta, anda e come"*. Ele, então, respondeu: *"Quando nos sentamos, sabemos que estamos sentados. Quando andamos, sabemos que estamos andando. Quando comemos, sabemos que estamos comendo"*. É uma grande, valiosa e simples lição da consciência do fazer, da consciência do que estamos fazendo, quando fazemos algo. É o que torna o Juiz verdadeiramente completo: quando nós julgamos, sabemos que estamos julgando.

INTRODUÇÃO À EVOLUÇÃO CONSTITUCIONAL DA URSS*

I — CARACTERÍSTICAS BÁSICAS DAS CONSTITUIÇÕES DOS ESTADOS SOCIALISTAS

O critério de análise para estabelecer as características básicas das Constituições dos Estados socialistas gira em torno da projeção revolucionária que deve ser dada ao regime socialista institucionalizado. Assim, o que vai ser examinado é o regime socialista estruturado com base na hegemonia política do Partido Comunista, nos exatos termos da colocação marxista-leninista.

Duas funções essenciais são inerentes à idéia de constituição para estes regimes: a social e a ideológica.

A função social da constituição decorre, explicitamente, do papel que a estrutura constitucional tem na instauração do regime. A dinâmica da revolução socialista impõe, desde logo, a permanente adaptação do instrumento constitucional às diversas etapas da construção do regime.

Como acentua **Stefan Rozmaryn** (*La Constitution, loi fondamentale de l'État Socialiste*, Lib. Generale de Droit et Jurisprudence, Paris, 1966, págs. 80 e segs.), a função social básica da lei fundamental nos Estados socialistas consiste especificamente em exprimir e consolidar as instituições essenciais do regime social, econômico e político, que resulta da revolução socialista. Ela não se

---

* Cadernos da PUC 2/25.

colore, desta forma, de nenhum academicismo, destinando-se, objetivamente, a estabilizar e dar força legal superior às instituições fundamentais do regime. A Constituição é, portanto, um instrumento para a realização prática do regime, porque imediatamente posterior à tomada do poder, acompanhando a mudança que se vai operar. Fixa as novas estruturas, em substituição às precedentes, fornecendo o sentido de permanência necessário à consolidação do regime e estabelece os critérios de atuação do poder para a obtenção dos resultados pretendidos. O próprio **Lênin**, ao assinalar o contexto que deve envolver o mecanismo do Estado Socialista, mostrou que a institucionalização da revolução é feita através da Constituição.

Quando se confere esta função social à Constituição dos Estados Socialistas, vinculam-se duas idéias: a de estabilidade e a de movimento. Aparece uma projeção do futuro a cada nova consolidação constitucional, isto é, comportando a sociedade comunista duas etapas, a transição de uma para outra implica em conquistas paulatinas que vão abrindo o caminho para fases posteriores até a síntese final. *"Lênin"* — como ensina **Gustav Wetter** — *"distingue na sociedade comunista duas fases: na primeira, o trabalho se converterá em um dever geral e cada um será recompensado conforme o seu trabalho; na segunda fase, no comunismo perfeito, haverá uma imensa quantidade de bens, pelo que a sociedade exigirá de cada um segundo suas possibilidades e dará a cada um segundo suas necessidades.* **Stalin**, *no ano de 1934, designou esta etapa como comunista, opondo-se à primeira etapa, socialista. No artigo 12 da nova Constituição de 1936, foi consagrada a primeira, a fórmula* '*socialista*'" (*El materialismo dialético*, Taurus, Madrid, págs. 150/151 — cfr. tb. **G. H. SABINE** — *História de la teoria política*, Fondo de Cultura Economica, México, 1945, 4ª ed., pág. 611).

Estas duas idéias operam no campo constitucional através do processo de revisão constitucional, na medida em que a Constituição deixa de ser a expressão adequada das relações sociais, econômicas e políticas da nova etapa. Na realidade, a mecânica da revisão da Constituição pode desnaturar o caráter fundamental dela se encaramos o problema sob o ângulo da estabilidade das instituições. No caso dos Estados Socialistas isto não ocorre, uma vez que a noção de estabilidade só faz sentido se examinada sob a ótica da permanente adaptação. E o seu enfoque nesta perspectiva permite criar as condições necessárias para a transição. Cada alteração representa, ao menos em linha de princípio, a construção de novas instituições que laborem em função do porvir.

Auxilia o entendimento desta função social o nítido contorno da função ideológica que cabe à Constituição. Esta função ideológica é o significado real conferido à Constituição como instrumento que supera a simples regulamentação jurídica da sociedade e, fundamentalmente, exprime os princípios ideológicos essenciais que se realizam através das instituições criadas pela revolução socialista. Isto explica, com irrecusável nitidez, o porquê da Constituição referir-se tanto ao presente quanto ao futuro.

O componente básico da Constituição é, portanto, o elemento ideológico trazido pelo movimento revolucionário, por isso que as instituições consagradas só são úteis enquanto capazes de permitir a instauração da nova ordem com uma permanente visão prospectiva.

Considerando estas duas funções, quais os traços característicos que distinguem a Constituição das leis ordinárias? **Stefan Rozmaryn** (op. cit., págs. 82 e seguintes) especifica com adequada acuidade os elementos distintivos. Parece-nos muito útil segui-lo. Assim, apresenta o professor da Universidade de Varsóvia os seguintes traços característicos: **a)** o critério de escolha do conteúdo das constituições; **b)** a sua força jurídica; e **c)** a sua forma.

Quanto ao critério de escolha, há em todas as constituições socialistas contemporâneas uma regulamentação jurídica das instituições fundamentais do regime sócio-econômico e político. Na verdade, fosse só esse o problema nada haveria que detalhar. Mas, na razão direta da pergunta: *"quais são estas instituições fundamentais?"*, o problema resvala para a controvérsia. **Rozmaryn** indica que o legislador constitucional considera como pertencendo a esta categoria e, por isso mesmo devem ser regidas pela Constituição, as seguintes instituições:

a) as instituições sócio-econômicas que decidem o tipo de regime, enquanto regime socialista;
b) as instituições políticas que decidem o caráter de classe do poder do Estado, enquanto poder dos trabalhadores e que regulamentam o modo de exercício deste poder;
c) as instituições que determinam a posição do cidadão na sociedade socialista.

Esta natureza específica do conteúdo da Constituição nos Estados socialistas facilita a sua amplitude no estabelecer um vínculo entre as relações que se produzem na sociedade e a sua disciplina fundamental. É certo que cabe, ainda, uma indagação de fôlego, qual seja, a de saber o critério utilizado para alçar uma instituição ao terreno constitucional. **Rozmaryn** propõe um critério bastante vago, isto é, faz repousar no legislador constitucional a decisão do mérito. Se não se discute do ponto de vista de técnica tal procedimento, estamos em que, *in casu*, outro fator deve ser tomado na devida conta. Este outro fator, relevante, é o sistema que se vai institucionalizar. Os princípios básicos do marxismo-leninismo, que embasam a própria formação da Constituição, determinam o seu conteúdo, o que quer dizer que serão elevadas à categoria constitucional aquelas instituições que, enquadradas na classificação do professor polonês, estão mais estreitamente ligadas com a realização prática do regime. Assim, a escolha do legislador constitucional deve subordinar-se a este sentimento pragmático.

No que concerne à força jurídica superior, sua ênfase é indispensável para a natureza da consolidação das instituições, que se promove incorporando-as à Constituição. Por esta razão, a Constituição difere das leis ordinárias. Esta força jurídica superior é expressa tanto pelo dever do legislador ordinário de operar a Constituição, máxime, no votar leis ordinárias necessárias à sua execução, como na proibição de votar leis contrárias à Constituição. No artigo 111, al. 2, da Constituição da República Socialista da Tchecoslováquia, de 1963, e no artigo 147 da Constituição da Iugoslávia prescreve-se a interdição de editar leis ou outros regulamentos jurídicos contrários à Constituição. Mas, como adverte **Rozmaryn**, mesmo que não seja expressa a proibição, a conclusão se impõe como decorrência da função social da Constituição.

Quanto à sua forma, importa, desde logo, salientar que na teoria constitucional do Estado socialista não cabe a distinção, já tornada clássica, entre Constituição em sentido material e Constituição em sentido formal, vez que, na advertência de **Rozmaryn**, *"para a concepção da constituição socialista todos os traços — relativos tanto aos critérios de fundo como de forma — são essenciais, todos são indispensáveis e inseparáveis"*.

A forma constitucional é própria e, demais disso, se projeta no futuro com o controle rigoroso para a sua alteração, diferente, em todos os sentidos, do previsto para as leis ordinárias. É certo que neste aspecto a controvérsia tem lugar com alguma razão. É que esta noção formal, também ligada a um certo e específico processo de revisão, deve ser entendida no quadro histórico em que se formula a Constituição. E é assim, pelo simples fato da subordinação desta àquelas duas funções já examinadas, quais sejam, tanto a ideológica como a social. Isto não impede o estabelecimento de um processo especial de revisão, mas conduz, sem sombra de dúvida, a um encaixe da revisão na sistemática do regime. O que quer dizer que haverá ou poderá haver um processo típico de revisão, mas este processo opera enquanto atende à conveniência da Constituição como instrumento do próprio regime.

O envolvimento da Constituição por tais elementos tem duas projeções que merecem ser destacadas pela importância dentro do problema constitucional dos Estados socialistas: a origem revolucionária destas constituições e a noção da legalidade socialista.

As questões suscitadas pela origem revolucionária permitem-nos recordar o que já escrevemos sobre a origem das constituições de um modo geral. O constitucionalista inglês **K. C. Wheare** responde à indagação acerca da origem das modernas constituições fazendo referência à necessidade de um *fresh start* desejado pelo povo, sendo que o desejo ou necessidade de um *fresh start* pode decorrer de múltiplas circunstâncias, assim, entre outras, o desejo de união sob um novo governo manifestado por comunidades vizinhas, como no caso dos Estados Unidos da América do Norte; o desejo de autoconstituição livre de comunidades libertas de um Império, como nos casos de Áustria, Hungria e Tchecoslováquia, depois da guerra de 1918; ou porque uma revolução rompeu com a ordem precedente e nova forma de governo e novos princípios são desejados, como na França em 1789 e na URSS em 1917 (cfr. *Modern Constitutions*, London, Oxford University Press, 1966, págs. 6/7).

O professor do All Souls College de Oxford foi feliz na análise e possibilita deduzir que na origem das modernas constituições dois aspectos podem ser visualizados: o de que uma Constituição nasce como necessidade circunstancial para resolver um problema específico desvinculado de conotação revolucionária e o de que uma Constituição nasce como resultado de um processo revolucionário. Em ambas perdura o desejo de um *fresh start*.

As Constituições dos Estados socialistas devem ser encaradas sob o segundo aspecto. Elas resultam do movimento revolucionário socialista, sendo revolucionária a sua legitimidade porquanto não depende da ordem constitucional anterior. É certo que os primeiros atos constitucionais do movimento vitorioso não compõem propriamente uma Constituição. Quase sempre eles representam o primeiro sinal de ruptura com a ordem precedente e anunciam a programática do regime que se vai instaurar. Não raro, contém medidas de impacto sublinhando a profundidade da mudança. Assinale-se, por interessante, que os primeiros atos podem conter também as normas adjetivas para a elaboração da Constituição como lei fundamental.

Evidentemente, a Constituição será o reflexo destes primeiros atos e a sua elaboração obedece a um processo de depuração, através do qual se vai definir os seus traços característicos, como alinhado por **Rozmaryn**, de modo que ela possa agasalhar tão-somente o essencial, isto é, as instituições fundamentais à consolidação e à realização prática do regime.

Anote-se, ainda, que na Constituição de um Estado socialista a legitimidade revolucionária da sua origem não é indefinida. Perdura até que uma outra Constituição seja adotada, o que é absolutamente normal ao se considerar, como é indispensável, que a Constituição deve adaptar-se a uma determinada etapa da sociedade socialista. Isto ocorre porque, quando da substituição, o suporte já está concretizado e a nova Constituição se apóia na ordem precedente, ou seja, se circuita à sistemática do mesmo regime socialista.

Por outro lado, o processo de elaboração constitucional, após a tomada do poder, pode variar em grande escala. No entanto — como será detalhado mais adiante — a matriz será o Partido Comunista que encerra a síntese de equilíbrio dentro do regime.

Advirta-se, finalmente, que, ao invés das constituições ocidentais, o preâmbulo das constituições socialistas tem relevância indiscutível, porquanto marcam os limites programáticos que alimentam a Constituição. Aqui não se irá discutir o caráter normativo que pode ser atribuído ao preâmbulo. O que se quer frisar, desde logo, é que, integrando a Constituição, ele representa uma síntese ideológica de extremo valor. A Constituição da Iugoslávia, de 7 de abril de 1963, consagra, ainda, uma Parte Introdutória na qual se definem os princípios fundamentais, estabelecendo o título IX que *"esta parte da Constituição que exprime os princípios fundamentais da sociedade socialista e de seu progresso é a base da interpretação da Constituição e das leis, assim também da atividade de todos e de cada um"* (cfr. **Maurice Duverger**, *Constitutions et documents politiques*, Paris, Presses Universitaires de France, 4ª ed., 1966, pág. 528).

No que diz respeito à legalidade socialista a relevância do exame não é menor. Ela está no centro de toda a problemática do regime.

Estamos em que a legalidade socialista decorre do princípio afirmado pelos constitucionalistas soviéticos da inexistência de qualquer disparidade entre a situação de *jure* e a situação de *facto*, o que, de resto, é uma constante no próprio dinamismo do processo revolucionário. **V. Kotok** assinala, a propósito, que *"as normas do Direito Constitucional Soviético legalizam e desenvolvem as relações socialistas reinantes na sociedade, devido ao qual no Direito Constitucional Soviético não existem contradições entre a situação de jure e a situação de facto, ou seja, entre os princípios jurídicos e a realidade"* (El derecho constitucional soviético, in *Fundamentos del derecho soviético*, Academia de Ciências de la URSS, Instituto de Estado y Derecho, Moscou, 1962, pág. 35).

Ora, partindo desta visão da lei fundamental soviética podemos enquadrar a legalidade socialista na sistemática do rigoroso controle do aparato estatal no sentido do cumprimento adequado de todas as leis socialistas.

Objetivamente considerada a legalidade socialista, é o enquadramento de todas as instituições e organizações, funcionários e cidadãos, em um sistema legislativo, que objetiva a consolidação da ditadura do proletariado e a passagem do socialismo ao comunismo.

Isto implica, como advertiu o fundador do Estado Soviético, **Vladimir Ulianov — Lênin**, a obediência total às leis emanadas do aparato do poder soviético, e, ainda, a fiscalização desta obediência. Esta obediência se acha plenamente justificada na opinião do Professor **N. G. Alexandrov** porque é indispensável consolidar definitivamente a ditadura do proletariado e isto só é possível, em primeiro lugar, com o apoio ativo por parte das grandes massas de trabalhadores do campo e da cidade à ditadura do proletariado; em segundo lugar, com o fortalecimento da disciplina estatal em todos os escalões do aparato do Estado, sendo certo que a legalidade soviética é a base desta disciplina; em terceiro lugar, com a proteção constante da propriedade socialista e do sistema socialista da economia, do regime socialista estatal e social contra qualquer ato capaz de prejudicá-lo (cfr. *Teoria del Estado y del Derecho*, Ed. Grijalbo, México, 1966, págs. 213/214).

Evidentemente, esta colocação importa no fortalecimento do aparato estatal soviético, nele incluído o Partido Comunista. Isto tem implicação mais séria ao se relacionar o controle rigoroso do Estado sobre os cidadãos soviéticos com a própria temática do marxismo, no específico ponto do desaparecimento do Estado.

A visão global da legalidade socialista nos impõe a consideração de que ela é proposta em termos de oposição à chamada legalidade burguesa. Melhor exprimindo o postulado, diremos que a legalidade burguesa implica na existência de leis *"reacionárias"* contrárias aos princípios democráticos estabelecidos nas constituições burguesas, e, por outro lado, implica, também, em que tais leis não são cumpridas, por inconvenientes, para a estrutura da sociedade burguesa. Como respaldo da seriedade e da inteireza da sociedade socialista, a aplicação da legislação é rigorosamente feita, o que significa que a legalidade burguesa se decompõe enquanto a legalidade socialista permanece fiel às suas origens, ou seja, nascida sob o signo da proteção ao povo trabalhador, ela se fortalece para impedir qualquer tentativa de espoliação.

É evidente que a análise não é isenta. E isso pelo só fato da correspondência entre a legalidade socialista e a uniformização do pensamento no seio da sociedade socialista. Em linha de princípio, isto quer dizer que a própria natureza pluralista da sociedade pode sofrer uma violentação, na medida em que se torna impossível qualquer formulação que contrarie a programática de base que estimula a sociedade socialista.

De todos os modos, o exame deste princípio se faz engajado à própria sociedade socialista, e isto se colore de pureza doutrinária quando se verifica que o traço fundamental da legalidade socialista é exatamente a supremacia da lei, expressão mesma desta sociedade socialista.

N. G. Alexandrov examinando a matéria, indica que esta legalidade é um regime que consiste em três pontos essenciais:

> a) todas as funções estatais do poder (tanto no setor administrativo como no judicial) se baseiam no cumprimento exato e estrito das leis que expressam a genuína vontade do povo traba-

lhador, ao mesmo tempo que os funcionários observam rigorosamente os direitos dos cidadãos;

b) o estrito cumprimento das leis (e das disposições que derivam destas) afeta sem exceção a todos os cidadãos e funcionários;

c) um rigoroso controle do cumprimento do assinalado no ponto precedente, extirpando pela raiz todas as infrações da lei, por quem quer que as cometa (op. cit., pág. 215).

Isto se manifesta mais agudamente depois da queda de **Stalin**, pois que o próprio Partido Comunista reconheceu as graves infrações da legalidade socialista cometidas pelo sucessor de **Lênin** e mostrou a necessidade de fortalecer o respeito que se deve às leis socialistas para a construção da sociedade socialista, o que foi feito quando do informe e conseqüente resolução sobre a superação do culto da personalidade e suas conseqüências do Comitê Central do Partido Comunista da União Soviética, em 1956.

A indagação mais pertinente, depois de examinadas as circunstâncias que envolvem a legalidade socialista, diz respeito às garantias dela decorrentes.

O que se afirma fundamental para a garantia da legalidade é o efetivo controle do próprio Partido Comunista sobre o mecanismo estatal soviético, inclusive sobre os órgãos de segurança e assuntos exteriores. Isto se vê com mais clareza à luz das resoluções dos XX e XXI Congressos do Partido Comunista, que se referem não apenas ao controle mas, também, à repressão. É a hegemonia política do Partido Comunista sobre o processo revolucionário, a garantia desta legalidade.

Mas não apenas neste escalão a teoria do Estado admite, na sistemática institucional soviética, uma garantia da legalidade. É garantia, também, o controle social exercido pelos deputados dos trabalhadores, assim como o exercido pelos sindicatos, pelas cooperativas e demais organizações. E se estende a todos os cidadãos da URSS o trabalho de prevenir qualquer infração da lei.

Se esta operação se processa na seara administrativa, é de se inserir uma outra fórmula de garantia da legalidade já embasada por certa mecânica processual, ou seja, o direito de apelar contra todos os atos dos organismos judiciais e administrativos.

Finalmente, as garantias ideológicas cumprem um importante papel para a plena realização da legalidade socialista. Estas atuam na área da educação dos funcionários públicos e dos trabalhadores, visto que, na opinião de **Alexandrov**, é parte da preparação marxista-leninista do pessoal especializado e guarda indissolúvel relação com a luta contra as experiências do capitalismo na consciência dos homens (cfr. op. cit., pág. 230).

II — MARXISMO, LENINISMO E A REVOLUÇÃO DE 1917

A estrutura constitucional soviética está vinculada muito estreitamente com a revolução de 1917. A base ideológica desta revolução é desenvolvida por Lênin, a partir das obras de **Marx** e **Engels**, que formularam os princípios essenciais do movimento revolucionário.

O marxismo foi o resultado da sistematização inovadora de diversas correntes de pensamento. Nele encontramos a contribuição de vários sistemas filosóficos alemães, sobretudo de **Hegel** e **Feuerbach**, dos socialistas franceses das primeiras décadas do século XIX, representados especialmente por **Saint-Simon**, **Fourier**, **Louis Blanc** e **Proudhon**, e, ainda, de obras de economia de origem preponderantemente inglesa, particularmente de **Adam Smith** e **David Ricardo** (cfr. Pe. **Fernando Bastos de Avila**, *Solidarismo*, Editora Agir, 1963, 3ª ed., pág. 96).

Karl Marx viveu para a revolução. A sua produção intelectual é reflexo desta destinação. Como mostra **Jean-Yves Calvez**, a doutrina de **Marx** *"nos aparece intencionalmente como método imanente ao movimento revolucionário. Mas também a vida de Marx se situa no eixo desse movimento, a ponto de lhe refletir diretamente o progresso do pensamento. Pode-se mesmo dizer que a filosofia de Marx é uma reprodução fiel da sua própria vida"* (*O pensamento de Karl Marx*, Liv. Tavares Martins, Porto, 1959, pág. 21). Na realidade, as análises de **Marx** objetivam a ação revolucionária. A sua filosofia se desenvolve a partir de uma tomada de consciência política no tumulto do século XIX. A sua colocação sistemática dos fatos envolve um sentido de crítica ativa, isto é, não é suficiente interpretar, é necessário transformar.

Conseqüência disto é que o marxismo abrange dois circuitos fundamentais, assim, o de construir um sistema filosófico suportado pela realidade social e o de projetar o sistema no terreno da luta política. Como esclarece **George H. Sabine**, *"a filosofia de Marx era concebida por ele como a aportação de um plano e um motivo* *para uma revolução social que liberasse os trabalhadores da pobreza e da exploração"* (*História de la Teoria Política*, trad. de V. Herrero, F.C.E., México, 4ª ed., pág. 547).

Interessa mais de perto sumariar os postulados revolucionários do marxismo, deslindando na origem os princípios cardiais da sociedade comunista.

Rejeitando, desde logo, o socialismo tópico de **Saint-Simon, Fourrier** e **Proudhon**, considerando-o negativo e imperfeito, **Marx** projeta o socialismo científico.

A análise da sociedade e do Estado se processa em termos positivos, constatando a sujeição da classe trabalhadora a uma burguesia dominante. Reconhece a existência de classes sociais visíveis quando bem examinada a situação da propriedade dos meios de produção. A existência de classes sociais resulta do fato de um grupo possuir os instrumentos de produção, enquanto outro não dispõe mais do que o seu trabalho. Este antagonismo social atinge um clímax de tensões internas só resolvido pela vitória da revolução proletária.

Os antagonismos de classe se projetam no processo histórico. levando a classe dominante, no seu seio, a sua própria negação.

Para **Garcia-Pelayo** *"esta confrontação entre afirmações e negações (tesis e antitesis) dá lugar à criação de novas ordens que se dissolvem por sua vez em novas tesis e antitesis"* (*Derecho Constitucional Comparado*, Ed. Rev. de Occidente, Madrid, 7ª ed., págs. 577/578).

Emergindo desta problemática social, **Marx** situa o Estado como instrumento da classe dominante, e, portanto, serviçal dos interesses desta classe. A sua reflexão parte da sua crítica à filosofia hegeliana do direito e do Estado. Divergindo de **Hegel, Marx** estabeleceu que a essência do ser humano não é política, mas social. Partindo daí, estabeleceu que as relações sociais e suas contradições que conduzem às lutas de classes, explicam o Estado. É fácil verificar que o pensamento marxista é fundamentalmente anti-estatal. Como bem adverte **Henry Lefebvre**, o processo revolucionário atinge o Estado e, orientando a classe operária, apresenta três aspectos indissolúveis, com relação ao Estado: *"desenvolvimento da democracia, ditadura do proletariado, decadência do Estado"* (*Sociologia de Marx*, Editora Forense, 1968, pág. 91).

A superação do Estado na perspectiva marxista é conseqüência imediata da vitória total do proletariado e sucessiva à extinção das classes sociais. Mas a fase transitória — ditadura do proletariado — implica necessariamente a manutenção e o reforço do Estado (cfr. **André Pietre**, Marxismo, Zahar Ed., 2ª ed., trad. P. M. Campos e W. Dutra, págs. 103 e segs.).

Esta ditadura do proletariado fecunda uma onipotência ideológica do Estado. *"Para dizermos melhor, introduziu novo conteúdo filosófico na organização estatal, de modo que a subordinação da* **'minoria capitalista'** *à* **'maioria proletária'**, *mais exatamente, de todo o povo à estrutura do poder, obedece a um critério imediato de* **'necessidade transitória'**, *rumo à sociedade sem Estado"* (cfr. nosso livro O *Estado Moderno e a Proteção dos Direitos do Homem*, Rio de Janeiro, Liv. Freitas Bastos, 1968, pág. 87).

Como mostra **Gustav Wetter**, **Marx** alterou a formulação de Feuerbach, trasladando *"el princípio antropológico de Feuerbach del domínio religioso a la teoria de la sociedad. Como, según Feuerbach, el hombre habia alienado su esencia en Dios, asi, según* **Marx**, *la sociedad aliena su verdadera esencia, la vida colectiva, en el Estado; de esto resulta su actual estado anómalo, postrado, enfermizo"* (*El materialismo dialéctico*, Taurus, Madrid, trad. de D. Terron, pág. 53).

A construção de **Marx** consistia, portanto, em estabelecer os critérios para a plena afirmação da sociedade, livrando-a da enfermidade e reconquistando a sua essência alienada ao Estado.

Um dos instrumentos para esta tarefa era a organização do proletariado, e **Marx** conclama-o à união no Manifesto de 1848, não sem antes mostrar que o *"Partido Comunista nunca se esquece de despertar nos operários uma consciência nítida do antagonismo hostil entre a burguesia e o proletariado"*. E, demais disso, impunha-se uma sistemática de medidas práticas, com forte e claro embasamento doutrinário, a serem adotadas nos países mais adiantados. Para **Henry B. Mayo** (cfr. *Introduction to marxist theory*, Oxford University Press, Nova York, 1960, pág. 137), isto representa uma espécie de plataforma partidária. As medidas previstas consistiam no seguinte: **1.** Expropriação da propriedade territorial e emprego da renda da terra em proveito do Estado; **2.** Imposto fortemente progressivo; **3.** Abolição do direito de herança; **4.** Confisco da propriedade de todos os emigrantes e sediciosos; **5.** Centralização do crédito nas mãos do Estado, por meio de um banco nacional com capital do Estado e com o monopólio exclusivo; **6.** Centralização dos meios de comunicação e transporte nas mãos do Estado; **7.**

Multiplicação das fábricas e meios de produção possuídos pelo Estado; o cultivo das terras improdutivas e o aprimoramento do solo em geral, segundo um plano; 8. Trabalho obrigatório para todos; estabelecimento de exércitos industriais, especialmente para a agricultura; 9. Combinação da agricultura com as indústrias manufatureiras e abolição gradual da distinção entre cidade e campo, por meio de uma distribuição mais igualitária da população pelo país; 10. Educação gratuita para todas as crianças, em escolas públicas; 11. Abolição do trabalho infantil nas fábricas, combinação da educação com a produção industrial.

A presença do proletariado como vértice da ação revolucionária e a concretização da programática marxista encontraram em **Lênin** um centro catalizador.

Para **Lênin**, o marxismo comportava dois ângulos: era uma espécie de credo religioso e uma filosofia da ação. Sob o último aspecto, não era um corpo estático de regras, mas um conjunto de idéias sugestivas *"que podiam ser utilizadas para analisar uma situação, afirmando suas possibilidades e chegando assim ao curso de uma ação mais efetiva"* (cfr. Sabine, op. cit., pág. 580). Foi exatamente esta noção que facultou a **Lênin** aplicar o marxismo no curso de um processo revolucionário.

Lênin sempre esteve absorvido com os problemas de um partido revolucionário russo. Ainda no outono de 1895, os círculos operários de Petersburgo se agruparam para formar a *União de luta pela emancipação da classe operária*, sendo **Lênin** um dos seus dirigentes.

Foi durante a sua intensa atividade, que lhe valeu inclusive um desterro na aldeia de Shuskenkol, na Sibéria, que **Lênin** aperfeiçoou a sua visão objetiva do marxismo, principalmente no que diz respeito à estrutura do partido.

A partir do II Congresso do Partido Operário Social-Democrático russo, realizado em Londres, no ano de 1903, **Lênin**, logrando a maioria, passou a atuar mais diretamente no comando do processo revolucionário, que anos depois seria vitorioso.

O partido representava a consciência, contra a espontaneidade da massa; é a elite inteligente capaz de canalizar o descontentamento social da massa e ordenar a ação necessária. Este partido reunia três idéias básicas: **1.** uma forte consciência do marxismo; **2.** dedicação integral à revolução e à construção da sociedade socialista; **3.** organização rigidamente centralizada e disciplina quase militar.

A vitória do movimento revolucionário importava a tomada do poder e a hegemonia do processo deferida ao partido único dentro da sistemática do Estado, sendo certo o desaparecimento deste. Isto envolvia o mesmo mecanismo já proposto por **Marx**, ou seja, o Estado como centro de dominação de uma classe sobre outra devia desaparecer, após o fortalecimento transitório.

Como doutrina **Wetter**, *"O Estado é para Lênin o resultado do conflito de classes, o meio para o domínio de uma classe sobre as outras. É notável que **Lênin** diga do período de transição do capitalismo ao socialismo: é a época da 'ditadura do proletariado'. Esta teoria foi considerada como a essência e o fundamento do leninismo"* (op. cit., pág. 150).

Esta transição, como advertido supra, implica em um recrudescimento do aparato opressor, isto é, do Estado. Praticamente, ocorre uma inversão. *"Diferentemente do que sucedia anteriormente"* — explica Wetter — *"a maioria dos antes oprimidos mantém dominada a minoria antes opressora"*, sendo o Estado necessário, *"somente como uma organização de transição, posto que a opressão da minoria pela maioria é uma coisa muito mais fácil. muito mais material e muito mais viável que pode realizar-se sem muito sangue"* (op. cit., pág. 150).

Para **Lênin** era indispensável desencadear o processo revolucionário independentemente da consideração sobre o estágio da sociedade. Esperar o amadurecimento do capitalismo para desencadear a ação não estava na tática leninista.

A Rússia, por certo, dentro da perspectiva marxista, não era exatamente a sociedade adequada para a vitória da revolução proletária.

Depois de reinar 13 anos, Alexandre III, morto no outono de 1894, não alterou a enfermidade social crônica da Rússia. O seu sucessor, Nicolau II, não abriu nenhuma alternativa. O tzarismo se baseava na ausência de qualquer pensamento social e, em oposição ao empobrecimento popular, se acentuava o privilégio dos abastados protegidos do tzar.

Não havia um quadro constitucional e as tentativas de instaurá-lo foram reprimidas pelo tzar.

Em 1904, um ataque inesperado dos torpedeiros japoneses à esquadra russa ancorada em Porto Arthur deu início à guerra russo-japonesa. O tzar não perdeu a chance de mobilizar a Rússia para repelir o inimigo; era uma circunstância propícia para desafogar as tensões internas. Vitorioso na guerra, o tzar conjuraria as tentativas revolucionárias do interior.

Mas de nada adiantou o oportunismo. O clima interno não melhorou. Em 1905 começou uma série de violentas manifestações em defesa das idéias constitucionais.

Neste mesmo ano foi convocada uma Duma de Estado, de caráter consultivo, de modo a atenuar as reivindicações que redobravam de intensidade. No entanto, a natureza consultiva não atendia a positividade que se esperava da Duma. Outra foi convocada, a 17 de outubro, desta feita com funções legislativas.

Mas os grupos políticos não sossegaram. Apesar da posição conciliatória dos outubristas e democratas-constitucionalistas, os bolcheviques reagiram, sob o comando de **Lênin**, combatendo nos *soviets* de operários que surgiam por todo o país.

Em abril de 1906 foram aprovadas as *Leis Fundamentais do Estado*, que esboçaram uma estrutura constitucional, com o inalterável cerne do fortalecimento do tzar. Admitia-se a existência de um corpo legislativo bicameral, anulado pela intervenção do tzar, através do veto e da iniciativa das leis mais importantes. Demais disso, a vigência permanente do estado de guerra, impediu o funcionamento do mecanismo criado.

Os movimentos de 1905-1907 foram preliminares da revolução de 1917. Para os historiadores soviéticos (cfr. *História da URSS*, editada pela Academia de Ciências, pág. 295), *"foi um acontecimento verdadeiramente notável tanto na história dos povos da Rússia como na Universal (A Revolução de 1905-1907), foi a primeira revolução democrático-burguesa da humanidade, na qual a hegemonia pertenceu ao proletariado em aliança com os camponeses. Brindou ao proletariado mundial elementos tão valiosos de experiência revolucionária como, por exemplo, a insurreição armada como meio proletário de luta, os soviets, que logo adquiriram no processo de seu desenvolvimento a forma estatal de ditadura do proletariado. Por isso disse* **Lênin** *que a revolução de 1905 foi um 'ensaio geral' da revolução de outubro de 1917"*.

Os primórdios da Primeira Guerra Mundial contribuíram para minar ainda mais a estrutura do tzarismo. O esforço de guerra desenvolvido pela Rússia facilitou enormemente o trabalho dos revolucionários. A partir de 1915 novas greves e manifestações públicas atingiram a base do tzarismo.

Nos debates da **IV Duma de Estado**, sob o impacto da guerra e da fermentação política, começa a tomar corpo a idéia da formação de um *"ministério de confiança"* ou *"gabinete de defesa"*. Isto foi suficiente para determinar a sua dissolução pelo tzar.

Em 1917, no mês de fevereiro, o Comitê de Petersburgo do Partido Bolchevique convoca o povo à luta armada. Ao mesmo tempo, a autoridade do tzar era destruída com a formação de um Comitê Provisório, saído da própria Duma de Estado, que tomou as rédeas do poder. Na madrugada de três de março, o tzar Nicolau abdicou em favor de seu irmão Miguel, o qual, logo depois, teve o mesmo gesto.

Ao lado do Governo Provisório atuavam os *soviets* de Petrogrado. Os bolcheviques, como mostra **Leonard Schapiro**, não esperavam o desfecho. Para **Lênin**, no exílio, foi uma surpresa (cfr. *The government and politics of the Soviet Union*, Hutchinson University Library, London, 1967, 2ª ed., pág. 31).

A declaração do Governo Provisório alinhava em oito itens os princípios básicos que inspiravam o gabinete: anistia, abolição das restrições religiosas e de casta, substituição da polícia por uma milícia popular, eleição dos órgãos de administração local com base no sufrágio direto e universal, manutenção das tropas revolucionárias em Petrogrado e convocação de uma Assembléia Constituinte, eleita por sufrágio direto e universal, com a missão de definir a forma de governo e estabelecer a Constituição do país.

Mas o Governo Provisório não pôde realizar o seu programa. O caos revolucionário prosseguia e a chegada de **Lênin**, em abril, aguçou mais ainda o ânimo revolucionário. Para **Lênin** era indispensável transferir todo o poder para os *soviets*. Não lhe interessava a normalidade. A sua preocupação era conquistar o poder, a qualquer preço.

Minoritário no *soviet* de Petrogrado, controlado pelos mensheviques e socialistas revolucionários, **Lênin** comandou os bolcheviques, agitando as bases operárias e dificultando a ação do Governo Provisório. Este, descontrolado, não conseguia restaurar a ordem pública e, por conseguinte, não podia executar o programa anunciado.

Em 31 de agosto de 1917, depois das tentativas de **Kornilov** para reprimir as agitações revolucionárias, sem sucesso, o Soviet de

Petrogrado adotou, por vez primeira, uma resolução bolchevique. Desde este momento o grupo liderado por **Lênin** passou a atuar livremente. Era o início do auge revolucionário que culminaria com a saída de **Kerenski** e a indicação de **Lênin** para a chefia do Conselho de Comissários do Povo.

A 25 de outubro, reunido o II Congresso dos Deputados Operários e Soldados de toda a Rússia, **Lênin** anuncia a tomada do poder. O primeiro ato de **Lênin**, aprovado unanimemente pelo Congresso, foi o decreto de paz, condenando a guerra e convocando os beligerantes para negociações. Imediatamente após, veio o decreto leninista abolindo o direito de propriedade agrária. Instalava-se a *"ditadura do proletariado"* e os instrumentos de poder utilizados por **Lênin** logo se fizeram sentir: 1. um partido comunista perfeitamente organizado; 2. uma polícia secreta herdada do regime tzarista; 3. o exército vermelho (cfr. *História da Europa* — Herbert A. L. Fisher, Ed. Sudamericana, Buenos Aires, trad. Bosch-Gimpera e Bosch Garcia, Tomo III, pág. 418).

III — A CONSTITUIÇÃO SOVIÉTICA DE 1936

Para **Lênin** e seus companheiros começou uma etapa decisiva. Era indispensável consolidar o movimento revolucionário vitorioso dando-lhe expressão jurídico-constitucional.

Desde logo, a Declaração de Direitos do povo trabalhador e explorado, de 23 de janeiro de 1918, e a Constituição da República Socialista Soviética russa, de julho do mesmo ano, trataram de estabelecer as linhas básicas da nova ordem social.

Lênin, na Declaração de Direitos de 23 de janeiro, procurou cumprir, teoricamente, as suas promessas. Ficou estabelecido no Capítulo IV que *"lê IIIe Congrés Panrusse dês Soviets dês deputes ouvriers, soldats et paysans estime qu'actuellment, au moment de la lutte décisive du peuple contre sés exploiteurs, il ne peut y avoir de place pour ceux-ci dans aucun dês organismes du pouvoir. Le pouvoir doit appartenir em totalité et exclusivement aux masses laborieuses et à leur représentation autorisée, lês Soviet dês deputes ouvriers, soldats et paysans."*

Mas era urgente e inadiável definir em termos precisos, não emocionais, a estrutura constitucional do novo regime.

Entre 4 e 10 de julho reúne-se o V Congresso dos Soviets, que aprova a primeira Constituição do país sob a revolução socialista. Tinha limitação espacial específica, pois aplicava-se, tão-somente, à Rússia Central ou Grande Rússia. Como nota **Garcia-Pelayo**, a desintegração do império tzarista facultou às antigas nacionalidades a constituição de seus próprios Estados (cfr. op. cit., pág. 580).

Este fato merece ser observado com cautela. À desintegração do império tzarista seguiu-se a independência das comunidades nacionais componentes. Esta independência facilitou, conseqüentemente, um desligamento institucional e político da revolução vitoriosa. Abriu-se uma porta para a libertação integral, quer do império tzarista, quer do bolchevismo. Mas foi entusiasmo transitório. À exceção de alguns, assim a Finlândia e os Estados bálticos, outros tiveram de adaptar-se ao modelo constitucional de 1918, seja por seus próprios meios, seja pela intervenção do exército vermelho, criado em 15 de janeiro.

A avalanche socialista caminhava, celeremente, para a unidade das diversas nacionalidades. Esta unidade acompanhou a política revolucionária, assim no invocar as necessidades econômicas mais sensíveis. Uma série de tratados e pactos permitiu a união dos diversos Estados, com exército, fazenda, comunicação e conselho econômico comuns.

A nova formulação se fez sentir, especialmente, no I Congresso da Internacional Comunista, realizado entre 2 e 6 de março de 1919. O II e o III Congressos, realizados, respectivamente, em agosto de 1920 e julho de 1921, reforçaram a tendência. Finalmente, em 6 de outubro de 1922, o Pleno do Comitê Central do Partido Comunista da Rússia aprova o acordo para agrupar as Repúblicas Soviéticas Independentes. Para **Kovalenko** e **Chubarian**, este foi o passo mais importante na história do povo soviético. A justificação da medida, além das razões já assinaladas, reveste-se de profunda conotação ideológica, sob a alegação da necessidade de defender o mundo socialista contra o perigo capitalista. Os historiadores soviéticos mostram que *"las repúblicas soviéticas, cercadas por el mundo capitalista no podian mantener su independencia y soberania más que acenando sus esfuerzos en la esfera militar, de la diplomacia y del comercio exterior (...). La formación de la U. R. S. S. respondia, además, a los intereses del movimiento revolucionário internacional"* (in *História da URSS*, op. cit., pág. 112).

A controvérsia suscitada no plano doutrinário sobre a natureza do Estado soviético indica, a nosso modo de ver, a tipicidade da forma do Estado acolhida. Suas raízes são confederais, a forma federativa é posterior, e, ainda assim, impura.

O Comitê Central do Partido Comunista criou uma comissão especial para examinar a matéria, sob a presidência de **J. Stalin**, tendo como membros **A. Miasnikov, G. Ordzhonikidze** e **G. Petrovski**. O projeto aprovado pela Comissão, de autoria de seu Presidente, caracterizava-se pela rigidez, estabelecendo uma simples incorporação das repúblicas da Ucrânia, Bielo-Rússia, Armênia, Azerbaijão e Georgia à República Socialista Federativa Soviética da Rússia, compondo a federação russa, sendo órgãos de poder aqueles estabelecidos na Constituição da grande Rússia.

Lênin, já gravemente enfermo, entendeu diferentemente de **Stalin**. Com aguçada sensibilidade política, **Lênin** considerou que a *"autonomização"* proposta pela Comissão Especial violentaria os direitos das diversas Repúblicas Soviéticas, arranhando a amizade que deveria uni-las. Alterando a fórmula, **Lênin** propôs que as Repúblicas formassem uma união de repúblicas, iguais em direitos, sendo eleito um Comitê Executivo Central dos Soviets, como órgão de poder.

Tal sugestão, uma vez aprovada pelo Comitê Central do Partido, foi sufragada pelos Congressos de Soviets das demais repúblicas.

Foi eleita, logo a seguir, uma Assembléia Constituinte dos Soviets, cabendo à Rússia 1.727 membros; à Ucrânia, 364; à Transcaucásia (Georgia, Armênia e Azerbaijão, agrupadas em fevereiro de 1922), 91 e à Bielo-Rússia, 33. Esta Assembléia aprovou a declaração e o acordo sobre a formação da União das Repúblicas Socialistas Soviéticas, agasalhando os princípios leninistas, de voluntariedade de adesão, igualdade de direitos, possibilidade do ingresso de novas repúblicas, direito de livre separação, eleição de um Comitê Executivo Central e colaboração fraternal.

Estes princípios denotam um embasamento jurídico confederal, a se considerar efetivos os termos da Declaração e do Acordo (cfr. Charles Durand, *Confédération d'États et État Federal*, Lib. Marcel Reviere, Paris, 1955, pág. 22). Mas, como se verá afinal, as fórmulas consagradas não ultrapassaram a área gravitacional da teoria, eis que o circuito do poder não facilitava a aplicação efetiva e real do sistema albergado.

No verão de 1923, o Comitê Executivo Central aprovou a Lei Fundamental da URSS. Esta constituição é composta da Declaração de Criação da União das Repúblicas Soviéticas Socialistas e do Pacto de Criação da União das Repúblicas Soviéticas Socialistas.

A Lei Fundamental da URSS, de 31 de janeiro de 1924, sobre estabelecer no artigo 4º que cada uma das Repúblicas federadas conserve o direito de retirar-se livremente da União, e no art. 7º estabelecer uma só e única nacionalidade federal para todos os cidadãos das Repúblicas federadas, delineia a estrutura do Estado, enunciando no art. 8º que o organismo supremo de poder da URSS é o Congresso dos Soviets e, no intervalo entre os Congressos, o Comitê Central Executivo da URSS, formado do Conselho Federal e do Conselho das Nacionalidades. No artigo 29, cria o todo-poderoso Presidium que, no intervalo das sessões do Comitê Central Executivo, é o organismo supremo dos poderes legislativo, executivo e administrativo da URSS. Finalmente, no artigo 37 estabelece que o Conselho de Comissários do Povo da URSS é o organismo executivo e administrativo do Comitê Central Executivo.

Esta lei fundamental vigorou por doze anos. No dia 19 de fevereiro de 1935, o Pleno do Comitê Central do Partido Comunista decide rever a lei fundamental de 1924, propondo o assunto perante o VII Congresso de Soviets da URSS. Uma comissão presidida por **Stalin** apresenta, em junho de 1936, o projeto elaborado, o qual, depois de emendas pouco relevantes, é aprovado pelo VIII Congresso de Soviets, em 5 de dezembro de 1936.

Desde logo, duas notas devem ser alinhadas como básicas no exame do texto constitucional soviético de 1936: **1.** a vitória da corrente stalinista de construção do socialismo em um só Estado, quando este Estado possui um grande território, uma grande população e as principais matérias-primas; **2.** a permanência e reforço do Estado como instrumento de defesa contra o mundo capitalista.

Estas duas notas se completam com a plena supremacia do Partido Comunista, único em toda a URSS, considerada a projeção nas Repúblicas Federadas, que, pelo artigo 126, é o núcleo dirigente de todas as organizações de trabalhadores, tanto sociais como do Estado. Na própria máxima stalinista, o Partido é o guia do Estado.

Ainda que o artigo 13 qualifique a União das Repúblicas Socialistas Soviéticas como um Estado federal constituído sobre a base da união livremente consentida de repúblicas socialistas soviéticas, iguais em direitos, a federação é impura, sendo a URSS, na expressão de **Wheare**, um estado *"quasi-federal"* (cfr. *Federal Government*, Oxford, 1946, pág. 26). Na verdade, algumas disposições constitucionais desnaturam a forma federal: o direito de secessão, a descentralização em matéria de relações exteriores, a absoluta hegemonia do Partido Comunista, a possibilidade de formações militares independentes, etc. Mas, de qualquer forma, o diploma constitucional não delineia a execução prática de tais disposições, sendo certo que existe efetivamente um controle central rígido que as mantém meramente no plano de latência.

Por outro lado, a distribuição interna de competências confere à União das Repúblicas Socialistas Soviéticas, representada pelos órgãos superiores do poder do Estado e pelos órgãos da administração do Estado (artigo 14), um vasto espectro de ação. Ao lado da União subsistem as Repúblicas federadas (artigo 13), em número de 15, que por sua vez são compostas de Repúblicas Socialistas Soviéticas autônomas (artigos 22 *usque* 26), sendo, ainda, unidade federativa a chamada região autônoma (artigos 22, 24, 25 e 27).

Quanto às Repúblicas Socialistas Soviéticas autônomas, acompanhamos o raciocínio de **Garcia-Pelayo**, no sentido da posição privilegiada que ocupam na sistemática constitucional, pois, apesar de integradas nas Repúblicas federadas, mantêm vínculos com a União, seja participando na formação do Soviet das Nacionalidades, seja no estabelecimento constitucional dos seus direitos e deveres e dos seus órgãos superiores (Capítulo VII da Constituição). Não possuem o direito de secessão, nem personalidade internacional, nem forças militares próprias (op. cit., pág. 595), e, aí, diferenciam-se das Repúblicas federadas.

A URSS possui 20 repúblicas autônomas, 16 das quais integram a República Socialista Federativa Soviética da Rússia, uma integra a República Socialista Soviética do Azerbaijão, uma integra a República Socialista Soviética de Uzbekia, e duas integram a República Socialista Soviética da Georgia. Cada uma destas repúblicas autônomas possui sua própria Constituição.

A Constituição foi clara ao discriminar os órgãos fundamentais da URSS. São eles o Soviet Supremo, composto de duas Câmaras: o Soviet da União e o Soviet das Nacionalidades, e o Presidium do Soviet Supremo. Estabeleceu, ainda, um Conselho de Ministros, como órgão executivo e administrativo superior do poder do Estado, e uma Corte Suprema, como órgão jurídico superior.

O Soviet Supremo

O Soviet Supremo, como órgão superior do poder do Estado, exerce todos os direitos atribuídos à URSS nos termos do artigo 14, exercendo, exclusivamente, o Poder Legislativo da URSS.

Sendo uma estrutura bicameral, o Soviet Supremo opera em duas câmaras ou em pleno, discriminando a Constituição as respectivas competências.

O Soviet da União é eleito pelos cidadãos da URSS, em circunscrições eleitorais, à razão de um deputado por 300 mil habitantes. O Soviet das Nacionalidades é eleito pelos cidadãos da URSS, nas Repúblicas federadas, autônomas, regiões e territórios nacionais, cabendo a cada unidade, respectivamente, 25 deputados, 11 deputados, 5 deputados e 1 deputado. As duas Câmaras são iguais em direitos e o mandato dos seus membros é de 4 anos.

O processo legislativo compreende a igualdade de iniciativa das leis para ambas as Câmaras, sendo considerada definitiva a lei que for aprovada por maioria simples de votos por cada uma das Câmaras. A promulgação da lei, sempre sob a assinatura do Presidente e do Secretário do Presidium do Soviet Supremo, é feita nas línguas das Repúblicas federadas.

As sessões do Soviet Supremo são convocadas pelo Presidium, duas vezes ao ano. As sessões extraordinárias são convocadas pelo Presidium, por sua própria iniciativa ou a pedido de uma das Repúblicas federadas.

Cada Câmara elege seu Presidente e vota o seu Regimento Interno e as sessões comuns são presididas, *a tour de rôle*, pelo Presidente do Soviet da União e pelo Presidente do Soviet das Nacionalidades. A Constituição soviética de 1936, consagra medida típica dos regimes parlamentaristas ocidentais, assim, a possibilidade de dissolução do Soviet Supremo. É o que prescreve a regra jurídica do artigo 47. Caso haja divergência entre as duas Câmaras, a questão é remetida a uma Comissão de Conciliação formada pelas Câmaras, em base paritária. Se a Comissão não chega a uma solução concordante ou se não satisfaz a uma das Câmaras, a questão é examinada uma segunda vez pelas duas Câmaras. Permanecendo o impasse, o Presidium dissolve o Soviet Supremo e marca data para novas eleições. O artigo 54 fixa o prazo máximo de dois meses, e, nesse período, nos termos do artigo 53, o Presidium mantém os seus poderes até a eleição de um novo Presidium, pelo Soviet Supremo eleito.

A Constituição soviética consagra a formação de comissões de inquérito e controle pelo Soviet Supremo e compele às instituições e funcionários públicos a prestar todas as informações requeridas, materiais e documentos, conformando-se às exigências das comissões.

A imunidade parlamentar é admitida pelo artigo 52 quando impede que um deputado do Soviet Supremo seja processado e julgado sem o consentimento do Soviet Supremo e, nos intervalos das suas sessões, sem o consentimento do Presidium.

A respeito do processo legislativo, além da referência sumária já feita, é indispensável notar o funcionamento das Comissões internas das duas Câmaras. No Soviet da União funcionam as Comissões de Relações Exteriores, de Orçamento e a de Legislação, enquanto no Soviet das Nacionalidades, além das existentes no Soviet da União, funciona uma de assuntos econômicos, criada em fevereiro de 1957. Estas comissões são apontadas por todo o período do Soviet Supremo e reúnem-se com maior freqüência que as sessões abertas, sendo que as atividades que desenvolvem não são públicas.

O Presidium do Soviet Supremo

Considerando que o Soviet Supremo da URSS raras vezes se reúne e, ainda, quando tal ocorre, que o período de sessões é sensivelmente curto, as suas atribuições são exercidas, nos termos da transferência constitucional de poder, por outro órgão. O Presidium do Soviet Supremo concentra, pela permanência do seu funcionamento, o exercício das mais relevantes atribuições constitucionais.

O Presidium é eleito pelo Soviet Supremo em sessão conjunta das suas câmaras, compreendendo um presidente, quinze vice-presidentes (um por cada República federada), um secretário e dezesseis membros.

Ainda que a competência constitucional seja atribuída a todo o órgão, na URSS, as funções cerimoniais, normalmente da esfera do Chefe de Estado nos países ocidentais, são exercidas pelo Presidente do Presidium, e os quinze vice-presidentes são os Presidentes dos Presidiums das Repúblicas federadas, os quais desempenham nas suas respectivas Repúblicas o mesmo tipo de funções.

O artigo 49 da Constituição de 1936 enumera a competência do Presidium. Para **Leonard Schapiro**, pode-se examinar esta competência conforme ela se enquadre na área executiva ou na área legislativa (cfr. *The Government and Politics of The Soviet Union*, op. cit., pág. 111).

A mais importante função legislativa da competência do Presidium do Soviet Supremo é, indiscutivelmente, a de expedir decretos. O primeiro problema que se põe na questão gira em torno da determinação das matérias que podem conter. É certo, desde logo, que os decretos permitidos na letra "b" do artigo 49 não são unicamente regulamentares. Mesmo considerando o que dispõe o artigo 32 da Constituição, que defere o monopólio legislativo ao Soviet Supremo, estamos em que a competência legislativa do Presidium está a cavaleiro de limitação *ratione materiae*; desde que a matéria esteja na competência da União, pode o Presidium expedir decreto regulando-a. Mesmo porque, no intervalo das sessões do Soviet Supremo, o Presidium não poderia cruzar os braços diante de necessidades que requeressem uma nova legislação. Nestas circunstâncias, a legislação da URSS nasce no Presidium, sob a forma de decretos. Indagação de fôlego se propõe quando se examina a possível necessidade de uma posterior ratificação do Soviet Supremo dos decretos expedidos sob a guarida da letra "b" do artigo 49. Inexiste qualquer disciplina constitucional sobre a matéria. Observe-se, desde logo, que os decretos do Presidium têm força legislativa imediata.

Nos termos do artigo 29 da Lei Fundamental de 1924, o problema não poderia ser suscitado: era expresso que nos intervalos das sessões do Comitê Central Executivo da URSS, o Presidium tinha plenitude máxima no exercício dos poderes executivo, administrativo e legislativo. Mas a Constituição de 1936 não possui regra jurídica semelhante.

A ratificação está implícita na regra jurídica do artigo 32. Tendo o Soviet Supremo exclusividade no exercício do poder legislativo, o Presidium deve submeter os decretos expedidos para a sua aprovação. Na verdade, a ratificação é um ato puramente formal, uma vez que, operando com força imediata, o decreto expedido pelo Presidium perdura mesmo quando a ratificação demora por vários anos.

Outras funções de caráter legislativo enumeradas pelo artigo 49 não têm operado na prática. Assim, a da letra "**e**", referente à realização de consultas populares (*referendum*), seja por iniciativa própria, seja a pedido de uma das Repúblicas federadas, bem como a da letra "**f**", referente à derrogação das disposições e decisões do Conselho de Ministros da URSS e dos Conselhos de Ministros das Repúblicas federadas, quando contrárias à lei.

Na área executiva, o Presidium desenvolve as seguintes atividades: institui ordens e medalhas e estabelece títulos honoríficos; estabelece graus militares e diplomáticos; nomeia e demite altos funcionários das forças armadas; decreta mobilização geral ou parcial; ratifica e denuncia tratados; nomeia e retira representantes plenipotenciários da URSS no exterior; declara o estado de guerra em determinadas comarcas ou em toda a URSS no interesse da defesa ou para garantir a ordem pública e a segurança do Estado.

No intervalo das sessões do Soviet Supremo, a Constituição prevê, expressamente, que o Presidium tem competência para nomear e demitir de suas funções os Ministros da URSS, submetendo sua decisão à posterior aprovação do Soviet Supremo, e para declarar o estado de guerra em caso de agressão militar contra a URSS ou quando seja necessário cumprir compromissos derivados de acordos internacionais para a defesa mútua contra a agressão.

Mas o Presidium exerce, também, funções judiciárias, assim, a de interpretar as leis vigentes na URSS e o exercício do direito de graça.

O Conselho de Ministros

O artigo 64 da Constituição de 1936 estabelece que o órgão executivo e administrativo máximo de poder da URSS é o Conselho de Ministros. Como assinala **Sanchez Agesta**, o Conselho de Ministros exerce funções como órgão de Governo da União e como órgão de coordenação da atividade executiva e administrativa da União das Repúblicas federadas (cfr. *Derecho Constitucional Comparado*, Ed. Nacional, Madrid, 2ª ed., 1965, pág. 379).

O Conselho de Ministros é nomeado pelo Soviet Supremo e perante este responsável, salvo no intervalo de sessões, operando-se a transferência em favor do Presidium.

Sua composição é numerosíssima. Segundo o artigo 70, fazem parte do Conselho de Ministros, além do Presidente, primeiros Vice-Presidentes, Vice-Presidentes e Ministros da URSS, os Presidentes de diversos comitês, tais como, o do Conselho Supremo de Economia Nacional, o do Comitê do Plano de Estado, o do Comitê Estatal de Coordenação de Investigações Científicas, o do Comitê Estatal para os Assuntos de Construção. Integram, ainda, o Conselho de Ministros, o Presidente do Comitê de Controle do Partido e do Estado do Comitê Central do Partido Comunista da União Soviética, o Presidente da Direção do Banco de Estado e os Presidentes dos Conselhos de Ministros das Repúblicas federadas.

Os Ministérios da URSS, no plano constitucional, têm dois níveis: ou são Ministérios de toda a União ou são Ministérios de toda a União e da República. A própria constituição esclarece a distinção. Pelo artigo 75, os Ministérios de toda a União (Comércio Exterior, Aviação Civil, Frota Marítima e Vias de Comunicação) dirigem em todo o território da URSS, seja diretamente ou através de órgãos designados por eles, a rama da administração do Estado que lhes está encomendada. Pelo artigo 76, os Ministérios de toda a União e da República (Agricultura, Comunicações, Cultura, Defesa, Ensino Superior e Médio Especializado, Finanças, Negócios Estrangeiros e Saúde) dirigem ordinariamente a rama da administração do Estado que lhes está encomendada através dos Ministérios do mesmo nome das Repúblicas federadas e só administram diretamente um número determinado e limitado de matérias, conforme a relação aprovada pelo Presidium do Soviet Supremo da URSS.

Tendo em consideração o número de seus membros, dentro do próprio Conselho de Ministros se forma um verdadeiro *Inner Cabinet* (cfr. Schapiro, op. cit., pág. 117), advertindo **Garcia-Pelayo** que *"tal a magnitud numérica del consejo de Ministros, unida a las necesidades de concentración en la dirección política y administrativa, ha dado lugar a la formación en su seno de un Gabinete o consejo restringido cuyos miembros suelen corresponderse no solo numerica, sino tambien personalmente, con los de la Oficina política del Partido Comunista"* (op. cit., pág. 602). Sobre este Gabinete Secreto não existe qualquer referência constitucional, sendo certo, entretanto, que a ele cabe ordenar a política executiva e administrativa do Estado Soviético.

Na alçada do Conselho de Ministros, está a coordenação e direção da atividade do Conselho Supremo de Economia Nacional da URSS, do Conselho de Ministros da URSS, dos Ministérios de toda a União e dos Ministérios da União e da República dos Comitês estatais do Conselho de Ministros da URSS e de outras instituições dele dependentes; tomar medidas para o cumprimento do plano de economia nacional e fortalecimento do sistema monetário e creditício; assegurar a ordem pública; defender os interesses do Estado; proteger os direitos dos cidadãos; dirigir as relações da URSS com outros Estados; fixar o contingente anual do serviço militar ativo e dirigir a formação geral das Forças Armadas do país; formar os Comitês estatais da URSS e, em caso de necessidade, Comitês especiais e Direções Gerais adjuntas ao Conselho de Ministros para assuntos econômicos, culturais e de defesa.

Tem, ainda, função legislativa, nos termos dos artigos 66 e 67, expedindo disposições e decisões sobre a base e em cumprimento das leis vigentes, comprovando sua execução, sendo certo que o cumprimento das disposições e decisões do Conselho de Ministros é obrigatório em todo o território da URSS. Estas disposições, limitadas no próprio diploma constitucional, independem de ratificação, seja do Presidium, seja do Soviet Supremo.

O Sistema Eleitoral

A Constituição, no capítulo XI, estabelece os princípios gerais do sistema eleitoral.

O sufrágio é universal e direto. Todos os cidadãos maiores de 18 anos, sem qualquer distinção de sexo, raça, religião ou grau de instrução, situação econômica e atividades no passado têm o direito de participar das eleições, salvo os alienados, reconhecidos como tais pela lei. Para ser eleito deputado ao Soviet Supremo, a idade mínima é de 23 anos, inexistindo qualquer outra limitação ou discriminação. A mulher tem pleno direito a votar e ser votada e o voto censitário não é conhecido, tendo cada cidadão direito a um voto (artigos 135, 136 e 137).

O artigo 141 defere o monopólio do processo político ao Partido Comunista, pois, não sendo admitida a apresentação individual de candidatos, a regra jurídica constitucional estabelece que *"tem direito a apresentar candidatos as organizações sociais e as associações de trabalhadores: as organizações do Partido Comunista, os sindicatos, as cooperativas, as organizações da juventude e as sociedades culturais."* Ocorre que, nos termos do artigo 126, garante-se aos cidadãos da URSS o direito de agrupar-se em organizações sociais, sendo que *"os cidadãos mais ativos e conscientes da classe operária, dos camponeses e dos intelectuais se agrupam voluntariamente no Partido Comunista da União Soviética, que é o destacamento de vanguarda dos trabalhadores em sua luta pela construção da sociedade comunista, e que representa o núcleo dirigente de todas as organizações dos trabalhadores, tanto sociais como do Estado."*

Na verdade, a prática eleitoral na URSS não foge a este esquema de controle do Partido Comunista, quer ao indicar os seus próprios candidatos, quer ao inserir na lista oficial os candidatos não partidários indicados pelas organizações mencionadas no artigo 141 da Constituição.

Os dados eleitorais de 1962, referentes à composição do Soviet Supremo, indicam o funcionamento do processo eleitoral. De um total de aproximadamente 140 milhões de eleitores, 99,95% votaram. A lista oficial de candidatos composta de candidatos partidários e não partidários continha 1.433 nomes, e todos foram eleitos: 791 como Deputados ao Soviet da União e 652 como Deputados ao Soviet das Nacionalidades.

De resto, os autores soviéticos enfatizam o papel decisivo do Partido Comunista, acentuando **A. L. Nevdani** que *"el Partido Comunista es el único partido dirigente del Estado Soviético, que unifica y encauza la actuación de todos los organismos estatales y organizaciones sociales"*, levando à prática suas diretrizes para a edificação da sociedade comunista *"a través del aparato estatal y de las organizaciones sociales, no interfiriendo sus funciones, sino dirigiéndo-las diariamente a través de sus organizaciones y grupos, a través de los comunistas que trabajam en las organizaciones estatales y sociales"* (in Teoria del Estado y del Derecho, op. cit., pág. 181).

Não só o controle do Partido Comunista circuita o processo eleitoral, também os eleitores, nos termos do artigo 142 da Constituição, intervêm na fiscalização das atividades parlamentares, por isso que *"todo deputado tem o dever de prestar conta aos eleitores de seu trabalho e do trabalho do Soviet de deputados dos trabalhadores, e pode perder o mandato em todo o momento, por decisão da maioria dos eleitores, de acordo com o procedimento estabelecido em lei*". Uma lei de 30 de outubro de 1959 regulou o dispositivo constitucional. O procedimento adotado implica em três fases: **a)** apresentação do pedido; **b)** exame deste pelo Presidium do Soviet Supremo; **c)** votação do pedido. O artigo 2° da Lei de 30 de outubro indica quais as associações de trabalhadores que podem apresentar o pedido. O artigo 4° trata do exame pelo Presidium dos documentos que são apresentados, verificando da conformidade do pedido com as exigências legais. O artigo 5° e seguintes estabelecem o processo de votação, prescrevendo o artigo 7° que deve ser constituída uma comissão, na circunscrição eleitoral interessada, que controlará a aplicação da lei, em todas as fases, composta de Presidente, Vice-Presidente, Secretário e de 4 a 8 membros.

Os Direitos Individuais

Como observa **Linares Quintana** "*el capitulo décimo de la ley fundamental de los Soviets vigente, formalmente ofrece una gran similitud con cualquiera declaración de derechos de un Estado constitucional*" (Tratado de la Ciência del Derecho Constitucional, Ed. Alfa, Buenos Aires, 1953, Tomo I, págs. 117/118).

Em realidade, pode-se dizer que o capítulo X da Lei Fundamental da URSS consagra uma declaração de direitos, envolvida esta declaração pelo contexto ideológico do regime.

Para **Garcia-Pelayo**, o *bill* soviético pode ser esquematizado da seguinte forma: direitos do cidadão individual, direitos políticos democráticos e direitos à prestação do Estado (cfr. op. cit., pág. 595).

Impõe-se uma observação preliminar no exame dos direitos do cidadão individual assegurados pela Lei Fundamental de 1936. Não há nenhuma similitude essencial com as Declarações de Direito conhecidas no mundo ocidental. Inexiste grau axiológico superior relativamente ao Estado, como também carece de vinculação com a própria natureza humana. Os direitos são assegurados pelo Estado conforme os interesses dos trabalhadores e com o fim básico de consolidar o regime socialista.

Outrossim, o exercício destes direitos é controlado pelo Estado, nos termos do artigo 125. Depois da enumeração lacunosa, a regra jurídica do artigo 125 estabelece que *"estes direitos dos cidadãos são assegurados pelo fato de que à disposição dos trabalhadores e de suas organizações se encontram impressoras, papel, edifícios públicos, ruas, meios de comunicação e outras condições materiais necessárias para o exercício destes direitos."*

Os direitos garantidos pelo artigo 125 abrangem a liberdade de palavra, a liberdade de imprensa, de reunião, de desfiles e de manifestações de rua.

Demais destes, são garantidos os de liberdade de consciência, de cultos e de propaganda anti-religiosa, a inviolabilidade do domicílio e o direito de asilo aos perseguidos políticos.

Os chamados direitos políticos democráticos no esquema de **Garcia-Pelayo** manifestam-se pela igualdade perante a lei, sem qualquer discriminação, pelo voto, e pelo *recall* consagrado no artigo 142.

Finalmente, os direitos às prestações do Estado se apresentam pelo direito ao trabalho remunerado segundo sua quantidade e qualidade, direito ao descanso, direito à instrução e direito à previdência social.

Esgotando o Capítulo X, há a regulamentação dos deveres dos cidadãos, assim, a obrigação de salvaguardar e fortalecer a propriedade social, socialista, *"como base sagrada e inviolável do regime soviético, como origem da riqueza e do poderio da pátria, como fonte de uma vida acomodada e culta para todos os trabalhadores. As pessoas que atentam contra a propriedade social, socialista, são inimigas do povo"* (art. 131), a defesa da pátria, a prestação do serviço militar, a lealdade à Constituição e às leis, o cumprimento dos deveres sociais e o respeito às regras da convivência socialista.

Finalmente, o dever do trabalho, nos termos do artigo 12, segundo o princípio: *"quem não trabalha não come"* e a máxima socialista: *"De cada qual, segundo sua capacidade; a cada qual, segundo seu trabalho"*.

IV — CONCLUSÃO

A sumária referência feita à evolução constitucional soviética, com ênfase na exposição da estrutura que emergiu da lei fundamental de 1936, pode revelar a tipicidade do mecanismo do aparato de poder da URSS, a partir das características essenciais da formulação ideológica da revolução de 1917.

A preocupação pelo sistema de freios e contrapesos manifestada nas estruturas constitucionais do Ocidente não é revelada na URSS. E não é revelada na prática constitucional pela constante transferência de poder operada pelo relacionamento entre o Soviet Supremo e o Presidium, além da notória interferência do Partido Comunista como centro polarizador do processo político-constitucional.

Na verdade, não se pode divorciar da técnica constitucional acolhida na URSS o papel de ator eminente desenvolvido, pelo Partido Comunista. Por um lado, é correta a afirmação de que engrenagens diversas compõem o sistema de poder, quer na projeção das funções legislativa e executiva, quer na definição programática dos rumos adotados, é, por outro, certíssima a assertiva de que o predomínio da programática não sofre qualquer arranhão operacional, por isso que está plenamente garantida a presença da liderança partidária no bloco compacto dos organismos governamentais.

Esta definitiva eminência do Partido Comunista, que respinga todo o texto da Lei Fundamental de 1936, poderia justificar a observação de **Linares Quintana** sobre a separação entre a Constituição escrita e uma Constituição vivente, caso se entendesse apartados os pólos institucionais da URSS. E tal não ocorre. E não ocorre pelo só fato de que o protagonismo saliente do Partido Comunista é que é o *substractum* do texto constitucional.

É plenamente válida a crítica do estrangulamento do processo político, refletido no reduzido espectro da representação. Mas, por outro lado, se não pode negar a fidelidade que revela com as suas origens o sistema albergado pela Lei Fundamental de 1936.

A sistemática constitucional da URSS não negocia a sua essência uniforme de canalização consciente de todo o poder popular para o Partido Comunista, vértice da uniformização política. É certo que a Constituição de 1936 apresenta transição mais aberta do processo político-institucional, em comparação com a Lei Fundamental de 1924. Mas, de qualquer modo, a abertura habita o domicílio partidário, isto é, o confronto interno é mais sensível, realizado nos nossos dias, pela desconcentração pessoal no exercício das funções de mando.

Assim, o sistema constitucional soviético, com embasamento ideológico típico, revela o quadro freqüente apresentado pelo Estado de partido único, e é o modelo concreto de toda a construção constitucional dos Estados socialistas.

MANDADO DE SEGURANÇA CONTRA ATO LEGISLATIVO. CRIAÇÃO DE MUNICÍPIO. O CASO DE CANTAGALO*

A Assembléia Legislativa do Estado do Rio de Janeiro determinou a realização de plebiscito nos distritos de Euclidelândia e Boa Sorte, respectivamente, 3º e 5º distritos do Município de Cantagalo, para a criação do Município de Euclidelândia. O Município de Cantagalo impetrou mandado de segurança, combatendo a resolução da Assembléia Legislativa, alegando a ausência dos pressupostos exigidos para a emancipação dos distritos. Preliminarmente, foi argüido o descabimento da intervenção do Poder Judiciário neste momento do processo legislativo para a criação de município, eis que ainda não configurada a sua aprovação em lei estadual, com o que estar-se-ia interferindo na tramitação legislativa, o que é vedado na doutrina e na jurisprudência.

O sistema constitucional brasileiro até a Constituição de 1946 não cuidou de estabelecer regras próprias para a criação de municípios, entendendo que o pacto federativo esgotava-se nos Estados-membros, aos quais deveria caber a disciplina de sua composição territorial e administrativa, na esteira das melhores tradições do federalismo clássico, nascido com a Constituição norte-americana. Somente com o chamado Ato Institucional nº 2, de 1965, é que a disciplina constitucional federal passou a tratar da criação de mu-

---

* Revista de Direito Administrativo 193/79.

nicípios, impondo a prévia prova cabal de sua viabilidade econômico-financeira, perante a Assembléia Legislativa (art. 15).

Com a Constituição de 1967, mantida nesta parte com pequenas alterações pela Emenda nº 1, de 1969, lei complementar federal estabelecia os requisitos mínimos de população e renda pública e a forma de consulta prévia às populações locais para a criação de novos municípios, dependendo de lei estadual a respectiva criação (artigos 14 e 15). Segundo mestre **Pontes de Miranda**, a lei estadual que cria municípios é constitutiva geradora: a Assembléia Legislativa, diante da proposta que atendeu à Constituição, à lei complementar federal e à regra jurídica **válida** da Constituição estadual ou de lei complementar estadual **válida**, bem como ao resultado da **consulta prévia** às populações, **cria** o município (v. Comentários à Constituição de 1967, com a Emenda nº 1, de 1969, Forense, Rio, Tomo II, 1987, pág. 327).

A vigente Constituição brasileira inovou ao transferir para o âmbito estadual a especificação dos requisitos, limitando-se a impor prévia consulta às populações diretamente interessadas, e a preservação da continuidade e da unidade histórico-cultural do ambiente urbano (§ 4º do art. 18).

A Constituição estadual reproduziu a regra constitucional federal (art. 354). A Lei Complementar nº 59, de 22 de fevereiro de 1990, alterada, em parte, pela Lei Complementar nº 61, de 11 de maio de 1990, finalmente completa e aperfeiçoa o processo para a criação de municípios, nos termos do comando constitucional federal.

O art. 2º, da referida Lei Complementar nº 59/90, determina que o procedimento de criação de municípios terá início mediante representação dirigida à Assembléia Legislativa, subscrita por, no mínimo, quatro por cento dos eleitores residentes ou domiciliados na área a ser emancipada, estabelecendo os artigos 3º e 4º os requisitos mínimos indispensáveis para a criação de municípios, sendo a verificação feita, conforme o caso, pela Fundação IBGE, pelo órgão Fazendário do Estado, pelo Tribunal Regional Eleitoral ou pela comissão competente da Assembléia Legislativa.

Em seguida, o art. 5º estabelece que atendidas as exigências e requisitos dos artigos 3º e 4º, a Assembléia Legislativa decidirá sobre a realização do plebiscito para consulta aos eleitores da área a ser elevada à categoria de município, mediante Projeto de Resolução oriundo da comissão competente. Somente após cumprida esta etapa poderá ser criado o município mediante lei estadual.

No sistema constitucional anterior, a autorização para o plebiscito era objeto de lei estadual, não de resolução. Todavia, sempre se entendeu que a verificação dos requisitos necessários para a criação deveria preceder à realização do plebiscito, ou seja, o Colendo Supremo Tribunal Federal considerava inconstitucional lei estadual que autorizava a realização de consulta plebiscitária para a criação de município sem observar os requisitos exigidos, então, por lei complementar federal (RTJ 126/77). Isto quer dizer, concretamente, que poderia haver a intervenção do Poder Judiciário antes de completado o ciclo de criação do município, no momento mesmo em que se autorizava a consulta às populações interessadas.

De fato, a circunstância do procedimento agora vigente determinar que a autorização seja objeto de resolução, e não de lei, a meu juízo, não justifica que seja vedado ao Poder Judiciário atalhar o procedimento de criação de município. Constatado que a autorização foi dada com desobediência aos requisitos especificados, cabe a prestação jurisdicional. A resolução, que **Cretella Jr.** considera ato administrativo material, editado pelo Poder Legislativo, inconfundível com a lei (v. Comentários à Constituição de 1988, FU, Rio, Vol. V, 2ª ed., 1992, pág. 2.717), não pode escapar do controle do Poder Judiciário, ainda mais no caso de criação de município, que reclama o cumprimento prévio de requisitos definidos em lei, como pressuposto de sua aprovação pelo Poder Legislativo.

Recentemente, em questão relativa ao Município de Cabo Frio, sob controle concentrado de constitucionalidade, o Pleno do Colendo Supremo Tribunal Federal, com o voto condutor do Ministro **Sepúlveda Pertence**, contra os votos dos Ministros **Aldir Passarinho** e **Célio Borja**, entendeu que da *"regra do art. 18, 4°, da Constituição Federal, resulta, por inferência lógica, que, no processo de criação de município, a verificação dos requisitos objetivos de admissibilidade da emancipação há de preceder à realização do plebiscito"*. Assinalou, ainda, o voto condutor, que, se *"nesse processo do art. 18, 4°, a Constituição impôs requisitos objetivos à validade da dúplice decisão política — plebiscito mais lei estadual — de criar o município, a mim me bastaria a consideração de que se haveria de concluir que a Constituição pretendeu verificá-los antes do ato de vontade, cuja validade e cuja eficácia dependem da sua* *apuração"*. E mais: *"Creio que não se pode presumir, em boa hermenêutica constitucional, que a Constituição haja autorizado a inversão desta ordem lógica do procedimento, de modo a permitir que a primeira decisão política, que é a do plebiscito, ocorra antes da verificação (seja qual for o processo estabelecido na lei complementar), dos pressupostos da validade e da eficácia desta manifestação popular"* (RTJ 135/470).

Na verdade, a meu juízo, e com todo o maior respeito aos que, com bons fundamentos científicos, entendem de outro modo, não tem sentido surrupiar do Poder Judiciário o controle dos requisitos expressamente previstos em lei complementar para que a Assembléia Legislativa autorize, por meio de resolução, a consulta plebiscitária. Como já ensinou o Ministro **Moreira Alves**, reconhecendo o cabimento do mandado de segurança para impedir a tramitação de projeto de lei ou proposta de emenda constitucional, em circunstâncias concretas, a violação constitucional pode surgir durante o andamento do processo legislativo, quando a Constituição determina regras próprias, assim, por exemplo, quando se cuida de emendas constitucionais. Nesses casos, a inconstitucionalidade *"já existe antes de o projeto ou de a proposta se transformarem em lei ou em emenda constitucional porque o próprio procedimento já desrespeita frontalmente a Constituição"*. Conclui o decano do Colendo Supremo Tribunal Federal: *"E cabe ao Poder Judiciário — nos sistemas em que o controle da constitucionalidade lhe é outorgado — impedir que se desrespeite a Constituição. Na guarda da observância desta, está acima dos demais Poderes, não havendo, pois, que falar-se, a esse respeito, em independência dos Poderes. Não fora assim, e não poderia ele exercer a função que a própria Constituição, para a preservação dela, lhe outorga"* (RTJ 99/1.040).

A resolução que autoriza o plebiscito, porque subordinada ao prévio cumprimento de requisitos pela lei complementar estadual, pode violar direito líquido e certo do município ao qual pertença a área interessada na emancipação. Assim, a resolução pode e deve ser submetida ao controle jurisdicional sempre que houver indicação de violação dos pressupostos para a sua aprovação.

O CONSUMIDOR E OS PLANOS
PRIVADOS DE SAÚDE*

Este tema — O Consumidor e os Planos Privados — tem ocupado os espaços jornalísticos nos últimos tempos, especialmente em função das restrições que os planos de assistência médica particular contêm, seja com relação aos limites temporais de carência seja quanto ao elenco de doenças abrangido, e, ainda, pela vigorosa atitude do Conselho Federal de Medicina ao baixar a Resolução n° 1.401, de 11/11/93.

Desde logo, deve ser advertido que a questão central está localizada na própria falência dos serviços públicos de assistência médica, já a esta altura incapazes de prestar socorro aos milhares de brasileiros que padecem de algum mal. Este é um problema terrificante, ligado diretamente ao desenho do Estado, gasto e distorcido, no gigantismo que foi criado pela exacerbação do *wellfare state* e pela derrocada do Estado onipotente, construído à sombra do partido comunista, como vanguarda da sociedade. A queda do muro de Berlim e a recessão na América do Norte traduzem bem este trânsito doloroso de um Estado empobrecido, que luta desesperadamente para encontrar respostas aos anelos da sociedade. A sociedade desperta, toma consciência dos seus direitos, torna-se cobradora, sem reverência diante do poder reduzido do Estado, hoje devedor em toda a linha.

---

* Adaptação de palestra proferida no Seminário "Planos Privados de Saúde", promovido pelo Centro de Estudos e Debates no Tribunal de Alçada Cível do Rio de Janeiro — CEDES, Guarujá/SP, março/94.

No Brasil, esse quadro social é ainda mais preocupante. Com a inflação permanente, em patamares insuportáveis, combatida pela falácia da correção monetária, a população não consegue dispor de recursos mínimos para sobreviver. A saúde pública, como está oficialmente decretado, é uma calamidade. Os hospitais do Estado não têm recursos, e, o que é pior, o sistema de saúde não tem um projeto capaz de enfrentar as dificuldades da hora presente. Desse modo, a assistência pública de saúde, pura e simplesmente, não existe. Além disso, a clínica particular tornou-se proibitiva, salvo para as classes abastadas. Ninguém nas chamadas classes médias dispõe de recursos suficientes para enfrentar um tratamento com internação. Sem contar o descalabro da alta indiscriminada dos preços, há o abuso, o roubo, o oportunismo, a desfaçatez de cobranças absurdas e incontroláveis, infiltradas no mistério de uma contabilidade sem padrões, muitas vezes cobra-se pela sala de cirurgia mais tempo que o tempo efetivo da cirurgia, ou por um almoço muito mais caro que no melhor restaurante da cidade, ou, ainda, por tantos litros de soro que mataria o próprio paciente se efetivamente fosse ministrado, ou por uma passagem dolorosa pelo CTI, por uma única noite, mais do que as economias de uma vida inteira.

Gianfranco Pasquino, no *Dicionário de Política*, que escreveu ao lado de **Norberto Bobbio** e **Nicola Matteucci**, após mostrar as contradições do termo governabilidade, em voga durante certo tempo, cuidando da tese da sobrecarga e da crise fiscal do Estado, escreveu que *"somente o Governo que se baseie na sua eficácia e no consenso público é, na verdade, um Governo plenamente legítimo; mas, de maneira crescente, nos sistemas políticos contemporâneos, a legitimidade é o resultado de serviços governamentais que satisfaçam todas as exigências dos vários grupos sociais"* (Bobbio, Norberto. *Dicionário de Política*. 12ª ed. Tradução de Carmem C. Varriale et. al. Brasília: Editora Universidade de Brasília, São Paulo. Imprensa Oficial do Estado, 2002, pág. 549). E, ainda, ao cuidar da crise da democracia, anotou que da Áustria à Suécia, da Suíça à Noruega, a credibilidade dos governos é o resultado da diferenciação do poder e da presença de uma vasta rede de associações, capaz de aglutinar eficazmente os interesses e de reivindicar com sucesso, dentro de um quadro de compatibilidades.

De fato, as condições concretas da vida social, com o cenário tópico acima esboçado, levaram ao nascimento de movimentos sociais organizados na linha da defesa da sociedade que consome serviços diante do Estado prestador de serviços, e, também, diante dos serviços privados oferecidos pela sociedade. Foi um basta do cidadão consumidor de serviços. A indignação popular, concretamente, foi a origem de um novo patamar da história dos direitos humanos. Mestre **Caio Tácito** ensina, com a habitual lucidez, que os direitos econômicos e sociais são um prolongamento dos direitos e das liberdades individuais, contemplando o ser humano, além de sua qualidade pessoal, para garantir sua participação na sociedade, a substituição de um conceito de justiça distributiva pelo de uma justiça comutativa, que deve levar em conta as desigualdades individuais, ou seja, tratar desigualmente os desiguais para igualá-los, conforme a lembrada lição de **Ruy Barbosa**.

Essa realidade impulsionou a geração de direitos difusos, isto é, direitos próprios das sociedades de massa, além, portanto, dos conflitos individuais, sem titularidade pessoal, muito mais ligados à ordem do bem comum entendido este como um conjunto de circunstâncias concretas que permite ao homem realizar a plenitude de sua natureza na sociedade em que vive. São, por isso mesmo, direitos ou interesses de classes, grupos ou categorias de indivíduos e que, embora coletivos, não são necessariamente públicos. São direitos, portanto, incorporados à luta do homem em busca de melhor qualidade de vida.

O Ministro **Sepúlveda Pertence**, em preciso voto no Pleno do egrégio Supremo Tribunal Federal, deu o tom dessa nova quadra do Direito brasileiro ao afirmar que *"as demandas reais da sociedade pluralista de massas deste século têm lançado por terra, mesmo no âmbito dos regimes capitalistas, alguns dogmas fundamentais do primitivo individual liberalismo burguês, entre eles, particularmente, a aversão dos revolucionários do século XVIII às formações sociais intermediárias, que então se pretendeu proscrever, como intoleráveis resíduos do feudalismo. Hoje, ao contrário, o certo é que — dos sindicatos de trabalhadores às corporações empresariais e às ordens de diversas profissões, dos partidos às entidades de **lobby** de toda espécie, das sociedades de moradores às associações ambientalistas, dos centros de estudo aos agrupamentos religiosos, das minorias organizadas aos movimentos feministas — tudo, são formações sociais reconhecidas, umas e outras, condutos reputados imprescindíveis à manifestação das novas dimensões da democracia contemporânea, dita 'democracia participativa' e fundada, não mais na rígida separação, sonhada pelo individualismo liberal da primeira hora, mas na interação cotidiana entre o Estado e a sociedade civil.*

Nesse contexto, era fatal, como tem ocorrido desde o início do século, que progressivamente se viesse pondo em xeque o dogma do direito processual clássico, corolário das inspirações individualistas da ideologia liberal, qual seja, o da necessária coincidência entre a legitimação para agir e a titularidade da pretensão material deduzida em juízo, que sobreviveu incólume à afirmação da autonomia e à conseqüente publicização do direito de ação e do processo" (RTJ 142/451).

No Direito positivo brasileiro, um primeiro e fundamental passo para a proteção dos direitos a uma melhor qualidade de vida, em sentido amplo, foi a promulgação da Lei n° 7.347, de 24/7/85, que disciplinou a ação civil pública, sem prejuízo da velha ação popular, alcançando os danos causados ao meio ambiente, ao consumidor, a bens e direitos de valor artístico, histórico, turístico e paisagístico, e, finalmente, a qualquer outro interesse difuso ou coletivo, podendo ter por objeto a condenação em dinheiro ou o cumprimento de obrigação de fazer ou não fazer, aberta a perspectiva de ajuizamento de ação cautelar, com a concessão de mandado liminar, com ou sem justificação prévia, em decisão sujeita a agravo. A legitimação ativa foi investida no Ministério Público, na União, nos Estados e nos Municípios, e, também, nas autarquias, empresas públicas, fundações, sociedades de economia mista ou em associação que esteja constituída há pelo menos um ano, nos termos da lei civil, e que também inclua entre suas finalidades institucionais as proteções anteriormente referidas, sendo que, em caso de abandono ou de desistência infundada da ação por associação legitimada, o Ministério Público ou outro legitimado assumirá a titularidade ativa.

Com essa disciplina legal, o Ministério Público assumiu a liderança na luta em defesa da sociedade, até então desaparelhada, ensejando no curso de sua atuação vitoriosa a multiplicação de associações que, inicialmente, atuaram nos campos do meio ambiente e das mensalidades escolares. O que importa, contudo, é que esse movimento em defesa do consumidor disseminou-se de tal modo, invadindo o espaço jornalístico disponível, que repercutiu no Congresso Constituinte dos oitenta, provocando uma regulamentação constitucional própria no capítulo dos direitos e garantias individuais. O artigo 5° assegura no inciso XXI que sobre *"as entidades associativas, quando expressamente autorizadas, têm legitimidade para representar seus filiados judicial ou extrajudicialmente"* e no inciso LXX dispõe sobre o mandado de segurança coletivo, que pode ser impetrado por partido político com representação no Congresso Nacional, por organização sindical, entidade de classe ou associação legalmente constituída e em funcionamento há pelo menos um ano, em defesa dos interesses de seus membros ou associados, e, finalmente, ampliou o objeto da ação popular.

A interpretação conjunta dos incisos XXI e LXX do artigo 5º tem gerado confusão. Muitos têm acreditado ser imperativa para a impetração da ordem de segurança coletiva a expressa autorização referida no inciso XXI. Mas esta exigência é descabida. Neste sentido, o Colendo Supremo Tribunal Federal, Relator o Ministro **Ilmar Galvão**, decidiu que para a impetração da ordem de segurança coletiva é suficiente que a impetrante esteja regularmente organizada e em funcionamento há mais de um ano, desnecessária a autorização especial obtida em assembléia geral dos associados (*RTJ* 146/131). É claro que se torna sempre indispensável verificar a congruência entre os objetivos sociais da associação e os interesses cuja tutela se persegue, como decidiu o Pleno do Colendo Supremo Tribunal Federal, Relator igualmente o Ministro **Ilmar Galvão**, quando da impetração de mandado de segurança por associação comunitária de bairro em defesa de seus associados com relação ao programa governamental de distribuição de leite para as crianças carentes (*RTJ* 145/521).

Do mesmo modo, a Constituição Federal de 88, ainda no art. 5º, inc. XXXII, comandou a obrigação do Estado de promover, na forma da lei, a defesa do consumidor, estabelecendo o art. 170, V, como princípio geral da atividade econômica, a defesa do consumidor.

Desse aparato constitucional nasce o Código do Consumidor, a Lei nº 8.078/90, que definiu, logo no art. 2º, a figura do consumidor, assim, a pessoa física ou jurídica que adquire ou utiliza produto ou serviço como destinatário final, indicando o art. 3º que fornecedor é toda pessoa física ou jurídica, pública ou privada, nacional ou estrangeira, bem como os entes despersonalizados, que desenvolvem atividades de produção, montagem, criação, construção, transformação, importação, exportação, distribuição ou comercialização de produtos ou prestação de serviços, para considerar, no § 3º, serviço como qualquer atividade fornecida no mercado de consumo, mediante remuneração, inclusive as de natureza bancária, financeira, de crédito e securitária, salvo as decorrentes das relações de caráter trabalhista.

Dúvida não pode haver quanto à aplicação do Código do Consumidor sobre os serviços prestados pelas empresas de medicina de grupo de prestação especializada em seguro-saúde. A forma jurídica que pode revestir esta categoria de serviço ao consumidor, portanto, não desqualifica a incidência do Código do Consumidor.

O reconhecimento da aplicação do Código do Consumidor nas relações entre as partes contratantes implica subordinar os contratos, desde logo, qualquer que seja o tipo adotado, aos direitos básicos do consumidor, previstos no art. 6º do Código, merecendo destacados os dos incisos **IV**, proteção contra a publicidade enganosa e abusiva, métodos comerciais coercitivos ou desleais, bem como contra cláusulas abusivas ou impostas no fornecimento de produtos e serviços; **V**, modificação das cláusulas contratuais que estabeleçam prestações desproporcionais ou sua revisão em razão de fatos supervenientes que as tornem excessivamente onerosas; **VI**, a efetiva prevenção e reparação de danos patrimoniais e morais, individuais, coletivos e difusos; **VIII**, a facilitação da defesa de seus direitos, inclusive com a inversão do ônus da prova, a seu favor, no processo civil, quando, a critério do Juiz, for verossímil a alegação ou quando for ele hipossuficiente, segundo as regras ordinárias de experiências.

Outrossim, o Código foi rigoroso ao proibir, no art. 37, a publicidade enganosa, assim considerada qualquer modalidade de informação ou comunicação de caráter publicitário, inteira ou parcialmente falsa, ou, por qualquer outro modo, mesmo por omissão, capaz de induzir em erro o consumidor a respeito da natureza, características, qualidade, quantidade, propriedades, origem, preço e quaisquer outros dados sobre produtos e serviços, sendo enganosa por omissão a publicidade quando deixar de informar sobre dado essencial do produto ou serviço. E, para fechar o cerco, determinou, no art. 38, que o ônus da prova da veracidade e da correção da informação ou comunicação publicitária cabe a quem as patrocina.

E mais. Dispôs o Código sobre a proteção contratual no Capítulo VI, art. 46 e seguintes, determinando que os contratos que regulam as relações de consumo não obrigarão os consumidores, se não lhes for dada a oportunidade de tomar conhecimento prévio de seu conteúdo ou se os respectivos instrumentos forem redigidos de modo a dificultar a compreensão de seu sentido e alcance, assegurando, ademais, que as cláusulas contratuais serão interpretadas de maneira mais favorável ao consumidor.

No mesmo tom, o Código elencou as chamadas cláusulas abusivas, considerando-as nulas de pleno direito, além de presumir como exagerada a vantagem que, dentre outros casos, restringe direitos ou obrigações fundamentais inerentes à natureza do contrato, de tal modo a ameaçar seu objeto ou o equilíbrio contratual.

Por último, merece anotado que, no mesmo capítulo VI, o Código conceitua o contrato de adesão, isto é, aquele cujas cláusulas tenham sido aprovadas pela autoridade competente ou estabelecidas unilateralmente pelo fornecedor de produtos ou serviços, sem que o consumidor possa discutir ou modificar substancialmente seu conteúdo, obrigando, em qualquer caso, que as cláusulas que impliquem limitação de direito do consumidor sejam redigidas com destaque, permitindo sua imediata e fácil compreensão.

É com esse sistema legal que o Poder Judiciário deve enfrentar as questões decorrentes da execução dos contratos de assistência médica. Não há como fugir da necessidade de proteger o usuário, o consumidor, que, diante da falência da prestação dos serviços médicos pelo Estado, procura a medicina organizada pelo setor privado para substituí-los em bases onerosas.

Alguns problemas estão presentes com intensidade no resgate dos contratos, que, com muita freqüência, e devido à burocratização imposta pelas empresas, não se esmeram em cuidar com a devida atenção das demandas daqueles que com elas contratam. E o sinal desse fato simples é o aumento do recurso ao Poder Judiciário para a execução do contrato.

É fundamental que duas questões sejam observadas. A primeira trata do alcance e da qualidade dos serviços. A segunda alcança a vinculação do alcance dos contratos e a oferta dos serviços pela publicidade de massa.

Na Argentina, o chamado contrato de medicina pré-paga enfrenta a matéria com a mesma angústia. Em obra recente, **Ghersi**, **Weingarten** e **Ippolito** (Ghersi, Carlos Alberto; Weingarten, Célia; Ippolito, Sílvia C. *Contrato de medicina prepaga*. Buenos Aires: Editorial Astrea de Alfredo Y Ricardo Depalma, 1993) advertem que as empresas prestadoras de serviços de assistência médica estão obrigadas a uma prestação eficiente, integral e ótima. Assim, é imprescindível que disponham de mecanismos suficientes para oferecer aos seus associados os serviços médicos a que tenham direito e ao momento em que a requeiram, isto é, devem ter condição de pôr em movimento todo o aparato médico-assistencial quando seja necessário, e em tempo oportuno. Para tanto, como está assentado na jurisprudência, se a infra-estrutura do hospital que recebe o paciente, por razões de urgência, não reúne os requisitos necessários para tratá-lo, devem ser adotadas providências destinadas a transferi-lo para um centro especializado correspondente, não podendo escusar-se na falta de especialização para deixar de prestar o serviço. Com isso, quando a empresa não puder proporcionar a atenção exigida para o caso, o paciente pode procurar outra para realizar serviço, obrigando-se a empresa a reembolsar os gastos. E mais: para escapar dos trâmites burocráticos, em casos de urgência, mesmo quando o paciente não preenche certos requisitos, assim, o pagamento de alguma cota, ou, ainda, quando há exigência de prévio pagamento de uma determinada importância como depósito, o serviço não pode ser negado.

Na Argentina, o alcance da cobertura deve estar incluído no regulamento próprio que é entregue ao associado, devendo ser considerados alguns aspectos: ausência de previsão de todas as situações que se podem apresentar, falta de clareza do contrato e de correspondência entre o serviço prestado e o avanço da medicina. Neste sentido, também no país irmão, como aqui, é fundamental ligar os serviços efetivamente prestados com aqueles que constam das campanhas publicitárias.

No Brasil, a questão do alcance da cobertura tem sido objeto de freqüentes disputas judiciais, particularmente no que concerne às doenças infecto-contagiosas. O Conselho Federal de Medicina, em corajosa intervenção, baixou a Resolução nº 1.401, impondo *"o atendimento a todas as enfermidades relacionadas no Código Internacional de Doenças da Organização Mundial de Saúde, não podendo impor restrições quantitativas ou de qualquer natureza"*. Na mesma linha, determinou como princípios que devem ser obedecidos pelas empresas os que se seguem: *"a) ampla e total liberdade de escolha do médico pelo paciente; b) justa e digna remuneração profissional pelo trabalho médico; c) ampla e total liberdade de escolha dos meios diagnósticos e terapêuticos pelo médico, sempre em benefício do paciente; d) inteira liberdade de escolha de estabelecimentos hospitalares, laboratórios e demais serviços complementares pelo paciente e o médico"*.

A matéria está agora sob o julgamento na Justiça Federal, o que limita, por óbvio, a extensão dos comentários que se possa fazer. De todos os modos, a aplicação da controvertida Resolução deve levar em conta, dentre outros relevantes problemas técnicos, o princípio constitucional da irretroatividade das leis, tendo por inspiração o admirável voto condutor do Ministro **Moreira Alves**, quando do julgamento pelo STF da ação direta de inconstitucionalidade sobre a aplicação da TR ao Sistema Financeiro da Habitação.

Por outro lado, a matéria deve ser considerada tendo presente a ligação entre a oferta dos serviços, o contrato e a prestação efetiva.

Assim, se a empresa em campanha publicitária ofereceu transporte de urgência, seja por ambulância, seja por helicóptero, tal serviço tem de ser efetivamente prestado, sob pena de responsabilidade da prestadora, que, em tais casos, não tem qualquer escusa possível, diante do disposto no art. 30 do Código do Consumidor. E em caso de morte ou de seqüela severa pela falta de assistência cabível é a reparação do dano, com a cobertura do art. 14 do Código, que dispõe que o fornecedor de serviço responde, independentemente da existência de culpa, pela reparação dos danos causados aos consumidores por defeitos relativos à prestação dos serviços, bem como por informações insuficientes ou inadequadas sobre sua fruição e riscos.

As cláusulas que limitam os dias de internação, se tal serviço está alcançado pelo contrato, como é curial, não podem ser interpretadas contra o paciente porque restringem um direito fundamental inerente à natureza do contrato, como previsto no inc. II do parágrafo 1º do art. 51 do Código. E, ademais, é abusivo impor para uma intervenção coberta pelo serviço um determinado tempo de cura, tendo em vista que complicações operatórias podem surgir, por circunstâncias imprevistas. Por exemplo, em uma cirurgia gástrica a formação de um abscesso, ou uma coleção serosa, sob o fígado ou sob o diafragma pode ampliar, compulsoriamente, o tempo de internação. Do mesmo modo, a síndrome de pericardiotomia, após uma cirurgia cardiológica. Ou, ainda, embolias pulmonares, que podem se seguir a qualquer intervenção cirúrgica, apesar de todas as providências adotadas para evitá-las. Os citados **Ghersi**, **Weingarten** e **Ippolito** advertem, com razão, que as estipulações contratuais devem adaptar-se, necessariamente, ao conteúdo técnico e científico que vigora no campo da medicina, em função de cada uma das especialidades, que nos permitam enquadrar o objeto e a finalidade da atuação médica.

Também, com relação às enfermidades preexistentes, é necessário um tempero adequado para evitar excessos, a partir do conceito de enfermidade preexistente, sabido que não é fácil determinar o termo da enfermidade, visto que muitas, por suas características, não permitem indicar com precisão sua origem, nem mesmo seu tempo de evolução. Por outro lado, não é possível tomar em consideração, em termos absolutos, a afirmação do contratante ao ingressar no sistema oferecido pela empresa, assim porque ele pode não saber, efetivamente, se é portador de alguma doença. Por exemplo, em um quadro de inflamação da vesícula, que exige intervenção cirúrgica imediata, e que pode, em alguns casos, estar ligada a anterior quadro de litíase vesicular silenciosa. Ou, ainda, em caso de esquistossomose, disseminada no Nordeste brasileiro, da qual o paciente não tem qualquer noção, até que muito tempo depois da infestação o paciente exiba as evidências de hipertensão portal, nos casos daquela parasitose em sua forma hepatoesplênica. Pode ocorrer, ainda, que em uma determinada situação crítica um paciente com necessidade de implantação de marcapasso obtenha autorização para tanto, questionando a empresa, posteriormente, que a cirurgia estava vinculada a quadro clínico anterior, para obter o ressarcimento dos gastos. Nestes casos, é evidente, não pode ter sucesso a prestadora do serviço. A melhor interpretação recomenda que, para o fim de determinar a enfermidade preexistente, com repercussão no contrato, a responsabilidade deve ser da empresa, que dispõe de meios mais eficazes para responder por este aspecto.

Do mesmo modo, devem ser interpretadas as cláusulas de carência. Assim, por exemplo, como decidiu a Oitava Câmara Cível do TJRJ, relator o Desembargador **Carpena Amorim**, se *"o parto é prematuro a cláusula de carência deve ser interpretada em razão das finalidades da garantia"*.

Quanto ao alcance da cobertura, merece ser lembrado o acórdão da Quinta Câmara Cível do TJRJ, relator o Desembargador **Humberto Manes**, segundo o qual a *"necessidade de internação em hospital para a extração dos quatro cisos com atuação da equipe médica e aplicação de anestesia geral, sujeita o segurado aos riscos de qualquer cirurgia. O simples tratamento odontológico, não coberto pelas condições gerais, deixa de caracterizar-se, ensejando o dever do pagamento do seguro ajustado, por se tratar de ato cirúrgico em geral"*.

A matéria é amplíssima na extensão prática, diante da infinidade de hipóteses que podem ser apresentadas. Os contratos neste segmento, com a disciplina do Código do Consumidor, devem levar na devida conta a essência do serviço oferecido. Não se trata apenas de um negócio, mas, sim, de um serviço com especificidade pela natureza do seu objeto. É evidente que não é coerente criar um desequilíbrio contratual às avessas, ou seja, impor serviços não computados nos cálculos atuariais, de modo indiscriminado. É necessário, porém, que seja respeitado o consumidor na execução do contrato, que deve ser interpretado levando-se na devida conta a publicidade feita. Se, por exemplo, do plano são excluídas certas enfermidades, impõe-se o esclarecimento público com o mesmo vigor com que a chamada dos atrativos é feita. O mesmo se diga quanto aos prazos de carência e à limitação dos dias de internação. Pode-se dizer, sem medo de erro maior, que a oferta dos serviços, no caso, integra o cenário da interpretação judicial do contrato.

O MISTÉRIO DA VIDA E A DESCOBERTA DO CÓDIGO GENÉTICO*

O que é o homem no seu composto racional, livre e social? Certamente, cada um encontrará no escaninho da sua mente uma resposta plausível para justificar o próprio existir no tempo e no espaço. Desde logo, o ser humano é uma unidade na diversidade do seu próximo. Todos nascem iguais na essência de sua natureza, mas são, ao mesmo tempo, diferentes uns dos outros, na escala do existir pessoal e social, e também diferentes no reino animal. A humanidade é, assim, a reunião de indivíduos que guardam a mesma natureza na plenitude da diversidade dos demais indivíduos. O traço da humanidade é, portanto, a igualdade essencial e a diferença existencial.

Como indivíduos, sem dúvida, existe uma massa corporal de células geradas de outros indivíduos da mesma espécie animal. Enquanto células todos são, também, energia, e a massa corporal vive e se mantém porque diversos sistemas de células, geradas da reunião de gametas, são produzidos a partir do momento em que ocorre a chamada fecundação e dão origem aos órgãos que mantêm o funcionamento sistêmico do corpo. **António Damásio**, no livro O Erro de Descartes, tratando de organismos, corpos e cérebros, escreve que *"qualquer que seja a questão que possamos levantar sobre quem somos e por que somos como somos, uma coisa é certa: somos organismos vivos complexos, com um corpo propriamente dito ('cor-*

---

* Revista CEJ 16/29.

po', para abreviar) e com um sistema nervoso ('cérebro', para abreviar)", possuindo o organismo uma estrutura e miríades de componentes, com numerosos órgãos combinados em sistemas.

O homem é, de fato, um complexo de sistemas. Um desses sistemas é, por exemplo, o da circulação sangüínea; outro, o nervoso central; outro, o digestivo e assim sucessivamente. Vale lembrar que muitos anos antes de William Harvey, o descobridor da circulação do sangue, no século XVII, já na antigüidade oriental e greco-romana, havia o conhecimento de que o coração batia e a este órgão atribuíam os antigos um papel central no sentimento. E, também, que no século XVI, graças ao trabalho de **Vesalius**, apareceu "De humani corporis fabrica, libri septem", conhecido apenas como "Fabrica", o primeiro livro ilustrado da anatomia humana. A menção a **Vesalius** é relevante porque foi ele que pioneiramente ingressou no cérebro do homem, fazendo importante descrição de algumas das suas características estruturais, que passou, a partir dele, a não mais ser ignorado pelos anatomistas.

O que distingue o homem no mundo animal é que a sua natureza corpórea inclui um sistema de sentidos que permite o desenvolvimento da inteligência, ou seja, da razão, do pensar, do comunicar, enfim, e o mais importante, do sentir por meio das funções cerebrais que lhe capacitam a expressar os seus sentimentos e a existir de acordo com a sua vontade. O cérebro é, portanto, o centro do pensar humano, espraiando as diversas funções que qualificam o homem na natureza, assim, a memória, a fala, os movimentos, a compreensão. Como ensina **António Damásio**, o *"cérebro e o corpo encontram-se indissociavelmente integrados por circuitos bioquímicos e neurais recíprocos dirigidos um para o outro. Existem duas vias principais de interconexão. A via em que normalmente se pensa primeiro é a constituída por nervos motores e sensoriais periféricos que transportam sinais de todas as partes do corpo para o cérebro, e do cérebro para todas as partes do corpo. A outra via, que vem menos facilmente à memória, embora seja bastante mais antiga em termos evolutivos, é a corrente sangüínea; ela transporta sinais químicos, como os hormônios, os neurotransmissores e os neuromoduladores".*

É através desse cérebro que o homem deixa sua marca individual em meio a diversidade, particularmente ao se considerar que é lá que estão armazenados todos os fatos que provocam os mais diferenciados sentimentos e comportamentos.

Esse domínio do homem sobre ele próprio, esse comando do pensar humano, deixa aberta uma importante perspectiva para a crença de que ele não é, então, apenas energia, mas, também, além dessa energia que mantém o corpo, dotado da infinita possibilidade de processar suas crenças, nem sempre cientificamente demonstráveis.

O neurologista britânico, **Oliver Sacks**, hoje professor no Albert Einstein College of Medicine, ao expor um de seus casos sobre a síndrome de Korsakov, ou seja, a dificuldade de lembrar, a existência de "abismos de amnésia", conta que naquela situação havia *"alguma perda essencial e total da realidade íntima, do sentimento e do sentido, da alma"*, para concluir: *"sem dúvida, como disseram as irmãs, ele possuía uma alma, uma alma imortal, no sentido teológico; podia ser visto, e amado, como um indivíduo pelo Todo-Poderoso; porém, elas concordavam, algo muito perturbador acontecera com ele, com seu espírito, seu caráter, no sentido ordinário, humano"* (pág. 132). Ou ainda, diante de outro caso de síndrome de Korsakov, "pura", "não complicada por outros fatores, emocionais ou orgânicos", consultou o grande especialista da época, pioneiro nos estudos de neuropsicologia da memória, **A.R. Luria**, que lhe respondeu que *"não há prescrições para um caso como esse. Faça o que sua perspicácia e seu coração sugerirem. Há pouca ou nenhuma esperança de recuperar a sua memória. Mas um homem não consiste apenas em memória. Ele tem sentimento, vontade, sensibilidades, existência moral — aspectos sobre os quais a neuropsicologia não pode pronunciar-se. E é ali, além da esfera de uma psicologia impessoal, que você poderá encontrar modos de atingi-lo e mudá-lo. (...) Em termos neuropsicológicos, há pouco ou nada que você possa fazer; mas no que respeita ao indivíduo talvez você possa fazer muito"* (pág. 49).

O ser humano é, portanto, uma unidade composta de corpo e alma, que é o primeiro passo que deve ser dado para que os desafios da ciência médica sejam desvendados e incorporados desde que Hipócrates apresentou o conceito histórico de doença, ou seja, a descrição da evolução da doença, do primeiro sinal até o seu máximo, com a precisa expressão da antiga palavra patologia.

Ao se ter essa compreensão do homem na natureza, ou seja, ao não considerá-lo apenas uma energia que se esgota no seu corpo, é possível avançar para um outro campo, que deve preceder as preocupações com a clonagem de seres humanos. Para que devem servir as descobertas científicas e tecnológicas?

Sendo o homem dotado da capacidade de sentir, que faz com que cada um seja a sua própria história, imagina-se que a inteligência que cria as coisas, transforma a natureza, invade o mistério da vida, somente pode ter a felicidade como objetivo. Essa felicidade é a compatibilidade entre a aspiração do homem e a sua realização na sociedade. Se o homem alcança aquilo que espera, é feliz; caso contrário, é infeliz. A felicidade é, portanto, individual. Ocorre que essa felicidade individual depende da capacidade do homem construir os elementos para que ele possa viver feliz. E, para isso, ele depende de seu próximo. Todos são, portanto, em certa medida, responsáveis pela felicidade uns dos outros. Nesse sentido, as criações humanas não podem ter objetivo maior que o de contribuir para a felicidade do homem, o que começa pela preservação da vida, o valor soberano que rege o destino do ser. O professor **Eurico Borba**, no livro *Por uma Ordem Social Solidária*, tratando da biotecnologia, asseriu que, antes de tudo, é preciso pensar na defesa da sacralidade da vida, no valor infinito da vida, a partir da prevalência absoluta da lei natural.

Com essa concepção da vida humana, é possível entender que cada descoberta científica é o resultado de um longo processo de amadurecimento, composto de passos e passos de evolução, que, muitas vezes, levam a vida inteira, expondo o homem a sacrifícios inúteis, em síntese, desrespeitando aquele valor infinito da vida. Veja-se que as bactérias não foram descobertas por um cientista, mas, sim, por um dono de armarinho, o holandês Antony Leeuwenhoek, no século XVII, e ganhou o mundo porque Regnier de Graaf, seu compatriota, médico e anatomista, que descobriu o ponto gerador de óvulos no ovário, escreveu ao Secretário da Sociedade Real de Londres que Leeuwenhoek havia construído um microscópio que podia enxergar objetos muito pequenos; e dessa descoberta até a primeira observação do médico inglês John Tyndall, com seus tubos de ensaio, sobre a luta entre as bactérias e o mofo, o *Penicillium*, cerca de dois séculos se passaram; e, ainda, daí até Alexander Fleming perceber que os estafilococos não cresciam em torno do mofo, dando origem aos antibióticos, termo criado por Selman Waksman, o descobridor da estreptomicina, mais cerca de trinta anos se foram, passando pelo desastre de Robert Koch, o notável médico alemão que descobriu o bacilo da tuberculose, com a morte de centenas de pacientes, em decorrência do apressado anúncio de uma vacina. Com tais exemplos, talvez o homem tenha a humildade de compreender que não deve despedaçar a sua criação no destempero do poder criativo, sem a cautela de sedimentar cada novo trânsito, até que a vida seja beneficiada sem o sacrifício da vida.

Não foi diferente com o código genético. Tudo começou com o cientista americano Ross Granville Harisson, que no início do século XX descobriu que a fibra nervosa procedia da própria célula nervosa, inaugurando a era da cultura dos tecidos. Os trabalhos para a descoberta do DNA (ácido desoxirribonucléico), segundo contam Friedman e Friedland, começa com um suíço de fala alemã, Friedrich Miescher, procurando revelar quais substâncias químicas compõem o núcleo da célula. Nasce a nucleína, que continha proteína. Ele percebeu que uma outra substância química, rica em fósforo, até então desconhecida, estava ligada ao componente protéico, com o que aventou que a nucleína poderia servir de meio para o núcleo fornecer suprimento contínuo de fósforo ao citoplasma da célula. Mas deve-se a Maurice Wilkins, nascido na Nova Zelândia, a identificação de que o DNA era o transmissor da hereditariedade. Com James Watson e Francis Crick, ele dividiu o Nobel de 1962. Na verdade, a descoberta do DNA e de sua estrutura significou desvendar o mistério da vida, ou seja, como os seres humanos passam instruções para a feitura de outro ser humano.

O passo seguinte, sem dúvida, seria tentar vencer a criação natural para gerar artificialmente os seres humanos, considerando que a geração artificial em outros níveis de vida já estava presente nas pesquisas científicas, ganhando a culminância da notoriedade com a ovelha Dolly.

Data de 1993 o anúncio dos professores Robert Stilmann e Jerry Hall de que seria possível clonar seres humanos, isto é, homens com o mesmo padrão genético.

Stella Marcos de Almeida Neves Barbas, em dissertação de mestrado para a Faculdade de Direito da Universidade de Coimbra, *Direito ao Património Genético*, explicou de forma simples que a *"clonagem é o método que permite, através de reprodução assexuada, a criação de seres humanos geneticamente iguais; retira-se o núcleo de um óvulo não fecundado e substitui-se pelo núcleo de uma célula não sexual de um homem ou de uma mulher adulta (esta célula pode ser retirada da pele ou do intestino) e por razões ainda não completamente esclarecidas pela medicina o óvulo com o seu núcleo transplantado desenvolve-se como se tivesse sido fecundado por esperma".*

Vê-se, assim, que a clonagem é a geração da vida independente da lei natural, ou seja, é, em tese, a criação de determinado padrão genético escolhido pelo homem. O que deve ser perguntado é se a humanidade está disposta a assumir a unidade genética, provocada pela geração artificial, independente, portanto, do encontro entre seres criados para criar outros seres. Desse modo, observa-se que a unidade essencial e a diversidade existencial estão presentes na vida humana. Mas essa unidade essencial está vinculada à multiplicidade genética na seqüência de um ser para outro porque a disposição da natureza do ser do homem é gerar outros seres para a continuidade da vida, para a preservação da humanidade. No momento em que se torna possível padronizar geneticamente a humanidade, mesmo sabendo ser inviável a clonagem do pensamento, do agir humano, enfim, da alma, que está longe do alcance da igualdade genética, não perderá ela a sua qualidade — humana — a substância mesma da sua origem, com a desarticulação do ciclo existencial da descendência? Note-se que mesmo o padrão genético igual pode cientificamente gerar identidades diferentes, ou seja, não há como confundir a identidade do clonado com a de seu clone, tal como ocorre no caso de gêmeos. Nesse sentido o trabalho da **Pontifícia Academia Pro Vita**, que afirma que *"na hipótese de se querer estender a clonagem à espécie humana, desta replicação da estrutura corpórea não derivaria necessariamente uma identidade perfeita da pessoa, considerada tanto na sua realidade ontológica como psicológica. A alma espiritual, constitutivo essencial de cada sujeito pertencente à espécie humana, que é criada diretamente por Deus, não pode ser gerada pelos pais, nem ser produzida pela fecundação artificial, nem ser clonada. Além disso, o desenvolvimento psicológico, a cultura e o ambiente levam sempre a personalidades diferentes; este é um fato bem conhecido no caso dos gêmeos, cuja semelhança não significa identidade. A fascinação popular ou a auréola de poder absoluto, que acompanham a clonagem, hão-de ser pelo menos redimensionadas"*.

O que está em jogo não é a igualdade entre o clonado e o clone, mas, sim, a possibilidade da escolha artificial de determinado padrão genético com a ruptura do ciclo existencial somente possível com a geração natural.

O Dr. **Alexandre Laureano Santos**, do Secretariado dos Consultores da Comissão Episcopal das Comunicações Sociais, de Portugal, mostra que os *"mecanismos da reprodução sexuada, extraor-*

dinariamente complexos, constituem a principal garantia da evolução e da sobrevivência das espécies".

Em apreciado estudo, *Bioética e Clonagem Humana*, o Padre **Hubert Lepargneur** adverte que a clonagem humana pode ser *"tecnicamente realizada, mas não com a facilidade e rapidez que certas apresentações supõem. Além do mais, **Aristóteles** já tinha reparado que as leis biológicas parecem funcionar **ut in pluribus** (expressão de S. Tomás), isto é, apenas na maioria das vezes: no caso das clonagens toda cautela é pouca! Isto é, as generalizações e extrapolações são arriscadas (a biologia é uma ciência experimental, além de observação). Tem-se a impressão de que alguns preparam o lançamento de um manual **Do it Yourself**, com seu kit dando receita para clonar um ser querido na cozinha da casa".*

Na verdade, a idéia central em torno do tema deve ser a proteção da humanidade contra a manipulação genética, capaz de traduzir não o avanço da ciência para a felicidade humana, mas a desqualificação da própria vida. Como expõe o Padre **Hubert Lepargneur**: *"Em princípio toda nova invenção é instrumento de um passo de libertação que aumenta a capacidade humana; no caminho da manipulação genética da própria espécie, porém, surge a ameaça de não abrir, mas fechar o espaço da futura liberdade".*

Não se deve refletir na manipulação genética com o signo da distinção entre as experiências reprodutivas e terapêuticas. É fora de qualquer incerteza que toda a humanidade busca desesperadamente formas para eliminar as doenças. Mas a que preço? Ao preço da vida eterna, da superação da morte? Mas não será isso uma quimera? A ciência não tem o dom de conceder eternidade!

Todas as experiências em favor da vida são possíveis e ilimitadas, mas jamais ao custo da própria vida. Em estudo intitulado *Clones: Aspectos Biológicos e Éticos*, **José Roberto Goldim** aponta as duas modalidades de clonagem em laboratório: a primeira, separando-se as células de um embrião em seu estágio inicial de multiplicação celular, processo *"semelhante ao que ocorre na natureza quando da geração de gêmeos univitelinos, que tem origem a partir de um mesmo óvulo e de um mesmo espermatozóide"*, e que foi tentado em 1902 por Hans Spemann, ganhador do Prêmio Nobel de 1935 *"pelas suas pesquisas sobre o efeito organizador no desenvolvimento embrionário"*; a segunda, pela substituição do núcleo de um óvulo por outro proveniente de uma célula de um indivíduo já existente, que foi a modalidade utilizada para a geração da ovelha

Dolly e também proposto teoricamente pelo mesmo Spemann, em 1938. Mas, segundo o professor **José Roberto Goldim**, o *"processo, conceitualmente simples, é, na prática, muito difícil e delicado"* e revela que o *"experimento gerou algumas dúvidas quanto a sua veracidade, pois não havia certeza quanto ao animal que tinha sido doador da célula mamária. Após foi divulgado que a ovelha doadora, que estava prenha, já havia morrido, três anos antes, e que o seu material biológico havia sido congelado. Isto impede a realização de contraprovas, por exemplo, através dos enxertos de tecidos da ovelha doadora na ovelha clonada. Caso não houvesse reação imunológica estaria demonstrada a identidade biológica entre ambas. Um ano depois, no início de 1998, o próprio Prof. Wilmut admitiu a possibilidade de que tenha havido um 'engano' e que a ovelha Dolly não seja de fato um clone de células típicas de um animal adulto. Alguns propuseram que poderia ter havido uma clonagem a partir de células embrionárias. O que possivelmente tenha ocorrido é a clonagem a partir de uma célula proliferativa do epitélio mamário da ovelha, que devido ao fato de ela estar prenha se encontram em um estado de intensa divisão celular"*.

A experiência que tantas perplexidades tem causado não escapa na história das grandes descobertas da medicina, que demandam tempo e muito estudo e pesquisa para chegar a um porto seguro de aplicação prática e generalizada. A clonagem ainda apresenta muitas falhas, provocando a morte da maioria dos embriões no primeiro terço da gestação, como afirma o pesquisador brasileiro Lawrence Smith, da Universidade de Montreal, e que passou pelos laboratórios do Instituto Roslin. Boa parte dos clones morre em estado avançado de gestação e há casos de natimortos, sem falar que muitos clones nascem com anomalias cardíacas, problemas de imaturidade pulmonar, baixa imunidade.

As preocupações de todos não estão voltadas para as pesquisas científicas feitas em defesa da vida, mesmo aquelas que envolvem trabalhos com a cultura de células para o desenvolvimento da cura de muitas doenças. A busca do conhecimento é um bem, já dizia Sócrates. Bertrand Russell ensina que o vínculo entre o bem e o conhecimento é um marco presente em todo o pensamento grego. O problema é de natureza ética, isto é, saber se pode o homem, na busca do conhecimento, sacrificar a vida. É preciso não confundir o termo ética, utilizado por **Aristóteles** em dois livros, *Ética a Nicômaco* e *Ética a Eudemo*, mas já presente em toda a filosofia grega mesmo antes dele. É certo que muitos ainda pensam que ética e moral são palavras sinônimas, o que tem, certamente, origem na recepção do termo grego pelos romanos. O que vale, porém, é considerar a ética no sentido da conduta humana e não dos hábitos e costumes de uma determinada comunidade. E o problema ético da clonagem está na questão da preservação da vida como um valor em si.

Não se está cerceando a liberdade da investigação nem a busca de avanços científicos e tecnológicos capazes de melhorar e aperfeiçoar a vida humana. Mas, sim, o que deve considerar-se é a inviabilidade ética da criação de outro ser humano que não seja fruto da geração decorrente da lei natural.

O que dizer, por exemplo, das pesquisas desenvolvidas com as chamadas "células-tronco" (*stem cells*), ou seja, aquelas células que podem transformar-se em qualquer tipo de tecido, que dão origem aos diversos órgãos do corpo humano, servindo, assim, para o advento de novas possibilidades de cura para doenças como o mal de Alzheimer, de Parkinson, o diabetes, a leucemia, ademais dos transplantes de órgãos e da reparação de lesões do sistema nervoso central e periférico.

Os especialistas mostram que tais células estaminais multipotentes foram encontradas no sangue do cordão umbilical e na placenta, na medula óssea, no sistema nervoso e no tecido conjuntivo. Segundo o Dr. **Alexandre Laureano Santos**, tais *"células foram isoladas e foram desenvolvidas em cultura de tecidos; foram mesmo descritas e utilizadas algumas substâncias reguladoras do seu crescimento e da sua diferenciação em certas linhas celulares"*, sendo que as células multipotenciais *"são suscetíveis de clonagem ou de modificação das proteínas das suas membranas exteriores com o objetivo da criação de tecidos imunologicamente compatíveis com os organismos adultos"*.

É evidente que tais possibilidades não têm nenhum impedimento de natureza ética porque não causam o rompimento do ciclo vital. Todavia, tal não ocorre com a utilização das células tronco originárias de embriões humanos dadores porque significa a sua destruição e o embrião humano é vida, titular de um existir que começa com a sua concepção em um processo contínuo que só termina com a morte.

Os limites éticos estão postos na garantia da pesquisa científica livre com o respeito à vida, segundo a lei natural. Diante da realidade, não é tão simples como pode parecer. Quando um cientista faz o seu trabalho no ambiente acadêmico, toma a decisão de seguir uma linha de pesquisa ou adotar determinado procedimento é que pode ver-se melhor a questão da supremacia da ética sobre os interesses pessoais ou de um grupo. O respeito efetivo pela pessoa humana, pela vida, depende da posição assumida pelo cientista e, necessariamente, das condições da própria sociedade. Se há uma alta densidade ética, é bem provável que o critério maior de respeito à vida seja observado. Mas nem todos os cientistas estão preocupados com o problema ético de suas pesquisas, até mesmo porque é possível que nunca tenham sido provocados para pensar sobre o assunto. Daí ser indispensável fortalecer no ambiente social a predominância da ética. Para tanto, a educação humanista, a informação honesta e atualizada, o debate interdisciplinar, a consideração da ética como critério para a orientação das pesquisas, dentro do próprio meio científico, são valiosos instrumentos.

A aventura humana não termina com a descoberta do código genético. Cada tempo é um novo tempo de criação e de invenção, de atividade criadora, em suma, de criação do espírito. A única certeza é que o mistério da vida será sempre a permanente força para a sobrevivência da espécie humana.

Harold Bloom, o crítico literário, professor das Universidades de Yale e Nova York, escreveu que Shakespeare é o inventor do humano. Talvez ele tenha razão. Mas, sendo ou não, vale lembrar a sentença de Hamlet: *"Se tiver que ser agora, não está para vir; se não estiver para vir, será agora; e se não for agora, mesmo assim virá. Estar preparado é tudo"*.

OS DIREITOS DA PERSONALIDADE E A LIBERDADE DE INFORMAÇÃO*

Quando se põe em debate o dano moral e à imagem, particularmente em uma sociedade que aproxima as pessoas pelas mais variadas mídias, abre-se uma ampla gama de possibilidades a partir da determinação de assegurar a liberdade de manifestação do pensamento e de sua livre circulação.

No Brasil, o sistema de proteção aos chamados direitos da personalidade ganhou importância especial com a Constituição de 1988. Podem ser agrupados em **direitos à integridade física** (direito à vida, direito sobre o próprio corpo, direito ao cadáver) e **direitos à integridade moral** (direito à honra, direito à liberdade, direito ao recato, direito à imagem, direito moral do autor).

Tais direitos agasalham-se no espectro dos direitos do homem, que o constituinte dos oitenta cuidou acolhendo a distinção entre os **direitos subjetivos públicos** (art. 5º, IV, VI, IX, XII, XX, XXIX) e os **direitos subjetivos privados** (art. 5º, V e X). Estão, pois, no patamar constitucional direitos subjetivos privados relativos à integridade moral.

O inciso V do art. 5º assegura o direito de resposta proporcional ao agravo, além da indenização por dano material, moral ou à imagem. E o inciso X do mesmo artigo comanda que são invioláveis a intimidade, a vida privada, a honra e a imagem das pessoas, assegurado o direito de indenização pelo dano material ou moral decorrente de sua violação.

---

* Revista Forense 363/29.

É certo que o dano material encontra cenário muito claro. Mas tal não ocorre com o dano moral, que somente agora, após a disciplina constitucional, recebe maior atenção na prática judiciária.

Mas o que é o dano moral?

O Ministro **Eduardo Ribeiro** assinala que a primeira dificuldade nesse campo é, exatamente, conceituar o dano moral, supondo, é claro, já existente uma concepção do que seja dano. E para bem explicitar, no plano dos conceitos, esclarece que para saber se existe dano material ou dano moral *"importa a repercussão do ataque ao bem jurídico e não a natureza do que foi objeto da ofensa"* (Revista de Direito Renovar, RDR 7/1).

Mestre **Aguiar Dias**, sempre invocado em matéria de responsabilidade civil, ensina que o *"dano moral é o efeito não patrimonial da lesão de direito e não a própria lesão, abstratamente considerada"* (Da Responsabilidade Civil, vol. II, 8ª ed., Rio de Janeiro, Freitas Bastos, 226/227, pág. 861). E, após trazer lições de outros mestres, anota que não *"há distinguir entre injúria material e moral porque a causa do dano é uma. A conseqüência, isto é, a repercussão da injúria, é que pode revestir caráter patrimonial ou não patrimonial"* (op. cit., pág. 862). A distinção, *"ao contrário do que parece, não decorre da natureza do direito, bem ou interesse lesado, mas do efeito da lesão, do caráter de sua repercussão sobre o lesado"*, sendo certo *"que a inestimabilidade do bem lesado, se bem que, em regra, constitua a essência do dano moral, não é critério definitivo para a distinção, convindo, pois, para caracterizá-lo, compreender o dano moral em relação ao seu conteúdo, que — invocando Minozzi — 'não é o dinheiro nem coisa comercialmente reduzida a dinheiro, mas a dor, o espanto, a emoção, a vergonha, a injúria física ou moral, em geral uma dolorosa sensação experimentada pela pessoa, atribuída à palavra dor o mais largo significado'"*.

Para os **Mazeaud** a questão não é nova, pois que o sentimento de honra, que constitui um dos elementos do patrimônio moral, já era conhecido desde tempos muito antigos, sendo que na época da vingança privada, os agravos à honra eram reprimidos mais severamente do que os danos materiais. Os redatores do projeto franco-italiano de obrigações e contratos, por exemplo, cuidaram do dano moral no art. 85, estipulando que o Juiz pode fixar indenização à vítima em caso de lesão corporal, de atentado a sua honra, a sua reputação, ou àquela de sua família, a sua liberdade pessoal, à violação do domicílio ou de um segredo que interesse à vítima manter (*Traité*, I, 293 e 297; no mesmo sentido, Lalou, *Traité*, 149).

Savatier entende por dano moral todo sofrimento humano que não é causado por uma perda pecuniária. Pode ser um sofrimento físico, sendo a indenização aqui denominada **pretium doloris**. É, mais freqüentemente, uma dor moral de variegada origem, assim, o agravo à reputação, à autoridade legítima, a sua segurança e sua tranqüilidade, ao seu amor próprio estético, à integridade da sua inteligência. O antigo professor da Faculdade de Direito de Poitiers anota, entre outros principais aspectos práticos do dano moral, aquele relativo ao agravo à reputação (*Traité*, II, 525 e 532).

Em monografia valiosa, **Ricardo de Angel Yáguez**, catedrático de Direito Civil da Universidade de Deusto, apresentou os chamados danos morais como aqueles impostos às crenças, aos sentimentos, à dignidade, à estima social ou à saúde física ou psíquica, em suma, aos que são denominados direitos da personalidade extrapatrimoniais (*La Responsabilidad Civil*, pág. 224).

No Brasil, **Serpa Lopes** assinalou, apoiado em lição de **Biagio Brugi**, que o dano moral há de ser ressarcido independente de qualquer repercussão sobre o patrimônio do prejudicado. Para o velho mestre, se a lei fala em dano, *"deve-se entender o de qualquer espécie. O direito foi tutelado e existe para garantir e tutelar a existência, a integridade e o desenvolvimento da personalidade humana, e esta, como sujeito de direito, é considerada no complexo de sua existência física, moral, intelectual, pois, de outro modo, falharia aos seus objetivos. O direito da personalidade humana, conclui BRUGI, não pode exaurir-se com os direitos patrimoniais"* (*Curso de Direito Civil*, vol. II, 5ª ed., Rio de Janeiro, Freitas Bastos, 1989, pág. 378).

Ainda no traçado melhor dos doutrinadores, **Caio Mário**, apoiado em escólios de outros tratadistas da matéria, escreve que *"a par do patrimônio, como 'complexo de relações jurídicas de uma pessoa, economicamente apreciáveis', o indivíduo é titular de direitos integrantes de sua personalidade, o bom conceito de que desfruta na sociedade, os sentimentos que exornam a sua consciência, os valores afetivos, merecedores de igual proteção da ordem jurídica. A propósito, é de encarecer a minúcia com que Santos Briz examina cada um dos casos em que ocorre a ofensa a um direito de cunho moral. Mais desenvolvidamente Yves Chartier cogita das numero-*

sas hipóteses em que pode ocorrer o prejuízo moral: atentados não físicos à pessoa; atentado à honra, à consideração e à reputação; difamação e injúria; ofensa à memória de um morto; atentado contra a vida privada; preservação da imagem, do nome e da personalidade; atentado à liberdade pessoal" (Responsabilidade Civil, 4ª ed., Rio de Janeiro, Ed. Forense. 1993, pág. 59).

Mestre **Pontes de Miranda** abre seu estudo fixando um conceito básico: nos danos morais, a esfera ética da pessoa é que é ofendida; o dano não patrimonial é o que, só atingindo o devedor como ser humano, não lhe atinge o patrimônio. Para o tratadista sempre mencionado não é só no campo do Direito Penal que *"se há de reagir contra a ofensa à honra, à integridade física e moral, à reputação e à tranqüilidade psíquica"*. Para Pontes, *a "sensibilidade humana, sociopsicológica, não sofre somente o **lucro cessans** e o **damnum emergens**, em que prepondera o caráter material, mensurável e suscetível de avaliação mais ou menos exata. No cômputo das suas substâncias positivas é dúplice a felicidade humana: bens materiais e bens espirituais (tranqüilidade, honra, consideração social, renome). Daí o surgir do princípio da responsabilidade do dano não patrimonial"*. Assevera Pontes, sem meias palavras, que o homem, *"com os direitos da personalidade, tem a honra como algo essencial à vida, tal como ele a entende: a ofensa à honra pode ferir, por exemplo, o direito de liberdade e o direito de velar a própria intimidade; mas a honra é o entendimento da dignidade humana, conforme o grupo social em que se vive, o sentimento de altura, dentro de cada um dos homens"* (Tratado de Direito Privado, LIII, §§ 5.509 e 5.510).

O dano moral como conseqüência da violação de um dos direitos da personalidade é mais bem compreendido quando se percebe completamente a realidade da natureza humana. Ao estudar os fundamentos da moralidade, na sua monumental obra sobre o Direito natural, **Johannes Messner** mostra que o homem é um ser perfeito na razão e por meio da razão, segundo as exigências da realização plena da sua natureza.

Essa lição mostra que o ser humano tem uma esfera de valores próprios, postos em sua conduta não apenas em relação ao Estado, mas, também, na convivência com os seus semelhantes. Respeitam-se, por isso mesmo, não somente aqueles direitos que repercutem no seu patrimônio material, de pronto aferível, mas aqueles relativos aos seus valores pessoais, que repercutem nos seus sentimentos, revelados diante dos outros homens. São direitos que se encontram reservados ao seu íntimo, que a ninguém é dado invadir, porque integram a privacidade do seu existir, da sua consciência.

Não foi sem razão que o Instituto Internacional de Direitos do Homem publicou um conjunto de estudos sobre a proteção dos direitos do homem nas suas relações entre pessoas privadas. Em um desses estudos, **Ole Espersen**, então Ministro da Justiça da Dinamarca, destacou a dificuldade de encontrar uma definição geral sobre a vida privada ou privacidade (*private life or privacy*). Fazendo menção a um relatório sobre a matéria, afirma que a privacidade pode ser definida como uma área na vida humana na qual, em qualquer circunstância, um homem médio com uma compreensão das necessidades legítimas da comunidade pensaria ser errado invadir. E, lembrando a conferência dos juristas nórdicos sobre os direitos à privacidade, de 1968, reproduziu a proposta formulada para defini-los como o direito do indivíduo de conduzir a sua própria vida protegida contra interferência em sua vida privada e familiar; interferência em sua integridade física ou mental ou sua liberdade moral e intelectual; ataques a sua honra e reputação; sua indevida exposição; a divulgação de fatos irrelevantes e embaraçosos relativos a sua vida privada; uso de seu nome, identidade ou semelhança, espreita, espionagem; interferência em sua correspondência; uso indevido das suas comunicações privadas; divulgação de informação dada ou recebida por ele em segredo profissional (cfr. René Cassin, II, pág. 181).

É óbvio que não se pode exaurir em um determinado conceito legal todas as várias formas de invasão naquela esfera ética referida por **Pontes de Miranda**, nos direitos relativos aos valores pessoais que repercutem nos sentimentos postos à luz diante dos semelhantes. De todos os modos, é preciso ter presente que não é mais possível ignorar esse fato em uma sociedade que se tornou invasora porque reduziu distâncias, tornando-se pequena e, por isso, poderosa na promiscuidade que propicia. É uma sociedade que, verdadeiramente, pretende acabar com o monopólio do homem sobre os seus sentimentos, porque criou meios para descobri-los, expondo-os por inteiro. Foi com muita razão que **Andreas Khol** advertiu ser desnecessário enfatizar as ameaças à vida privada que nasceram no curso da expansão e do desenvolvimento dos meios de comunicação de massa (op. cit., págs. 210/211).

Esse rápido painel doutrinário, conceitual, alcançando o dano moral, pode ser completado com a exegese constitucional de **Celso Ribeiro Bastos** e **José Cretella Júnior**. O primeiro mostra que o inciso X da Constituição Federal *"oferece guarida ao direito à reserva da intimidade assim como ao da vida privada. Consiste na faculdade que tem cada indivíduo de obstar a intromissão de estranhos na sua vida privada e familiar, assim como de impedir-lhes o acesso a informações sobre a privacidade de cada um, e também impedir que sejam divulgadas informações sobre essa área da manifestação existencial do ser humano"* (Comentários, 2º vol., pág. 63). O segundo, tratando da honra, reproduz lição de **Gian Domenico Pisapia**, para o qual *"no conceito genérico de honra inclui-se a honra, em sentido específico, consistente no conjunto de dotes morais, e o decoro, consistente no conjunto dos dotes físicos, intelectuais e sociais. Estes dois conceitos podem entender-se sob duplo aspecto. No sentido subjetivo, a honra e o decoro identificam-se com o sentimento que cada um tem da própria dignidade moral, intelectual, física ou social. Em sentido objetivo, a honra e o decoro identificam-se com a estima e a opinião que os outros têm de uma pessoa, constituindo sua reputação. O sentimento pessoal da honra e do decoro pode ser lesado, pois, com fatos de imediato percebidos pela pessoa, independentemente do reflexo que possam ter na opinião dos outros, isto é, com ofensas pronunciadas perante o sujeito passivo; a reputação, ao contrário, pode ocorrer somente com a divulgação para outros de ofensas que a diminuam"* (Comentários, I, pág. 258).

O direito à imagem, que integra o elenco dos direitos à integridade moral, pode ser apresentado de muitas formas, sendo certo que a sua violação repercute no sentimento da vítima, na sua dor pessoal, na intimidade da sua consciência. Há, assim, sempre uma violência causadora de um dano moral. Todavia, isto não quer dizer que a ofensa ao direito de imagem não possa ter uma repercussão patrimonial, cumulando-se, portanto, a reparação do dano.

Na verdade, a imagem é constituída pelos atributos que nascem com a pessoa ou são por ela conquistados na sua existência social. Tanto estão vinculados às suas características pessoais quanto são adquiridos ao longo da vida. E tais atributos em seu conjunto são protegidos pelo Direito. E o ataque pode decorrer, pura e simplesmente, pelo uso não autorizado da imagem. Aqui a tutela está voltada para a própria figura do titular. Essa figura é que constitui, nesse cenário, o direito à imagem.

Julgado do Superior Tribunal de Justiça, de que Relator o eminente Ministro **Ruy Rosado de Aguiar**, mostra que, deixando de lado *"as teorias que procuram de algum modo vincular o direito à imagem a algum outro direito de natureza personalíssimo, como à intimidade, à honra, à privacidade, etc., a doutrina brasileira e a jurisprudência que lentamente se afirma nos tribunais é no sentido de atribuir-lhe caráter de um direito autônomo, incidente sobre um objeto específico, cuja disponibilidade é inteira do seu titular e cuja violação se concretiza com o simples uso não consentido ou autorizado, com as exceções referidas pelos doutrinadores, como a da figura que aparece numa fotografia coletiva, a reprodução da imagem de personalidades notórias, a que é feita para atender a um interesse público, com o fito de informar, ensinar, desenvolver a ciência, manter a ordem pública ou necessária à administração da justiça"* (REsp nº 46.420/SP, DJ de 5/12/94).

Essa proteção aos direitos da personalidade ganha uma dimensão muito especial nessa quadra de nossa vida, à medida que o sistema de comunicação social une a humanidade.

E, em razão disso, surge um ponto crítico, que é o balanceamento entre a proteção constitucional dos direitos da personalidade e o direito à livre manifestação do pensamento e à liberdade de imprensa.

Esse é, de fato, um ponto delicado diante da garantia constitucional da liberdade de informação jornalística tal como prevista no art. 220, § 1º, da Constituição Federal. Como conciliar?

Esse aspecto é o que mais interessa examinar, considerando que o tema do direito à imagem no seu sentido comercial já está bem delimitado nas Cortes brasileiras, a partir da matriz do Supremo Tribunal Federal (RTJ 103/205, RTJ 104/801).

Em primeiro lugar, é preciso não esquecer que um dos fundamentos da República Federativa do Brasil, o art. 1º da Constituição de 1988, pouco lido, é certo, é a dignidade da pessoa humana (inc. III). E essa dignidade se faz presente para compreender e aplicar o dispositivo sobre a manifestação do pensamento, a criação, a expressão e a informação que, nos termos do art. 220, não sofrerão qualquer restringência (*caput*). Essa disciplina constitucional, que também estabelece que a lei não conterá dispositivo que possa constituir embaraço à plena liberdade de informação jornalística em qualquer veículo de comunicação social, tem sua limitação na dignidade da pessoa humana, mandando o constituinte, nessa direção, que seja observado o disposto no art. 5º, incisos IV, V, X, XIII e XIV.

Dúvida não pode haver, portanto, de que o constituinte não pretendeu introduzir uma liberdade de expressão e comunicação que passasse ao largo dos direitos da personalidade que ele próprio positivou. É o que se chama *reserva legal qualificada*, por meio da qual o constituinte autorizou fosse respeitada a esfera de liberdade da pessoa humana.

Gilmar Ferreira Mendes, depois de mostrar a *"inevitável tensão na relação entre a liberdade de expressão e de comunicação, de um lado, e os direitos da personalidade constitucionalmente protegidos, de outro, que pode gerar uma situação conflituosa, a chamada colisão de direitos fundamentais (Grundrechtskollision)"*, traz decisões da Corte Constitucional alemã (Bundesverfassungsgericht) referentes ao conflito entre a liberdade de imprensa ou a liberdade artística e os direitos da personalidade, como direito à honra e à imagem.

A primeira, uma decisão de 1971 relativa à publicação do romance *Mephisto*, em ação ajuizada pelo filho adotivo de um ator e diretor falecido, *"com o argumento de que se cuidava de uma biografia depreciativa e injuriosa"* da sua memória. Julgada improcedente pelo Tribunal de Hamburgo, o romance foi publicado com uma advertência aos leitores afirmando que as pessoas do livro eram tipos, não retratos da personalidade. O Tribunal Superior de Hamburgo, depois, concedeu liminar para acrescentar à publicação uma nova advertência no sentido de que as personagens *"haviam sido conformadas, fundamentalmente, pela 'fantasia poética do autor' (Dichterische Phantasie des Verfassers)"*. Posteriormente, o Tribunal deferiu a proibição da publicação *"tanto com fundamento nos direitos subsistentes de personalidade do falecido teatrólogo, quanto em direito autônomo do filho adotivo. Como o público dificilmente poderia distinguir entre poesia e realidade, sendo mesmo levado a identificar na personagem Höfgen a figura de Grüdgen, não havia como deixar de reconhecer o conteúdo injurioso das afirmações contidas na obra. O direito de liberdade artística não teria precedência sobre os demais direitos, devendo, por isso, o juízo de ponderação entre a liberdade artística e os direitos da personalidade ser decidido, na espécie, em favor do autor"*. O Supremo Tribunal Federal (Bundesgerichtshof), *"rejeitou a revisão interposta sob a alegação de que o direito de liberdade artística encontra limite imanente (imannente Begrendzung) no direito de personalidade assegurado constitucionalmente. Esses limites são violados se, a pretexto de descrever a vida ou a conduta de determinadas pessoas, se atribui a elas prática de atos negativos absolutamente estranhos à sua biografia, sem que se possa afirmar, com segurança, que se cuida, simplesmente, de uma imagem hiperbólica ou satírica".* Finalmente, a Corte Constitucional, julgando o recurso constitucional (Verfassungsbeschverde) impetrado pela editora recorrente, considerou que um *"conflito entre a liberdade artística e o âmbito do direito da personalidade garantido constitucionalmente deve ser resolvido com fulcro na ordem de valores estabelecida pela Lei Fundamental; nesse sentido, há de ser considerada, particularmente, a garantia da inviolabilidade do princípio da dignidade humana consagrada no art. 1. I".* Com isso, assinala **Gilmar Ferreira Mendes**, foi reconhecido que, embora ausente reserva legal expressa, *"o direito de liberdade artística não fora assegurado de forma ilimitada. A garantia dessa liberdade, como a de outras constitucionalmente asseguradas, não poderia desconsiderar a concepção humana que balizou a Lei Fundamental, isto é, a idéia de homem como personalidade responsável pelo seu próprio destino, que se desenvolve dentro da comunidade social".*

A segunda, o denominado "caso Lebach", de 1973, *"no qual se discutiu problemática concernente à liberdade de imprensa face aos direitos da personalidade".* Cuidava-se de pedido de medida liminar formulado perante tribunais ordinários por um dos envolvidos em grave homicídio — conhecido como o *"'assassinato de soldados de Lebach" — Der Soldatenmordo von Lebach — contra a divulgação de filme, pelo Segundo Canal de Televisão (Zweites Deutsches Fernsehen — ZDF), sob a alegação de que, além de lesar os seus direitos de personalidade, a divulgação do filme, no qual era citado nominalmente, dificultava a sua ressocialização. O Tribunal estadual de Mainz e, posteriormente, o Tribunal Superior de Koblenz não acolheram o pedido de liminar, entendendo, fundamentalmente, que o envolvimento no crime fez com que o impetrante se tornasse uma personalidade da história recente e que o filme fora concebido como um documentário destinado a apresentar o caso sem qualquer alteração".* Houve aqui a solução do conflito em favor da divulgação da matéria. Todavia, a Corte Constitucional, *"após examinar o documentário e assegurar o direito de manifestação do Ministério da Justiça, em nome do Governo Federal, do Segundo Canal de Televisão, do Governo do Estado da Renânia do Norte-Vestfália, a propósito do eventual processo de ressocialização do impetrante na sua cidade natal, do Conselho Alemão de Imprensa, da Associação Alemã de Editores, e ouvir especialistas em execução penal, psicologia social e comunicação, deferiu a medida postulada, proibindo a divulgação do filme, até a decisão do processo principal, se dele constasse referência expressa ao nome do impetrante".* Considerou, então, o Tribunal *"que, ao contrário da expressão literal da lei, o direito à imagem não se limitava à própria imagem, mas também às representações de pessoas com a utilização de atores"* e, ainda, *"que os valores constitucionais em conflito (liberdade de comunicação e direitos da personalidade) são elementos essenciais da ordem democrático-liberal (freiheitlich demokratische Ordnung) estabelecida pela Lei Fundamental, de modo que nenhum deles deve ser considerado, em princípio, superior ao outro".* Assim, na *"impossibilidade de uma compatibilização dos interesses conflitantes, tinha-se de contemplar qual haveria de ceder lugar, no caso concreto, para permitir uma adequada solução da colisão".* A Corte concluiu:

> *"Para a atual divulgação de notícias sobre crimes graves tem o interesse de informação da opinião pública, em geral, precedência sobre proteção da personalidade do agente delituoso. Todavia, além de considerar a intangibilidade da esfera íntima, tem-se que levar em conta sempre o princípio da proporcionalidade. Por isso, nem sempre se afigura legítima a designação do autor do crime ou a divulgação de fotos ou imagens ou outros elementos que permitam a sua identificação.*
> *A proteção da personalidade não autoriza que a Televisão se ocupe, fora do âmbito do noticiário sobre a atualidade, com a pessoa e a esfera íntima do autor de um crime ainda que sob a forma de documentário.*
> *A divulgação posterior de notícias sobre o fato é, em todo caso, ilegítima, se se mostrar apta a provocar danos graves ou adicionais ao autor, especialmente se dificultar a sua reintegração na sociedade. É de se presumir que um programa que identifica o autor de fato delituoso pouco antes da concessão de seu livramento condicional, ou mesmo após a sua soltura, ameaça seriamente o seu processo de reintegração social."*

Arremata **Gilmar Ferreira Mendes** que no *"processo de **ponderação** desenvolvido para solucionar o conflito de direitos individuais não se deve atribuir primazia absoluta a um ou a outro princípio ou direito. Ao revés, esforça-se o Tribunal para assegurar a aplicação das normas conflitantes, ainda que, no caso concreto, uma delas sofra atenuação. É o que se verificou na decisão acima referida, na qual restou íntegro o direito de noticiar sobre fatos criminosos, ainda que submetida a eventuais restrições exigidas pela proteção do direito de personalidade"* (Revista de Informação Legislativa 122/297).

Aguiar Dias dá conta de julgado do Tribunal do Sena, em 1934, *"decidindo demanda proposta contra os herdeiros de ANATOLE FRANCE, que modelara a personagem Julien Sariette de seu La revolte des anges na personalidade real de Jean Lemoine. ANATOLE FRANCE retratou Julien Sariette como um bibliotecário que vem a enlouquecer, em conseqüência da desordem reinante na biblioteca de que é diretor. Em todos os pormenores, a figura retratada coincidia com as características e as circunstâncias da história real de Jean Lemoine, bibliotecário-arquivista do Ministério da Guerra da França. A Corte de Apelação de Paris confirmou a sentença, assentando a responsabilidade do romancista que acarreta danos a terceiros, recordando em um romance, de maneira suficientemente clara para permitir a identificação da pessoa a que se reporta, acontecimento doloroso na vida dessas pessoas"*. Para o grande mestre **Aguiar Dias**, o criador da obra intelectual está limitado pelo respeito *"à personalidade física e moral alheia, principalmente quando ainda vivos os modelos de inspiração do escritor"* (ADV. — Seleções Jurídicas, março de 1994, pág. 11).

O mesmo ocorreu com o chamado "caso Luz del Fuego", no qual foi assegurado pelo Tribunal de Justiça do Rio de Janeiro aos parentes próximos legitimidade ativa para acionarem os responsáveis, opondo-se à divulgação da vida da artista, por direito próprio, sendo o autor do roteiro, o produtor e os co-produtores responsáveis solidários pelos danos resultantes do ato ilícito, sob a relatoria do então Desembargador Wellington Pimentel (AC nº 39.193, Terceira C. C. do TJRJ).

Publicação do *Jornal do Brasil*, em matéria assinada pelo jornalista Nelson Franco Jobim, datada de 2/9/93, destacou processo do começo do século, iniciado pela bailarina Maud Allen contra o empresário e aventureiro britânico Noel Pemberton, que em seu jornal, imperialista, mencionou a autora como pervertida sexual que estaria sendo chantageada. O processo por difamação durou cinco anos e o réu foi absolvido.

    Caso interessante foi julgado pela Primeira Câmara Cível do Tribunal de Justiça do Estado do Rio de Janeiro, Relator o Desembargador **Luiz Carlos Guimarães**, sobre a ofensa a um direito da personalidade por meio de *charge*. Recordando Antonio Chaves — *"dentre todos os direitos da personalidade, não existe outro tão humano, profundo e apaixonante como o direito à própria imagem"* — o voto condutor, embora considerando as características primordiais da *charge*, burlesca, caricatural e satírica, asseverou que não pode ela se transformar *"em veículo de desonra e de afronta à imagem de terceiros, pena de acarretar o ônus de indenizar que daí possa advir"*.

    E a proteção à imagem da pessoa alcança com o mesmo vigor a criança e o adolescente, decidindo o Superior Tribunal de Justiça, com a relatoria do Senhor Ministro **Luiz Vicente Cernicchiaro**, ser vedado aos órgãos de comunicação social *"narrar fatos, denominados infracionais, de modo a identificá-los"*, e, ainda, que *"agentes de conduta ilícita, não podem ser vilipendiados, expostos à execração pública"*, sendo que também *"quando mortos são dignos de proteção, em homenagem à honra"*.

    Outro caso que merece referência é aquele relativo à divulgação de doença, julgado pelo Tribunal de Justiça do Rio de Janeiro (AC nº 3.059/91, de minha relatoria). Decidiu o Tribunal ser evidente, acima de qualquer dúvida razoável, que a divulgação de notícia, no caso baseada apenas em boatos, sobre a enfermidade grave de qualquer pessoa, viola os direitos subjetivos privados acolhidos pelo art. 5º, X, da Constituição Federal. Não é lícito aos meios de comunicação de massa tornar público a doença de quem quer que seja, pois tal informação está na esfera ética da pessoa humana, é assunto que diz respeito a sua intimidade, a sua vida privada, lesando, ademais, o sentimento pessoal de honra e de decoro. A Lei da Suíça, de 1911, no artigo 40, *"protege quem for lesado em seus interesses pessoais"* (*in seinen persönlichen Verhältnissen*), isto é, lesão aos direitos subjetivos sobre a própria pessoa, referentes às qualidades e situações (*e.g.* integridade física e psíquica, liberdade, honra, nome, figura social) (cfr. **Pontes de Miranda**, T.

LII, cit. págs. 225/226). A doença inclui-se entre esses interesses pessoais, que só integram a intimidade e a vida privada do paciente, que não pode ser exposta ao público, salvo, como no exemplo do desportista Earvin "Magic" Johnson, com o seu próprio consentimento. Só o paciente pode autorizar a divulgação de notícia sobre as suas condições físicas, sobre a sua saúde. Diferente conduta por parte dos meios de comunicação de massa viola o inciso X do art. 5º da Constituição Federal.

É necessário considerar, ainda, que a liberdade de informação não pode ser perturbada quando ancorada em fato verídico, não sendo, porém, condizente com o abuso, com a deturpação dos fatos, com a informação tendenciosa, com a maldosa insinuação, com a interpretação que denigre a imagem, atinge a dignidade, violenta o homem de bem. Assim decidiu o Tribunal de Justiça do Rio de Janeiro (AC nº 4.888/95, de minha relatoria). **Bernard Schwartz**, anotei em meu voto, apoiado no velho **Blackstone**, mostra que a liberdade de imprensa é essencial ao estado democrático (The liberty of press is indeed essential to the nature of a free state, in *A Commentary on the Constitution of the United States — Part. III — Rights of the Person*, The Macmillan Company, New York, 1968, pág. 34). Mas a garantia da 1ª Emenda não deixa sem cobertura pelas Cortes o direito de indenização contra a difamação, como expõe, longamente, **Laurence H. Tribe** ao estudar os casos *New York Times Co. vs. Sullivan; Dun & Bradstreet, Inc. v. Greenmoss Builders, Inc. e Gertz vs. Robert Welch, Inc.* (*American Constitutional Law*, The Foundation Press, Inc., 2ª ed., 1988, págs. 875 e segs.). É essa a orientação prevalecente no Superior Tribunal de Justiça. Assentou a Terceira Turma não ser *"ato delituoso a justificar a indenização por dano moral a notícia que informa a prisão de funcionária pública por tráfico de entorpecente, se, efetivamente, o auto de prisão em flagrante tem como base o art. 12 da Lei nº 6.368/76, especificando tratar-se de tráfico. Em tal circunstância, o conhecimento do especial não avança sobre a Súmula nº 07 da Corte porque a base empírica do Acórdão recorrido é a da imputação falsa do crime de tráfico de entorpecente, o que, como consta do auto, foi exatamente a imputação que ensejou a prisão da autora"* (REsp nº 263.887/MS, de minha relatoria, DJ de 7/5/01). Não há imputação falsa quando presente a conformidade da notícia com o crime atribuído pela autoridade policial.

Um outro aspecto que deve ser examinado é a violação dos direitos da personalidade por meio do computador. Já se sabe da existência, a cada dia mais corriqueira, do mais célere sistema de comunicação pela via da Internet. E já se sabe, igualmente, que os meios de comunicação ingressam velozmente no sistema de informatização. E não se diga que o sistema está fora da disciplina constitucional e legal. Há, também, a possibilidade de uma agressão informatizada aos direitos da personalidade, em qualquer de suas projeções. A veiculação indevida da imagem pelos computadores, por exemplo, autoriza o deferimento de indenização, sem nenhuma diferença daquelas relativas aos outros meios de comunicação em que a violação possa ocorrer.

Também está alcançada pelo sistema a exploração sensacionalista da imagem, provocada pelos conhecidos *papparazi*, que alimentam a imprensa dedicada a bisbilhotar as particularidades de cada um. Constitui severa violação dos direitos da personalidade fotografar quem quer que seja, indiscretamente, no recesso de seu lar ou no exercício de sua atividade de lazer, atividades privadas, realizadas com expressa manifestação de privacidade, ainda que sejam pessoas que tenham notoriedade. Ninguém pode ter sua imagem divulgada contra sua expressa vontade de privacidade.

Um aspecto que merece relevo diz com a fixação do valor da indenização diante da violação dos direitos da personalidade. A técnica do *quantum* fixo é a que tem melhor guarida na jurisprudência. Mas o ponto central é o abuso na condenação, com quantias exorbitantes, fora da realidade, desproporcional ao alcance do dano. Em virtude disso, o Superior Tribunal de Justiça entendeu que o valor da indenização não pode escapar ao seu controle. Em precedente pioneiro, ficou assentado que o Tribunal deveria fornecer disciplina e exercer controle, *"de modo a que o lesado, sem dúvida alguma, tenha reparação, mas de modo também que o patrimônio do ofensor não seja duramente atingido. O certo é que o enriquecimento não pode ser sem justa causa"* (REsp nº 53.321/RJ, Relator o Ministro **Nilson Naves**, DJ de 24/11/97). No caso, reduziu-se valor da indenização fixado em ação de reparação intentada por um Magistrado do equivalente a 2.400 salários mínimos para o equivalente a 1.000 salários mínimos.

O novo Código Civil contém regras específicas sobre o assunto. Já no art. 944, estabelece que a *"indenização mede-se pela extensão do dano"* e, no parágrafo único, que havendo *"excessiva despropor-*

ção entre a gravidade da culpa e o dano, poderá o juiz reduzir, eqüitativamente, a indenização". São dispositivos sem correspondência no vigente Código e que, certamente, orientarão o Juiz para que a indenização seja efetiva, sem, contudo, configurar excesso, abuso, enriquecimento sem causa. Afastada pelos Tribunais a indenização tarifada prevista na velha Lei de Imprensa, os Juízes devem fixar a indenização moderadamente, evitando o desprestígio de decisões não vinculadas à realidade da vida brasileira, no seu atual estágio de desenvolvimento econômico e social.

Por fim, nas sociedades democráticas é necessário preservar o equilíbrio entre a liberdade de informação e os direitos da personalidade. E esse equilíbrio não pode ser estabelecido genericamente. Somente as circunstâncias do caso concreto tornam possível preservar a disciplina da Constituição, evitando os conflitos entre os direitos da personalidade e a liberdade de informação. De todos os modos, é sempre bom considerar que no Brasil há reserva legal qualificada, sendo um dos fundamentos da República a dignidade da pessoa humana.

PRESTAÇÃO JURISDICIONAL E EFETIVIDADE DOS DIREITOS DECLARADOS*

É importante estudar os direitos fundamentais ao longo da história constitucional. São várias as gerações, segundo tantos doutrinadores de nomeada. Já se chega às terceira e quarta gerações. Dos direitos fundamentais de terceira geração cuidou com sensibilidade Karel Vasak, que Paulo Bonavides, na 4ª edição de seu *Curso de Direito Constitucional*, trazendo a contribuição da doutrina alemã, ampliou identificando os cinco direitos da fraternidade, assim, o direito ao desenvolvimento, à paz, ao meio ambiente, à propriedade sobre o patrimônio comum da humanidade e à comunicação.

Manoel Gonçalves Ferreira Filho lembrou que esses direitos da terceira geração nasceriam no Direito Internacional e estariam em vias de consagração no Direito Constitucional, não havendo, porém, *"uma cristalização da doutrina a seu respeito, forte corrente entendendo não constituírem esses 'direitos' mais que aspirações, despidas de força jurídica vinculante"*.

Do mesmo modo, já se anuncia neste final de século uma outra geração, a quarta, correspondente àqueles direitos vinculados ao progresso da ciência, assim, os relativos à manipulação genética, no momento mesmo em que o próprio código da vida está sendo descoberto nos laboratórios, em derradeira concorrência do saber humano com o mistério da criação. E aqui merece destacada a contribuição de José Alfredo de Oliveira Baracho sobre os direitos fundamentais e a experimentação científica sobre o homem.

---

* Revista da Escola Paulista de Magistratura 3/1.

Esse contínuo aparecimento de ondas ou gerações de direitos humanos é uma reação contra qualquer ameaça, presente ou remota, ao existir do homem em sociedade. E louvável é o esforço dos mestres na identificação e sistematização de tais direitos. A produção científica sobre o assunto, particularmente a partir dos esforços de Karel Vasak e da instalação da Corte Européia de Direitos do Homem, tem sido exaustiva, na linha do aperfeiçoamento das declarações de direitos e da sua universalização.

Todavia, o maior esforço que a ciência do Direito pode oferecer para assegurar os direitos humanos é voltar-se, precipuamente, para a construção de meios necessários a sua realização nos Estados e, ainda, para o fortalecimento dos modos de acesso à justiça com vistas ao melhoramento e celeridade da prestação jurisdicional.

A luta que se trava hoje segue sendo, ainda, lamentavelmente, tanto em regiões ricas como pobres, do norte e do sul, em torno de direitos que integram, no plano teórico, as denominadas primeira e segunda gerações, sem falar naqueles de terceira geração que estão longe demais de alcançar o conjunto de circunstâncias concretas para sua efetivação.

Não há possibilidade alguma de garantir direitos humanos, qualquer que seja a situação teórica que ocupem, se não estiver o Estado aparelhado para oferecer respostas judiciais às demandas das pessoas que clamam por Justiça e para garantir o cumprimento dos julgados. E, diga-se sem medo, direitos elementares, capazes de assegurar a liberdade e a dignidade das pessoas. Estão presentes, com vigor, os exemplos recentes da Albânia e agora do Zaire, sem falar nos lamentáveis episódios de violência em São Paulo e no Rio de Janeiro.

Não foi por outra razão que **Karel Vasak**, tratando da realidade jurídica dos direitos do homem, indicou as três seguintes condições para que eles se tornem uma realidade jurídica:

1ª) É necessário que exista uma sociedade organizada sob a forma de um Estado de Direito;
2ª) É necessário que, no interior do Estado, os direitos do homem se exerçam em um quadro jurídico preestabelecido, porém variável em função da natureza dos direitos e em função das circunstâncias;
3ª) Finalmente, é necessário que o exercício dos direitos do homem pelos seus titulares seja acompanhado de garantias ju-

rídicas precisas e, em particular, que sejam previstos recursos que permitam obter o seu respeito.

A maior ameaça aos direitos humanos reside, portanto, na incapacidade do Estado para assegurar a sua efetiva realização. Essa incapacidade, no Brasil, tem duas frentes, ambas poderosas para solapar as condições de exercício dos direitos declarados na Constituição da República.

A primeira e mais vigorosa, que ganha fôlego todos os dias, é a insistência com que diversos protagonistas do cenário cotidiano lançam suspeitas contra os poderes organizados do Estado. Há hoje, sem a menor sombra de dúvida, um delicado momento nas relações entre os três poderes do Estado. Todavia, tal fato, que não é estranho na vida dos povos democráticos, está encontrando caldo de cultura suficiente para levar adiante o descrédito institucional. E, de modo particular, vem o Judiciário sendo posto no núcleo do tornado, identificado já agora com todo tipo de mazela existente nos grandes conglomerados humanos.

Em certa medida, os protagonistas estão refletindo a angústia da população. Mas, também, estão contribuindo para ampliar essa angústia.

Não é novidade que o país vive, desde a ruptura do processo autoritário, na transição benigna que já é conhecida, uma busca permanente dos eventuais desencontros de muitos protagonistas com um código ético capaz de manter forte a estrutura organizada do Estado. E, causando igual malefício, outros protagonistas abandonam a imperativa preocupação de preservação institucional e aparecem como porta-vozes da opinião pública, pouco importando o preço que tenham de pagar como nau capitânea das frustrações que ampliam com seu discurso. Assim, por exemplo, quando é detectado um desvio de comportamento na burocracia, não importa de que poder do Estado, o que se quer é a punição exemplar, desprezados, na passagem do comboio que acompanha a locomotiva da opinião pública, os direitos que a própria Constituição resguarda, como o do contraditório e o da ampla defesa. E o que é pior, se a estrutura organizada decide fora da convicção da opinião pública, a crítica surge violenta na suspeita da existência de subterrâneos a lastrear o processo decisório. Em uma palavra, retorna-se com o discurso desatento às práticas de uma democracia direta que nem mesmo a Ágora ateniense, com mais condições, conseguiu fazer amplo para todos os cidadãos.

Esse estado de coisas está vinculado a uma consciência cultural da força e da legitimidade da ordem jurídica. Um ilustre jurista alemão, **Konrad Hesse**, ex-Presidente da Corte Constitucional (*Bundesverfassungsgericht*), em aula inaugural de 1959 na Universidade de Freiburg, cuidou desse problema sob a rubrica da força normativa da constituição (*Die Normative Kraft Der Verfassung*). Em crítica fundada ao pessimismo de **Georg Jellinek**, o qual afirmava que o *"desenvolvimento das Constituições demonstra que regras jurídicas não se mostram aptas a controlar, efetivamente, a divisão de poderes políticos"*, visto que as *"forças políticas movem-se consoante suas próprias leis, que atuam independentemente das formas jurídicas"* (*A força normativa da Constituição*, Sérgio Antônio Fabris Editor, Porto Alegre, 1991, pág. 10) . Advertiu **Hesse** que *"quanto mais o* **conteúdo** *de uma Constituição lograr corresponder à natureza singular do presente, tanto mais seguro há de ser o desenvolvimento de sua força normativa"* (op. cit., pág. 20). E, no que é mais preocupante neste artigo, o mestre alemão, desvendando a força normativa da Constituição, ensina: *"Se pretende preservar a força normativa dos seus princípios fundamentais, deve ela incorporar, mediante meticulosa ponderação, parte da estrutura contrária. Direitos fundamentais não podem existir sem deveres, a divisão de poderes há de pressupor a possibilidade de concentração de poder, o federalismo não pode subsistir sem uma certa dose de unitarismo. Se a Constituição tentasse concretizar um desses princípios de forma absolutamente pura, ter-se-ia de constatar, inevitavelmente — no mais tardar em momento de acentuada crise — que ela ultrapassou os limites de sua força normativa. A realidade haveria de pôr termo à sua normatividade; os princípios que ela buscava concretizar estariam irremediavelmente derrotados"* (op. cit., pág. 21). E de modo absolutamente claro, **Hesse** mostra, vestindo com perfeição o trânsito republicano: *"Um ótimo desenvolvimento da força normativa da Constituição depende não apenas do seu conteúdo, mas também de sua* **práxis**. *De todos os partícipes da vida constitucional, exige-se partilhar aquela concepção anteriormente por mim denominada vontade de Constituição (Wille Zur Verfassung)"* (op. cit., pág. 21). E prossegue: *"Todos os interesses momentâneos — ainda quando realizados — não logram compensar o incalculável ganho resultante do comprovado respeito à Constituição, sobretudo naquelas situações em que a sua observância revela-se incômoda. Como anotado por Walter Burckhardt, aquilo que é* *identificado como vontade da Constituição 'deve ser honestamente preservado, mesmo que, para isso, tenhamos de renunciar a alguns benefícios, ou até a algumas vantagens justas. Quem se mostra disposto a sacrificar um interesse em favor da preservação de um princípio constitucional, fortalece o respeito à Constituição e garante um bem da vida indispensável à essência do Estado, mormente do Estado democrático'. Aquele que, ao contrário, não se dispõe a esse sacrifício, 'malbarata, pouco a pouco, um capital que significa muito mais do que todas as vantagens angariadas, e que, desperdiçado, não mais será recuperado'"* (op. cit., págs. 21/22).

Nessa primeira frente, o problema central não é o desprezo ao fundamento jurídico do Estado, assim, a Constituição regularmente votada pela representação popular. É, isso sim, a irresponsabilidade de fazer o discurso inconseqüente, ou seja, o discurso desacompanhado da discussão das regras que devem reger a vida social. E quando isso ocorre, como agora, toda a sociedade pode ficar desprotegida. Desprotegida pela razão de permanecer longe daquilo que se chama estado de direito. E assim, ao relento, cai por terra o quadro jurídico preestabelecido, uma das condições para a realidade jurídica dos direitos do homem.

A falta de discussão das regras atinge fundo a parte mais sensível para a proteção dos direitos humanos.

De fato, na organização estatal herdada pelo país, constitui o Judiciário o principal instrumento para que os direitos humanos sejam efetivamente protegidos, pressuposto que exista um sistema de garantias jurídicas precisas à disposição dos respectivos titulares, como é o caso.

O Poder Judiciário no Brasil está sofrendo, e aqui a segunda frente, com muita intensidade, da falta de consciência daquilo que **Peter Häberle** transmitiu na sua valiosa obra sobre hermenêutica constitucional, *A Sociedade Aberta dos Intérpretes da Constituição: Contribuição para a Interpretação Pluralista e 'Procedimental' da Constituição* (*Die Offene Gesellschaft der Verfassungsinterpreten. Ein Beitrag Zur Pluralistschen Und 'Prozessualen' Verfassungsinterpretation*). De fato, aquele vínculo direto que muitos protagonistas estabelecem com a opinião pública, pouco valendo os riscos assumidos em um país com a cultura do Brasil, distante da consolidação histórica de práticas democráticas, decorre do simples fato de que como *"não são apenas os intérpretes jurídicos da Constituição que vivem a norma,* *não detêm eles o monopólio da interpretação da Constituição"* (Sérgio Antonio Fabris Editor, Porto Alegre, 1997, pág. 15).

Isso quer dizer que duas possibilidades de legitimação maior da Justiça devem ser imediatamente consideradas: 1ª) a séria discussão sobre a reforma radical nas práticas processuais, ou seja, uma revisão na organização geral do Poder Judiciário e nas leis que garantem o acesso à Justiça; 2ª) a consciência de que o julgamento não pode estar distanciado da realidade dos intérpretes da Constituição, que não são apenas os formalmente destinados a isso.

É, no fundo, um ato de reação, mas, também, um ato consciente de humildade para preservar, emblematicamente, a legitimação do Poder Judiciário, único apto a assegurar o exercício de direitos declarados na Constituição. Nessa direção, mostra **Häberle**, cuidando da segunda possibilidade antes indicada, que a *"relevância dessa concepção e da correspondente atuação do indivíduo ou de grupos, mas também a dos órgão estatais configuram uma excelente e produtiva forma de vinculação da interpretação constitucional em sentido lato ou em sentido estrito. Tal concepção converte-se num 'elemento objetivo dos direitos fundamentais' (grundrechtliches Sachelement). Assume idêntico relevo o papel co-interpretativo do técnico ou **expert** no âmbito do processo legislativo ou judicial. Essa complexa participação do intérprete em sentido lato e em sentido estrito realiza-se não apenas onde ela já está institucionalizada, como nos Tribunais do Trabalho, por parte do empregador e do empregado. **Experts** e 'pessoas interessadas' da sociedade pluralista também se convertem em intérpretes do direito estatal. Isto significa que não apenas o processo de formação, mas também o desenvolvimento posterior, revela-se pluralista: a teoria da ciência, da democracia, uma teoria da Constituição e da hermenêutica propiciam aqui uma mediação específica entre Estado e sociedade"* (op. cit., págs. 17/18).

O que se verifica, portanto, é que não subsiste mais a idéia de ficar a prestação da jurisdição longe da sociedade como um todo, como se apenas o Juiz fosse o intérprete exclusivo da ordem jurídica positivada em um determinado Estado. A garantia do exercício dos direitos individuais em um quadro jurídico preestabelecido está necessariamente acompanhada da modernização dos meios de acesso à Justiça e da decisão das demandas judiciais e de uma interpretação pelos agentes formais sintonizada com a cultura da sociedade como um todo.

Incumbe a todos uma tarefa maior que o tempo em que vivem. Incumbe rever, e com urgência, não a lista de direitos humanos, acrescidos, da história das civilizações, mas, sim, o sistema de convicções que rege a prestação jurisdicional. É fazer isso, e rápido, ou ser tragado por ondas maiores de retorno ao casuísmo jurídico e, inevitavelmente, a outros tempos sombrios, desta feita, sob as vistas aguçadas de um grande irmão qualquer, que, eventualmente, esteja de plantão.

PROTEÇÃO DO CONSUMIDOR NA SOCIEDADE DA INFORMAÇÃO*

O Código de Defesa do Consumidor nasce pela força da Constituição dos oitenta. E nasce com a marca inconfundível da declaração de direitos e garantias. E essa declaração é a espinha dorsal do sistema constitucional brasileiro, fincada no modelo racional-normativo da classificação, hoje clássica, de **Garcia-Pelayo**. O comando do constituinte é para que o Estado, na forma da lei, promova a defesa do consumidor, como está no art. 5º, XXXII. Isso quer dizer que a proteção ao consumidor é, hoje, um direito fundamental, guarnecido pela cobertura do art. 60, § 4º, a famosa cláusula pétrea, ou, como prefere **Gomes Canotilho**, limite expresso, selecionado pela Constituição, considerado cerne material da ordem constitucional, e, portanto, não disponível ao poder de emenda ou revisão.

Destacando a inovação, **Celso Ribeiro Bastos** explica que a regra do art. 5º, XXXII, *"é de transcendental importância, não só por estabelecer um dever para o Estado, como também para autorizar o legislador a que venha estabelecer regras processuais desparificadas, assim como um direito material não necessariamente igualitário, mas que terá, no fundo, a prevalência dos interesses do consumidor"* (Comentários à Constituição do Brasil, vol. 2, São Paulo, Editora Saraiva, 1989, pág. 160).

A qualidade de direito fundamental não ofusca a preocupação do constituinte em outras passagens, assim, a do art. 170, V, e a do

---

* Revista Forense 346/21.

art. 48 do Ato das Disposições Constitucionais Transitórias. No primeiro caso, o do art. 170, V, porque quis a Constituição explicitar que dentre os princípios gerais da atividade econômica está a defesa do consumidor, no mesmo patamar de importância da soberania nacional, da propriedade privada, da função social da propriedade, da livre-concorrência, da defesa do meio ambiente, da redução das desigualdades regionais e sociais, da busca do **pleno emprego**. No segundo caso, porque demonstrou que o constituinte de 1988 não estava disposto a amortecer o direto comando e impôs um prazo certo para a elaboração do Código de Defesa do Consumidor.

Vê-se, pois, com toda claridade, que a vontade constituinte foi criar mecanismos que pudessem ser utilizados pelo consumidor brasileiro na defesa de seus direitos diante de um longo histórico, na verdade um prontuário, de violações dos direitos do consumidor.

O consumidor brasileiro padeceu, e, de fato, embora com menor intensidade, ainda padece, da falta de respeito nas suas relações de consumo. Sempre há um caso a relatar sobre o desleixo com que o consumidor é tratado no seu dia-a-dia. O Código de Defesa do Consumidor, de 1990, é agora um poderoso instrumento para reverter esse cenário, mas depende, fundamentalmente, da capacidade de exercício pleno dos direitos nele elencados.

A posição constitucional do consumidor autoriza uma reflexão ampliada sobre a natureza da especial proteção deferida, considerando uma sociedade de massa, com problemas sociais agigantados, sob a pressão de diversas situações discrepantes umas das outras no que se refere à capacidade de ingressar e permanecer nas relações de consumo. Isso quer dizer, concretamente, que os variados segmentos que compõem a sociedade brasileira sob esse ângulo, ou seja, a capacidade econômica para consumir, estão subordinados ao mesmo grau de pressão para adquirir ou utilizar produto ou serviço, mas com meios de defesa diferenciados em função, exatamente, do poder aquisitivo que cada segmento dispõe e, ainda, de sua condição educacional de discernimento no mercado de oferta.

Sob a guarida dessa compreensão, pode-se dizer que a proteção ao consumidor está ligada diretamente ao direito que cada pessoa humana, que cada cidadão tem de escolher e de ser informado corretamente. É, igualmente, amparo constitucional claro, indiscutível, como consta do art. 5º, XIV.

A sociedade de massa, com agudas desarmonias sociais, precisa defender a relação de consumo pelo sentido maior do direito fundamental de informação, ao qual se vincula o direito da liberdade de escolher.

É esse, sem dúvida, o sentido maior da disciplina do Código de Defesa do Consumidor sobre a publicidade, a que dedica a Seção III, do Capítulo V, voltado para as práticas comerciais.

É importante traduzir esse pensamento sobre o direito de liberdade de escolher. É essencial para uma adequada compreensão do direito do consumidor na sociedade da informação.

O homem nasce livre para a vida social, por sua igual natureza. Essa natureza reclama, como sinal da perfeição, a convivência social. E é na convivência social que aparece a desigualdade. Essa desigualdade é, basicamente, de natureza econômica. É de natureza econômica porque a sua marca é a aquisição do conhecimento e de bens necessários a uma vida digna. Alguns têm o privilégio de dispor do conhecimento e dos bens; outros não. Aqueles que estão no primeiro estrato alcançam um padrão de discernimento das coisas da vida mais elevado do que aqueloutros que estão no segundo estrato. Esse padrão diferenciado repercute na convivência social porque permite aos do primeiro estrato um acesso muito maior àquele que ocorre na vida social. Nesse sentido, amplia a liberdade de escolher, pois aumenta a disponibilidade da oferta e a capacidade de obter o que é ofertado.

Mas esse espectro maior de liberdade de escolher não é o que interfere mais fundamente na vida social. E não é por uma razão simples: o comportamento social não está condicionado pela aquisição ou utilização de bens e serviços. Muito ao contrário, uma utópica sociedade igualitária não atinge a intimidade da razão humana, que dita o comportamento do homem em sociedade. Ela promove a igualdade no acesso aos bens e serviços, mas não necessariamente torna a pessoa humana livre da influência do seu meio, e, portanto, do que é por ele difundido. Com isso, embora possa ter acesso aos mesmos bens e serviços, quem quer que seja pode, ainda assim, manipular o comportamento social pela criação de modelos, ou tipos, ou circunstâncias que estimulam uma determinada reação social.

O que interfere com vigor na liberdade de escolher é a capacidade de discernimento, ou seja, a capacidade de dominar a sua vontade, apesar de seu meio. O homem capaz de exercer a sua vontade é capaz de livrar-se da influência de seu meio e, portanto, de gerenciar o seu próprio destino. Mas, é claro, para que isso ocorra, ainda que exista a disponibilidade do conhecimento e do domínio da vontade, é imperativo uma vigilância permanente e, ainda, a vida em uma sociedade que não multiplique o desejo de adquirir sempre mais bens e serviços, tanto quanto a criatividade humana possa ofertar.

Há, em um certo sentido, uma carga do meio sobre a vontade. Assim como Freud descobriu o acúmulo do inconsciente a causar desvios no comportamento, que a psicanálise pode desvendar, a vida social gera um sistema de represamento da vontade diante da oferta de bens e serviços conforme a capacidade de cada um para deles dispor. Os que conseguem adquirir o que aspiram têm um sinal de satisfação na sua inteligência, o que se expressa pelo conforto, pelo alívio, pelo ter o que quer ter. Os que possuem mais do que aspiram, desfrutam da mesma sensação. Mas os que possuem menos do que aspiram, têm um sentimento completamente inverso, de frustração, de angústia, muitas vezes, de revolta.

Há, desse modo, uma ligação direta entre a vida social e a aquisição de bens e serviços. Ora, as sociedades de massa rapidamente transformaram-se em sociedades de informação, que passam por diversos estágios, até o fenômeno da comunicação massiva, que penetra no interior de cada pessoa humana, gerando uma dependência equivalente à dependência química. Como a sociedade não é igualitária, como nem todos têm um patamar de conhecimento suficiente, como a riqueza não está equitativamente distribuída, o direito da liberdade de escolher depende do comportamento da comunicação de massa, que, por seu turno, alcança diferentemente os diversos estratos sociais.

Liberdade de acesso à informação e impedimento de embaraçar a liberdade de informação jornalística em qualquer veículo de comunicação social somente podem ser tratados em conformidade com a liberdade de escolher de cada pessoa. Não fosse assim, estar-se-ia negando um valor fundamental que é o de defender-se contra tudo aquilo que possa limitar o exercício de sua vontade. E a informação jornalística trabalha, exatamente, sobre essa vontade, ou, melhor dizendo, sobre o exercício da liberdade de escolher, direito inerente à natureza humana. Vale lembrar a advertência de **Pierre Bourdieu**: *"E, insensivelmente, a televisão que se pretende um instrumento de registro, torna-se um instrumento de criação da reali-*

dade. Caminha-se cada vez mais rumo a universos em que o mundo social é descrito-prescrito pela televisão".

O consumidor, enquanto conceito jurídico, está nesse cenário social apenas como categoria de adquirente de bens ou serviços. Todavia, o consumidor está no cenário social antes como pessoa e, portanto, detentor de direitos inalienáveis, próprios da sua natureza racional e livre.

O consumidor, desse modo, está subordinado a uma sociedade que vive da informação, operada por agentes públicos e privados. Todos os agentes da informação trabalham sobre a sociedade na dimensão especial de opinião pública. A opinião pública é, nessa perspectiva, o conjunto do pensamento social em um determinado momento da história constituído pela informação disponível naquele momento, transmitida pelos meios também disponíveis naquele momento.

O trabalho sobre a opinião pública destina-se ao exercício da vontade de cada pessoa, acarretando a formação de correntes ensejadoras de um comportamento social voltado para uma direção certa. Quem opera a informação detém, portanto, um comando sobre a opinião pública.

É claro que há compartimentos, assim, por exemplo, o compartimento da informação sobre as lideranças políticas, sobre a legislação a viger, sobre o papel das instituições, sobre o regime político. Esses compartimentos podem ser denominados de compartimentos informativos. Teoricamente, destinam-se, apenas, a noticiar o que ocorre na sociedade. Contudo, há compartimentos da informação sobre as ofertas de bens e serviços postos à disposição da sociedade. Esses são compartimentos informativos insufladores. Hipoteticamente, são para insuflar a aquisição de bens e serviços, estão configurados na ciência da comunicação social como publicidade e *marketing*, nas suas mais variadas modalidades.

O consumidor está alcançado pelo compartimento informativo insuflador. O Código de Defesa do Consumidor cuida, portanto, desse aspecto da relação de consumo, considerando a vida em uma sociedade de consumo.

Antonio Herman de Vasconcellos e Benjamin, em obra coletiva sobre o Código de Defesa do Consumidor, mostra que a sociedade de consumo *"é, antes de tudo, um movimento coletivo, em que os indivíduos (fornecedores e consumidores) e os bens (produtos e serviços) são engolidos pela massificação das relações* *econômicas: produção em massa, comercialização em massa, crédito em massa e consumo em massa. E é inserida nesse novo modelo econômico e social que as práticas comerciais — como fenômeno igualmente de massa — ganham enorme relevo. Afinal, sem* **marketing**, *um dos diversos componentes das práticas comerciais, não haveria, certamente, sociedade de consumo".* É essa mesma a lição de **José Antonio de Almeida,** em artigo publicado na revista Direito do Consumidor, ao assinalar que o *"direito do consumidor, corolário do reconhecimento da necessidade da defesa do consumidor, nasce, portanto, dentro da perspectiva histórica de que vivemos em uma sociedade de massa, em uma sociedade de consumo 'caracterizada por um número crescente de produtos e serviços, pelo domínio do crédito e do* **marketing**, *assim como pela dificuldade de acesso à Justiça', como reconhecem Ada Pellegrini Grinover e Antonio Herman de Vasconcellos e Benjamin, enfatizando que tais aspectos marcaram o nascimento e desenvolvimento do direito do consumidor"* (*Revista de Direito do Consumidor nº 21*, jan./mar. de 1997, pág. 106).

Quais as prescrições legais? A primeira, é que a publicidade *"deve ser veiculada de tal forma que o consumidor, fácil e imediatamente, a identifique como tal"*, devendo o fornecedor manter *"para informação aos legítimos interessados, os dados fáticos, técnicos e científicos que dão sustentação à mensagem"*. A segunda, é a proibição de toda publicidade *"enganosa ou abusiva"*. Enganosa, para o legislador, é *"qualquer modalidade de informação ou comunicação de caráter publicitário, inteira ou parcialmente falsa, ou, por qualquer outro modo, mesmo por omissão, capaz de induzir em erro o consumidor a respeito da natureza, características, qualidade, quantidade, propriedades, origem, preço e quaisquer outros dados sobre produtos e serviços"*. Ademais, enganosa por omissão é a publicidade *"quando deixar de informar sobre dado essencial do produto ou serviço"*. E abusiva, *"dentre outras, a publicidade discriminatória de qualquer natureza, a que incite à violência, explore o medo ou a superstição, se aproveite da deficiência de julgamento e experiência da criança, desrespeite valores ambientais, ou que seja capaz de induzir o consumidor a se comportar de forma prejudicial ou perigosa à saúde ou segurança"*. E, finalmente, o mais importante, porque assegura maior eficácia para a defesa do consumidor, é a inversão do ônus da prova, ou seja, o *"ônus da prova da veracidade e correção da informação ou comunicação publicitária cabe a quem as patrocina"*.

Uma observação necessária é sobre o conceito de publicidade enganosa disciplinado pelo Código de Defesa do Consumidor. Para o consumidor, vale não só a propaganda direta como, também, a propaganda indireta, aqui reunida a mensagem posta em contexto, outro indutor do consumo, como, por exemplo, ocorre em novela de televisão ou em filmes. Esta última é, sem dúvida, a mais perigosa, é aquela que provoca o consumo em razão de um ambiente especialmente criado para dar proximidade ao que se desenrola na vida social.

Como identificar a publicidade enganosa?

Fábio Ulhoa Coelho adverte que a *"qualificação de uma publicidade enganosa deve ser feita com critério. O fundamental na questão, é a transmissão de mensagem capaz de induzir em erro os seus destinatários. A informação falsa, total ou parcialmente, quando percebida como tal pelo consumidor, não é suficiente para a caracterização do ilícito. Se a propaganda atribui ao produto ou serviço uma qualidade ou efeito que, notoriamente, ele não tem, em função de uma específica técnica publicitária destinada a motivar a fantasia do consumidor, estaremos diante da veiculação de um dado falso mas não enganoso. Perfeitamente adequado, portanto, aos delineamentos legais do sistema de proteção ao consumidor. A ninguém pareceria plausível que o consumo de certa marca de cigarro importasse no acesso a uma vida de aventuras e emoções. Por este motivo, se tal relação é insinuada ou mesmo expressamente afirmada em uma peça publicitária, não há engano, embora seja evidente a falsidade. Para que seja enganosa, a informação falsa deve ser recebida como verdadeira"*. Por essa razão, **Fábio Ulhoa Coelho** considera que *"não há como abstrair, na caracterização da publicidade enganosa, do dolo intencionalmente voltado a despertar um erro no espírito do consumidor. Sem o dolo, sem a veiculação de uma idéia travestida de verdadeira, não há publicidade enganosa. E esta indispensabilidade do elemento intencional é pertinente também à configuração do engano por omissão, em que um dado essencial do produto ou serviço é subtraído do conjunto de informações transmitidas, consoante o definido pelo art. 37, § 3º. A omissão deve ser dolosa para que seja ilícita a publicidade"*.

Por seu turno, **José Alexandre Tavares Guerreiro,** em obra coletiva organizada por **Geraldo Magela Alves**, procura destacar a regra sobre publicidade enganosa na desigualdade, pousado no conceito de vício do consentimento, distinto, porém, daquele do Código Civil. Diz o autor que para a *"caracterização do erro, no direito comum, a doutrina tradicional requeria, daquele que o pudesse alegar, um juízo medido pelos parâmetros da inteligência comum e atenção ordinária. Dos requisitos, na ordem do direito civil, pressupõe uma igualdade razoável de consciência e cultura, entre todas as pessoas capazes de, em qualquer relação jurídica, terem o respectivo consentimento afetado pelo erro substancial. Por assim dizer, a noção privatística do erro presume um certo padrão de homogeneidade e compreensão em todos os níveis da sociedade em qualquer espécie de relação econômica. Visivelmente, o Código do Consumidor procura atender a desigualdades, materiais entre as pessoas, no contexto das relações de consumo em massa, tanto que, em mais de um dispositivo, inverte a presumida igualdade jurídica entre as pessoas, para diferenciar e outorgar disciplina especial a hipótese em que tal igualdade, jurídico-formal, passa a ser reconhecida como insuficiente. O art. 38, ao promover a inversão do ônus da prova no tocante à veracidade e correção da publicidade, atesta o diverso fundamento que o Código procurou emprestar à tutela do consumidor. Mais caracteristicamente ainda, no art. 39, inciso IV, o Código erigiu à condição de parâmetro de julgamento, na igualdade contratual, a fraqueza ou ignorância do consumidor, tendo em vista sua idade, saúde, conhecimento, ou condição social"* (CRETELLA JÚNIOR, José, DOTTI René Ariel. *Comentários do Código do Consumidor*, Editora Forense, Rio de Janeiro, 1992, pág. 126).

É preciso considerar a natureza da lei especial. Como já se disse antes, a relação de consumo ocorre em uma sociedade profundamente desigual no acesso aos bens e serviços, e também, e tal é a essência do raciocínio, desigual na compreensão da própria realidade social pela limitação que a falta de conhecimento traz ao exercício da liberdade de escolher.

Todo o sistema de proteção ao consumidor está subordinado ao fato da desigualdade. E, por isso, não me parece possível a interpretação da regra sobre propaganda enganosa na busca do dolo ou da intenção daquele que a patrocina. A posição acolhida neste particular por **Fábio Ulhoa Coelho** pode acarretar enorme dificuldade de aplicação da responsabilidade em razão da propaganda enganosa.

Na mesma linha de dificuldade, a propaganda enganosa, a meu juízo, não pode restringir-se ao fato da disparidade entre as qualidades postas na oferta e a realidade do produto ou serviço. É basicamente neste fato, mas não só nele. Por quê? Porque com as modernas técnicas de comunicação e de propaganda é muito possível enganar na indução ao consumo, ou seja, naquela situação em que a oferta do produto ou do serviço não se faz diretamente do anunciante ao consumidor, mas, sim, embutida em uma situação com trama desvinculada da oferta direta. Assim, por exemplo, quando em uma novela de grande audiência promove-se produto que na cena aparece com qualidades que efetivamente não dispõe, é possível configurar, dependendo das circunstâncias de fato, a propaganda enganosa vedada pelo Código de Defesa do Consumidor. E não poderia ser de outra forma pelo sentido de credibilidade que passa ao consumidor a promoção de produto em um cenário construído para o êxito.

Atílio Aníbal Alterini, comentando sobre o panorama internacional do controle da publicidade e da comercialização, mostra com muita clareza que a publicidade é o modo de captar o consumidor potencial, tal como previsto no *Fair Trading Act* britânico de 1973. Essa captação vincula o ofertante ao consumidor, tal como no direito norte-americano (Código Comercial Uniforme) que obriga o vendedor pelas afirmações inexatas feitas ao público pela justificável confiança que criarão, ainda que tal aconteça sem culpa ou que o consumidor não tenha relação contratual com o vendedor. E aplica-se, então, a noção de garantia quando se assegura a qualidade na publicidade (pára-brisas apresentado como inquebrável e que quebra: *Baxter vs. Ford*) ou mesmo implicitamente se o produto resulta defeituoso (explosão de botijão de gás: *Escola vs. Coca Cola Bottling Co. of Fresno*).

A severidade na proteção ao consumidor e a conseqüente apuração de responsabilidades diante da propaganda enganosa, em sociedade atropelada pela informação, está, também, no grau de politização e de conscientização dos cidadãos. Basta, para que se comprove a assertiva, comparar a evolução da responsabilidade pelo dano moral a partir da Constituição de 1988, com o art. 5º, V e X.

É preciso não esquecer que estamos cuidando do consumidor em uma sociedade que privilegia a comunicação de massa e que condiciona boa parte de seus juízos pelo que recebe dos meios de comunicação. Para uma grande parte da população, o que é ditado pela comunicação é, também, verdade. Nesse sentido, o que não tem repercussão jornalística não existe, isto é, o veículo de comunicação social forma o juízo do seu destinatário.

O conceito de propaganda enganosa não pode, portanto, ser diluído na generalidade técnica. Deve, muito ao contrário, levar em conta a situação concreta do momento em que é veiculada, tudo para permitir ao intérprete conhecer a capacidade de recepção do consumidor. Note-se que muitas inovações na propaganda, algumas derivadas de estudos científicos, incluída a lingüística dentre as ciências que contribuem para isso, são imperceptíveis, isto é, são *subliminares*, alcançando o consumidor desprevenido, que recebe a mensagem no seu inconsciente e tende a incorporar, por exemplo, determinado hábito alimentar em razão da publicidade.

Quem trabalha na área técnica sabe identificar a distinção semântica entre propaganda e publicidade, que, no Brasil, desde a Lei nº 4.680, de 1965, são utilizadas como sinônimas. Na verdade, a propaganda tem, exatamente, o sentido de plantar uma idéia na inteligência do destinatário. Ora, a preocupação do intérprete deve ser a de proteger o consumidor contra a invasão da sua mente pela técnica da propaganda. Nesse sentido, a publicidade enganosa do art. 37 do Código do Consumidor embute a cautela de proibir a propaganda capaz de induzir em erro o consumidor, incutindo-lhe uma crença que reduz o seu juízo de valor sobre o produto ou serviço que é tornado público.

É por essa razão mesma que com o Código do Consumidor criou-se uma vinculação da oferta na disciplina do art. 30. Com esse dispositivo está o legislador impondo um vínculo entre aquele que oferta e aquele que potencialmente pode adquirir o produto ou serviço. Como anota **Fábio Ulhoa Coelho**, *"uma vez provada a veiculação, em oferta ou publicidade, de uma informação suficientemente precisa, pode o consumidor pleitear a sua execução específica"*. Nessa medida, complementa o art. 31 que a *"oferta e a apresentação de produtos ou serviços devem assegurar informações corretas, claras, precisas, ostensivas e em língua portuguesa sobre suas características, qualidades, quantidades, composição, preço, garantia, prazos de validade e origem, entre outros dados, bem como sobre os riscos que apresentam à saúde e segurança dos consumidores"*.

É claro que o Código do Consumidor terá sua repercussão definida pelo uso, o que quer dizer pela prestação jurisdicional concreta.

O enquadramento do Código do Consumidor começa a aparecer nas decisões judiciais e serve como parâmetro para a compreensão da regra jurídica. Vejamos alguns casos.

Uma das primeiras sentenças conhecidas vem do Rio Grande do Sul, prolatada pelo Juiz Wilson Carlos Roddycz. A Associação de Proteção ao Consumidor ajuizou ação civil pública contra a Nestlé, a DPZ Duailibi Petit Zaragoza Propaganda S.A. e CONAR — Conselho Nacional de Auto-Regulamentação Publicitária. O objeto era comerciais veiculados pela televisão: um deles se passava em armazém, onde garotos removiam uma tampa e entravam agachados e em silêncio para não despertar o guarda que estava dormindo, apanhavam uma sobremesa, que se encontrava na geladeira e, ao saírem, o guarda acordava, escorregava em bolinhas de gude, não havendo demonstração alguma de que houvessem pago o produto; em outro, meninos vestidos com capas de chuva amedrontavam as meninas com rãs, fazendo com que entregassem produtos Nestlé que se encontravam na geladeira. Para a associação autora, os comerciais, no entender de um consumidor de grau intelectual mediano, dão a idéia de assalto e chantagem, previstos na legislação penal, o que não foi aceito pelo CONAR, que considerou lúdico o conteúdo dos comerciais, tendo remodelado apenas um deles com o desaparecimento do armazém. A veiculação foi retirada posteriormente pela Nestlé. O pedido foi feito com apoio no art. 37, §§ 1º e 2º, do Código. E a sentença julgou procedente a ação determinando a proibição definitiva da veiculação. Para o Juiz, os comerciais continham mensagens implícitas negativas, assim, a *"presença do elogio da impunidade que é o que significa o sucesso das ações '**criminosas**' cometidas e apresentadas como coisa aceitável e caminho eficiente para a felicidade"* (Direito do Consumidor, vol. 1, pág. 222).

Em outro julgado, mais recente, de 1997, com o voto condutor do Senhor Ministro **Ruy Rosado de Aguiar**, o Superior Tribunal de Justiça desafiou o art. 30 do Código. Tratava-se de uma ação ordinária proposta contra determinada empresa em decorrência de danos causados pela participação da empresa autora em consórcio de veículos, que veio a sofrer liquidação extrajudicial decretada pelo Banco Central. A sentença extinguiu o feito ao fundamento de não ter a empresa-ré legitimidade passiva, ademais da impropriedade do procedimento escolhido. O voto condutor proveu o especial para cassar a decisão de indeferimento da inicial com as seguintes razões:

"(...)Pretende ela ser indenizada pelos prejuízos que sofreu com o descumprimento do contrato de consórcio para aquisição de um automóvel que ela acreditava ter firmado com a empresa Motorauto S.A. E enumera as circunstâncias que a levaram a assim pensar: o consórcio denominava-se Motorauto; a sede era no endereço da empresa Motorauto S.A.; os telefones são os mesmos; a publicidade feita destacava apenas a logomarca Motorauto; os vendedores apresentavam cartões da Motorauto; os veículos dos consorciados eram entregues pela Motorauto S.A.; a empresa administradora do consórcio e a Motorauto S.A. pertencem a membros de um mesmo núcleo familiar.
Por isso pretende, com base nos dispositivos do Código Civil, que dispõem sobre responsabilidade civil (arts. 158 e 1.518), e nos artigos do Código do Consumidor (arts. 4º e 30), ver declarada a responsabilidade da ré, que permitiu essa situação enganadora quando da comercialização das quotas do consórcio, e a sua condenação à indenização pertinente, que restringiu à devolução do que pagou.
Assim posta a causa, ela somente poderia ser mesmo dirigida contra a Motorauto S/A, pois é dela que a autora pretende receber a indenização pelo dano sofrido por confiar na situação que a empresa ré permitiu fosse criada em torno do empreendimento, fato relevante não apenas para o interesse individual da reclamante, mas também à sociedade de consumo e à economia popular.
A autora quer ver reconhecida a responsabilidade de quem fez a publicidade, nos termos do art. 30 do CODECON, e extrair dali as conseqüências necessárias. Não afirma ser a ré a administradora do consórcio, apenas lhe atribuiu ter permitido fossem criadas as condições para que os outros confiassem no empreendimento, que aparecia como sendo seu, ou pelo menos de sua responsabilidade, explorando a credibilidade e a confiança que obteve no mercado. É como se nos consórcios que hoje são feitos em nome de grandes empresas fabricantes, como por exemplo o consórcio GM, pudesse esta escusar-se de qualquer responsabilidade, atribuindo-a a uma outra pessoa jurídica, desconhecida e sem qualquer idoneidade no mercado. A defesa poderia ser apresentada, mas não é legítima e fere a boa-fé" (REsp nº 113.012/MG, DJ de 12/5/97).

Outro precedente, este do Tribunal de Alçada de Minas Gerais, considerou a empresa ré responsável pela propaganda enganosa, destacando o voto do Juiz **Quintino do Prado**:

"Fácil constatar a forma com que a apelante vem induzindo o público em erro quanto à quantidade e ao preço dos produtos por ela ofertados. Dos anúncios trazidos à colocação com a peça de ingresso, constata-se que as advertências feitas ao público consumidor, no tocante à duração das promoções, passam facilmente despercebidas, não só pela letra minúscula usada, bem como pela incômoda posição vertical ao anúncio, não percebendo-se, tal advertência, no conteúdo publicitário de toda a página. Comentando o art. 30, da Lei 8.078/90, observa Francisco Cavalcanti, que: 'O objeto de norma é vincular o fornecedor à oferta pública, realizada, evitando que a informação ou publicidade sedutora não seja apenas um veículo para atrair clientes ao estabelecimento do ofertante. Em se tratando de oferta promocional deve o fornecedor, no corpo da mensagem, deixar clara a limitação temporal da oferta'. (Comentários ao Código de Proteção e Defesa do Consumidor, Livraria Del Rey Editora, 1991, p. 80)" (Revista de Direito do Consumidor, vol. 15, págs. 165/166).

E comentando esse acórdão, **Fábio Ulhoa Coelho** destaca o art. 36 do Código (A publicidade deve ser veiculada de tal forma que o consumidor, fácil e imediatamente, a identifique como tal), para asseverar que correto o Tribunal *"ao identificar a publicidade como enganosa, cujo conceito é diverso de propaganda simulada ou abusiva, já que a publicidade enganosa há indução ao consumidor a erro acerca do produto ou serviços por meio de falsas afirmações ou ausência de informações essenciais. No caso do acórdão, a ausência de informações acerca do produto e das condições do negócio foram tão limitadas ou disfarçadas que caracterizou-se a publicidade vedada pela lei, a qual exige apenas a potencialidade da indução do consumidor em erro"* (Revista de Direito do Consumidor, vol. 15, pág. 167).

É preciso considerar, ainda, que a publicidade enganosa é crime contra as relações de consumo, tal como prescrito no art. 7º, VII (induzir o consumidor ou usuário a erro, por via de indicação ou afirmação falsa ou enganosa sobre a natureza, qualidade do bem ou serviço, utilizando-se de qualquer meio, inclusive veiculação ou divulgação publicitária), da Lei n° 8.137/90. Vale mencionar precedente do Superior Tribunal de Justiça (Habeas Corpus n° 2.553/MG, DJ de 29/3/75), designado para o acórdão o Senhor Ministro **Luiz Vicente Cernicchiaro,** com a ementa seguinte:

> *"HC — CONSTITUCIONAL PROCESSUAL PENAL — CONSUMIDOR — DENÚNCIA — CONSÓRCIO — PUBLICIDADE ENGANOSA — A exigência do art. 41, CPP significa descrição do fato com todas as suas circunstâncias. A denúncia deve ser formal e materialmente homogênea. Formal, quando ajusta a descrição aos fatos; material, desde que exista um mínimo de indício, no sentido técnico da palavra, qual seja, fato do qual possa decorrer a demonstração ou a busca da evidência de outro fato.* <u>Consórcio</u> *é reunião de pessoas que formam poupança a fim de adquirir, com pagamentos parcelados, determinado bem, cujo preço será uniforme para todos os consorciados, independentemente da data de recebimento do bem obtido por sorteio ou lance.* <u>Publicidade enganosa</u> *ou abusiva é induzimento de terceiros a erro para realizar algum negócio jurídico. Como infração penal, é fim em si mesma. Assim, não resta configurada quando se destina a atrair pessoas para aderir a consórcio. Este é contrato formal. A pessoa atraída, antes de firmar a avença, tem conhecimento das respectivas cláusulas. Em sendo estas legais, nenhum ilícito se caracteriza."*

Mas o voto vencido do Senhor Ministro **Anselmo Santiago** considerou que a *"divulgação em panfletos e outros meios de comunicação que os aparelhos, objetos do consórcio, eram adquiridos diretamente da fábrica (Sharp do Brasil S/A), o que, sem dúvida iludiu consumidores que se convenceram que estavam adquirindo produtos diretamente do fabricante, sem intermediários e conseqüentemente com preços melhores. Além disso, cobraram importâncias acima do preço tabelado e congelado pelo Poder Público".*

Há, ainda, outro precedente, que merece ser referido, do Superior Tribunal de Justiça, Relator o Senhor Ministro **José Arnaldo da Fonseca** (Habeas Corpus n° 5.194/GO, DJ de 1°/9/97). A ordem foi impetrada contra decisão do Tribunal de Justiça de Goiás que considerou o Habeas Corpus via inidônea para exame aprofundado de provas, presente inquérito policial preparatório para a ação penal. No caso, a Associação dos Moradores do Setor

Criméia Leste, Goiânia, pediu a instauração de inquérito contra o paciente, representante legal da empresa Rápido Araguaia Ltda., concessionária do Sistema Integrado de Transporte Urbano, havendo imputação de propaganda enganosa, crime previsto no art. 66 do Código do Consumidor. O voto condutor afastou a argüição de ilegitimidade da entidade representativa, *"eis que os seus associados utilizam-se dos serviços explorados pela empresa concessionária de transporte, e assim está legitimada para agir no exercício de representação coletiva de interesses dos associados, em geral, ou de interesses individuais integrados na coletividade"*. Considerou, ainda, que *"a **notitia criminis** envolve delito de ação pública incondicionada, que impõe a adoção de providências para apurar responsabilidade pela sua prática"*. Todavia, a Corte considerou que a expressão divulgada *"transporte levado a sério"* não configura conduta típica, uma vez que *"nada diz sobre os atributos da oferta dos serviços prestados pela Rápido Araguaia Ltda."* Registra apenas, com outras palavras, que o transporte de passageiros merece o cuidado do dirigente da empresa. E isso poderia acontecer, mesmo se estivesse demonstrada a sua incompetência gerencial, como opinou o Dr. Eitel Santiago, em parecer reproduzido pelo voto condutor, o qual considerou, também, as informações sobre a disponibilidade de lugares na linha. Por isso, *"não deparando com comportamento típico sob o ponto de vista penal, configura constrangimento ilegal a continuidade da persecução criminal"*.

A jurisprudência, certamente, será responsável pela construção protetora dos direitos do consumidor. Está apenas começando. Um longo caminho ainda deverá ser percorrido.

Esses são alguns traços sobre esse tema complexo e fascinante. A sociedade é que será responsável pela aceitação e a prática desse Código recente, mas que diz com a vida social, com a dignidade do cidadão consumidor e usuário.

REFORMA ADMINISTRATIVA:
A EMENDA Nº 19/98*

O Brasil, como sabido por todos, tem sido receptivo a uma alta rotatividade constitucional. Isso pode ser examinado pelo lado positivo, ou seja, a preocupação de impor sempre limites, muitas vezes amplíssimos, ao poder do Estado, e pelo lado negativo, ou seja, a falta de sedimentação cultural do valor da Constituição, a lembrar **Lassalle** na sua conhecida equiparação a uma folha de papel, frágil na medida mesma da identificação dos fatores reais de poder.

O país vive, desde os primeiros tempos republicanos, sob a influência dos constituintes americanos, um regime de constituição racional-normativa, para utilizar uma velha, mas importante, tipologia formulada por **Garcia-Pelayo**. Esse tipo constitucional, que reserva a um corpo representativo a elaboração da Constituição, de uma só vez, em documento escrito, guarda muitas vantagens e, também, não poucos inconvenientes. A vantagem maior, sem dúvida, é a explicitação de um patamar legal superior, que impõe uma hierarquia controlada pela disciplina constitucional. Todas as leis subordinam-se à Constituição, com o que o controle da constitucionalidade das leis, a partir da sua supremacia, é a marca mais forte. O inconveniente visível é o agasalho constitucional para matérias que, absolutamente, nada têm a ver com a organização do Estado, com a disciplina dos poderes do Estado, daí

---

* Revista de Direito Administrativo 213/139.

resultando uma freqüente exaustão da Constituição, a exigir mudanças rotineiras para adaptar as matérias alçadas ao patamar constitucional ao padrão atualizado de exigências da sociedade.

Há, ainda, um aspecto que merece ser destacado no rol dos inconvenientes, assim, aquele da mediocrização das matérias constitucionais, a partir da falta de uma cultura da cidadania. De fato, no país, lamentavelmente, pretende-se resolver o problema moral da sociedade por intermédio do Direito Positivo. O sistema legal serve para criar freios contra manobras destinadas a lesar o Estado, para burocratizar a administração pública com o intuito de impedir os administradores de fraudar o erário, para inibir comportamentos escusos. Mas também serve para guiar interesses de determinados grupos ou categorias profissionais, sempre atuantes na elaboração legislativa.

O cenário, como é evidente, alcança a Constituição, na medida em que as leis ordinárias, muitas vezes, são elaboradas ao sabor de pressões vigorosas capazes de influenciar o legislador ordinário, como acontece em todas as partes do mundo.

Ocorre que, com isso, fica esquecida uma indagação fundamental, qual seja, aquela sobre que tipo de Estado é o desejado para reger a vida do cidadão. Não é bom esquecer que, muito rapidamente, passa-se de um modelo de alto teor de intervenção estatal para outro menos intervencionista, ainda que estejam preservados, do ponto de vista legal, muitos mecanismos de intervenção. Veja-se o segmento econômico que vive momento de amplas possibilidades de importação, vivificando o mundo globalizado que tanto se propala, mas, ainda, subordinado a controles severos que, de uma hora para outra, podem alterar o quadro logístico e impor novo fechamento.

Sem dúvida alguma, não é mais possível construir o Estado na sua dimensão econômica e empresarial, na qual os mecanismos disponíveis estão concentrados em corporações poderosas. Essas corporações envolveram o aparelho estatal sobremaneira, de modo que passaram a representar o seu perfil mais significativo, com uma exuberante prosperidade diante da pobreza da dimensão social. Veja-se, somente a título de exemplo, as empresas estatais e seus funcionários técnicos, com suas empresas de previdência privada dispondo de rico patrimônio, e os hospitais e escolas, com a baixíssima remuneração de médicos e professores, em uma sociedade que ainda tem analfabetos e doenças endêmicas que perduram até mesmo nos grandes centros urbanos, sem falar nos enormes espaços da Amazônia e do Nordeste. Essa radiografia simples já demonstra que o nosso Estado requer urgente mudança qualitativa, voltada para o fortalecimento da cidadania, o que quer dizer, concretamente, voltada para a satisfação dos interesses básicos da população.

É claro que o rigoroso controle do processo inflacionário teve repercussão extremamente positiva, com uma inaugural distribuição da riqueza nacional em favor dos estratos que vivem de rendimentos fixos ou salários, aliviando a gula especulativa, própria de uma economia de mercado globalizada, que interliga as crises em qualquer ponto do planeta.

Todavia, o que a reforma do Estado deve buscar é, exatamente, uma linha que, assim como foi preservada a moeda pelo controle da inflação, eleja a dimensão social como ponto fundamental para a presença do Estado na sociedade. Entre uma rica empresa de previdência privada estatal e um hospital ou uma pequenina escola primária, esta última deve ser considerada, efetivamente, o objeto da ação estatal. Nesse sentido, busca-se uma administração pública eficiente, com a prestação de serviços públicos essenciais de qualidade. Já o Código de Defesa do Consumidor inclui como direito básico a *"adequada e eficaz prestação de serviços públicos em geral"* (art. 6º, X).

A reforma administrativa, objeto deste trabalho, deve ser examinada com essa perspectiva. Começou com uma proposta de Emenda do Poder Executivo. E o Relator da reforma, na Câmara dos Deputados, o Sr. Deputado Moreira Franco, recordou em seu relatório que o Brasil teve a sua primeira reforma administrativa com o Presidente Getúlio Vargas, que padronizou a administração de material, introduziu a concepção de orçamento como plano de administração e mudou a administração de pessoal, criando o famoso DASP (Departamento de Administração do Serviço Público), com a finalidade de fomentar critérios de recrutamento e aprimoramento do pessoal. No governo do Presidente Castello Branco elaborou-se uma nova reforma da administração pública, tendo como eixo o Decreto-Lei nº 200/67.

Desta feita, a reforma alcançou, basicamente, o Capítulo VII da Constituição Federal, alterando, profundamente, os princípios gerais da administração pública, com a preocupação de expurgar do texto limitações que seriam inadequadas para agilizar a máquina estatal e melhorar a qualidade dos serviços prestados.

Alguns dos pontos mais expressivos da reforma administrativa, já em vigor com a promulgação da Emenda Constitucional nº 19, de 1988, serão analisados agora.

O primeiro ponto que merece destaque por ser de grande alcance é a introdução de comando para a elaboração de uma lei para disciplinar as formas de participação do usuário na administração pública direta e indireta, regulando especialmente: I — as reclamações relativas à prestação dos serviços públicos em geral, asseguradas a manutenção de serviços de atendimento ao usuário e a avaliação periódica, externa e interna, da qualidade dos serviços; II — o acesso dos usuários a registros administrativos e a informações sobre atos de governo, observado o disposto no art. 5º, X e XXXIII, da CF/88; III — a disciplina da representação contra o exercício negligente ou abusivo de cargo, emprego ou função na administração pública.

Este comando constitucional pode ter um efeito tão poderoso quanto o Código de Defesa do Consumidor. Na verdade, trata-se de elaborar uma Lei de Defesa do Usuário dos Serviços Públicos. Como cediço, o Código de Defesa do Consumidor alcançou uma tal dimensão que hoje, na lição de mestres como Ruy Rosado de Aguiar e Sérgio Cavalieri, a sua presença social é mais importante do que a do próprio Código Civil. E isso porque cuida diretamente de direitos da cidadania, tão pouco valorizados, até a edição do Código, no que se refere ao povo consumidor. Ora, o que se poderá dizer de uma lei garantindo ao usuário do serviço público direito de representação contra o exercício negligente ou abusivo de cargo, emprego ou função na administração pública? É evidente que está nas mãos do Congresso Nacional uma responsabilidade maior, à medida que a Constituição criou um mecanismo de controle da qualidade do serviço público. E o Congresso Nacional dispõe do prazo de cento e vinte dias para elaborar a lei de defesa do usuário de serviços públicos, a teor do art. 27 da Emenda.

O segundo ponto diz com a controvertida disciplina da estabilidade, regulada no art. 41 da CF/88. A reforma administrativa não destruiu a estabilidade, como muito se alardeou, sem a devida leitura do texto reformado. O que a reforma incorporou foi a possibilidade da perda do cargo em circunstâncias muito especiais, ademais da sentença judicial transitada em julgado e do processo administrativo em que seja assegurada ampla defesa, já constantes da anterior redação.

Primeiro, submeteu a aquisição da estabilidade a uma condição, qual seja, a obrigatória avaliação especial de desempenho por comissão instituída para essa finalidade, considerando não mais o prazo de dois anos, mas sim o prazo de três anos. O servidor, agora, aprovado em concurso público, não mais torna-se estável por inércia. Depende da avaliação obrigatória do seu desempenho. Isto significa que o simples decurso do tempo não basta para que o servidor adquira a estabilidade. E assim é porque o texto determina que a condição para a aquisição da estabilidade, ademais do prazo de três anos, é a avaliação especial de desempenho na forma do § 4º do art. 41.

Segundo, lei complementar estabelecerá o mecanismo de avaliação periódica de desempenho do servidor, com o que, uma vez promulgada a lei complementar, o servidor poderá, se não mantiver um desempenho satisfatório, perder o seu cargo. Como é fácil verificar, esse ditame da Constituição casa-se com aquele outro sobre a representação do usuário contra o exercício negligente ou abusivo de cargo pelo servidor. Está aí posto um freio contra a má qualidade dos serviços prestados pelo Estado.

Terceiro, impôs a reforma um rigoroso controle da despesa pública com pessoal ativo e inativo da União, dos Estados e dos Municípios, que não poderá ser superior a limites fixados em lei complementar. Assim, autorizou o novo texto, desobedecido o limite legislado, desde logo, a suspensão de todos os repasses de verbas federais ou estaduais aos Estados, ao Distrito Federal e aos Municípios e ainda estabeleceu uma linha de providências para o cumprimento do limite antes referido, assim, a redução em pelo menos vinte por cento das despesas com cargos em comissão e funções de confiança e a demissão de servidores não estáveis. Contudo, se tais medidas não forem suficientes para assegurar o cumprimento da determinação legal, o servidor estável poderá perder o cargo, desde que ato normativo motivado de cada um dos Poderes especifique a atividade funcional, o órgão ou unidade administrativa objeto da redução de pessoal, como prescrito no § 4º do art. 169, assegurando, no § 5º, indenização correspondente a um mês de remuneração por ano de serviço, dispondo a lei federal ordinária sobre a aplicação do mecanismo de redução de pessoal com a demissão de servidores estáveis. E, igualmente, estabeleceu que o cargo objeto da redução será considerado extinto, vedada a criação de cargo, emprego ou função com atribuições iguais ou assemelhadas pelo prazo de quatro anos.

A Emenda incluiu um novo artigo na Constituição, o art. 247, comandando que as leis (inciso III do § 1º do art. 41 e § 7º do art. 169) sobre a demissão de servidores estáveis estabelecerão critérios e garantias especiais para a perda do cargo pelo servidor público que, em decorrência de seu cargo efetivo, desenvolva atividades exclusivas de Estado. Com isso criou uma nova categoria de servidores públicos, que, certamente, provocará desdobramentos.

O terceiro ponto a ressaltar diz respeito ao sistema de remuneração do serviço público. Tenha-se presente que há uma enorme disparidade nesse aspecto. Assim com o mercado de trabalho, assim entre os poderes do Estado, com teratológicas distorções remuneratórias. A regra básica é a do art. 37, XI, que dispôs que *"a remuneração e o subsídio dos ocupantes de cargos, funções e empregos públicos da administração direta, autárquica e fundacional, dos membros de qualquer dos Poderes da União, dos Estados, do Distrito Federal e dos Municípios, dos detentores de mandato eletivo e dos demais agentes políticos e os proventos, pensões ou outra espécie remuneratória, percebidos cumulativamente ou não, incluídas as vantagens pessoais ou de qualquer natureza, não poderão exceder o subsídio mensal, em espécie, dos Ministros do Supremo Tribunal Federal"*.

Esta redação tão ampliada e tão minuciosa tem por objetivo evitar qualquer interpretação que permita a ultrapassagem do teto, como ocorreu com a anterior redação do mesmo inciso XI.

O que o texto revela é que o teto não pode ser ultrapassado sob nenhum pretexto, vedando, desse modo, situações constrangedoras, como salários altíssimos em decorrência de incorporações criadas por lei ou outros benefícios gerados pela imaginação criadora do legislador e pela interpretação construtiva dos Juízes. Chegou-se ao absurdo de reconhecer remuneração fora de qualquer padrão hierárquico, com um contracheque cheio de penduricalhos, tornando até mesmo impossível qualquer forma de controle. Esse fato, não raro, gerou injustiças terrificantes. Enquanto um número limitado de servidores era beneficiado com remuneração astronômica, alcançando patamares assustadores para o serviço público, a pretexto da incorporação de vantagens totalmente sem sentido e sem base na realidade social brasileira.

O novo texto elimina tal risco e impõe uma imediata correção, não tendo valia alguma a alegação de direito adquirido contra o comando constitucional do teto, mesmo em se tratando do exercício do poder constituinte derivado, que ainda teve o cuidado de repetir a regra do constituinte originário, no art. 29, determinando que os *"subsídios, vencimentos, remuneração, proventos da aposentadoria e pensões e quaisquer outras espécies remuneratórias adequar-se-ão, a partir da promulgação desta emenda, aos limites decorrentes da Constituição Federal, não se admitindo a percepção de excesso a qualquer título"*. Da mesma maneira, considerou irredutíveis o subsídio e os vencimentos, ressalvado também o teto. O que o constituinte derivado deixou induvidoso foi a redutibilidade dos subsídios e dos vencimentos se acima do teto previsto no art. 37, XI.

A reforma, de igual modo, abriu a possibilidade de percepção de uma forma de remuneração, que denominou subsídio, previsto no § 4º do art. 39, obrigatório para o *"membro de poder, o detentor de mandato eletivo, os Ministros de Estado e os Secretários Estaduais e municipais"*. O subsídio é *"fixado em parcela única, vedado o acréscimo de qualquer adicional, abono, prêmio, verba de representação ou outra espécie remuneratória"*, tudo subordinado ao teto. Com isso, acaba-se com a mentira remuneratória, mediante a qual, hoje, um parlamentar ou um Juiz percebem importância irrisória como vencimento, ao qual são acrescidas parcelas infinitas que levam a uma remuneração final bem maior. O que essa regra alcança é a transparência no sistema remuneratório dos membros de Poder e detentores de mandato eletivo, ademais de categoria determinada de ocupantes de cargos estatais. Esse sistema atinge, também, os membros do Ministério Público, na forma do art. 128, § 5º, I, "c", e os integrantes da Advocacia-Geral da União e da Defensoria Pública. Atinge, ainda, os Prefeitos e Vice-Prefeitos e os Governadores e seus respectivos vices (art. 28, § 2º, e 29, V). E a Emenda permitiu que essa modalidade seja aplicada aos servidores públicos organizados em carreira, como capitulado no § 8º do art. 39.

Da mesma forma, a Emenda nº 19/98 criou uma severa restrição ao exigir que a remuneração e o subsídio somente poderão ser fixados ou alterados por lei específica, resguardada a iniciativa privativa em cada caso. Essa regra impede o velho hábito de ampliar a remuneração sem lei, por atos internos dos poderes, ou por mera interpretação.

A iniciativa da lei para a fixação do teto, ou seja, para a fixação dos subsídios dos Ministros do Supremo Tribunal Federal, é conjunta dos Presidentes da República, da Câmara dos Deputados, do Senado Federal e do Supremo Tribunal Federal (art. 48, XV). Há, portanto, uma solidariedade dos Poderes do Estado na fixação do teto.

Uma questão que vai surgir é sobre a regra do § 5º do art. 39, que autoriza lei federal, estadual, do Distrito Federal e municipal a estabelecer a relação entre a maior e a menor remuneração dos servidores, sempre obedecido o teto do inciso XI. Aos Tribunais caberá decidir se será possível impor um teto inferior àquele fixado no inciso XI para os servidores públicos.

Um aspecto importante é a nova redação do art. 39 prescrevendo a criação de um conselho de política de administração e remuneração de pessoal. Com a nova redação, a fixação dos padrões de vencimento e dos demais componentes do sistema remuneratório observará a natureza, o grau de responsabilidade e a complexidade dos cargos componentes de cada carreira, os requisitos para a investidura e as peculiaridades dos cargos, com isso propiciando um grande avanço para romper com o velho sistema sempre apoiado em benefícios corporativos ou em padrão inadequado para o tipo de cargo.

Por fim, a Emenda incluiu na Constituição regra que obriga os poderes Executivo, Legislativo e Judiciário a publicarem anualmente os valores do subsídio e da remuneração dos cargos e empregos públicos. Desse modo, a sociedade ficará conhecendo, com toda claridade, o quanto percebem os membros dos Poderes do Estado e os funcionários públicos.

O quarto ponto refere-se a uma possível autonomia gerencial, orçamentária e financeira dos órgãos e entidades da administração direta e indireta, que *"poderá ser ampliada mediante contrato, a ser firmado entre seus administradores e o poder público"*, tendo por objeto a estipulação de metas de desempenho, cabendo à lei ordinária dispor sobre o prazo de duração do contrato, os controles e critérios de avaliação de desempenho, direitos, obrigações e responsabilidades dos dirigentes, remuneração do pessoal. É uma alternativa possível para melhorar a prestação de serviços pelo Estado, à medida que impõe padrão de desempenho com responsabilidade pessoal dos dirigentes, os quais firmarão tal contrato com o próprio Estado. Mas, sem dúvida, pode beneficiar, por exemplo, hospitais e escolas, muitas vezes prejudicados pelo excesso de controles da burocracia com reflexos na qualidade do serviço.

O quinto ponto é sobre o chamado estatuto jurídico da empresa pública. Primeiro, no art. 37, § 9º, ficou estabelecido que o teto *"aplica-se às empresas públicas e às sociedades de economia mista, e suas subsidiárias, que receberem recursos da União, dos Estados, do Distrito Federal ou dos Municípios para pagamento de despesas de pessoal ou de custeio em geral"*. Mas na nova redação do art. 173, o § 1º configurou de modo especial as empresas *"que explorem atividade econômica de produção ou comercialização de bens ou de prestação de serviços"*, devendo a lei ordinária dispor, nestes casos, sobre sua função social e formas de fiscalização pelo Estado e pela sociedade, a sujeição ao regime jurídico próprio das empresas privadas, inclusive quanto aos direitos e obrigações civis, comerciais, trabalhistas e tributários, a licitação e a contratação de obras, serviços, compras, alienações, observados os princípios da administração pública, a constituição e o funcionamento dos conselhos de administração e fiscal, com a participação dos acionistas minoritários e sobre os mandatos, a avaliação de desempenho e a responsabilidade dos administradores. Criou a Emenda, portanto, um cenário para estas empresas, regulado por lei especial, que pode alcançar limites bem amplos. Pode ser um bom caminho, melhor do que a atual indisciplina, tudo a depender do legislador ordinário.

Finalmente, um aspecto que seria útil destacar é o que se refere ao regime de concurso público para a investidura em cargo ou emprego público. A nova disciplina constitucional manteve a exigência do concurso, abrindo, porém, um espaço para que o concurso público tenha em consideração *"a natureza e a complexidade do cargo ou emprego, na forma prevista em lei"* . Com isso, a lei poderá encontrar mecanismos diferenciados para cada categoria, evitando critério uniforme, que, sob todos os ângulos, não é recomendável.

Estão postos alguns aspectos que merecem relevo nas inovações trazidas pela Emenda nº 19/98.

De todos os modos, a questão maior é saber se a disciplina vai ter conseqüência efetiva. Por exemplo, se as leis previstas vão ser elaboradas, a começar por aquela, fundamental, fixando o novo teto e aqueloutra sobre a possibilidade de perda do cargo em função do desempenho e da necessidade de ser obedecido o limite com as despesas de pessoal.

A reforma pode não ter sido a ideal, mas, sem sombra de dúvida, ela representa um grande avanço, talvez o maior, nos últimos tempos, para disciplinar atividade do Estado, com base na qualidade do serviço prestado e com uma efetiva participação do usuário. É um avanço em um país acostumado, por longo tempo, a uma burocracia que se satisfaz com as dificuldades a um Direito Positivo prolixo e impiedoso com os direitos do cidadão. Que a aragem iniciada com o Código de Defesa do Consumidor prossiga com a regulamentação infraconstitucional da reforma administrativa.

A esperança de todos é que o Estado não seja destruído pela incompetência dos gestores da coisa pública. Queremos que o Estado seja mais social e menos econômico, que o professor e o médico tenham mais prestígio na sociedade e na hierarquia dos servidores do Estado, com isso significando que o Estado, finalmente, se reencontra com o seu destino, isto é, servir ao povo nas atividades essenciais para que cada brasileiro possa realizar a plenitude de sua natureza na sociedade em que vive.

RESPONSABILIDADE CIVIL EM CIRURGIA PLÁSTICA*

Muito se tem discutido sobre a responsabilidade civil por erro médico. Nos tempos presentes, diante da falência do sistema de saúde no Brasil e, também, em decorrência da queda acentuada na qualidade do ensino, é maior o volume de feitos neste setor.

Este artigo examinará a responsabilidade civil em cirurgia plástica a partir da interpretação consolidada nos tribunais que considera o cirurgião plástico comprometido com o resultado, sendo, pois, a obrigação que assume uma obrigação de resultado, ou seja, o compromisso de curar, de alcançar certo resultado, diferentemente do que ocorre em outras especialidades médicas que se encontram subordinadas aos princípios que regem as obrigações de meios, nas quais o contrato firmado é para o tratamento, isto é, o conjunto de ações necessário para preservar a vida e o bem-estar do paciente.

Em trabalho acadêmico recente, **Ruy Rosado de Aguiar** mostrou, com muita clareza, o tema sob julgamento na seguinte passagem de seu estudo sobre a responsabilidade civil do médico, **verbis**:

> *"Polêmica é a definição da natureza jurídica da cirurgia estética ou corretiva, quando o paciente é saudável e apenas pretende melhorar a sua aparência; diferente da cirurgia reparadora, que corrige lesões congênitas ou adquiridas (Antônio Chaves, Responsabilidade civil das clínicas, hospitais e médicos, Rev. jurídica, 159/118).*

---

* Revista de Direito Renovar 7/11.

A orientação hoje vigente na França, na doutrina e na jurisprudência, inclina-se por admitir que a obrigação a que está submetido o cirurgião plástico não é diferente daquela dos demais cirurgiões, pois corre os mesmos riscos e depende da mesma álea. Seria, portanto, como a dos médicos em geral, uma obrigação de meios. A particularidade reside no recrudescimento dos deveres de informação, que deve ser exaustiva, e de consentimento, claramente manifestado, esclarecido, determinado (Penneau, La Responsabilité, p. 35). Duas decisões da Corte de Lyon e da Corte de Cassação, de 1981, comentadas por Georges Durry (Revue Trimestrielle de Droit Civil, p. 153), reafirmam que se trata de uma obrigação de meios, porque em toda operação existe uma álea ligada à reação do organismo, e acentuam a existência de um dever particular de informação. Mais recentemente, em 21.2.91, a Corte de Versailles, reconhecendo a existência de uma obrigação de meios, condenou o cirurgião plástico que não comparou convenientemente os riscos e os benefícios de uma operação considerada prematura, deixando de fornecer a exata informação de todos os riscos (Recueil Dalloz-Sirey, 1993, p. 29).
*O e. Prof. **Luís Adorno**, após ter sido defensor da idéia oposta, no último curso ministrado em Porto Alegre, assim se expressou: 'Se bem tenhamos participação durante algum tempo deste critério de situar a cirurgia plástica no campo das obrigações de resultado, um exame meditado e profundo nos levou à conclusão de que resulta mais adequado não fazer distinções a respeito, colocando também o campo da cirurgia estética no âmbito das obrigações de meio, isto é, no campo das obrigações gerais de prudência e diligência. E assim porquanto, como bem assinala o brilhante jurista e catedrático francês e estimado amigo Prof. François Chabas, de acordo com as conclusões da ciência médica dos últimos tempos, o comportamento da pele humana de fundamental importância na cirurgia plástica é imprevisível em numerosos casos. Ademais, agrega dito jurista, toda intervenção sobre o corpo humano é sempre aleatória' ('La Responsabilidad cívil médica', AJURIS, 59/224)."*

Para o eminente jurista e Ministro do Superior Tribunal de Justiça, após ressaltar a jurisprudência brasileira no campo das obrigações de resultado,:

"*O acerto está, no entanto, com os que atribuem ao cirurgião estético uma obrigação de meios. Embora se diga que os cirurgiões plásticos prometam corrigir, sem o que ninguém se submeteria, sendo são, a uma intervenção cirúrgica, pelo que assumiriam eles a obrigação de alcançar o resultado prometido, a verdade é que a álea está presente em toda intervenção cirúrgica, e imprevisíveis as reações de cada organismo à agressão do ato cirúrgico. Pode acontecer que algum cirurgião plástico ou muitos deles assegurem a obtenção de certo resultado, mas isso não define a natureza da obrigação, não altera a sua categoria jurídica, que continua sendo sempre a obrigação de prestar um serviço que traz consigo o risco. É bem verdade que se pode examinar com maior rigor o elemento culpa, pois mais facilmente se constata a imprudência na conduta do cirurgião que se aventura à prática da cirurgia estética, que tinha chances reais, tanto que ocorrente, de fracasso. A falta de uma informação precisa sobre o risco, e a não obtenção de consentimento plenamente esclarecido, conduzirão eventualmente à responsabilidade do cirurgião, mas por descumprimento culposo da obrigação de meios.*
Na cirurgia estética, o dano pode consistir em não alcançar o resultado embelezador pretendido, com frustração da expectativa, ou em agravar os defeitos piorando as condições do paciente. As duas situações devem ser resolvidas à luz dos princípios que regem a obrigação de meios, mas no segundo fica mais visível a imprudência ou a imperícia do médico que provoca a deformidade. O insucesso da operação, nesse último caso, caracteriza indício sério da culpa do profissional, a quem incumbe a contraprova de atuação correta" (RT 718/33).

Na verdade, nos últimos tempos tem sido volumoso o noticiário sobre os aspectos legais da prática da medicina sob variados ângulos, assim, o do diagnóstico, tratamento, apoio e acompanhamento dos pacientes, sem falar, é claro, dos procedimentos cirúrgicos. E, de modo vigoroso, vem sendo posto em relevo o direito dos pacientes e as obrigações dos profissionais de medicina. Esse momento de exaltação no setor é conseqüência de longo período de obscurantismo no que se refere à responsabilidade civil dos médicos. É chegado, agora, um tempo de necessária reflexão para reconhecer que os pacientes também têm obrigações e os médicos também têm direitos, tudo para permitir um equilíbrio imperativo para a administração da justiça, ainda mais nesse trânsito da humanidade com novas descobertas e avanços da ciência médica.

Para bem enquadrar a responsabilidade no campo cirúrgico é preciso, primeiro, ter um conceito claro do que seja a cirurgia, que parece ser tão antiga quanto a própria humanidade, e como diferem entre si as especialidades cirúrgicas.

É sabido que há milhares de anos, durante o período neolítico, praticavam-se trepanações e amputações, o mesmo ocorrendo entre os povos da América pré-colombiana. No Código de Hamurabi, cerca de 2.200 a.C., figuram estritas prescrições quanto às penas aplicáveis no caso de mau procedimento cirúrgico.

Em algumas civilizações antigas, a cirurgia alcançou considerável desenvolvimento, como, por exemplo, na Índia, na China, no Egito e no período helenístico da civilização grega. Já nos textos hipocráticos são mencionados numerosos procedimentos cirúrgicos e instrumentos a eles necessários, entre os quais sondas, cautério, cureta, espéculo, bisturis convexo, curvo e pontudo.

Na Índia antiga já se praticavam cirurgias de reconstrução nasal, intervenções para cataratas e para retirada de cálculos vesicais, dentre outras. Instrumentos cirúrgicos, tais como pinças, cânulas, sondas, agulhas de sutura, são mencionados na literatura.

No Talmud encontramos referências às intervenções para tratamento de fístulas anais, para redução de luxações, às operações depois denominadas cesarianas e à circuncisão, nele reconhecida com velha prescrição.

Através dos tempos, os ferimentos são um evento central de toda a cirurgia, não porque o tratamento das feridas acidentais seja um aspecto importante da atuação do cirurgião, como, também, porque a própria intervenção operatória se inicia e prossegue por um tipo especial de ferimento, a incisão e dissecção cirúrgicas. Nessas condições, o conhecimento de seu significado para todo o organismo e os cuidados com seu manejo constituem importante conceito do pensamento cirúrgico.

Um eminente cirurgião inglês do século XIX, **John Hunter**, resumiu a importância das lesões e incisões cirúrgicas ao perguntar: o que a ferida representa para o organismo? Como o organismo se protege dos danos que a cirurgia causa de modo próximo ou remoto?

De fato, essas perguntas essenciais revelam, por inteiro, a realidade da cirurgia e as suas conseqüências em todos os campos do conhecimento científico do ser humano.

Foi somente no século XX que assumiu suas atuais dimensões o conhecimento das complexas reações metabólicas e imunológicas relacionadas, em maior ou menor grau, com todos os procedimentos cirúrgicos, e que, necessariamente, tem fortes implicações nas conseqüências do ato cirúrgico e, daí, no campo da responsabilidade civil médica.

A definição de cirurgia que consta da maioria dos dicionários diz ser ela o ramo da medicina que lida com o diagnóstico e o tratamento de lesões, deformidades e doenças por meios manuais e instrumentais. Na verdade, cirurgia é mais do que isso. O cirurgião moderno conduz o paciente pelas fases de diagnóstico, preparo pré-operatório, intervenção cirúrgica propriamente dita, pós-operatório e reabilitação.

Fundamentalmente, as cirurgias tratam condições agudas ou criam situações agudas para aliviar estados ou doenças crônicas e o fazem por meio de manipulações no corpo do paciente. Sua denominação deriva de **keírós**, a mão, de modo diferente do tratamento de condições prolongadas, pertencentes às províncias da clínica, que vem de **klínos**, o leito.

Basicamente, existem três tipos de alteração que constituem apanágio da atuação cirúrgica:

1º) alteração, perda ou disrupção de tecidos ou órgãos;
2º) interferência com o fluxo normal do sangue e dos fluidos orgânicos;
3º) invasão do organismo por elementos patogênicos, exógenos ou endógenos.

Modernamente são reconhecidas cinco categorias gerais de cirurgias:

1ª) tratamento de ferimentos;
2ª) cirurgia extirpativa;
3ª) cirurgia reconstrutiva;

4ª) transplantes de tecidos e órgãos;
5ª) implantes de próteses e outros dispositivos.

As diversas subespecialidades cirúrgicas não apresentam entre si diferenças essenciais. Derivam elas, na realidade, de alguns parâmetros, a saber:

a) do segmento corporal de sua atuação principal (cirurgia torácica);
b) do uso e costume (cirurgia geral, cirurgia plástica, cirurgia dentária);
c) da faixa etária em que atuam (cirurgia pediátrica);
d) do instrumental utilizado (criocirurgia, cirurgia laparoscópica);
e) das doenças tratadas (cirurgia oncológica, traumatocirurgia);
f) dos órgãos ou sistemas em que atuem (neurocirurgia, cirurgia endócrina).

No tocante ao segmento corporal de sua principal atuação, cirurgiões de várias subespecialidades agem sobre o segmento encefálico, realizando intervenções de neurocirurgia, cirurgia bucomaxilofacial, cirurgia de cabeça e pescoço, cirurgia oftalmológica e otorrinolaringológica. Endarterectomias carotídeas ou de *by pass* carotídeo são realizadas por cirurgia vascular. São ainda admissíveis subespecialidades de cirurgias da surdez e de neurocirurgia endovascular, esta última, quase na totalidade dos casos, não realizada por cirurgião, o mesmo ocorrendo com relação às intervenções de angioplastias intraluminais várias, com ou sem inserção de *stents*, cuja realização é feita por um cardiologista especializado em hemodinâmica.

O tórax é a área de atuação da denominada cirurgia torácica que, em sua atual acepção, está adstrita às intervenções broncopulmonares, pleurais, mediastinais, esofagianas, e distinta da cirurgia cardíaca que lida com correções de defeitos congênitos ou adquiridos, substituição de válvulas do coração e, principalmente, intervenções de revascularização miocárdica.

O abdome é a principal área de atuação do cirurgião geral, como também do ginecologista, do obstetra, do urologista, do coloproctologista, do cirurgião vascular.

A cirurgia plástica lida, por sua abrangência, com toda a superfície corporal. Esta denominação consagrada pelo uso faz menção apenas ao aspecto estético desta especialidade cirúrgica antiqüíssima, precedendo de muitos séculos a própria cirurgia geral, não levando em conta o trabalho corretivo e reconstrutivo de deformidades congênitas e adquiridas nas fendas faciais, lábio leporino, seqüelas de queimaduras, etc. Na verdade, procedimentos para reconstrução do apêndice nasal, do pavilhão da orelha e dos lábios são mencionados em escritos muito antigos, havendo referência, ainda no século XIII, de trabalhos na Sicília e na Calábria de famosos cirurgiões da época como Branca e Tagliacozzí.

Com esse panorama geral é possível, agora, anotar que as diversas subespecialidades cirúrgicas não apresentam entre si diferenças essenciais ou constitutivas. Toda cirurgia é uma forma de tratamento. As cirurgias bem poderiam ser uma subdivisão da terapêutica, que é a arte e a ciência do tratamento.

E assim é, na medida em que as cirurgias são uma forma de tratamento do qual uma parte importante é um contrato para a obtenção do melhor resultado possível, acompanhado da mais competente e ampla informação sobre seus efeitos e resultados previsíveis.

Em qualquer das subespecialidades cirúrgicas exige-se um profissional habilitado, agindo com perícia, prudência e diligência em todas as etapas de sua atuação, de forma comparável a outro profissional atuando nas mesmas circunstâncias.

Pela própria natureza do ato cirúrgico, cientificamente igual, pouco importando a subespecialidade, a relação entre o cirurgião e o paciente está subordinada a uma expectativa do melhor resultado possível, tal como em qualquer atuação terapêutica, muito embora haja possibilidade de bons ou não muito bons resultados, mesmo na ausência de imperícia, imprudência ou negligência, dependente de fatores alheios, assim, por exemplo, o próprio comportamento do paciente, a reação metabólica, ainda que cercado o ato cirúrgico de todas as cautelas possíveis, a saúde prévia do paciente, a sua vida pregressa, a sua atitude somatopsíquica em relação ao ato cirúrgico. Toda intervenção cirúrgica, qualquer que seja, pode apresentar resultados não esperados, mesmo na ausência de erro médico. E, ainda, há em certas técnicas conseqüências que podem ocorrer, independentemente da qualificação do profissional e da diligência, da perícia e da prudência com que realize o ato cirúrgico.

Anote-se, nesse passo, que a literatura médica, no âmbito da cirurgia plástica, indica, com claridade, que não é possível alcançar 100% de êxito.

Na prestigiosa *Plastic and Reconstructive Surgery* (vol. 96, agosto de 1995, págs. 255 a 266), está publicado artigo versando sobre complicações e resultados a longo prazo de procedimentos para correção de fendas faciais baseado na observação de 116 pacientes acompanhados durante sete anos. Os autores esclarecem que os procedimentos usados são seguros e confiáveis, oferecendo aos pacientes uma substancial melhora de sua qualidade de vida, com resultados satisfatórios em, apenas, 89 a 92% dos casos.

Cento e sessenta e sete implantes mamários para reconstrução ou aumento dessas glândulas, realizados em 77 pacientes e seguidos durante nove anos, sofreram completa deflação em cerca de 25% e contratura fibrosa em 37% dos casos, como narrado no *British Journal of Plastic Surgery* (vol. 48, junho de 1995, págs. 183 a 188).

A mesma *Plastic and Reconstructive Surgery* (vol. 95, junho de 1995, págs. 1.195 a 1.204) publica os resultados de reconstrução mamária obtidos por dois cirurgiões em 111 pacientes, mostrando complicações importantes em cerca de 20% dos casos, observados ao longo de 18 meses.

No que se refere à plástica para redução do volume mamário (mamoplastia redutora), o *Annais of Plastic Surgery* (vol. 34, 1995, págs. 113 a 116) divulga os resultados obtidos por dois cirurgiões, indicando melhora clínica satisfatória em não mais de 74, 81 e 88% dos casos, conforme o critério escolhido.

Também no *British Journal of Plastic Surgery* (vol. 48, outubro de 1995, págs. 451 a 454), foram analisadas 218 plásticas nasais (rinoplastia), observando-se não mais de 5% de complicações, mas cerca de um em cada dez pacientes necessitou de revisão cirúrgica do procedimento realizado na mesma instituição, e um em cada cinco daqueles que haviam sido operados em outros centros.

J. Gérald Rheault, mostrando a realidade sob o regime legal do Canadá, que segue o sistema do Common Law, à exceção de Quebec, que herdou as tradições do Código Civil de Napoleão, destacou que a responsabilidade dos médicos está limitada a uma obrigação de meios, não de resultados, na medida em que os cirurgiões não estão obrigados a obter sempre bons resultados, mas estão, sim, obrigados a fornecer competente informação e tratamento aos pacientes. Assim, a responsabilidade do cirurgião depende da prova de ele não ter agido prudente e diligentemente como um profissional de razoável competência teria agido nas mesmas circunstâncias. E, em casos de cirurgia estética, esse princípio vem sendo desafiado até a Suprema Corte por algumas pessoas que gostariam de imputar ao cirurgião plástico uma responsabilidade de resultados e não de meios (*"Professional responsibility of physicians is limited to an obligation of **means**, not of results. We do not have an obligation of always obtaining good results, but must provide competent information and treatment to our patients. Briefly put, the existence of a fault on the physician's part will be established if it can be proven that he did not act as prudently and diligently as a reasonable competent physician would have in the same circumstances. In cases of elective care such as in aesthetic surgery, this principle is being challenged all the way to Supreme Court by some people who would like to hold us responsible not only for means, but of results"*. In The Canadian Journal of Plastic Surgery, 30, 1995, via Internet).

O mesmo **Rheault** anota que nas cirurgias eletivas a saúde do paciente não está ameaçada, com o que deve haver uma informação completa de todas as complicações que não são raras, bem assim daqueloutras importantes que são. E indica decisão da Corte de Apelações que considerou responsável um cirurgião plástico por uma complicação muito rara de perda de visão em uma operação plástica nas pálpebras, porque não foi o paciente avisado dessa possibilidade antes de dar o seu consentimento (op. cit.).

O principal argumento para transpor a cirurgia estética ao campo das obrigações de resultado está assentado no compromisso do cirurgião de obter com o ato cirúrgico um determinado resultado, que teria sido contratado, considerando que não há patologia a ser enfrentada.

Todavia, esses dois pontos, o compromisso com determinado resultado e a ausência de patologia, não servem para desqualificar a unidade científica do ato cirúrgico que, como visto supra, tem a mesma natureza e depende da mesma álea, não importa a subespecialidade.

Qualquer que seja o ato cirúrgico, o que determina a responsabilidade é a constatação da existência do erro do médico e não, diante da igual natureza científica do ato, o compromisso de alcançar certo resultado. E o erro do médico, como ensina o professor e acadêmico **Júlio de Moraes**, na medida em que o médico não é infalível, é aquele que um profissional de média capacidade, em idênticas situações, não cometeria.

Há erro do médico tanto em uma colestase extra-hepática por lesão cirúrgica do colédoco no decurso da dissecção necessária a realização de colecistectomia, como na hidronefrose por lesão de ureteres no decurso de intervenção ginecológica, como na disfonia por lesão de nervo recorrente durante tireoidectomia, como na paralisia facial resultante de traumatismo a um ramo do nervo facial durante intervenção para correção de flacidez facial.

Por um lado, mesmo a cirurgia meramente estética não significa, necessariamente, a ausência de uma patologia. Pode ocorrer, por exemplo, que uma paciente procure um cirurgião plástico para corrigir uma deformidade no apêndice nasal que, enfeando-lhe o rosto, cause-lhe um transtorno da personalidade, assim, uma depressão; ou um outro que apresente uma ginecomastia acentuada a causar-lhe comportamento neurótico: ou, ainda, outra, que busca uma correção de mama diante de sobrecarga postural que lhe impeça o exercício de certa atividade profissional.

Enfim, há uma variedade enorme de circunstâncias peculiares que não devem ser vinculadas a um padrão imposto pela jurisprudência sobre a configuração jurídica da cirurgia estética como obrigação de resultado, que pode levar, ademais, a absurdos gravosos como o conceito de aceitação do resultado diante de determinado detalhe, como, por exemplo, o exato tamanho da mama, ou sua angularidade específica, ou o do nariz, ou, ainda, o tamanho da cicatriz em uma cirurgia para eliminar a flacidez abdominal, ou, até mesmo, um contrato de garantia para a resistência das mamas ou do enrijecimento do abdome por certo tempo.

Outrossim, não é possível estabelecer um padrão de resultado uniforme em todos os pacientes, mesmo em se tratando de cirurgia em subespecialidade diversa da estética, dependendo o resultado, sempre, de muitos fatores, até mesmo do comportamento do paciente.

O que o cirurgião contrata com o seu paciente é a realização de um ato cirúrgico com a melhor técnica possível, prestando-lhe detalhadamente todas as informações sobre as conseqüências da cirurgia, as comuns e as raras, para que a decisão seja tomada com toda a consciência, cabendo ao médico, ainda, avaliar com o maior rigor possível as condições do paciente para submeter-se a uma cirurgia. O que não se pode admitir é a repetição de um *standard* jurisprudencial que está em desalinho com a realidade mais moderna dos avanços da ciência médica e da ciência jurídica.

Finalmente, nesse patamar, é bom não esquecer que não se pode presumir, como parece vem sendo admitido pela jurisprudência, que o cirurgião plástico tenha prometido maravilhas ou que não tenha prestado as informações devidas ao paciente, configurando o contrato de determinado. A só afirmação do paciente em uma inicial de ação indenizatória não é suficiente para acarretar a presunção de culpa do médico, invertendo-se o ônus da prova. O paciente deve provar que tal ocorreu, que não recebeu informações competentes e amplas sobre a cirurgia.

Não bastasse tal fundamentação para afastar a cirurgia estética do campo das obrigações de resultado, o Código de Defesa do Consumidor estipulou, expressamente, no art. 14, § 4º:

"A responsabilidade pessoal dos profissionais liberais será apurada mediante a verificação da culpa."

Ora, tal regra não separa o ato cirúrgico em obrigação de meio ou de resultado, não destaca a cirurgia estética, nem, tampouco, explicita que se destina a incidir sobre a responsabilidade aquiliana, não sobre a responsabilidade contratual.

A interpretação que situa a questão ainda no campo das obrigações de resultado não tem lastro na lei, repetindo, apenas, a jurisprudência anterior ao Código que enxergava a dicotomia. Mas, com o advento do Código, insistir nessa direção significa criar grave disparidade na própria lei que impõe ser a responsabilidade pessoal do profissional liberal, sem exceção, apurada mediante a verificação da culpa.

O dito contrato para melhorar a aparência física do paciente por meio de cirurgia não depende, exclusivamente, da perícia ou diligência do cirurgião, mas de fatores idênticos aos de qualquer outra cirurgia, devendo a responsabilidade do profissional ser apurada, como prescreve o Código, mediante a verificação da culpa.

TENDÊNCIAS DO DIREITO CONSTITUCIONAL BRASILEIRO*

A ampliação da jurisdição constitucional e da proteção dos direitos do homem e do cidadão. A Lei nº 9.882, de 3 de dezembro de 1999

A Constituição de 1988 representou um marco na história constitucional do Brasil. Consolidou a passagem para a vida democrática atenta aos princípios que devem reger o estado de direito, com a preocupação maior de assegurar a plenitude dos direitos do homem e do cidadão.

A Constituição, na história dos povos, é fruto de uma elaboração que leva em conta a necessidade de fortalecer a conquista das liberdades individuais frente ao poder do Estado. Nessa direção, as declarações de direitos são o berço da construção política da constitucionalização dos Estados. Elas contêm uma enumeração dos direitos fundamentais com o propósito de inserir positivamente um sistema de direitos individuais que autoriza o primado do direito nas relações entre o indivíduo e o Estado. O *Bill of Rights* inglês, de 1688, e a Declaração dos Direitos do Homem, de 1948, adotada pela Terceira Sessão da Assembléia Geral da Organização das Nações Unidas, deixam muito claro que a constitucionalização dos estados depende da proteção dos direitos individuais.

---

* Revista Forense 97/357.

Em outra oportunidade, Karel Vasak, tratando da realidade jurídica dos direitos do homem, indicou as três seguintes condições para que eles se tornem uma realidade jurídica: 1º) é necessário que exista uma sociedade organizada sob a forma de um estado de direito; 2º) é necessário que, no interior do Estado, os direitos do homem se exerçam em um quadro jurídico preestabelecido, porém variável em função da natureza dos direitos e em função das circunstâncias; 3º) finalmente, é necessário que o exercício dos direitos do homem por seus titulares seja acompanhado de garantias jurídicas precisas e, em particular, que sejam previstos recursos que permitam obter o seu respeito.

Essas *"garantias jurídicas precisas"*, referidas por Karel Vasak, compõem a essência moderna do respeito que o Estado deve guardar com relação aos direitos do homem e do cidadão.

Na verdade, a leitura dos clássicos revela ser importante procurar a fundamentação do direito de exercer o poder, nas suas mais variadas dimensões, merecendo ser lembrada a lição de **Weber** no sentido de que a definição de Estado não dispensa o *"monopólio da força legítima"*. Ensinou **Bobbio**, tratando da filosofia política e da ciência política, que mesmo Hobbes *"considera que a força do Estado não pode ser força bruta, mas deve ser, para usar a expressão weberiana, 'legítima' (legitimidade que para Hobbes deriva do acordo geral dos consociados)"*. E prossegue com a doutrina de Rousseau, nas primeiras páginas do "Contrato Social": *"o ponto de partida da inteira construção é a crítica ao pretenso 'direito do mais forte', que não é um direito porque à força não se tem o dever de obedecer, e se não se tem o dever de obedecer isto significa que, por outro lado, não existe um direito de comandar. A questão, tanto de Rousseau quanto de Hobbes, é antes de mais nada o problema de fundamentar o direito de comandar, que consiste, em termos weberianos, na questão de encontrar uma sua 'justificação interna', isto é, um princípio de legitimidade"* (Teoria Geral da Política — A Filosofia Política e as Lições dos Clássicos, Ed. Campus, Rio de Janeiro, 2000, organizado por Michelangelo Bovero, trad. de Daniela Beccaccia Versiani, págs. 133 e 141).

Não se trata aqui de estabelecer as bases de uma filosofia política para argamassar a tentativa de destacar as tendências do Direito Constitucional brasileiro nesta virada do século. Mas o que se torna relevante é fixar o conceito de que, mesmo reconhecendo a variedade das correntes de pensamento sobre a configuração do

Estado, na perspectiva da organização do poder, o fato é que o Estado concentra o monopólio do poder institucionalizado e, com isso, está armado de instrumentos que podem transformar-se, como em tantas ocasiões já ocorreu, em fonte de dominação absoluta sobre o homem, sacrificando a sua liberdade e, o que é pior, anulando a essência do ser do homem. E, mais uma vez, valem as preciosas lições de **Bobbio**: *"Embora partindo de um sentido de liberdade comum, o distinto uso do termo, do qual captamos os movimentos, depende do fato de que a doutrina liberal considera o problema da liberdade em função do indivíduo isolado e, a doutrina democrática, em função do indivíduo enquanto partícipe de uma coletividade (de uma vontade comum). As duas doutrinas respondem a duas perguntas distintas. A primeira: 'O que significa ser livre para um indivíduo considerado um todo em si mesmo?' A segunda: 'O que significa ser livre para um indivíduo considerado parte de um todo?' Não obstante o significado comum de liberdade como autodeterminação, as duas diferentes perspectivas levam à formulação de duas respostas que acentuam dois diferentes aspectos do problema da liberdade. A quem faz a primeira pergunta, o problema da liberdade se apresenta sobretudo como não-impedimento; a quem faz a segunda pergunta, o mesmo problema se apresenta sobretudo como demanda de limites a qualquer forma de legislação imposta de cima para baixo, donde a liberdade como autonomia. Em outras palavras, a resposta à primeira pergunta leva a acentuar o momento da 'permissão', a resposta à segunda, o momento da 'auto-obrigação'"*(op. cit., pág. 103). No contexto dos clássicos, lembrado por **Bobbio**, em Montesquieu, a *"liberdade é o direito de fazer tudo aquilo que as leis permitem"*, destacando o grande mestre da teoria política contemporânea que o *"problema fundamental para Montesquieu é aquele dos limites do poder estatal: é preciso que certos limites existam, e que existam meios suficientes para fazer com que sejam observados. A liberdade é o bem-aceito fruto desses limites: livre é aquele que pode fazer tudo aquilo que quer dentro de tais limites"*; em Rousseau, a *"obediência à lei que nós mesmos nos prescrevemos é a liberdade"*, destacando Bobbio que para Rousseau *"o problema fundamental é aquele da formação da vontade geral: a única liberdade possível no Estado é que os cidadãos dêem leis a si mesmos. A liberdade coincide não com a autodeterminação individual, mas com a autodeterminação coletiva"* (op. cit., págs. 103/104).

Pode dizer-se que o problema central dos Estados em nossos dias é construir mecanismos que protejam o existir em liberdade dos seus cidadãos, seja na perspectiva da autodeterminação individual, seja na perspectiva da autodeterminação coletiva, como prevenção a tentativas de organização do poder que desqualifiquem o exercício da liberdade do homem diante do Estado. E o plano da liberdade não pode ser posto, apenas, na distribuição de bens e riquezas existentes na sociedade, como se a satisfação decorrente de tal distribuição fosse um bem em si mesmo, capaz de justificar a morte da natureza humana, pela coerção ao seu direito de ser livre na sociedade em que vive. O bem maior, portanto, é a preservação da natureza livre, racional e social do homem para que haja efetivas condições de criação de um Estado preparado para a construção do bem comum, isto é, a existência de um conjunto de condições concretas que permita ao homem realizar a plenitude de sua natureza.

É por essa razão que não se pode pensar a organização do Estado apenas na posição democrática de suas declarações de direitos, mas sim na disponibilidade no interior do Estado de meios processuais para o exercício dos direitos declarados.

Por outro lado, o Estado está diante da encruzilhada do fenômeno da globalização, que, sem maior elaboração doutrinária, pode afirmar-se como tentativa de integração dos Estados, com fissura no monopólio do seu poder, dito soberano, diante dos outros Estados. E não se trata de fenômeno puramente econômico, porque também jurídico, com a organização de parlamentos integrados e cortes judiciais com poderes jurisdicionais para dentro das fronteiras dos Estados partícipes. E, ainda, mesmo sem a institucionalização de tais cortes, com uma projeção capaz de suscitar o processo e julgamento por crimes determinados por jurisdição diversa daquela que seria naturalmente competente, como mais recentemente ocorreu com o processo que envolveu o general Augusto Pinochet.

A Constituição de 1988 mostrou-se preocupada com essa dimensão protetiva da liberdade do homem e do cidadão diante do Estado e, indiscutivelmente, a sua identificação é a ampliação da jurisdição constitucional e a criação de novo elenco de meios processuais de defesa dos direitos garantidos pela Constituição. Merece destaque a preocupação do constituinte de configurar como *"crime inafiançável e imprescritível a ação de grupos armados, civis ou militares, contra a ordem constitucional e o Estado democrático"* (art. 5º, XLIV).

Com tal tendência, evidentemente, a sua primeira conseqüência é o fortalecimento do Poder Judiciário, ou seja, daquela função do Estado que deve prestar a jurisdição, ampliando o acesso à justiça. A consciência provocada pelo advento da nova Constituição, que maximizou o Direito de liberdade diante do Estado, o direito da cidadania na perspectiva do cidadão como usuário dos serviços do Estado (art. 37, § 3º) e como consumidor (art. 5º, XXXII), despertou um novo tempo de crenças, que não deve ser lembrado mais tarde como mera utopia.

O cidadão nesse trânsito republicano ampliou a sua participação na própria construção do Direito, como instrumento gerador de interpretação do sistema de normas positivas que regem a vida social.

Peter Häberle anotou que os *"critérios de interpretação constitucional hão de ser tanto mais abertos quanto mais pluralista for a sociedade"* (Hermenêutica Constitucional — A sociedade aberta dos intérpretes da Constituição: contribuição para a interpretação pluralista e 'procedimental' da Constituição, Sergio Fabris Editor, Porto Alegre, 1997, trad. de Gilmar Ferreira Mendes, pág. 13), ou, ainda, *"como não são apenas os intérpretes jurídicos da Constituição que vivem a norma, não detêm eles o monopólio da interpretação da Constituição"* (op. cit., pág. 15), na lembrança da velha lição de Jellinek com a força normativa dos fatos.

A lição de **Benjamin Nathan Cardoso** não pode ser esquecida quando ele destaca o papel do Juiz na sociedade e a sua vinculação ao tempo vivido longe, portanto, de suas idiossincrasias (*A Natureza do Processo e a Evolução do Direito*, Ed. Nacional de Direito Ltda., Porto Alegre, 1978, pág. 61).

Mais do que nunca, presente deve estar a indicação de **Konrad Hesse** no sentido de que a constituição *"não está desvinculada da realidade histórica concreta do seu tempo"* (A Força Normativa da Constituição, Sergio Fabris Editor, Porto Alegre, 1991, trad. de Gilmar Ferreira Mendes, pág. 25), ou, ainda, *"a força vital e a eficácia da Constituição assentam-se na sua vinculação às forças espontâneas e às tendências dominantes do seu tempo, o que possibilita o seu desenvolvimento e a sua ordenação objetiva. A Constituição converte-se, assim, na ordem geral objetiva do complexo de relações da vida"* (op. cit., pág. 18).

Sem dúvida, a ampliação da jurisdição constitucional e a ampliação generalizada do acesso à Justiça, tudo para proteger os direitos do homem e do cidadão, representam a tendência do moderno Direito Constitucional brasileiro.

Respeitando a paciência dos leitores, observaremos a lei que tratou da jurisdição constitucional no campo da argüição de descumprimento de preceito fundamental, a Lei nº 9.882, de 3 de dezembro de 1999.

O aparecimento do parágrafo único do art. 102 da Constituição Federal foi realmente uma novidade. Gerou perplexidade porque não havia instrumento adequado para torná-lo efetivo, dependendo, expressamente, da disciplina legal, o que não ocorreu com outros instrumentos de garantia dos direitos individuais, logo utilizados com o aproveitamento dos meios disponíveis no Direito Processual. A Emenda nº 3, de 17 de março de 1993, transformou-o em § 1º e acrescentou o § 2º impondo eficácia contra todos e efeito vinculante, relativamente aos demais órgãos do Poder Judiciário e ao Poder Executivo, nas decisões definitivas de mérito, proferidas pelo Supremo Tribunal Federal, nas ações declaratórias de constitucionalidade de lei ou ato normativo federal.

Com a expressão *preceitos fundamentais* o legislador constitucional pretendeu alcançar todos os direitos e garantias fundamentais. Mas não somente aqueles que se encontram agasalhados na declaração de direitos; também todos os direitos vinculados ao exercício das liberdades públicas e aos direitos sociais, relacionados à dignidade humana, alcançando, assim, os fundamentos da República, tal e qual definidos no art. 1º da Constituição Federal, suscetíveis de descumprimento pelo Poder Público, oriundo o descumprimento de atos abusivos dos Poderes Executivo, Legislativo e Judiciário. E **Gilmar Ferreira Mendes** lembra que não se poderá negar a qualidade de preceitos fundamentais àqueles princípios protegidos pela cláusula pétrea do art. 60, § 4º, da Constituição, explicitando que a *"lesão a preceito fundamental não se configurará apenas quando se verificar possível afronta a um princípio fundamental, tal como assente na ordem constitucional, mas também a disposições que confiram densidade normativa ou significado específico a esse princípio"*, de modo a que seja fixado *"um conceito extensivo de preceito fundamental, abrangente das normas básicas contidas no texto constitucional"* (*Argüição de Descumprimento de Preceito Fundamental: análises à Luz da Lei nº 9.882/99*, Editora

Atlas, São Paulo, 2001, organizado por André Ramos Tavares e Walter Claudius Rothemburg, págs. 131/132).

A Lei n° 9.882/99 prescreve que o objeto da argüição de descumprimento, com tutela direta do Supremo Tribunal Federal, é evitar ou reparar lesão a preceito fundamental e, também, *"quando for relevante o fundamento da controvérsia constitucional sobre lei ou ato normativo federal, estadual ou municipal, incluídos os anteriores à Constituição"*. Esta última hipótese, certamente, gerará controvérsia que a construção jurisprudencial terá de desafiar porque corresponde a um verdadeiro controle de constitucionalidade, incluída a lei municipal e, ainda, a lei ou ato anterior à Constituição, indo, portanto, mais além da Lei n° 9.868, de 10 de novembro de 1999, e da própria jurisprudência do Supremo Tribunal Federal, que não admite ação direta contra ato normativo anterior à Constituição. Criou-se, assim, na esteira de outros instrumentos constitucionais, a possibilidade de uma impetração preventiva, com características inovadoras na jurisdição constitucional brasileira, para evitar lesão, independente de prazo, com o que difere de outros modelos conhecidos.

A lei deferiu legitimidade ativa para as mesmas pessoas e instituições legitimadas para a ação direta de inconstitucionalidade (art. 103/CF), retirando o veto do Presidente da República a legitimação dos diretamente interessados, ou seja, qualquer pessoa lesada ou ameaçada por ato do Poder Público. Afastou-se, uma vez mais, o legislador dos modelos austríaco e alemão. Ficou solto o § 1°, autorizando a interpretação de que o interessado, qualquer interessado, pode solicitar, mediante representação, a propositura de argüição de descumprimento ao Procurador-Geral da República, *"que, examinando os fundamentos jurídicos do pedido, decidirá do cabimento do seu ingresso em juízo"*.

Como explica **Alexandre de Moraes**, o *"Supremo Tribunal Federal poderá, de forma rápida, geral e obrigatória — em face da possibilidade de liminar e da existência de efeitos **erga omnes** e vinculantes — evitar ou fazer cessar condutas do poder público que estejam colocando em risco os preceitos fundamentais da República e, em especial, a dignidade da pessoa humana (CF, art. 1°, III) e os direitos e garantias fundamentais"* (op. cit., pág. 20).

A lei especificou o conteúdo obrigatório da petição inicial no art. 3°, assim, *"a indicação do preceito fundamental que se considera violado"*, *"a indicação do ato questionado"*, *"a prova da violação do preceito fundamental*", "*o pedido, com suas especificações*", e "*se for o caso, a comprovação da existência de controvérsia judicial relevante sobre a aplicação do preceito fundamental que se considera violado*", prescrevendo, ainda, o parágrafo único que a "*petição inicial acompanhada de instrumento de mandato, se for o caso, será apresentada em duas vias, devendo conter cópias do ato questionado e dos documentos necessários para comprovar a impugnação*". É evidente que alguns dos legitimados do art. 103/CF dispensam o instrumento de mandato porque possuem plena capacidade postulatória, não requerendo a intervenção de advogado.

Agasalhou a lei o indeferimento liminar da inicial, pelo relator, "*quando não for o caso de argüição de descumprimento de preceito fundamental, faltar algum dos requisitos prescritos nesta Lei ou for inepta*", cabendo agravo, no prazo de cinco dias. Para facilitar o intérprete, desde logo, o legislador considerou que não será admitida a argüição "*quando houver qualquer outro meio eficaz de sanar a lesividade*". É, na verdade, a configuração da argüição como subsidiária, que não substitui os demais meios disponíveis para a proteção dos direitos e garantias individuais, assim, o *habeas corpus*, o mandado de segurança individual, o *habeas data*, as ações diretas de inconstitucionalidade genérica, interventiva, ou por omissão, a ação direta de constitucionalidade e outros. Bem observa **Alexandre de Moraes** que "*o caráter subsidiário da argüição de descumprimento de preceito fundamental consiste na necessidade de prévio esgotamento de todos os instrumentos juridicamente possíveis e eficazes para fazer cessar ameaça ou lesão a preceito fundamental. Se, porém, uma vez utilizados esses instrumentos, houver patente inefetividade na proteção dos preceitos fundamentais, sempre haverá possibilidade de acesso ao Supremo Tribunal Federal, por via da argüição*" (op. cit., pág. 27). Para **Daniel Sarmento**, o princípio "*inspirou-se em condicionamento semelhante existente no recurso constitucional alemão e no recurso de amparo espanhol, cujo cabimento também se encontra condicionado ao esgotamento de todas as demais instâncias judiciais para a tutela do direito fundamental*" (op. cit., pág. 103).

Não creio que se deva minimizar a argüição pelo fato de existirem tantos outros meios disponíveis. Deve ser considerada a natureza da argüição no sentido de que busca o cumprimento de determinado preceito fundamental. O objetivo é permitir a cessação da lesão, devendo prevalecer o temperamento necessário para admitir a argüição diante de um interesse relevante capaz de autorizar uma intervenção imediata e antecipada do Supremo Tribunal Federal, se, por exemplo, mesmo disponível e utilizado, o outro meio não se mostrar eficaz para cessar ou reparar o descumprimento.

Uma questão relevante é saber da possibilidade da propositura da argüição pela via incidental, assim, aquela que surja no curso de um processo judicial. **André Ramos Tavares** entende possível. Escreve ele: "*Há uma argüição incidental, ao lado daquela exercida por ação, porque a controvérsia com 'relevante fundamento' à qual faz menção o parágrafo único do art. 1º só pode ser aquela que se apresenta em juízo, e não qualquer controvérsia que se instale entre particulares. A 'controvérsia', no sentido técnico, é aquela instaurada perante o Judiciário, ou levada ao conhecimento deste. Auxilia o reconhecimento dessa modalidade a apreciação do disposto no inciso V do art. 3º da Lei da Argüição, que exige que se apresente, conjuntamente com a petição inicial, 'se for o caso', a comprovação da existência da controvérsia judicial relevante sobre a aplicação do preceito fundamental que se considera violado. O cumprimento do artigo impõe-se apenas para a argüição incidental. Daí a eventualidade, 'se for o caso' da aplicação do mesmo*" (op. cit., págs. 63/64). Também **Elival da Silva Ramos** enxerga tal possibilidade, apontando que a "*novidade de maior porte está em outra possibilidade que deflui das disposições da Lei nº 9.882/99, qual seja, a utilização da argüição como incidente processual, em ações para cujo deslinde seja relevante a interpretação de preceito fundamental da Constituição*". Registra, ainda: "*Note-se, em primeiro lugar, que, nos termos do art. 1º,* **caput***, do diploma legal de regência, a argüição prevista no § 1º do art. 102 da Constituição Federal 'terá por objeto evitar ou reparar lesão a preceito fundamental, resultante de* **ato do Poder Público**'. *A expressão por nós posta em destaque é abrangente de atos provenientes de qualquer dos Poderes estatais. Sendo assim, pode-se perfeitamente figurar a hipótese de ser a medida intentada no bojo de ação judicial em curso, por algum dos órgãos, entidades ou autoridades arroladas no art. 103 da Constituição Federal, com a finalidade de que, previamente à decisão definitiva da causa, o Supremo Tribunal Federal, incidentalmente, fixe* **a interpretação e as condições de aplicação** *do preceito fundamental em tela, decisão essa que* **vinculará** *o Juiz ou Tribunal quando da entrega da prestação jurisdicional no caso concreto*" (op. cit., pág. 116). Já **Daniel Sarmento** assere que a argüição de descumprimento incidental não tem semelhança com a avocatória, *"de triste memória"*, porque o Supremo Tribunal Federal não julgará a causa, mas, apenas, manifestar-se-á *"sobre a questão constitucional, resolvendo-a, sem decidir o caso concreto, à semelhança do que já ocorre no incidente de argüição de inconstitucionalidade nos tribunais, característico do controle difuso, e que se encontra regulado nos arts. 480 e 482 do Código de Processo Civil"*. Assinala, também, que o *"objetivo do novo instituto é antecipar decisões do Supremo Tribunal Federal sobre controvérsias constitucionais relevantes, que antes só chegariam a seu conhecimento muito depois, após o percurso das tortuosas vias recursais. Evita-se com isso que, neste ínterim, seja criada e alimentada uma situação de incerteza jurídica, congestionando os tribunais, ensejando a possibilidade de decisões discrepantes e permitindo a consolidação no tempo de situações subjetivas que possam vir a contrariar a orientação que, depois, o Supremo venha a adotar em relação a certas questões de índole constitucional"*. Mas também reconhece que em tal situação, apesar de possuir a incidental uma dimensão subjetiva, *"já que é suscitada em razão de um caso concreto"*, o *"aspecto objetivo sobreleva, sobretudo porque o incidente não pode ser provocado pelas partes do processo judicial, mas apenas pelos legitimados para o ajuizamento da ADIN, tendo em vista o veto presidencial ao inciso II do art. 2º da Lei nº 9.882/99, que outorgava legitimidade para propositura da ADPF a 'qualquer pessoa lesada ou ameaçada por ato do Poder Público'"* (op. cit., págs. 87 a 89).

Embora prestigiada por autores de peso, não creio que a lei, com o veto ao inciso II do art. 2º, autorize interpretação que admita a possibilidade de propositura da argüição **incidenter tantum**. A argüição incidental não está cogitada no texto em vigor. Se não tivesse havido o veto, seria possível admiti-la. Mas a interpretação construtiva, no caso, não é adequada. A tanto não se chega com a leitura do parágrafo único do art. 1º. Os expressamente legitimados podem, sim, propor a argüição naquela hipótese, com a prova de que existe a controvérsia judicial relevante sobre a aplicação do preceito constitucional, mas já considerando as decisões judiciais existentes, assim, por exemplo, aquelas decorrentes de numerosas medidas liminares enfrentando a aplicação de preceito fundamental. A admissão da argüição incidental, no rigor da doutrina, por outro lado, levaria, necessariamente, a ampliar o rol dos legitimados para propô-la, o que, também, não é possível. A hipótese de os legitimados apresentarem a argüição estando em curso a ação judicial é, ainda, argüição na modalidade direta, não incidental, que seria aquela, e somente aquela, que qualquer das partes ou o próprio órgão judicial poderia suscitar, como no caso do incidente de inconstitucionalidade nos Tribunais. Não há argüição incidental, mas sim a possibilidade do deferimento da medida liminar que atinja processos em andamento, efeito possível, mas não necessário, porque o comando legal apenas determina que ela *"poderá consistir"*. O fato de atingir processos em andamento não configura a modalidade incidental, nos termos do texto em vigor. É tema que ainda renderá muita discussão até a palavra final do Colendo Supremo Tribunal Federal.

A lei admitiu, e não poderia deixar de fazê-lo diante do sistema processual em vigor para as ações do tipo, a concessão de medida liminar, por decisão da maioria absoluta de seus membros, podendo o relator, em *"caso de extrema urgência ou perigo de lesão grave, ou ainda, em período de recesso"*, conceder a medida liminar, **ad referendum** do Tribunal Pleno. Mais do que isso, prescreve a lei que a *"liminar poderá consistir da determinação de que juízes e tribunais suspendam o andamento de processo ou os efeitos de decisões judiciais, ou de qualquer outra medida que apresente relação com a matéria objeto da argüição de descumprimento de preceito fundamental, salvo se decorrentes da coisa julgada"*. Com tão amplo alcance da medida liminar, o Supremo Tribunal Federal pode suspender o desenlace de processos em tramitação por tempo indeterminado. Deu-se para a liminar em argüição de descumprimento uma força que o Direito brasileiro ainda não conhecia com tal extensão. Não se trata da suspensão de um processo determinado, mas sim de todo e qualquer processo que tenha por objeto a matéria que será julgada pelo Supremo Tribunal Federal na argüição de descumprimento de preceito fundamental. Poder ainda maior continha o § 4º, vetado, que atribuía ao Pleno do Supremo Tribunal Federal, também por decisão da maioria absoluta de seus membros, e se necessário *"para evitar lesão à ordem constitucional ou dano irreparável ao processo de produção da norma jurídica"*, a competência para *"ordenar a suspensão do ato impugnado ou do processo legislativo a que se refira, ou ainda da promulgação ou publicação do ato dele decorrente"*. Foi acertado o veto, preservando-se, com ele, a independência dos poderes do Estado. Teria sido prudente se o legislador, diante da realidade hoje existente, estabelecesse um prazo para o julgamento da argüição, considerando o efeito causado pelo deferimento da medida liminar. O risco, diante do volume de processos em tramitação no Supremo Tribunal Federal, é a permanência da suspensão por longo período, frustrando, assim, a prestação jurisdicional em milhares de casos.

Após a apreciação da liminar, o processo corre com a solicitação de informações *"às autoridades responsáveis pela prática do ato questionado, no prazo de dez dias"*, sendo, ainda, possível ao relator *"ouvir as partes nos processos que ensejaram a argüição, requisitar informações adicionais, designar perito ou comissão de peritos para que emita parecer sobre a questão, ou ainda, fixar data para declarações, em audiência pública, de pessoas com experiência e autoridade na matéria"*. A critério do relator poderá haver sustentação oral e a apresentação de memoriais, a requerimento dos interessados no processo. Após as informações será feito o relatório, com cópia a todos os Ministros, e pedido de dia para julgamento, sendo que a decisão *"somente será tomada se presentes na sessão pelo menos dois terços dos Ministros"* (artigos 6º, §§ 1º e 2º, 7º, parágrafo único, e 8º).

A decisão proferida, por maioria, será comunicada às autoridades ou órgãos responsáveis pela prática dos atos questionados, *"fixando-se as condições e o modo de interpretação e aplicação do preceito fundamental"*, cumprindo-se a decisão imediatamente, independentemente da lavratura do acórdão, sendo a parte dispositiva *"publicada em seção especial do Diário da Justiça e do Diário Oficial da União"* (art. 10, §§ 1º e 2º).

Seguindo o curso da tendência hoje prevalecente, a decisão terá efeito vinculante para os demais órgãos do Poder Público e eficácia contra todos, sendo irrecorrível, não cabendo sequer ação rescisória, mas permitida a reclamação contra seu descumprimento (§ 3º do art. 10, art. 12 e art. 14).

Finalmente, o art. 11 da Lei nº 9.882/99 dispõe sobre a declaração de inconstitucionalidade de lei ou ato normativo, no processo de argüição de descumprimento. Aí, sim, teremos uma declaração incidental de inconstitucionalidade, no âmbito do Supremo Tribunal Federal, que deverá obedecer ao que dispõe a Constituição Federal no que concerne ao **quorum** da maioria absoluta de seus membros (art. 97). O dispositivo é criticado severamente por **Elival da Silva Ramos**, apontando a influência do art. 282, nº 4, da Constituição portuguesa, o qual entende não poder o legislador infraconstitucional conferir ao Supremo Tribunal Federal "*um poder de saneamento parcial da invalidade legislativa, em face do descumprimento de preceito fundamental, invalidade, com suas características de nulidade de pleno direito, que brota do sistema de controle disciplinado em nível superior?*" (op. cit., pág. 125), sendo a matéria de cunho nitidamente constitucional. A regra está, também, no art. 27 da Lei nº 9.868, de 10 de novembro de 1999, que disciplina o processo e julgamento da ação direta de inconstitucionalidade e da ação declaratória de constitucionalidade, que teve anteprojeto elaborado por comissão nomeada pelo então Ministro da Justiça, professor Nelson Jobim, hoje Ministro do Supremo Tribunal Federal, sob a coordenação do professor Caio Tácito.

Sobre o tema, vale lembrar a exposição de motivos do então Ministro da Justiça, que considerou que a "*falta de um instituto que permita estabelecer limites aos efeitos da declaração de inconstitucionalidade acaba por obrigar os Tribunais, muitas vezes, a se absterem de emitir um juízo de censura, declarando a constitucionalidade de leis manifestamente inconstitucionais*", e, também, que "*nos próprios Estados Unidos da América, onde a doutrina acentuara tão enfaticamente a idéia de que a expressão 'lei inconstitucional' configurava uma* **contraditio in terminis**, *uma vez que 'the inconstitutional statute is not law at all' (cf. W.W. Willoughby, The Constitutional Law of the United States, vol. I, p. 9-10; cf., também, Thomas Cooley, Treatise on the Constitutional Limitations, 1878, p. 227), passou-se a admitir, após a grande depressão, a necessidade de se estabelecerem limites à declaração de inconstitucionalidade (cf. Laurence Tribe, The American Constitutional Law, p. 27)*". Lembrou, também, que a "*Corte Constitucional alemã passou a adotar, já no início de sua judicatura, em 1954, a chamada decisão de apelo (***Appelentscheidung***), que lhe outorgava a possibilidade de afirmar que a lei se encontrava em processo de inconstitucionalização, recomendando ao legislador, por isso, que procedesse de imediato às correções reclamadas. Segundo a fórmula adotada pelo Tribunal, a lei questionada seria, ainda, constitucional (***es ist noch verfassungsgemäss***), o que impediria a declaração imediata de sua inconstitucionalidade. O legislador deveria atuar, porém, para evitar a conversão desse estado imperfeito ou de uma situação ainda constitucional em um estado de inconstitucionalidade (cf. sobre o assunto, entre nós, Gilmar Ferreira Mendes, O Apelo ao Legislador —* **Appelentscheidung** *— na Praxis da Corte Constitucional Alemã, in RDP nº 99, p. 32 s).*"

Gilmar Ferreira Mendes mostra que o conceito, na doutrina alemã, tanto pode abranger *"a decisão na qual o Tribunal reconhece a situação como 'ainda constitucional', anunciando a conversão desse estado de constitucionalidade imperfeita numa situação de completa inconstitucionalidade"*, como, segundo alguns autores a utilizam, *"também para designar as decisões do Bundesverfassungsgericht que declaram a inconstitucionalidade da norma sem, no entanto, pronunciar a sua nulidade"* (Jurisdição Constitucional, Saraiva, 2ª ed., 1998, pág. 230).

Com todo respeito à crítica formulada pelo professor **Elival da Silva Ramos**, não creio que haja inconstitucionalidade. É certo que a novidade, a revelar basicamente uma influência clara da operação constitucional do Direito alemão, rompe com a tradição brasileira; mas não é menos certo que é benfazeja diante de nossa realidade legislativa. E não há inconstitucionalidade no dispositivo que, apenas, regula os efeitos da decisão do Supremo Tribunal Federal, o que está mesmo na alçada do legislador infraconstitucional.

Por último, e tanto ainda a desafiar no campo da jurisdição constitucional com o advento da Lei nº 9.868, de 10 de novembro de 1999, que dispõe sobre o processo e julgamento da ação direta de inconstitucionalidade e da ação declaratória de constitucionalidade, perante o Supremo Tribunal Federal, merece ser anotada a inovação da mencionada Lei, contida no parágrafo único do art. 28, que autoriza a declaração de constitucionalidade ou de inconstitucionalidade, *"inclusive a interpretação conforme a constituição e a declaração parcial de inconstitucionalidade sem redução de texto."*

A interpretação conforme a Constituição marca a forte presença do constitucionalismo alemão no Brasil. Esta modalidade de interpretação, anota **Gilmar Ferreira Mendes**, adotada pelo *Bundesverfassugsgericht*, mesmo sem disciplina legal, autoriza o Tribunal a declarar *"qual das possíveis interpretações se revela compatível com a Lei Fundamental"* e *"adquiriu peculiar significado na jurisprudência do Tribunal graças à sua flexibilidade, que permite uma renúncia ao formalismo jurídico em nome da idéia de justiça material e da segurança jurídica"*. Um dos seus relevantes aspectos é a possibilidade de excluir interpretações consideradas inconstitucionais; outro para *"colmatar lacunas"*, possibilitando a *"'construção', em conformidade com a Constituição, mediante analogia, redução, ou mediante derivação de premissas normativas constantes da própria Constituição"*. Mas adverte **Gilmar Ferreira Mendes** que as "*'decisões fundamentais do legislador', as suas valorações e os objetivos por ele almejados estabelecem também um limite para a interpretação conforme à Constituição. Não se deve conferir a uma lei com sentido inequívoco significação contrária, assim como não se devem falsear os objetivos pretendidos pelo legislador"*. Na verdade, destaca **Gilmar Ferreira Mendes**, o *"princípio da interpretação conforme a Constituição não contém, portanto, uma delegação ao Tribunal para que proceda à melhoria ou ao aperfeiçoamento da lei"* (op. cit., págs. 221 a 224).

O princípio já tinha, de alguma forma, raízes na doutrina brasileira do controle de constitucionalidade, assim, a prescrição de que se não deve declarar a inconstitucionalidade de uma lei quando possível compatibilizar a interpretação com o dispositivo constitucional. Para **Gomes Canotilho**, a *"formulação comporta várias dimensões: (1) o **princípio da prevalência da constituição** impõe que, dentre as várias possibilidades de interpretação, só deve escolher-se uma interpretação não contrária ao texto e programa da norma ou normas constitucionais; (2) o **princípio da conservação de normas** afirma que uma norma não deve ser declarada inconstitucional quando, observados os fins da norma, ela pode ser interpretada em conformidade com a constituição; (3) o **princípio da exclusão da interpretação conforme a constituição, mas 'contra legem'**, impõe que o aplicador de uma norma não pode contrariar a letra e o sentido dessa norma através de uma interpretação conforme a constituição, mesmo que através desta interpretação consiga uma concordância entre a norma infraconstitucional e as normas constitucionais"* (*Direito Constitucional*, Almedina, Coimbra, 1995, 6ª ed., págs. 229/230).

Essa modalidade tem reflexos até mesmo nos julgamentos infraconstitucionais, submetidos ao Superior Tribunal de Justiça, porque permite fixar a interpretação compatível da lei ao julgar o recurso especial. Assim, pode o Superior Tribunal de Justiça indicar a interpretação que não viole o dispositivo legal objeto do recurso.

O avanço da jurisdição constitucional no Brasil é um fato irreversível, como, também, parece consolidada entre nós a influência do Direito Constitucional europeu, particularmente, a do Direito alemão.

É imprescindível fazer especial referência ao precioso estudo do professor **Gustavo Binenbojm**, *A Nova Jurisdição Constitucio-*

nal Brasileira (RENOVAR, Rio de Janeiro, 2001). O trabalho destaca a jurisdição constitucional como instrumento de defesa dos direitos fundamentais e como instrumento de defesa do procedimento democrático, mencionando, entre tantos outros, os estudos de Dworkin e Habermas, para asserir que nas conclusões teóricas por eles formuladas, direitos fundamentais e democracia *"convivem numa relação de implicação recíproca. Assim, parece correta a assertiva de que só há democracia onde se respeitam os direitos fundamentais do homem; inversamente, só há espaço para afirmação e efetivação de tais direitos no âmbito de um regime democrático. São faces da mesma moeda"* (pág. 117). Com isso, assevera o professor **Gustavo Binebojm**, *"não há qualquer inconsistência lógica em se sustentar que à jurisdição constitucional compete a guarda tanto dos direitos fundamentais (proposta de Dworkin) como do procedimento democrático (tese de Habermas). Ao revés, tais funções, longe de serem antagônicas, são compatíveis e complementares. Em muitos casos, na verdade, superpõem-se"* **(págs. 117/118).**

Sob todos os ângulos, portanto, a tendência do Direito Constitucional brasileiro de reforçar a jurisdição constitucional é benfazeja para todos os que querem preservar a integridade da natureza da pessoa humana, somente possível com a formatação democrática da sociedade.

REFERÊNCIAS BIBLIOGRÁFICAS

ACCIOLI, Wilson. *Comissões Parlamentares de Inquérito.* Tese de concurso, 1980.
AGUIAR JUNIOR, Ruy Rosado. Responsabilidade civil do médico. *Revista dos Tribunais*, vol. 718. Ago. 1995.
_____. *Interpretação.* Ajuris, n. 45, p. 7 e ss., março de 1989.
ALBERTON, Genacéia da Silva. A desconsideração da pessoa jurídica no código do consumidor: aspectos processuais. *Revista Estudos Jurídicos*, v. 24, n. 61, p. 81-116, mai./ago. 1991.
ALEXANDROV, N. G. *Teoria del Estado y del Derecho.* México: Ed. Grijalbo, 1966.
ALMEIDA, José Antônio F. de. Publicidade e Defesa do Consumidor. *Revista do Direito do Consumidor*, n. 21, Jan./Mar., 1997.
ANGEL YÁGUEZ, Ricardo de. *La responsabilidad civil.* Bilbao: Universidad de Deusto, 1988.
Annais of Plastic Surgery, v. 34, 1995, p. 113-116.
ANTIEAU, Chester J. *Modern Constitucional Law* . New York: The Lawyers Cooperative Publishing Company, 1969, v. 2.
ASCENSÃO, José de Oliveira. *O direito — Introdução e Teoria Geral.* Rio de Janeiro: Renovar, 1994.
ÁVILA, Fernando Bastos de. *Solidarismo.* 3. ed. Rio de Janeiro: Agir, 1963.

BARBALHO, João. *Comentários à Constituição Federal Brasileira.* Rio de Janeiro: Briguiet, 1924.
BARBAS, Stella Marcos de Almeida Neves. *Direito ao Patrimônio Genético.* Coimbra: Almedina, 1998.

BARBOSA, Ruy. *Comentários à Constituição Federal brasileira, coligidos e ordenados por Homero Pires*. São Paulo: Saraiva & Cia., 1932.

BARTHELEMY, Joseph. *Précis de droit constitutionnel*. Paris: Lib. Dalloz, 1932.

BASTOS, Celso Ribeiro. *Comentários à Constituição do Brasil: Promulgada em 5 de Outubro de 1988*. São Paulo: Saraiva, 1989. v. 2.

BEBER, Jorge Luís Costa. Alimentos e Desconsideração da Pessoa Jurídica. *Revista Jurisprudência Catarinense*, v. 24, n. 81/82, p. 73-78, 1998.

BEVILAQUA, Clovis. *Código Civil dos Estados Unidos do Brasil comentado por Clovis Bevilaqua*. 11. ed. Rio de Janeiro: Livraria Francisco Alves, 1958, v. 4.

BIDART CAMPOS, German J. *Derecho constitucional*. Buenos Aires: EDIAR, 1964.

BINENBOJM, Gustavo. *A Nova Jurisdição Constitucional Brasileira*. Rio de Janeiro: Renovar, 2001.

BITTAR, Carlos Alberto. *Direito de autor na obra feita sob encomenda*. São Paulo: Ed. Revista dos Tribunais, 1977.

BITTAR, Orlando. *Obras completas de Orlando Bittar*. Conselho Federal de Cultura e Departamento de Assuntos Culturais, 1978.

BLACK, Henry Campbell. *Construction and Interpretation of the laws*. Second Edition. St. Paul, Minn.: West Publishing Co., 1911.

BLUNTSCHLI, Johann Kaspar. *Théorie générale de l'État*. 3. ed. Tradução de M. Armand de Riedmatten. Paris: Lib. Guillaumin et Cie., 1891.

BOBBIO, Norberto. *Dicionário de Política*. 12. ed. Tradução de Carmen C. Varriale *et al*. Brasília: Editora Universidade de Brasília, São Paulo: Imprensa Oficial do Estado, 2002.

_____. *Teoria Geral da Política — A Filosofia Política e as Lições dos Clássicos*. Organizado por Michelangelo Bovero. Tradução de Daniela Beccaccia Versiani. Rio de Janeiro: Ed. Campus, 2000.

_____. *O futuro da democracia*. Tradução de Marco Aurélio Nogueira. Rio de Janeiro: Paz e Terra, 1986.

BOBBIO, Pedro Vicente. Obra cinematográfica e direito de autor. Revista dos Tribunais, v. 247, p. 28-39, mai./1956.

BONAVIDES, Paulo. *Curso de Direito Constitucional*. 4. ed. São Paulo: Malheiros, 1993.
BORBA, Eurico. *Por uma Ordem Social Solidária*. São Paulo: Loyola, 2000.
BOUTMY, Emile Gaston. *Études de droit constitutionnel*. Paris: Lib. Plon, 1888.
British Journal of Plastic Surgery, v. 48, jun. 1995, p. 183-188.
British Journal of Plastic Surgery, v. 48, out. 1995, p. 451-454.
BRONOWSKI, Jacob. *A Escalada do Homem*. Tradução de Nubio Negrão. São Paulo: Martins Fontes, 1992.
BRYCE, James. *La république américaine*. Paris: Giard & Brière, 1911. " t. I".
BURDEAU, Georges. *Traité de science politique*. 2. ed. Paris: L.G.D.J., 1976.

CALVEZ, Jean-Yves. *O Pensamento de Karl Marx*. Porto: Livraria Tavares Martins, 1959.
CAMARGO, Margarida Maria Lacombe. *Hermenêutica e Argumentação: uma Contribuição ao Estudo do Direito*. 3. ed. Rio de Janeiro: Renovar, 2003.
CAMPOS, Francisco. Comissão parlamentar de inquérito, poderes do congresso, direitos e garantias individuais, exibição de papéis privados. parecer. *Revista Forense*, n° 195, jul./set., 1961.
_____ . *Direito constitucional*. Rio de Janeiro: Liv. Freitas Bastos, 1956.
CANARIS, Claus-Wilhelm. *Pensamento Sistemático e Conceito de Sistema na Ciência do Direito*. 2. ed. Lisboa: Fundação Calouste Gulbenkian, 1996.
CANOTILHO, J. J. Gomes. *Direito Constitucional*. 5. ed. Coimbra: Almedina, 1991.
_____ . *Direito Constitucional*. 6. ed. Coimbra: Almedina, 1995.
_____ . *Direito Constitucional e Teoria da Constituição*. 3. ed. Coimbra: Almedina, 1999.
CARDOZO, Benjamin Nathan. *A Natureza do Processo e a Evolução do Direito*. Tradução e notas de Lêda Boechat-Rodrigues. 3. ed. Porto Alegre: Ajuris, 1978.
CASELLI, Piola Eduardo. *Trattato del diritto di autore e del contratto di edizione*. Seconda edizione. Napoli: Eugenio Marghieri, Torino: Unione Tip. – Editrice Torinese, 1927.

CASSIN, René. *Amicorum discipulorumque líber: protection des droits de l'homme dans les rapports entre personnes privées.* Paris: Éditions A. Pedone, 1971, v. 3.

CAVALIERI FILHO, Sérgio. *Programa de Responsabilidade Civil.* São Paulo: Malheiros, 1996.

CHAVES, Antônio. O direito de autor na obra cinematográfica: inconstitucionalidade do Decreto-lei n.º 980 de 1969. *Revista dos Tribunais*, v. 422, p. 59-80, dez./1970.

COELHO, Fábio Ulhôa et al. *Comentários ao Código de Proteção do Consumidor.* São Paulo: Saraiva, 1991.

_____. *Curso de Direito Comercial.* São Paulo: Saraiva, 1999. v. 2.

COELHO, Inocêncio Mártires. *Interpretação Constitucional.* Porto Alegre: Sergio Antonio Fabris Editor, 1997.

COMTE-SPONVILLE, André. *Pequeno Tratado das Grandes Virtudes.* Tradução de Eduardo Brandão. São Paulo: Martins Fontes, 1998.

COOLEY, Thomas M. *The General Principles of Constitutional law.* 3. ed. Boston: Little, Brown, 1898.

CRETELLA JÚNIOR, José. *Comentários à Constituição Brasileira de 1988.* Rio de Janeiro: Forense Universitária, 1988, v. 1.

_____. *Comentarios à Constituição de 1988.* 2. ed. Rio de Janeiro: Forense Universitária, 1992. v. 5.

_____. (Coord.). *Comentários do Código do Consumidor.* Rio de Janeiro: Forense, 1992.

DAMÁSIO, Antônio R. *O Erro de Descartes.* São Paulo: Companhia das Letras, 1996.

DENARI, Zelmo et al. *Código de Defesa do Consumidor/Comentado pelos Autores do Anteprojeto.* 4. ed. Rio de Janeiro: Forense Universitária, 1994.

DI RUFFIA, Paolo Biscaretti. *Derecho constitucional.* Tradução de Pablo Lucas Verdu. Madrid: Editorial Tecnos, 1965.

_____. *Introduzione al diritto costituzionale comparato.* Milão: Dott. A. Giuffrè Editore, 1969.

DIAS, José de Aguiar. *Da Responsabilidade Civil.* 10. ed. Rio de Janeiro: Forense, 1995. v. 1.

_____. *Direito à Imagem e à Intimidade.* Seleções jurídicas, p. 11-14, mar. 1994.

DICEY, Albert Venn. *Introduction a l'étude du droit constitutionnel.* Paris: V. Giard & Briére: 1902.
DIREITO, Carlos Alberto Menezes. A disciplina positiva da união estável: a Lei n° 8.971, 29 de dezembro de 1994. *Revista de Direito Renovar,* vol. I. jan./abr. 1995.
_____. *Manual do Mandado de Segurança.* 4. ed. Rio de Janeiro: Renovar, 2003.
_____. *O Estado Moderno e a Proteção dos Direitos do Homem.* Rio de Janeiro: Livraria Freitas Bastos, 1968.
DOBSON, Juan M. *El abuso de la personalidad jurídica en el derecho privado.* Buenos Aires: Depalma, 1991.
DUGUIT, Leon. *Traité de droit constitutionnel.* Paris: E. de Boccard, 1927.
DURAND, Charles. *Confédération d'États et État Fédéral.* Paris: Lib. Marcel Reviere, 1955.
DUVERGER, Maurice. *Constitutions et documents politiques.* 4. ed. Paris: Presses Universitaires de France, 1966.
DWORKIN, Ronald. *O império do direito.* Tradução de Jefferson Luiz Camargo. São Paulo: Martins Fontes, 1999.

ESMEIN, A. *Éléments de droit constitutionnel Français et compare.* 5. ed. Paris: Lib. de Ia Société J.-B. Sirey et du joúrnal du Palais, Paris, 1909.
ESPÍNOLA, Eduardo. Direito autoral: contrato de edição e contrato de cessão de direitos autorias – distinção. *Revista dos Tribunais,* v. 274, p. 49- 58, 1958.

FABRE, Michael Henry. *Principes républicains de droit constitutionnel.* Paris: L.G.D.J., 1967.
FAGUET, Émile. *La démission de la morale.* Paris: Société Française d'Imprimerie et de Librairie, 1910.
FENUCCI, Fulvio. *I Limiti Dell'Inquesta Delle Assemblee Legislative.* Napoli: Casa Editrice Dott. Eugenio Jovene, 1968.
FERREIRA FILHO, Manoel Gonçalves. *Comentários à Constituição Brasileira de 1988.* São Paulo: Saraiva, 1992. v. 2.
_____. *Curso de direito constitucional.* 17. ed. São Paulo: Saraiva, 1989.
FERREIRA, Pinto. *Princípios gerais do direito constitucional.* 5. ed. São Paulo: RT, 1971.

FISHER, Herbert Albert Laurens. *História de Europa*. Tradução de Bosch-Gimpera e Bosch Garcia. Buenos Aires: Ed. Sudamericana. "t. III".

FIÚZA, Ricardo (Coord.). *Novo Código Civil Comentado*. São Paulo: Saraiva, 2002.

FRANCO, Afonso Arinos de Melo. *Curso de direito constitucional brasileiro*. Rio de Janeiro: Forense, 1960.

FRIEDMAN, Meyer; FRIEDLAND, Gerald W. *As Dez Maiores Descobertas da Medicina*. São Paulo: Companhia das Letras, 2001.

FURET, François; OZOUF, Mona. *Dicionário crítico da revolução francesa*.Tradução de Henrique de Araújo Mesquita. Prefácio da edição brasileira de José Guilherme Merquior. Rio de Janeiro: Nova Fronteira, 1989.

GARCIA-PELAYO, Manuel. *Derecho constitucional comparado*. 7. ed. Madrid: Manuales de la revista de occidente, 1964.

GAWANDE, Atul. *Complicações: Dilemas de um Cirurgião Diante de uma Ciência Imperfeita*. Rio de Janeiro: Objetiva, 2002.

GENY, François. *Methode d'interpretation et sources en droit prive positif essai critique*. Paris: Lgdj, 1995.

GERARD, Paul Daniel. *Les auteurs de l'ouvre cinématographique et leurs droits*. Paris: Librairie Générale de droit et de jurisprudence, 1953.

GHERSI, Carlos Alberto; WEINGARTEN, Célia; IPPOLITO, Silvia C. *Contrato de medicina prepaga*. Buenos Aires: Editorial Astrea de Alfredo y Ricardo Depalma, 1993.

GOLDIM, José Roberto. *Clones: Aspectos Biológicos e Éticos*. Disponível em: http://www.ufrgs.br/HCPA/gppg/clone.htm.

GUIMARÃES, Flávia Lefèvre. *Desconsideração da Personalidade Jurídica no Código do Consumidor*. São Paulo: Max Limonad, 1998.

GUIMARÃES, Mario. *O Juiz e a Função Jurisdicional*. Rio de Janeiro: Forense, 1958.

GÜNTHER, Gerald e DOWLING, Noel T. *Constitucional Law — Cases and Materials*. University Casebook Series. New York: The foundation press, Inc., 1970.

GUSMÃO, Paulo Dourado de; GLANZ, Semy (Coord.). *O Direito na Década de 1990: Novos Aspectos: estudos em homenagem ao prof. Arnoldo Wald*. São Paulo: Revista dos Tribunais, 1992.

HÄBERLE, Peter. *A Sociedade Aberta dos Intérpretes da Constituição: Contribuição para a Interpretação Pluralista e "Procedimental" da Constituição*. Trad. Gilmar Ferreira Mendes. Porto Alegre: Sergio Antonio Fabris Editor, 1997.

HAINES, Charles Grove. *The american doctrine of judicial supremacy*. New York: The MacMillan Company, 1914.

HANH, Thich Nhat. *Meditação Andando*. Tradução Edgar Orth. Petrópolis: Editora Vozes, 2002.

HELLER, Hermann. *Teoria del Estado*. Tradução de Luís Tobio. México: Fondo de Cultura Economica, 1942.

HESSE, Konrad. *A Força Normativa da Constituição. (Die normative Kraft der Verfassung)*. Porto Alegre: Sergio Antonio Fabris Editor, 1991.

HORTA, Raul Machado. Limitações constitucionais dos poderes de investigação. *Revista de Direito Público*, n. 5, p. 34-40, jul./set., 1968.

KENNEDY, Paul. *Ascensão e Queda das Grandes Potências: Transformação Econômica e Conflito Militar de 1500 a 2000*. Tradução de Waltensir Dutra. Rio de Janeiro: Campus, 1989.

KENYON, J. P. *The Stuart constitution*. Cambridge: Cambridge University Press.,1969.

KFOURI NETO, Miguel. *Responsabilidade Civil do Médico*. 3. ed. São Paulo: Editora Revista dos Tribunais, 1998.

KOTOK, V. *El derecho constitucional soviético*. In: Fundamentos del Derecho Soviético. Moscou: Academia de Ciências de la URSS — Instituto de Estado y Derecho, 1962.

LASSALLE, Ferdinand. *A Essência da Constituição*. 5. ed. Rio de Janeiro: Lumen Juris, 2000.

LEFEBVRE, Henri. *Sociologia de Marx*. Rio de Janeiro: Forense, 1968.

LENZ, Luis Alberto Thompson Flores. A responsabilidade civil do transportador pela morte de passageiros em assalto aos coletivos. *Revista dos Tribunais* v. 78, n. 643, p. 51-57, mai. 1989.

LEPARGNEUR, Hubert. Bioética e clonagem humana. *In: Ética na Virada do Século: Busca do Sentido da Vida*. São Paulo: LTR, 1997.

LINARES QUINTANA, Segundo V. *Tratado de la ciência del derecho constitucional*. Buenos Aires: Ed. Alfa, 1953. t. 1.

LOPES, Miguel Maria de Serpa. *Curso de Direito Civil. Vol. II: obrigações em geral.* 5. ed. Rio de Janeiro: Freitas Bastos, 1989.

LOUREIRO JUNIOR, Luis. *Controle da constitucionalidade das leis.* São Paulo: Max Limonad, 1957.

MADALENO, Rolf. *A "disregard" e a sua Efetivação no Juízo de Família.* Porto Alegre: Livraria do Advogado, 1999.

MANSO, Eduardo J. V. Contrato de direitos autorais. Revista dos Tribunais, v. 467, p. 24-40, set./1974.

MARSHALL, Geoffrey. *Teoria constitucional.* Tradução de Ramón Garcia Cotarelo. Madrid: Espasa Universitária, 1982.

MATOS, Enéas de Oliveira. Responsabilidade civil do transportador por ato de terceiro. *Revista dos Tribunais* n. 742, p. 139-153, ago. 1997.

MAXIMILIANO, Carlos. *Hermenêutica e Aplicação do Direito.* 8. ed. Rio de Janeiro: Livraria Freitas Bastos S.A., 1965.

MAYO, Henry B. *Introduction to Marxist Theory.* New York: Oxford University Press, 1960.

MAZEAUD, Henri. *Traité théorique et pratique de la responsabilité civile.* Paris: Recueil Sirey, 1947, t. 1.

MENDES, Gilmar Ferreira. Colisão de direitos fundamentais: liberdade de expressão e de comunicação e direito à honra e à imagem. Revista de Informação Legislativa, n. 122, p. 297-301, abr./jun. 1994.

_____. *Jurisdição Constitucional.* 2. ed. São Paulo: Saraiva, 1998.

_____. Tribunal Constitucional Alemão e o Apelo ao Legislador 'Appellentscheidung'; na Práxis da Corte Constitucional Federal Alemã. *Revista de Direito Público*, n. 99, jul./set., 1991.

_____. *Controle da constitucionalidade - aspectos jurídicos e políticos.* São Paulo: Saraiva, 1990.

MENDONÇA, Paulo Roberto Soares. *A Argumentação nas Decisões Judiciais.* Rio de Janeiro: Renovar, 1997.

MESSNER, Johannes. *Etica Social, Política y Economica a la Luz Del Derecho Natural.* Madrid: Ediciones Rialp S.A., 1967.

MEYER, Phillippe. *A Irresponsabilidade Médica.* Tradução de Maria Leonor Loureiro. São Paulo: Unesp, 2002.

MICHELET, Jules. *Introduction a l'historie universelle.* Nouvelle édition. Paris: Calmann Lévy, Éditeur, 1879.

MIRANDA, Jorge. *Manual de direito constitucional.* 3. ed. Coimbra: Coimbra Editora, 1985.

MIRANDA, Pontes de. *Comentários à Constituição de 1946*. 4. ed. Rio de Janeiro: Bosoi, 1963, t. 3.

_____. *Comentários à Constituição de 1967, com a Emenda nº 1 de 1969*. Rio de Janeiro: Forense, 1987, t. 3.

_____. _____. Rio de Janeiro: Forense, 1987. t. 11.

_____. *Tratado de Direito Privado*. Rio de Janeiro: Bosoi, 1968. t. 55.

_____. _____. Rio de Janeiro: Editor Borsoi, 1956. t. 16.

_____. _____. Rio de Janeiro: Editor Borsoi, 1966. t. 53.

MONTAIGNE, Michel Eyquem de. *Os Ensaios: Livro III*. Tradução de Rosemary Costhek Abílio. São Paulo: Martins Fontes, 2000.

MOREIRA, José Carlos Barbosa. *Temas de Direito Processual: Sexta Série*. São Paulo: Saraiva, 1997.

OLIVEIRA, Eduardo Ribeiro. Dano moral. *Revista de Direito Renovar*, v. 7, p. 1-10, jan./abr. 1997.

PACE, Alessandro. *Il Potere D'Inchiesta Delle Assemblee Legislative*. Milano: Dott. A. Giuffrè Editore, 1973.

PEREIRA, Aguinaldo Costa. *Comissões Parlamentares de Inquérito*. Tese de concurso, 1948.

PEREIRA, Caio Mário da Silva. *Responsabilidade Civil*. Rio de Janeiro: Forense, 1993.

PHILLIPS, O. Hood. *Constitutional and administrative law*. Londres: Sweet & Maxwell, 1967.

PIETRE, André. *Marxismo*. Tradução de P. M. Campos e W. Dutra. 2. ed. Rio de Janeiro: Zahar Editora.

Plastic and Reconstructive Surgery, v. 96, ago. de 1995, p.255-266.

_____. v. 95, jun. de 1995, p. 1.195-1.204.

Pontifica academia pro vita. Reflexões sobre a clonagem. Disponível em: http://www.vatican.va/roman_curia/pontifical_academies/acdlife/documents.

RÁO, Vicente; MARQUES, José Frederico. Propriedade Industrial. *Revista dos Tribunais*, v. 511, p. 47-49, mai. 1978.

RECANSÉNS SICHES, Luis. *Nueva filosofia de la interpretación del derecho*. Buenos Aires. Fondo de Cultura Económica, 1956.

REQUIÃO, Rubens. *Curso de Direito Comercial*. 21. ed. São Paulo: Saraiva, 1993. v. 1.

RHEAULT, J. Gérald. *The legal aspects of medical practice as applied to plastic surgery*. The Canadian Journal of Plastic Surgery. Disponível em: http://www.pulsus.com/Plastics/03_01/rhea_ed.htm. Acesso em: 06 jun. 2004.

ROMANO, Santi. *Princípios de direito constitucional geral*. Tradução de Maria Helena Diniz. São Paulo: RT, 1977.

ROZMARYN, Stefan. *La Constitution, loi fondamentale de l'État socialiste*. Paris: Lib. Generale de Droit et Jurisprudence, 1966.

RUSSELL, Bertrand. *História do Pensamento Ocidental: a Aventura dos Pré-Socráticos a Wittgenstein*. 3. ed. Rio de Janeiro: Ediouro, 2001.

SABINE, George H. *História de la teoria política*. 4. ed. Tradução de V. Herrero. México: Fondo de Cultura Económica, 1945.

SACKS, Oliver. *O Homem que Confundiu a sua Mulher com um Chapéu e outras Histórias Clínicas*. Tradução de Laura Teixeira Motta. São Paulo: Companhia das Letras, 1997.

SALVETTI NETTO, Pedro. *Curso de teoria do Estado*. São Paulo: Saraiva, 1984.

SANCHEZ AGESTA, Luis. *Derecho constitucional comparado*. 2. ed. Madrid: Ed. Nacional, 1965.

SANCHEZ VIAMONTE, Carlos. *El poder constituyente*. Buenos Aires: Ed. Bibliografica Argentina, 1957.

SANTOS, Alexandre Laureano. *A Clonagem Humana*. Disponível em: http://ecclesia.pt/consultores/clonagem.htm.

SANTOS, João Manuel de Carvalho. *Código Civil Brasileiro Interpretado, Principalmente do Ponto de Vista Prático*. 12. ed. Rio de Janeiro: Freitas Bastos, 1989. v. 21.

SAVATIER, René. *Traité de la responsabilité civile en droit français*. Paris: Librairie Générale de droit et de jurisprudence, 1939. t. 2.

SCAFF, Fernando Facury (Coord.). *Ordem Econômica e Social: Estudos em Homenagem a Ary Brandão de Oliveira*. São Paulo: LTr, 1999.

SCHAPIRO, Leonard. *The government and politics of the soviet union*. 2. ed. London: Hutchinson University Library, 1967.

SCHMITT, Carl. *Teoria de la constitución*. Tradução de Francisco Ayala. Madrid: Ed. Revista de Derecho Privado, 1934.
SCHWARTZ, Bernard. *A commentary on the Constitution of the United States — Part. III — Rights of the Person*. New York: The Macmillan Company, 1968.
_____ . *The Powers of Government, Federal and State Powers*. Trad. Mexicana. UNAM, 1966.
SILVA, Alexandre Couto. *Aplicação da Desconsideração da Personalidade Jurídica no Direito Brasileiro*. São Paulo: LTr, 1999.
SILVA, José Afonso da. *Curso de direito constitucional positivo*. 5. ed. São Paulo: RT, 1989.
STUBBS, William. *The constitucional history of England*. 4. ed. New York: Barnes & Noble, 1967, v. 2.
SUPERIOR TRIBUNAL DE JUSTIÇA. 1ª turma. ROMS nº 2/MT. Relator: Ministro Garcia Vieira. Data do julgamento: 7/8/89. DJ de 21/8/89.
_____ . 3ª turma. REsp nº 74.534/RJ. Relator: Ministro Nilson Naves. Data do julgamento: 4/3/97. DJ de 14/4/97, p. 12.738.
_____ . 3ª Turma. REsp nº 127.961/RJ. Relator: Ministro Eduardo Ribeiro. Data do julgamento: 9/3/1999. DJ de 3/5/1999, p. 142.
_____ . 3ª Turma. REsp nº 140.809/RJ. Relator: Ministro Carlos Alberto Menezes Direito. Data do julgamento: 24/11/97. DJ de 11/5/98, p. 90.
_____ . 3ª Turma. REsp nº 194.866/RS. Relator: Ministro Eduardo Ribeiro. Data do julgamento: 20/4/1999. DJ de 14/6/1999, p. 188.
_____ . 3ª Turma. REsp nº 263.887/MS. Relator: Ministro Carlos Alberto Menezes Direito. Data do julgamento: 15/3/2001. DJ de 7/5/2001, p. 139.
_____ . 3ª Turma. REsp nº 418.365/SP. Relator: Ministro Carlos Alberto Menezes Direito. Data do julgamento: 21/11/2002. DJ de 28/4/2003, p. 198.
_____ . 3ª Turma. REsp nº 53.321/RJ. Relator: Ministro Nilson Naves. Data do julgamento: 16/9/1997. DJ de 24/11/1997, p. 61.192.
_____ . 4ª Turma. REsp nº 113.012/MG. Relator: Ministro Ruy Rosado de Aguiar. Data do julgamento: 18/3/97. DJ de 12/5/97, p. 18819.

_____. 4ª Turma. REsp nº 158.051/RJ. Relator: Ministro Barros Monteiro. Data do julgamento: 22/9/1998. DJ de 12/4/99, p. 159.

_____. 4ª Turma. REsp nº 160.369/SP. Relator: Ministro Sálvio de Figueiredo Teixeira. Data do julgamento: 25/6/1998. DJ de 21/9/1998, p. 190.

_____. 4ª Turma. REsp nº 46.420/SP. Relator: Ministro Ruy Rosado de Aguiar. Data do julgamento: 12/9/1994. DJ de 5/12/1994, p. 33.565.

_____. 5ª Turma. HC nº 5194/GO. Relator: Ministro José Arnaldo da Fonseca. Data do julgamento: 1/9/1997. DJ de 1/9/1997, p. 40850.

_____. 6ª Turma. HC nº 2533/MG. Relator: Ministro Anselmo Santiago. Data do julgamento: 29/8/1994. DJ de 20/3/1995, p. 6143.

_____. 6ª Turma. REsp nº 55.168/RJ. Relator: Ministro Luiz Vicente Cernicchiaro. Data do julgamento: 28/8/95. DJ de 9/10/95, p. 33.620.

_____. 6ª Turma. ROMS nº 10.268/BA. Relator: Ministro Luiz Vicente Cernicchiaro. Data do julgamento: 30/6/99. DJ de 23/8/99, p. 154.

_____. 6ª Turma. ROMS nº 6.675/MG. Relator: Ministro Vicente Leal. Data do julgamento: 25/11/96. DJ de 1/9/97.

_____. 3ª Turma. REsp nº 109.631/SP. Relator: Ministro Carlos Alberto Menezes Direito. Data do julgamento: 19/2/1998. DJ de 25/5/1998, p. 101.

_____. 3ª Turma. REsp nº 40.152/SP. Relator: Ministro Nilson Naves. Data do julgamento: 30/8/1994. DJ de 10/10/1994, p. 27.167.

_____. 3ª Turma. REsp nº 65.761/SP. Relator: Ministro Waldemar Zveiter. Relator para acórdão: Ministro Paulo Costa Leite. Data do julgamento: 16/9/1999. DJ de 17/12/1999, p. 350.

_____. 3ª Turma. REsp nº 78.458/RJ. Relator: Ministro Carlos Alberto Menezes Direito. Data do julgamento: 9/6/1997. DJ de 29/9/1997, p. 48.179.

_____. 4ª Turma. REsp nº 109.966/RS. Relator: Ministro Sálvio de Figueiredo Teixeira. Data do julgamento: 23/9/1998. DJ de 18/12/1998, p. 360.

_____. 4ª Turma. REsp nº 175.794/SP. Relator: Ministro Ruy Rosado de Aguiar. Data do julgamento: 5/11/1998. DJ de 21/2/2000, p. 130.

_____. 4ª Turma. REsp nº 59.912/RJ. Relator: Ministro Sálvio de Figueiredo Teixeira. Data do julgamento: 4/11/1997. DJ de 9/12/1997, p. 64.706.

_____. 2ª Seção. AEREsp nº 86.502/SP. Relator: Ministro Carlos Alberto Menezes Direito. Data do julgamento: 14/5/97. DJ de 30/6/97, p. 30.850.

_____. 3ª Turma. REsp nº 211.619/SP. Relator: Ministro Eduardo Ribeiro. Relator para acórdão: Ministro Waldemar Zveiter. Data do julgamento: 16/2/2001. DJ de 23/4/2001, p. 160.

_____. 3ª Turma. REsp nº 252.759/SP. Relator: Ministro Carlos Alberto Menezes Direito. Data do julgamento: 12/9/2000. DJ de 27/11/2000, p. 157.

_____. 3ª Turma. REsp nº 325.977/MG. Relator: Ministro Carlos Alberto Menezes Direito. Data do julgamento: 13/12/2001. DJ de 25/3/2002, p. 277.

_____. 3ª Turma. REsp nº 332.763/SP. Relator: Ministro Nancy Andrighi. Data do julgamento: 30/4/2002. DJ de 24/6/2002, p. 297.

_____. 3ª Turma. REsp nº 61.102/SP. Relator: Ministro Costa Leite. Data do julgamento: 12/9/95. DJ de 16/10/95, p. 34.652.

_____. 3ª Turma. ROMS nº 12.872/SP. Relator: Ministro Nancy Andrighi. Data do julgamento: 24/6/2002. DJ de 16/12/2002, p. 306.

_____. 3ª Turma. ROMS nº 14.168/SP. Relator: Ministro Nancy Andrighi. Data do julgamento: 30/4/2002. DJ de 5/8/2002, p. 323.

_____. 4ª turma. REsp nº 50.129/RJ. Relator: Ministro Antônio Torreão Braz. Data do julgamento: 29/8/94. DJ de 17/10/94, p. 27.899.

_____. 4ª Turma. AGA nº 72.127/MA. Relator: Ministro Sálvio de Figueiredo Teixeira. Data do julgamento: 3/10/95. DJ de 6/11/95, p. 37.576.

_____. 4ª Turma. REsp nº 185.843/RJ. Relator: Ministro Ruy Rosado de Aguiar. Data do julgamento: 5/11/98. DJ de 13/3/2000, p. 184.

_____. 4ª Turma. REsp nº 256.292/MG. Relator: Ministro Ruy Rosado de Aguiar. Data do julgamento: 15/8/2000. DJ de 25/9/2000, p. 107.

_____. 4ª Turma. REsp nº 35.281/MG. Relator: Ministro Ruy Rosado de Aguiar. Data do julgamento: 18/10/94. DJ de 28/11/94, p. 32.621.

_____. 4ª Turma. REsp nº 86.502/SP. Relator: Ministro Ruy Rosado de Aguiar. Data do julgamento: 21/5/96. DJ de 26/8/96, p. 29.693.

SUPREMO TRIBUNAL FEDERAL. Tribunal Pleno. ADI nº 222/RJ. Relator: Ministro Aldir Passarinho. Relator para acórdão: Ministro Sepúlveda Pertence. Data do julgamento: 24/5/1990. DJ de 6/9/91, p. 12.035.

_____. Tribunal Pleno. MS nº 20.257/DF. Relator: Ministro Décio Miranda. Data do julgamento: 8/10/1980. DJ de 27/02/81, p. 1.304.

_____. Tribunal pleno. RE nº 93.721/RJ. Relator: Ministro Cunha Peixoto. Data do julgamento: 3/2/82. DJ de 16/4/82, p. 3.407.

TAVARES, André Ramos; ROTHENBURG, Walter Claudius (org.). *Argüição de descumprimento de preceito fundamental: análises à luz da Lei nº 9.882/99*. São Paulo: Editora Atlas, 2001.

TAYLOR, Hannis. *The origin and growth of the English constitution*. London: Riverside Press, Cambridge, 1895. v. 2.

TINBERGEN, Jan (coord.). *Para uma Nova Ordem Internacional: Terceiro Informe ao Clube de Roma*. Rio de Janeiro: Agir, 1978.

TRESOLINI, Rocco J. *American constitutional law*. Nova York: The macmillan company, 1959.

TREVELYAN, George Macaulay. *História Política de Inglaterra*. Tradução espanhola. México: FCE, 1943.

TRIBE, Laurence H. *American constitutional law*. 2. ed. Nova York: The Foundation Press. Inc., 1988.

TRIBUNAL DE JUSTIÇA DO ESTADO DO RIO DE JANEIRO. 1ª Câmara Cível. Apelação Cível nº 1988.001.03600. Relator: Ministro Carlos Alberto Menezes Direito. Data do julgamento: 2/5/89. DOE de 18/5/89.

_____. Primeira Câmara Cível. Apelação Cível nº 1995.001.03136. Relator para acórdão: Desembargador Luiz Carlos Guimarães. Data do julgamento: 10/8/95. DOE de 1/9/95.

_____ . Primeira Câmara Cível. Apelação Cível n° 1991.001.03059. Relator: Desembargador Carlos Alberto Menezes Direito. Data do julgamento: 19/11/91. DOE de 4/12/91.

_____ . Primeira Câmara Cível. Apelação Cível 1995.001.0488. Relator: Desembargador Carlos Alberto Menezes Direito. Data do julgamento: 5/9/95. DOE de 7/9/95.

_____ . Tribunal Pleno e Órgão Especial. Mandado de Segurança n° 1994.004.00179. Relator: Desembargador Ellis Hermydio Figueira. Data do julgamento: 27/6/1994. DO de 17/11/1994.

TUCKER, John Randolph. *The constitution of lhe United States*. Chicago: Callaghan & Company, 1899.

VALLADÃO, Haroldo. *Direito internacional privado*. Rio de Janeiro: Livraria Freitas Bastos S.A., 1983. v. 2.

VASAK, Karel. *As Dimensões Internacionais dos Direitos do Homem*. Tradução de: Carlos Alberto Aboim de Brito. Unesco. Lisboa: Ltc, 1983.

VIRGA, Pietro. *Diritto Costituzionale*. 6. ed. Milano: Dott. A. Giuffrè Editore, 1967.

WATSON, David K. *The constitution of lhe United States*. Chicago: Callaghan & Company, 1910.

WETTER, Gustav A. V. *El materialismo dialéctico*. Tradução de D. Terron. Madrid: Taurus.

WHEARE, Kenneth Clinton. *Federal government*. London: Oxford university, 1946.

_____ . *Modern constitutions*. London: Oxford University Press, 1966.

ÍNDICE ONOMÁSTICO

ABADE SIEYÉS — 61
ABÍLIO, ROSEMARY COSTHEK, 68
ACCIOLI, WILSON — 45
ADORNO, LUÍS — 310
AGUIAR DIAS — 54
AGUIAR JUNIOR, RUY ROSADO — 38, 54, 55, 56, 93, 115, 120, 121, 122, 265, 293, 302
ALBERTON, GENACÉIA DA SILVA — 112, 114
ALEXANDROV, N. G. — 207, 208, 210
ALMEIDA, JOSÉ ANTONIO F. DE — 288
ALTERINI, ATÍLIO ANÍBAL — 291
ALVES, GERALDO MAGELA — 289
ALVES, MOREIRA — 236
AMORIM, CARPENA — 246
ANDRIGHI, FÁTIMA NANCY — 124
ANGEL YÁGUEZ, RICARDO DE — 261
ANTIEAU, CHESTER J. — 46, 159
AQUINO, SÃO TOMÁS DE — 18
ARENDT, HANNAH — 4, 6
ARINOS, AFONSO — 10
ARISTÓTELES — 187, 256
ASCENSÃO, JOSÉ DE OLIVEIRA — 90
AVILA, PADRE FERNANDO BASTOS DE — 210
AZEVEDO, ALVARO VILAÇA — 38

BACON, LORD CHANCELLOR — 158
BARACHO, JOSE ALFREDO DE OLIVEIRA — 275
BARBALHO, JOÃO — 153, 161

BARBAS, STELLA MARCOS DE ALMEIDA NEVES — 253
BARBOSA, RUY — 30, 32, 37, 239
BARROS MONTEIRO — 119
BARROSO, LUÍS ROBERTO — 38
BARTHÉLEMY-DUEZ — 26
BASTOS, CELSO RIBEIRO — 38, 264, 283
BEBER, JORGE LUÍS COSTA — 117
BENJAMIN, ANTONIO HERMAN — 287
BEVILAQUA, CLOVIS — 57
BIDART CAMPOS — 12, 34
BINENBOJM, GUSTAVO — 336
BITTAR, CARLOS ALBERTO — 130
BITTAR, ORLANDO — 10
BITTENCOURT, C. A. LÚCIO — 40
BLACK, HENRY CAMPBELL — 101
BLACKSTONE — 271
BLOOM, HAROLD — 258
BOBBIO, NORBERTO — 1, 2, 3, 4, 5, 61, 322, 323
BOBBIO, PEDRO VICENTE — 132, 133
BONAVIDES, PAULO — 275
BORBA, EURICO — 252
BORDIEU, PIERRE — 286
BORJA, CÉLIO — 235
BOUTMY, ÉMILE — 14
BRONOWSKI, J. — 152
BROSSARD, PAULO — 159, 160
BRUGI, BIAGIO — 261
BRYCE, JAMES — 164
BURDEAU, GEORGES — 15
BURKE — 10

CALVEZ, JEAN-YVES, 210
CAMARGO, MARGARIDA LACOMBE —94
CAMPOS, FRANCISCO — 30, 42, 48
CANARIS, CLAUS-WILHELM — 88
CANOTILHO, J. J. GOMES — 17, 44, 45, 95, 101, 283, 335
CAPPELLETTI, MAURO — 34, 36
CARDOSO, BENJAMIN NATHAN — 88, 102, 190
CASELLI, EDUARDO PIOLA — 129
CAVALCANTI, FRANCISCO — 295
CAVALCANTI, THEMISTOCLES — 29
CAVALIERI FILHO, SÉRGIO — 52
CERNICCHIARO, LUIZ VICENTE — 196, 270, 296

CHASE, SAMUEL — 160
CHAVES, ANTÔNIO — 71, 131, 139
CHUBARIAN — 218
COELHO, FÁBIO ULHOA — 108, 109, 112, 115, 289, 290, 292, 295
COELHO, INOCÊNCIO MÁRTIRES — 100
COKE, EDWARD — 158
COMPTE-SPONVILLE, ANDRÉ — 105
COOLEY, THOMAS M. — 160, 333
COSTA LEITE — 54, 90, 122
CRANFIELD, LIONEL — 159
CRETELLA JUNIOR, JOSÉ — 46, 235, 264
CRICK, FRANCIS — 253

DALL'AGNOL, ANTONIO JAMYR — 39
DAMÁSIO, ANTONIO — 249, 250
DE GRAAF, REGNIER — 252
DE MAISTRE — 23
DENARI, ZELMO — 113
DI RUFFIA, PAOLO BISCARETTI — 12
DIAS, JOSÉ DE AGUIAR — 52, 260, 269
DICEY — 10
DINIZ, MARIA HELENA — 118
DOBSON, JUAN — 109
DUGUIT, LEON — 12, 28
DURRY, GEORGES — 310
DUVAL, HERMANO — 131
DUVERGER, MAURICE — 207
DWORKIN, RONALD — 86, 91, 93, 167, 188

ENGELS — 210
ERLICH, EUGEN — 98
ESMEIN — 12, 26
ESPERSEN, OLE — 263
ESPÍNOLA, EDUARDO — 128

FABRE, MICHEL HENRY — 25
FAGUET, ÉMILE — 192
FENUCCI, FULVIO — 43
FERREIRA FILHO, MANOEL GONÇALVES — 46, 275
FERREIRA, PINTO — 12, 26
FEUERBACH — 210
FIGUEIRA, ELLIS, 49
FIUZA, RICARDO — 119
FLEMING, ALEXANDER — 252
FONSECA, JOSÉ ARNALDO DA — 296
FOURIER — 210, 211

FRIEDLAND, GERALD W. — 253
FRIEDMAN, MEYER — 253

GALVÃO, ILMAR — 241
GARCIA-PELAYO, MANUEL — 11, 14, 15, 20, 21, 22, 23, 34, 35, 211, 218, 221, 226, 229, 230, 283, 299
GAWANDE, ATUL — 178, 179, 180
GEISEL, ERNESTO — 61
GENY, FRANÇOIS — 98
GÉRARD, PAUL DANIEL — 129
GHERSI, CARLOS ALBERTO — 243, 245
GLANZ, SEMY — 70
GOLDIM, JOSÉ ROBERTO — 255, 256
GOMES, ORLANDO — 70
GRINOVER, ADA PELEGRINI — 38
GUERREIRO, JOSÉ ALEXANDRE TAVARES — 289
GUIMARÃES, FLÁVIA LEFÈVRE — 111, 115
GUIMARÃES, LUIZ CARLOS — 270
GUIMARÃES, MÁRIO — 187, 194
GUSMÃO, PAULO DOURADO — 71

HÄBERLE, PETER — 28, 86, 188, 279, 280, 325
HABERMAS, JÜRGEN — 60, 71
HAINES, 31
HALL, JERRY — 253
HAMMES, BRUNO JORGE — 133
HANH, THICH NHAT — 199
HANNIS, TAYLOR — 158
HARISSON, ROSS GRANVILLE — 253
HAYEK, FRIEDRICH A. — 5
HECK, LUÍS AFONSO — 87
HEGEL — 210, 211
HELLER, HERMANN — 15
HESSE, KONRAD — 40, 101, 278, 325
HOBBES — 2
HORTA, RAUL MACHADO — 46
HUNTER, JOHN, 312
HUNTINGTON — 60

ILHERING, 87
IPPOLITO — 243, 245

JEFFERSON, THOMAS — 160
JELLINEK, GEORG — 98, 278
JENNINGS — 22
JOBIM, NELSON FRANCO — 39, 80

JOSSERAND — 56
JUSTICE BROWN — 169
JUSTICE GOLDBERG — 42
JUSTICE HARAN — 169
JUSTICE STRONG — 168
JUSTICE WARREN — 169

KANT — 88
KANTOROWICS — 87
KELSEN, HANS — 12, 20, 34, 35, 36, 87
KENNEDY, PAUL — 152
KENYON, J. P. — 159
KERENSKI — 217
KHOL, ANDREAS — 263
KORNILOV — 216
KOSELLECK, REINHART — 59
KOTOK, V. — 207
KOURY, SUZY ELIZABETH CAVALCANTE — 116
KOVALENKO — 218

LAMOUNIER, BOLIVAR — 62
LARENZ — 87
LASKI, HAROLD — 12
LASSALE, FERDINAND — 23, 299
LATIMER — 158
LEAL, VICENTE — 196
LEAPE, LUCIAN — 179
LEEUWENHOEK, ANTONY — 252
LEFEBVRE, HENRI — 211
LÊNIN — 202, 207, 209, 213, 214, 215, 216, 217, 219
LENZ, LUIS ALBERTO THOMPSON FLORES — 53
LEPARGNEUR, HUBERT — 255
LINARES QUINTANA — 15, 229, 231
LINCOLN — 40
LOCKE — 2
LOEWENSTEIN, KARL — 14
LORD STANLEY — 158
LORD COKE — 41
LOUIS BLANC — 210
LOUREIRO JUNIOR — 31
LURIA, A. R. — 175, 251
LYONS, RICHARD — 158

MADALENO, ROLF — 116
MAITTLAND — 9, 10

MANES, HUMBERTO — 246
MANSO, EDUARDO — 129, 137
MARON, VALÉRIA, 55
MARQUES, JOSÉ FREDERICO — 154
MARSHALL, GEOFFREY — 9, 10
MARSHALL, JOHN — 160
MARX, KARL — 23, 210, 211, 212, 214
MATOS, ENÉAS DE OLIVEIRA, 56
MATTEUCCI, NICOLA — 238
MAXIMILIANO, CARLOS — 29, 91, 92
MAYO, HENRY B. — 212
MAZEAUD — 260
MENDES, GILMAR FERREIRA — 35, 38, 266, 267, 269, 326, 334, 335
MENDONÇA, CARVALHO — 52
MENDONÇA, PAULO ROBERTO SOARES — 95
MERQUIOR, JOSÉ GUILHERME — 59, 61
MESSNER, JOHANNES — 185, 186, 193, 262
MEYER, PHILLIPPE — 175, 180
MIASNIKOV, A. — 219
MICHELET, JULES — 59, 60, 65
MIESCHER, FRIEDRICH — 253
MIRANDA, JORGE — 26
MIRANDA, PONTES DE — 14, 45, 83, 131, 134, 145, 153, 160, 161, 234, 262, 263, 270
MITCHELL, FRANCIS — 158
MITTELBACH, MARIA MARGARIDA R. — 152, 155
MONPESSON, GILES — 158, 159
MONTAIGNE — 68
MONTESQUIEU — 323
MONTFORT, SIMON DE — 157
MOORE, FRANCIS — 173
MORAES, ALEXANDRE DE — 328
MORAES, JÚLIO DE — 174, 179, 318
MOREIRA ALVES — 245
MOREIRA, JOSÉ CARLOS BARBOSA — 86, 92, 189
MORIN, GASTON — 99
MYRDAL, GUNNAR — 5

NAVES, NILSON — 53, 54, 103, 272
NETTO, PEDRO SALVETTI — 16
NEVDANI, A. L. — 228

ORDZHONIKIDZE, G. — 219

PAINE, THOMAS — 10
PASQUINO, GIANFRANCO — 60, 63
PASSARINHO, ALDIR — 235
PAULINO, FERNANDO — 182
PECCEI, AURÉLIO — 150
PEIXOTO, CUNHA — 154
PENNEAU — 310
PEREIRA, AGUINALDO COSTA, 45
PEREIRA, CAIO MÁRIO DA SILVA — 123, 261
PEREIRA, SERGIO GISKOW — 70
PERELMAN — 94
PERTENCE, SEPÚLVEDA — 235, 239
PETROVSKI, G. — 219
PHILLIPS, HOOD — 10
PICKERING, JOHN — 160
PIETRE, ANDRÉ — 212
PINTO, PAULO BROSSARD DE SOUZA — 157
PISAPIA, GIAN DOMENICO — 264
POPPER, KARL — 7
PRADO, QUINTINO DO — 295
PROUDHON — 210, 211
PUCHTA — 87

RADBRUCH — 87
RAMOS, ELIVAL DA SILVA — 329, 332, 334
RÁO, VICENTE — 154
RECASÉNS SICHES, LUIZ — 93, 94, 95, 170, 191
REQUIÃO, RUBENS — 108
RHEAULT, J. GÉRALD — 316, 317
RIBEIRO, EDUARDO, 96, 97, 99, 120, 260
RICARDO, DAVID — 210
RILKE — 62
ROCHA, MANOEL ANDRÉ DA — 38
ROMANO, SANTI — 10, 11
ROSAS, ROBERTO — 38
ROUSSEAU — 2, 322
ROZMARYN, STEFAN — 201, 203, 204, 206
RUSSELL, BERTRAND — 186, 256

SABINE, GEORGE H. — 202, 210
SACKS, OLIVER — 175, 251

SAINT-SIMON — 210, 211
SANCHEZ AGESTA, LUIS — 225
SANTIAGO ANSELMO — 296
SANTOS, ALEXANDRE LAUREANO — 254, 257
SANTOS, JOSÉ MANUEL DE CARVALHO — 178
SARMENTO, DANIEL — 328, 329
SAVATIER — 261
SAVIGNY — 87, 88
SCHAPIRO, LEONARD — 216, 224
SCHMITT, CARL — 16, 17, 18, 19, 20, 26, 27
SCHWARTZ, BERNARD — 41, 42, 48, 271
SERICK, ROLF — 108
SERPA LOPES — 261
SILVA, ALEXANDRE COUTO — 110, 111, 114
SILVA, JOSÉ AFONSO DA — 24, 26, 30, 31
SMITH, ADAM — 210
SMITH, LAWRENCE — 256
SÓCRATES — 256
SÓLON — 187
SPEMANN, HANS — 255
STALIN — 202, 209, 219, 220
STAMMLER — 87
STEIN, LORENZO VON — 18, 24
STILMANN, ROBERT — 253
STUBBS, WILLIAN — 158

TÁCITO, CAIO — 38, 239
TAINE — 40
TAVARES, ANDRÉ RAMOS — 329
TEIXEIRA, SÁLVIO DE FIGUEIREDO — 53, 54, 121
TIMBERGEN, JAN — 150
TOCQUEVILLE, ALEXIS DE — 10
TORREÃO BRAZ, 55, 57
TRESOLINI, ROCCO — 11
TREVELYAN, GEORGE MACAULAY — 157
TRIBE, LAURENCE H. — 39, 41, 47, 48
TUCKER — 31
TUGENDHAT, ERNEST — 191, 192
TYNDALL, JOHN — 252

VALLADÃO, HAROLDO — 142, 143
VASAK, KAREL — 276, 322
VESALIUS — 250
VIAMONTE, CARLOS SANCHEZ — 14

VIEHWEG, THEODOR — 88, 94
VIEIRA, GARCIA — 197
VIEIRA, PADRE ANTÔNIO, 84
VIRGA, PIETRO — 44

WAKSMAN, SELMAN — 252
WALD, ARNOLDO — 38
WATSON, JAMES — 32, 253
WEBER, MAX — 1, 4
WEINGARTEN — 243, 245
WETTER, GUSTAV — 202, 212, 214
WHEARE, K. C. — 205, 221
WILKINS, MAURICE — 253
WINDELBAND — 87

YELVERTON, H. — 158

ZVEITER, WALDEMAR — 54, 123

ÍNDICE ALFABÉTICO-REMISSIVO

AMPLIAÇÃO DA JURISDIÇÃO CONSTITUCIONAL E DA PROTEÇÃO DOS DIREITOS DO HOMEM E DO CIDADÃO — 321 e s.
ARGÜIÇÃO DE DESCUMPRIMENTO DE PRECEITO FUNDAMENTAL — LEI Nº 9.882/99 — 326 e s.
— Declaração de constitucionalidade ou de inconstitucionalidade — 330 e s.
— Do caráter subsidiário — 328
— Interpretação conforme a Constituição — 333-334
— Legitimidade ativa — 327, 330
— Medida liminar — 330-331
— Procedimentos — 331
— Propositura **incidenter tantum** — 328 e s.
— Petição inicial — 327-28
CLONAGEM HUMANA — 254 e s.
CONTRATO DE TRANSPORTE: conceito — 51
CONSTITUIÇÃO
— Conceito — 17 e s.
— Classificação — 24 e s.
CREDIBILIDADE E GOVERNABILIDADE
— Revolução: significados — 59 e s.
— Não-governabilidade
— hipóteses — 60 e s.
— o caso brasileiro — 62 e s.
— a América Latina — 63-64
— Crise da democracia — 64 e s.
CRIAÇÃO DE MUNICÍPIO
— Requisitos:

— Constituição de 1967 — 234
— Constituição de 1988 — 234
— Procedimento (Lei Complementar nº 59/90) — 234 e s.
DA SUPREMACIA DA CONSTITUIÇÃO — 27 e s.
DA UNIÃO ESTÁVEL NO CÓDIGO CIVIL DE 2002
    — Conceito — 80
    — Conversão em casamento — 83
    — e concubinato: distinção — 83
    — Regime patrimonial — 81 e s.
    — Sucessão — 82-83
DECISÃO JUDICIAL
    — Formação — 85 e s.
DEMOCRACIA CONSTITUCIONAL DOS OITENTA — 1 e s.
DESCOBERTA DO CÓDIGO GENÉTICO — 253 e s.
DIREITO CONSTITUCIONAL
    Conceito — 321
DIREITO DE AUTOR
    — conceito — 128 e s.
    — pessoa jurídica como titular — 129 e s,
    — titular da obra cinematográfica — 135 e s.
    — direitos morais e patrimoniais
        — conceito — 137
        — legitimidade para exercício — 137
    — autor do assunto ou argumento literário, musical ou lítero-musical — 137
    — direito moral do diretor de retirar a obra de circulação — 138
    — direito do autor de conservar sua obra inédita — 138
    — remuneração dos co-autores da obra — 140-41
    — ECAD — 141
    — proteção internacional — 142 e s.
DIREITOS DA PERSONALIDADE
    — Dano moral: conceito — 260 e s.
    — Direito à imagem — 268 e s.
    — Direito à integridade física — 259
    — Direito à integridade moral — 259
    — Indenização decorrente da violação — 272
    — Proteção constitucional e o direito à livre manifestação do pensamento e à liberdade de imprensa — 270 e s.
    — Violação:
        — por meio de charge — 270
        — por meio de computador — 272-73
        — por paparazzo — 272
DIREITOS FUNDAMENTAIS DO HOMEM: proteção — 321 e s.

DISCRIMINAÇÃO RACIAL — 169 e s.
DO CASAMENTO NO CÓDIGO CIVIL DE 2002
    — Bem de família — 79 e s.
    — Capacidade — 72
    — Causas suspensivas — 72
    — Dissolução — 75
    — Dos alimentos — 78-79
    — Eficácia — 75
    — Filiação — 76
    — Habilitação — 73 e s.
    — Impedimentos — 73
    — Reconhecimento dos filhos — 76
    — Regime de bens — 77 e s.
ERRO DO MÉDICO
    — A perícia médica e a convicção do Juiz — 178 e s.
    — Conceito — 179
    — Erro profissional e erro do médico: distinção — 176
    — Legitimados passivos para as ações judiciais decorrentes — 174
    — Relação paciente-médico: deontologia — 181 e s.
ÉTICA DO JUIZ
    — Deontologia da magistratura — 188 e s.
    — Ética: acepção — 185 e s.
EVOLUÇÃO CONSTITUCIONAL DA URSS: introdução
    — A Constituição Soviética de 1936 — 217 e s.
    — O conselho de ministros — 225 e s.
    — Os direitos individuais — 229 e s
    — O soviet supremo — 222 e s.
    — O presidium — 223 e s.
    — O sistema eleitoral — 227 e s.
    — A revolução de 1917 — 215 e s.
    — Características básicas das constituições dos Estados socialistas — 201 e s.
    — Marxismo — 210 e s.
    — Leninismo — 213 e s.
IMPEACHMENT
    — A Constituição de 1988 e a Lei n° 1.079/50 — 162 e s.
    — A construção brasileira — 161-62
    — Natureza jurídica — 160-61
    — Origens — 157 e s.
INVESTIGAÇÃO PARLAMENTAR
    — e o princípio da separação de poderes — 44 e s.
        — interferência do Poder Judiciário no poder de investigar das Assembléias Legislativas — 47 e s.

— Limites de instrução — 44
— Limites funcionais — 44
— Limites materiais — 41 e s.
   — na Constituição Federal de 1988 — 45
   — das Assembléias Legislativas Estaduais — 47

MANDADO DE SEGURANÇA CONTRA ATO LEGISLATIVO
— Cabimento — 236

O CONSUMIDOR E OS PLANOS PRIVADOS DE SAÚDE
— Ação civil pública — 240 e s.
   — Legitimados ativos — 240
— Consumidor: conceito — 241
— Direitos difusos — 240
— Fornecedor: conceito — 241
— Mandado de segurança: legitimados ativos — 240
— Serviço: conceito — 241
— O CDC e os serviços prestados pelas empresas de medicina de grupo:
   — Incidência — 241
   — Proteção contratual — 242
      — cláusulas abusivas — 242
      — contrato de adesão — 243
      — alcance da cobertura — 244 e s.
      — enfermidades preexistentes — 246
      — cláusulas de carência — 127
— Publicidade enganosa — 242
— Vinculação do alcance dos contratos à oferta dos serviços pela publicidade de massa — 244

PODER CONSTITUINTE — 14 e s.

PRINCÍPIOS GERAIS DE DIREITO CONSTITUCIONAL — 101 e s.

PROPRIEDADE INDUSTRIAL: disciplina constitucional — 153 e s.

PROTEÇÃO DO CONSUMIDOR NA SOCIEDADE DE INFORMAÇÃO — 283 e s.

PUBLICIDADE ENGANOSA — 289 e s.

REFORMA ADMINISTRATIVA: A EMENDA Nº 19/98
— Autonomias gerencial, orçamentária e financeira dos órgãos e entidades da Administração — 306
— Concursos públicos — 307
— Controle da despesa pública com pessoal ativo e inativo — 303
— Estabilidade do servidor público — 303 e s
— Estatuto jurídico da empresa pública — 307 e s.
— Participação do usuário na Administração Pública — 302 e s.
— Sistema de remuneração do serviço público — 304 e s.

RESPONSABILIDADE CIVIL
   — do cirurgião: abrangência — 182 e s.
   — do cirurgião-chefe e do anestesista — 182
   — do médico e o Código de Defesa do Consumidor — 183 e s.
   — do médico em cirurgias estéticas: natureza — 183
   — do médico: natureza — 176 e s.
   — dos hospitais e planos de saúde — 183 e s.
RESPONSABILIDADE CIVIL DO TRANSPORTADOR
   — em relação a terceiros — 52
   — em relação aos empregados — 52
   — em relação aos passageiros — 52 e s.
   — em transporte de cortesia — 53
   — em decorrência de assalto — 53 e s.
RESPONSABILIDADE CIVIL EM CIRURGIA PLÁSTICA
   — Cirurgia plástica — 315
      — obrigação de meio ou de resultado — 316 e s.
      — ônus da prova — 319
      — relação cirurgião-paciente — 315
   — Cirurgia: visão histórica e conceituação —312 e s.
TEORIA DA DESCONSIDERAÇÃO DA PERSONALIDADE JURÍDICA — 108 e s.
   — Aplicação no âmbito do direito de família — 116 e s.
   — Aplicação pelo juiz — 116 e s.
   — Momento da aplicação — 115 e s.

RR DONNELLEY
MOORE

IMPRESSÃO E ACABAMENTO
Av Tucunaré 299 - Tamboré
Cep. 06460.020 - Barueri - SP - Brasil
Tel.: (55-11) 2148 3500 (55-21) 2286 8644
Fax: (55-11) 2148 3701 (55-21) 2286 8844

IMPRESSO EM SISTEMA CTP